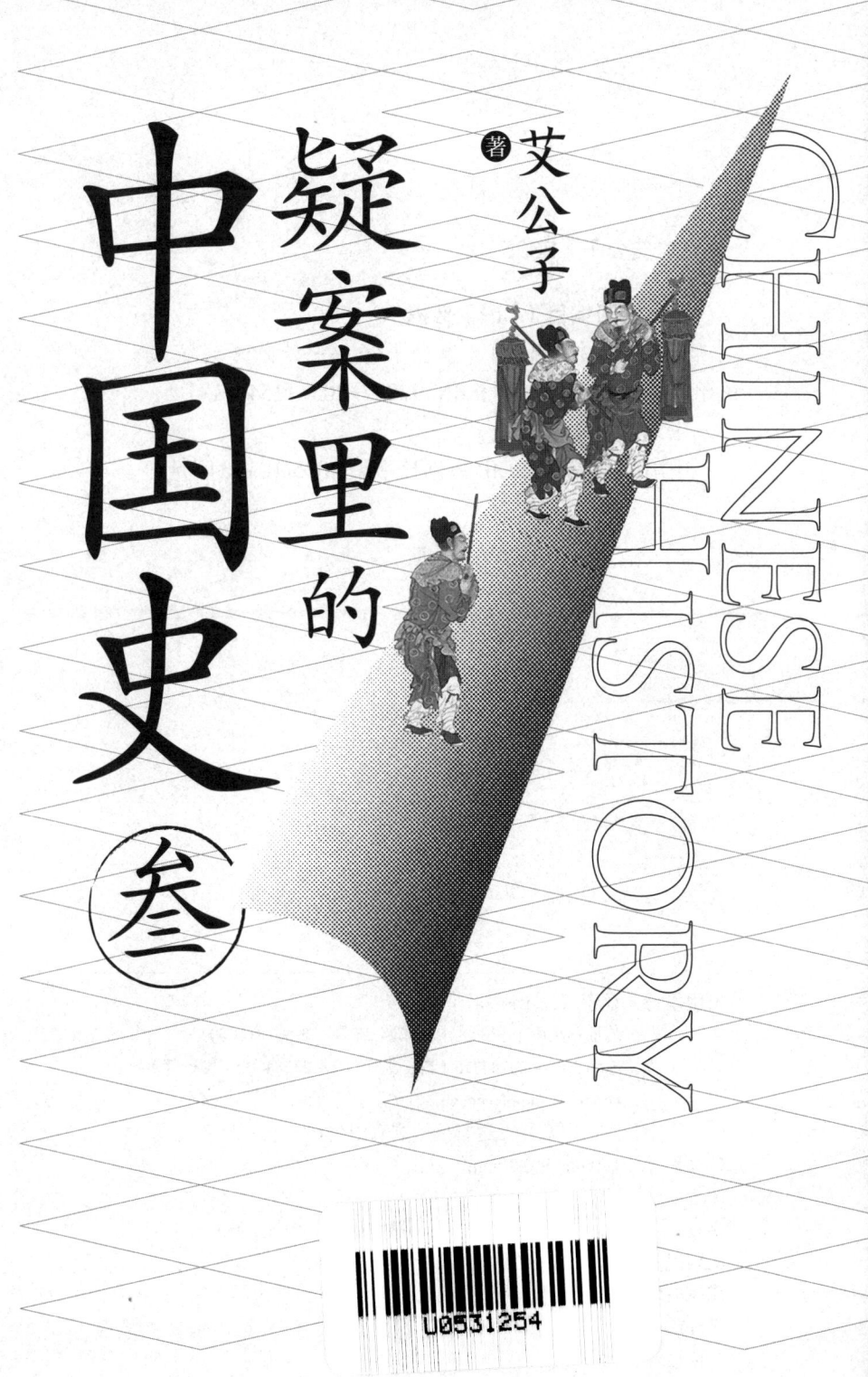

疑案里的中国史（叁）

著 艾公子

辽宁人民出版社

ⓒ 艾公子 2025

图书在版编目（CIP）数据

疑案里的中国史. 3 / 艾公子著. -- 沈阳：辽宁人民出版社, 2025. 6. -- ISBN 978-7-205-11540-1

Ⅰ．K209

中国国家版本馆 CIP 数据核字第 2025MU1134 号

出版发行：辽宁人民出版社
　　　地址：沈阳市和平区十一纬路 25 号　邮编：110003
　　　电话：024-23284325（邮　购）024-23284300（发行部）
　　　http://www.lnpph.com.cn
印　　刷：三河市嘉科万达彩色印刷有限公司
幅面尺寸：170mm × 240mm
印　　张：26.5
字　　数：389 千字
出版时间：2025 年 6 月第 1 版
印刷时间：2025 年 6 月第 1 次印刷
责任编辑：贾妙笙
封面设计：人马艺术设计·储平
责任校对：吴艳杰
书　　号：ISBN 978-7-205-11540-1

定　　价：69.80 元

序言

"龙骨"的隐喻

19世纪末的一天，病人王懿荣走进一家药铺抓中药。

其中一味药叫"龙骨"。

回家煎药时，他发现龙骨上面刻有一种年代久远的文字符号，比先秦的篆文还要古老。王懿荣于是赶紧出门，四处收购龙骨，并将这个惊人的发现告诉好友刘鹗。

此时，王懿荣还不知道，他所发现的正是商代的甲骨文。

1900年，庚子年，王懿荣殉国，其收藏为刘鹗所得。刘鹗继承友人遗志，尝试对甲骨文进行考释。此后，孙诒让、罗振玉、王国维、董作宾、郭沫若等人先后进入这个领域，甲骨文研究蔚然成风。

1928年，甲骨文的出土地安阳殷墟开始现代考古发掘。此后近一个世纪里，经过不断地发掘与研究，一个距今三千多年的朝代，一套古老的汉字体系，逐渐清晰起来。

有人可能要纳闷了，为什么这三千多年间，就没有其他人发现甲骨文呢？

根据考古学家李济的观点，安阳殷墟周边的隋墓中已有甲骨碎片，说明晚商文化层在隋代就已经露出地表，只是隋代学者没有发现甲骨文，这些甲骨就被工人掺入隋墓回填土中。受限于时代，这些先人未能像王懿荣一样发现甲骨上刻字的意义，使其被长期掩埋。

每次重温王懿荣发现甲骨文的故事，我总是在想，这不就是揭开"被遮蔽的历史"的生动隐喻吗？"龙骨"被当成中药许多年，如同我们周围习焉不察的诸多事物，或者不容置疑的诸多成见，但它一直在等待一次机缘巧合，等待一个合适的人来擦拭表面的痕迹，直抵它的本质。

读史同样如此。每一段历史都是三种层次的堆叠，表层是人物与事件，中间层是社会、经济与文化，底层是地理环境与空间。按照法国历史学家布罗代尔的理论，这分别对应的是历史的短时段、中时段和长时段。所以，表层只是现象，稍纵即逝的东西难以解释百年、千年的运行逻辑，只有中间层和底层才能有效地解释历史的生成规则。任何一个阅读历史的人肯定都不是希望读到人物与事件为止，而是希望读到其发生机制的有效阐释——相比于"是什么"，"为什么"显然更有价值，更有普遍意义。

写史者要做的，便是不断深挖，一定要突破表层，尽力抵达中间层，争取触及底层。拿"龙骨"来说，它的表层是中药，中间层是文字，底层就是一个朝代及其观念体系。

读《史记·高祖本纪》。

刘邦起兵前，有一次借酒壮胆，提剑斩杀了一条挡道的白蛇。夜里，有个老妇人哭着来找儿子，说她的儿子被杀了。人家就问她，你儿子为什么被杀呀？老妇人说，我儿子是白帝之子，变成蛇，挡了路，被赤帝之子杀了。在这里，提剑斩蛇的故事是历史的表层，而我们要探究的是，这种政治神话是如何被构建起来的。如此，才能解释传统史书上许许多多的同类记载，包括帝王出生异象、奇怪长相以及神奇功能，等等。

读明初的蓝玉案。

明太祖在位晚期，一代名将蓝玉被告发谋反，株连上万人。这场席卷朝堂的血腥屠杀有太多不合理之处。比如说，明朝的官方文件《逆臣录》中缺少主犯蓝玉的口供，所谓的密谋造反也如同儿戏，事发前，甚至连京城内外的农夫、匠人、士兵都知道蓝玉要谋反，却没有确切的谋反时间。如果从当时太子朱标病逝引发的朝政动荡来看，蓝玉案似乎另有隐情，其中到底藏着朱元璋怎样的心思呢？以及，在此之上，历史上的功臣名将为什么会在不同的时间段陷入同样的处境，这指向的何尝不是历史中间层——政治文明的反复？

读古典小说《西游记》。

小说里的孙悟空神通广大，法力无边。小说外，鲁迅和胡适却曾为了这只"神猴"的原型争论不休。有人说，孙悟空的原型是《山海经》中的水妖巫支祁；有人说，孙悟空的原型源自印度神猴哈奴曼；还有人说，孙悟空的原型应为历史上玄奘西行求法时收的胡人弟子石磐陀……而这些争执的底层逻辑，则指向神话建构、历史记忆和文化交融等问题，只看到孙悟空而看不到他的七十二变，就显得肤浅了。

摆在你面前的这本书，表面是在写历史疑案，但我们更想探讨历史疑案底下的东西。无论是一起出身迷案、一则死亡悬案、一宗刑事案件，抑或一段学术公案，我们都尽力在常规叙述之外，去触达历史中间层乃至底层的问题。结论有时候并不重要，重要的是阐释的逻辑是否成立——这才是我们真正关心的。

这本书也是《疑案里的中国史》系列的第三部。跟前两部一样，我们从浩如烟海的史册中精选了40个独立的历史疑案，参考大量的史料、论文和专著，以新闻特稿式的写法，抽丝剥茧，生动叙述，并不断聚焦表层之下的历史逻辑。但愿阅读此书，能有所获。

本书的作者艾公子，系文史原创品牌"最爱历史"创作团队的集体笔名，执笔者分别为梁悦琛、陈恩发、李立廷和吴润凯。

在此感谢我们的第一批读者，他们在"最爱历史"微信公众号上阅读了本书的部分内容，并提出了一些宝贵意见。感恩相遇。是为序。

艾公子

2024年5月28日

目 录

序言 ·· 001

第一章　帝王生死谜案

"龙种"刘邦：神话还是历史？ ······················· 003

柴荣死于外星人诅咒？ ································· 016

朱棣身世之谜 ··· 027

乾隆帝的生母究竟是谁？ ······························ 035

咸丰帝猝逝之谜：色字头上一把刀？ ·············· 045

第二章　帝国政治大案

秦二世继位之谜 ·· 055

蓝玉谋反案，株连上万人 ······························ 064

嘉靖李福达案：没有真相，只有政治 ·············· 074

天理教起义真相 ·· 084

道光户部亏空案：此案过后，羞谈人性 ··········· 096

第三章　历史名人争议

- 司马迁受宫刑的真相 ················· 109
- 朱熹有没有"纳尼姑、通儿媳"？ ·········· 120
- 明朝到底有没有"首富"沈万三？ ·········· 131
- 努尔哈赤为何要处死长子褚英？ ·········· 140
- 诡异的杨名时案 ···················· 149

第四章　潜藏的历史真相

- 古代中国为什么要修长城？ ············· 159
- 徐福东渡的历史真相 ················· 169
- 项羽真的烧了阿房宫吗？ ··············· 178
- 秦桧是金国间谍吗？ ················· 185
- 摩尼教消亡之谜 ···················· 194

第五章　神话与历史

- 世界上真的有龙吗？ ················· 205
- 帝王为何热衷封禅泰山？ ··············· 215
- 为什么黑白两道都拜关公？ ············· 228
- 包拯是如何被神化的？ ··············· 235
- 历史上的张三丰，是"活神仙"吗？ ·········· 244

第六章　女性疑案

西施下落之谜 ·· 255

高阳公主谋反案真相 ·· 263

"失踪"的唐朝皇后沈珍珠 ····································· 272

同昌公主之死：死了一个公主，埋了半个王朝 ············ 282

揭秘晚清名妓：真实的赛金花 ································ 292

第七章　惊世奇案

北宋阿云案：惊动高层的少女杀夫案 ······················· 303

杨应龙案：杀妻、弑母、屠城、反明 ······················· 315

清代广州七尸八命奇冤 ·· 325

光绪王树汶顶凶案：事出反常，必有黑幕 ················· 334

春阿氏案：晚清北京城的真实大案 ·························· 345

第八章　文学里的谜题

千古奇书《山海经》是怎么诞生的？ ······················· 357

唐代的武侠是什么样子？ ····································· 365

孙悟空的原型是谁？ ··· 375

《封神演义》成书之谜 ·· 384

作者是谁：《满江红》最大的争议 ·························· 393

参考文献 ·· 403

第一章 帝王生死谜案

"龙种"刘邦：神话还是历史？

晚年的刘邦坐在高高的龙椅上，望着空旷的殿堂，对自己的出身和面相产生了一阵恍惚之感：我，大汉王朝的创立者，到底是刘太公与刘媪之子，还是蛟龙之子？我，这张苍老的脸，到底只是跟常人略有不同，还是贵不可言？我，左腿上，到底有没有72颗黑痣？

但他只是恍惚了一下子而已。这么多年，他早已相信了自己的神异。

讨伐叛乱的英布时，他中了箭，回到长安后感染病重。吕后为他请来了最好的医生，医生打包票说："病可以治好。"他一听却来了气，当场谩骂医生道："我以一介布衣平民，手提三尺剑取得天下，这不是天命吗？命运在天，虽有扁鹊，又有什么用处！"他赏了医生50斤黄金，将其打发走了，自己进入了生命的弥留之际。通过掌握自己的死，他最后一次证明了自己的神异。

但，又有一阵恍惚袭来：我，大汉王朝的创立者，到底只是受天命眷顾的一介布衣，还是蛟龙之子？我，这张濒死的脸，到底只是跟常人略有不同，还是贵不可言？我，从不示人的左腿上，到底有没有72颗黑痣？

1

早在刘邦开始创业打天下时，关于他的神异故事就已经开始流传。

刘邦本是秦朝体制内的一个基层官吏——亭长。一次，他负责押送徒役去骊山修帝陵，走了没多远，很多徒役就逃跑了。照这情势，估计等到了骊山，人早逃光了。所以他就停下来，喝了一场酒，然后趁着夜色把所有徒役都放了："你们逃命去吧，我也一样。"这件事，标志着刘邦从秦朝的维护者变成了反叛者。见他如此仗义，徒役中有十几个人当场表示愿意跟他一起走。刘邦便带着这些人逃匿在芒县、砀县的山泽（今称芒砀山）之中，走上反秦创业之路。

随后，神奇的事开始发生了。司马迁《史记·高祖本纪》记载：

高祖被酒，夜径泽中，令一人行前。行前者还报曰："前有大蛇当径，愿还。"高祖醉，曰："壮士行，何畏！"乃前，拔剑击斩蛇。蛇遂分为两，径开。行数里，醉，因卧。后人来至蛇所，有一老妪夜哭。人问何哭，妪曰："人杀吾子，故哭之。"人曰："妪子何为见杀？"妪曰："吾子，白帝子也，化为蛇，当道，今为赤帝子斩之，故哭。"人乃以妪为不诚，欲笞之，妪因忽不见。后人至，高祖觉。后人告高祖，高祖乃心独喜，自负。诸从者日益畏之。

秦汉时期，人们见面打招呼的常用语是"无它乎"（有没有蛇），跟现在问"吃饭了没"是一样的。可见当时的蛇患很严重。刘邦喝醉了，借酒壮胆，提剑斩杀了一条挡道的白蛇——事儿就这么个事儿，即便放在现在也不算十分罕见，顶多说明刘邦的胆量确实不一般。

但这件事在传播过程中，却出现了神异的情节，司马迁以第三视角讲述道，有个老妇人夜里哭着来找儿子，说他的儿子被杀了。人家就问她，你儿子为什么被杀呀？老妇人说，我儿子是白帝子，变成蛇，挡了路，就被赤帝子杀了。刘邦酒醒后，知道老妇人寻子的事，内心窃喜。而他的追随者从此更加敬畏他。

就在刘邦斩杀白蛇的时候，陈胜、吴广已经在大泽乡举起反秦义旗，喊出"王侯将相宁有种乎"的口号。按照《史记·陈涉世家》的记载，陈胜和吴广密谋起事后，去找占卜者来占卜吉凶：

卜者知其指意，曰："足下事皆成，有功。然足下卜之鬼乎？"陈胜、吴广喜，念鬼，曰："此教我先威众耳。"乃丹书帛曰"陈胜王"，置人所罾鱼腹中。卒买鱼烹食，得鱼腹中书，固以怪之矣。又间令吴广之次所旁丛祠中，夜篝火，狐鸣呼曰："大楚兴，陈胜王。"卒皆夜惊恐。旦日，卒中往往语，皆指目陈胜。

这段记载中，司马迁几乎全程以陈胜、吴广的第一视角，还原了这两位起事者"装神弄鬼"的全过程：占卜者知道陈胜、吴广的意图，于是顺着他们的意思说他们爱听的话，然后又指点他们向鬼神问卜。问人还不够，还要问鬼神？陈胜很快参透了占卜者的用意："这是教我们利用鬼神来威服众人罢了。"他便用丹砂在绸子上写下"陈胜王"三个字，装到等待售卖的鱼的肚子里。士兵们买鱼回来烹食，发现鱼肚子里面的帛书，开始相信这是上天的暗示。到了夜里，陈胜又暗地里派吴广到驻地旁边丛林里的神庙中，点火，假装狐狸嗥叫："大楚将兴，陈胜为王。"士兵们整夜惊恐不安。次日，大家议论纷纷，看着陈胜，只等他一声令下就跟着这个天选之人起事了。

《史记》真是一部很高明的史书。司马迁写作这部书的时候，正是刘邦的曾孙刘彻执掌天下，而刘邦创业早已成功，陈胜吴广起义失败也过去了百年左右。在这样的时代背景下，有些东西必须隐讳，有些东西可以直书。所以，失败的陈胜吴广，丹书狐鸣的做局被无情揭露；成功的刘邦，提剑斩蛇的传奇被继续神化。

但是，司马迁似乎也在无声地告诉读者，陈胜和刘邦的故事其实就是历史的互文，他们互为彼此的镜像，骗局可以是神话，神话也可以是骗局。一切取决于最终的结果，胜了就是神话，败了就是做局。

汉朝覆灭后，史家们不用像司马迁一样承受为刘邦创业故事隐讳的政治压力，故而轻易就从其提剑斩蛇的传奇中发现了神化和虚构的猫腻。南宋朱熹在跟弟子讨论史书记事的真伪问题时，曾直接说："其间做得成者，如斩蛇之事；做不成者，如丹书狐鸣之事。"拿刘邦和陈胜之事来打比方，真是再贴切不过了。明朝杨循吉说得更为直白："斩蛇事，沛公自托以神灵其身，而骇天下之愚夫妇耳。大虹大霓、苍龙赤龙、流火之乌、跃舟之鱼，皆所以兆帝王之兴起者。此斩蛇之计，所由设也。"揭露了创业帝王假借符瑞、托于神灵的伎俩。

问题是，老百姓从来就相信这一套，所以当刘邦斩蛇的故事演变为赤帝子斩白帝子的神话后，"诸从者日益畏之"——借助编造的神异故事，刘邦首次获得了政治影响力。

2

尝到甜头的刘邦，必然会再次编造自己的神异事迹。于是，越来越多的神迹，发生在他身上：

秦始皇帝常曰"东南有天子气"，于是因东游以厌之。高祖即自疑，亡匿，隐于芒、砀山泽岩石之间。吕后与人俱求，常得之。高祖怪问之。吕后曰："季所居上常有云气，故从往常得季。"高祖心喜。沛中子弟或闻之，多欲附者矣。

战国、秦汉时期，望气术非常流行，当时人相信通过观察云气可以预测吉凶。连秦始皇也不例外，他相信望气术士的预测，认为"东南有天子气"，这对秦王朝是潜在的威胁，但对刘邦却是攀附的机会。《史记》说刘邦"自疑"，即自己对号入座，认为东南的"天子气"因应在自己身上。可是，自己相信还不够呀，还要别人也相信才行。于是，吕后就出来跟丈夫唱双簧了：

刘邦：我藏在大山里面，藏得很隐秘，你怎么这么神通广大，每次都能把我找出来，像开了定位一样？

吕雉：你是自带光环的人，躲哪儿都会发光的。

请注意司马迁的记述，吕后不是自己一个人去找丈夫，而是"与人俱求"，带着别人一起去找的。没有第三者参与，刘邦自带云气的故事怎么能够流传开去呢？经此一波宣传，刘邦的人气更旺了，沛中子弟纷纷归附他，跟着他搞大事去了。

除了云气，刘邦的面相也越传越神。

最早出来讲述传奇的人，依然来自他最亲近的熟人圈子——岳父吕公和岳母吕媪。二人追述当初为什么会把宝贝女儿许配给爱扯谎的无赖之徒，一个唱红脸一个唱黑脸，而关注点便是刘邦的面相：

吕公曰："臣少好相人，相人多矣，无如季相，愿季自爱。臣有息女，愿为季箕帚妾。"酒罢，吕媪怒吕公曰："公始常欲奇此女，与贵人。沛令善公，求之不与，何自妄许与刘季？"吕公曰："此非儿女子所知也。"卒与刘季。

据《史记》记载，吕公一家为躲避仇人，搬到沛县居住。吕公由于跟沛县县令关系很好，一到县里就受到热烈欢迎，于是他大摆筵席，各方宾客则带上贺礼来捧场。泗水亭长刘邦也赶去蹭酒喝，但兜里分文都没有，便包了个空红包，谎称"贺钱一万"，大摇大摆地进门赴宴了。

吕公一看到刘邦的面相，不仅不生气，把他奉为上宾，酒足饭饱后还特地将他留下来，开口就说："我有个女儿，想许配给你做妻子，为你打理家务。"为什么？吕公说，因为我相人无数，还没见过像你这么好的面相。一旁的吕媪却憋了一肚子火，待客人散了，就向吕公抱怨道："你常说，要让咱女儿嫁户好人家，沛县县令几次求亲，你都不同意。今天怎么随随便便就把她许给一个无赖呢？"吕公不作解释，轻蔑地回了一句："女人家懂什么。"于是就把他们的女儿吕雉嫁给了刘邦。

婚后数年，刘邦和吕雉已经有了两个孩子。这时，又一个善于相面的老者适时地出现了：

吕后与两子居田中耨，有一老父过请饮，吕后因哺之。老父相吕后曰："夫人天下贵人。"令相两子，见孝惠，曰："夫人所以贵者，乃此男也。"相鲁元，亦皆贵。老父已去，高祖适从旁舍来，吕后具言客有过，相我子母皆大贵。高祖问，曰："未远。"乃追及，问老父。老父曰："乡者夫人婴儿皆似君，君相贵不可言。"高祖乃谢曰："诚如父言，不敢忘德。"及高祖贵，遂不知老父处。

那天，吕雉与两个孩子在田间除草，有一老者路过，要些水喝，吕雉就请他吃了饭。老者随后给吕雉相面，说她是"天下贵人"，接着给两个孩子看相，也都说是"贵相"。看完相，老者就走了。恰好刘邦来到田间，听吕雉这么一说，赶紧追上去。追到了老者，要他也给自己看相，老者说："你的相貌，贵不可言。"刘邦听完，对老者感恩戴德："等我发达了，不会忘记您。"

在历史文献中，这位神秘的老者给刘邦一家四口相完面便彻底消失了。即便刘邦大富大贵之后专门去找他，也找不到了。那么，作为刘邦面相"贵不可言"的最早认定者，这样一位老者究竟是否存在恐怕要打个问号了。从整个相面过程来看，老者的凭空消失，也就意味着这件事的传播，背后的推手只能是刘邦夫妇。

至此，通过岳父的看相以及所谓的神秘老者的看相，刘邦"贵不可言"的面相逐渐"出圈"，强化着人们对他的观感。而且，越传播，越离奇。人们不仅相信他"隆准而龙颜"，还相信他"左股有七十二黑子"——尽管除了吕雉，恐怕很难有人看到他如此隐秘的部位。

问题的关键是，在那个反秦烽火四处燃烧的大乱世中，以宣扬神异故事起家的刘邦实实在在吃到了神道设教的红利，迅速崛起成为一股能够影响地方政治形势的力量。

在《史记》中，秦二世元年（前209），刘邦怂恿沛县人民杀掉县令后，县中父老开城门迎接他，要推举他为新任县令。刘邦起初推托，说一些"能力有限，难堪大任"之类的场面话，这时，诸父老说出了要推举刘邦的理由："平生所闻刘季诸珍怪，当贵，且卜筮之，莫如刘季最吉。"我们平时听到许多关于你的神异事情，看来你是该显贵的。而且，我们又经过占卜，确实没有比你更吉利的人选了。

你看，多有意思的记载。司马迁通过第三方视角（诸父老），说明刘邦的神异故事宣传在其创业初期已经彰显出强大的社会影响力，并日渐深入人心。也就是说，大家听着这样的故事，很容易就被"洗脑"了，对故事内容深信不疑，然后反过来，在强大的心理暗示下，又通过占卜等神异手段，进一步坐实了故事主角的神异之处。

作为故事的主角，刘邦自然更加急迫地要重复自己的神异，所以我们看到，他被立为沛公后：

祠黄帝，祭蚩尤于沛庭，而衅鼓旗，帜皆赤。由所杀蛇白帝子，杀者赤帝子，故上赤。

刘邦斩白蛇的神异事迹，在这里再次派上用场：起事的军旗用红色，因为他可是斩了白帝子的赤帝子，所以必然要崇尚红色，以使更多的人认定他就是赤帝子。如此，在故事传播与实际行事之间，又顺利建构起一个自洽的闭环，持续占据跟随者的心智。

在秦末战争中，草根崛起的刘邦最终跟贵族出身的项羽一起，成为反秦军事阵营中的两大势力。公元前207年，秦朝傀儡统治者子婴被迫取消帝号，改称秦王。46天后，刘邦先于项羽攻入咸阳，秦亡。接下来的4年，是刘邦与项羽角逐天下的楚汉争霸阶段。面对累世为贵族的项羽，刘邦的出身似乎乏善可陈，于是随着楚汉相争进入白热化阶段，他早年的事迹也开始神化了：

常从王媪、武负贳酒，醉卧，武负、王媪见其上常有龙，怪之。高祖每酤留饮，酒雠数倍。及见怪，岁竟，此两家常折券弃责。

这是说，刘邦早年喜好喝酒，常常到武负、王媪的酒肆赊酒喝，喝醉了就睡。等他睡着了，武负和王媪便看到他的上方常有龙盘旋，觉得很奇怪。刘邦每次留在酒肆里喝酒，酒肆的生意就特别好，顾客盈门，售出去的酒达到平常的几倍。等到看见了有龙出现的怪事，到了年终，二人就毁掉欠据，免除了刘邦的欠债。

故事的重点是"龙"。不管是此前的斩白蛇事迹，还是"贵不可言"的面相，此时都落实到了更加具象化的、更具权力与身份象征的龙身上。而最终，指向的是刘邦的身世：

父曰太公，母曰刘媪。其先，刘媪尝息大泽之陂，梦与神遇。是时雷电晦冥，太公往视，则见蛟龙于其上。已而有身，遂产高祖。

根据《史记》这个记载，刘媪曾在水草丰满的地方休憩，梦与神遇。当时雷电交加，刘太公赶紧跑过去一看，只见上面蛟龙飞腾，于是刘媪就怀上了刘邦。

结合刘邦自创业之初开始的自我神化进程来看，这个玄之又玄的身世，必定又是他自己编造并极力向外宣传的。在历史上，这种神异的受孕过程，被叫作"感生神话"，也称"贞洁受孕神话"。它是关于人类始祖诞生的一种神话类型。战国、秦汉时期，关于周人始祖后稷、商族始祖契、秦人祖先大业等降世的感生神话广泛流传，成为各族人追溯先人身世的典型传说。刘邦从中得到灵感，照着相同的故事类型，伪造了自己的降生神话。

随着刘邦在公元前202年的垓下（今安徽省灵璧县东南）击败项羽，建立汉王朝，"蛟龙之子"的神话便上升为整个王朝的历史记忆，代代相传。秦汉时期的人们普遍相信"帝王之生，必有怪奇，不见于物，则效与梦矣"，刘邦的成功反过来印证了他非同一般的身世，为"龙种"的历史写下了最好的真实性注脚。到这里，帝王（刘邦及其子孙）把历史神话化，民众（包括执笔的史家司马迁）则把神话历史化。

3

当神话变成了历史，我们不禁要问：到底是赤帝子杀白帝子、芒砀云气、面相高贵、蛟龙之子这些"天注定"的东西造就了刘邦的成功，还是以匹夫之力创造历史的能力与魄力造就了刘邦的成功？

对此，刘邦本人也是矛盾的。

称帝后，刘邦在洛阳南宫摆了一场酒宴，主题是与诸将讨论："吾所以有天下者何？项氏之所以失天下者何？"——我刘邦凭什么得天下？项羽又为什么失天下？

很明显，这是对楚汉争霸结果的高层次复盘。

高起、王陵二人回答说："陛下派人攻打城池夺取土地，所攻下和降伏的地方就分封给有功者，跟天下人同享利益。而项羽妒贤嫉能，有功的就忌妒，有才能的就怀疑，打了胜仗不给人家授功，夺了土地也不给人家好处，这就是他失去天下的原因。"

刘邦却说，你们只知其一，不知其二。他自己总结的成功原因是：

夫运筹策帷帐之中，决胜于千里之外，吾不如子房。镇国家，抚百姓，给馈饷，不绝粮道，吾不如萧何。连百万之众，战必胜，攻必取，吾不如韩信。三者皆人杰也，吾能用之，此吾所以取天下也。项羽有一范增而不能用，此其所以为我擒也。

原来，刘邦最看重的是自己识人、信人、用人的能力。他并没有提能力之外的东西，更没有提云气、面相、龙种这些神神鬼鬼的东西。

在此之前，诸将劝刘邦即位称帝，理由也是刘邦的为人和本事，说他"起微细，诛暴逆，平定四海，有功者辄裂地而封为王侯"，您这样的人不称帝，那我们就去死云云。

你看，他们也没提那些神神鬼鬼的东西。不仅没提"龙种"的事，还反而说刘邦"起微细"，出身底层草民。言外之意，草根的成功是史无前例的，这比起贵族的成功难度大得多，所以更厉害，更伟大。

可见，刘邦及其功臣群体都很清楚，他们创业成功跟他们宣传的神异故事并无关系。无论是否吹嘘或拍马屁，他们都在强调，刘邦的能力与人品是在乱世中走向最终胜利的根本原因。能力之外的资本为零，没有什么比匹夫之力的成功更值得尊敬。

但另一方面，刘邦在自我神化的道路上已经走得很远了。从创业伊始，他就一点一点往自己身上叠加"神异功能"，借以吸引民众，到创立汉朝时，他的公众形象已从早期的无赖子，变成了伟大的蛟龙之子。

类似的，他的功臣集团亦多出身低微，除家世高贵的张良之外，多为"亡命无赖之徒"，这些人出将入相，显然打破了既往的贵族政治传统，怎样解释这种前所未有的政治格局呢？

同样需要政治神话的加持，才能更好地解释权力所有者从贵族到平民的嬗变过程。继续将刘邦神圣化，赋予君权神授的天命观，对于新生的汉王朝而言，无疑可以结束秦末以来"王侯将相宁有种乎""彼可取而代也"的反叛思潮，降低更多平民铤而走险博取皇权的可能性。随着新生政权的平稳，刘邦及其功臣集团逐渐淡化创业过程的能力因素，而以神异的天命观来阐释王朝兴替的历史。于是，西汉初创时摆能力、讲人品的场景犹如昙花一现，随后彻底消失，而关于刘邦的神异故事则广为流传，且愈演愈烈。

神异故事在现实世界里的真假并不重要，重要的是，在思想世界里是否被接受、被相信。

西汉开国元勋樊哙曾问思想家陆贾："从古到今，人们都说做皇帝的人是受命于天，事先都有祥瑞的征兆，难道真是如此吗？"

陆贾给予了肯定的回答，并解释道：

夫目瞤得酒食，灯火花得钱财，午鹊噪而行人至，蜘蛛集而百事喜，小既有征，大亦宜然。故曰：目瞤则咒之，灯火花则拜之，午鹊噪则喂之，蜘蛛集则放之。况天下之大宝，人君重位，非天命何以得之哉？瑞宝信也，天以宝为信，应人之德，故曰瑞应。天命无信，不可以力取也。

眼皮跳，就要有美酒佳肴；灯冒火花，就能得到钱财；中午喜鹊叫，就要有人来；蜘蛛聚集，就会有高兴事。小事都有征兆，大事更是如此。所以说，眼皮跳就要祷告，灯冒火花就要拜谢，中午喜鹊叫就要喂它，蜘蛛聚集就要放了它。更何况是皇帝的重位，不是上天授给，怎么能够得到呢？上天会显示征兆在天选之人身上，若非如此，凭武力强取也是无法得到天下的。

可见，在秦末汉初，皇权转移的天命观已深入人心。越是出身贫贱，越要自我神化，这样才能彰显"应天受命"的痕迹，赢得民众的支持。从某种意义上说，刘邦的成功便是草根造神的胜利。

回望历史，喊出"王侯将相宁有种乎"的陈胜吴广失败了，假装自己是"龙种"的刘邦成功了。当秩序重建之后，帝国统治者需要的也是君权神授的天命观,而不是人人可以称王称帝的革命论。这就是那个时代的新需求。

4

最高级的政治神话,是连自己都深信不疑。在生命的最后时刻,相信"命乃在天,虽扁鹊何益"的汉高祖刘邦拒绝治病,以死印证了自己所宣扬的天命观的真实性。至此,生于天命,死于天命,刘邦的一生形成了神奇身世的闭环,堪称有始有终。刘邦死后,由他而起的帝王神话,依旧生生不息。

我们知道,在正史中,刘邦父母的名字是缺失的,仅称为刘太公和刘媪,按现在的叫法即是刘大爷、刘大妈。这也从侧面说明了刘邦出身的低微,因为普通人在当时是很难留下名字的。甚至刘邦本人在发达前可能都没有正式的名字,称"刘季"大概率是按伯仲叔季的排行取名,表明他是家中排行第四的儿子,称帝后才改名为"邦",而以"季"为字。

有意思的是,汉代的纬书在神化刘邦的同时,追根溯源连着神化他的父母。于是,刘太公和刘媪开始有了自己的名字,分别叫刘执嘉和王含始。这还没完,之后的史书进一步称:

> 汉高帝(刘邦)父曰刘执嘉。执嘉之母,梦赤鸟若龙戏己,而生执嘉,是为太上皇帝。母名含始,是为昭灵后。昭灵后游于洛池,有玉鸡衔赤珠,刻曰玉英,吞此者王。昭灵后取而吞之,又寝于大泽,梦与神遇。是时雷电晦冥,太上皇视之,见蛟龙在其上,遂有身而生季,是为高帝。

在这里,刘邦父亲的身世也被神化了,同时为刘邦母亲增添了非凡的际遇,这一系列的神话书写无不彰显了刘邦的天子之命。

不仅如此,刘邦斩白蛇的"长剑"也开启了神化旅程。作为实物,这把斩蛇剑被尊为国之重器,与传国玉玺享有同等地位。汉代,在新皇帝的即位仪式上,斩蛇剑是重要道具,象征权力交接的合法性。直到晋惠帝年间,洛阳武库大火,斩蛇剑才从历史上消失。不过作为精神意义上的斩蛇剑,它一直是后世帝王构建个人权威、彰显创业功绩的历史资源。李世民曾说，刘邦"提三尺剑定天下"，自己则是"提三尺剑定四海"。朱元璋在纪念刘邦时曾表示："惟予与汝不阶尺土一民，手提三尺致位天子。"

不管朝代如何更替，刘邦开启的政治神话便以这样的方式延续，层累地构建起历朝历代帝王创业建国的神话史。可以说，刘邦构建的一系列政治神话，成为后世开国君主及夺权篡位者为自己制造天命所在的经典范本。

出身卑微的帝王需要自高身世。于是，感生神话继续流传。苻坚的母亲"祈子于西门豹祠，其夜梦与神交，因而有孕，十二月而生坚焉"。朱元璋的母亲"梦神授药一丸，置掌中有光，吞之，口余香气"，便生下了后来的命定天子。

身为开国皇帝要有神光笼罩。于是，赵匡胤、耶律阿保机、朱元璋等人在发迹前都有了像刘邦一样的天子气，要么"赤光绕室"，要么"夜有红光"。

非常之人必有非常之相。于是，孙权"方颐大口，目有精光"，刘备"长七尺五寸，垂手下膝，顾自见其耳"，刘曜"身长九尺三寸，垂手过膝，生而眉白，目有赤光，须髯不过百余根，而皆长五尺"，吕光"身长八尺四寸，目重瞳子，左肘有肉印"……

要有善相之人。于是，有了史世良给李渊看相，说："公骨法非常，必为人主，愿自爱，勿忘鄙言。"有了老儒给朱元璋看生辰八字，掐指算了半天，憋出几个字："吾推命多矣，无如贵命。"

要有龙。于是，杨坚小的时候，他妈抱着他，忽然看见"头上角出，遍体麟起"，吓得他妈赶紧把他扔地上了。有个尼姑刚好目睹了这"虐待"婴幼儿的一幕，幽幽地说了句："本来可以早点得天下为人龙，被你这么一惊吓，看来要晚几年了。"朱元璋出生没多久，有个老头来串门，进门就嚷嚷："你家有一龙。"

可以说，一个帝王没点神异事迹，都不好意思在史书里露面了。

纵观帝王神话，出生时、称帝前、登基时，是渲染天命神授的三个关键节点，也是史书中开国帝王被神化的"重灾区"，由此形成一套模式化的历史书写套路。而所有这一切，都可归结为刘邦的政治遗产。

距今最近的"刘邦式政治神话"，发生在1915年，民国总统袁世凯称帝之前。据说，当时供袁世凯专用的浴池建成，他第一次洗完澡后，侍者清理浴池时，发现池底有几个特大的鳞片，闪闪发光。此后，袁世凯每次洗澡，都有几片鳞片留在池底。很快，袁世凯洗澡必有龙鳞脱落的消息，传遍了北京的大街小巷，越传越离奇。直到袁世凯复辟失败命归黄泉，"真龙转世"的把戏才被拆穿。原来，是袁世凯指使自己的小老婆以配药为名，专门到鱼市收购大鱼的鳞片，他每次洗澡时，将鳞片偷偷丢在浴池里。

时代总会进步，历史总会祛魅，于是神话就成了笑话。

柴荣死于外星人诅咒?

后周世宗柴荣是历史上有名的帝王,正史对他的评价非常高,不是"一代英主"就是"雄杰贤主"。柴荣对自己的能力和功业也有很高的预期,曾说要以30年的时间来赢得天下太平。在时局动荡、天下混乱的五代时期,一个帝王有如此雄心壮志,属实罕见。而他不仅在乱世中喊出了口号,也按照时间节点切实推进着这项伟大的"致太平"计划。

然而,就在柴荣继位的第六个年头(959),上天无情地收回了他的生命,连带着终结了他未竟的事业。当时,他的北伐正势如破竹,连战连捷,仅用40余天便从契丹人手中收回三州三关。关键时刻他却突然患病,只能收兵返京,随后去世,终年仅39岁,真是"创业未半而中道崩殂"。

关于柴荣之死,正史中几乎都没有提及具体的死因,仅含糊地称其"遇疾"(《新五代史》)。但一个有能力且有志向改写历史的人物,一个原本可以创造秦皇汉武一般功业的人物,却在当打之年骤然离世,千百年来总让读史之人扼腕叹息。人们需要为这谜一样的死亡找到一种解释,其中最大胆的一种解释,是说柴荣死于外星人诅咒,或感染了外星病毒。

为什么会有这么离奇的解释?最接近真相的解释又是什么呢?

1

柴荣死于外星人诅咒、病毒的说法,主要来自网络上的一些文章,也被一些书籍杂志所采用。这种说法看似无厘头,但并非空穴来风——其源头还挺久远,为北宋末年王铚的笔记《默记》。

根据王铚《默记》的记载,事情是这样的:

时缘用兵,(王)朴多宿禁中,一日谒见世宗,屏人霎霎,且仓皇嗟叹曰:"祸起不久矣。"世宗因问之,曰:"臣观玄象大异,所以不敢不言。"世宗云:"如何?"曰:"事在宗社,陛下不能免,而臣亦先当之。今夕请陛下观之,可以自见。"

是夜,与世宗微行,自厚载门同出,至野次,止于五丈河旁。中夜后,指谓世宗曰:"陛下见隔河如渔灯者否?"世宗随亦见之,一灯荧荧然,迤逦甚近则渐大,至隔岸,火如车轮矣。其间一小儿如三数岁,引手相指。既近岸,朴曰:"陛下速拜之。"既拜,渐远而没。朴泣曰:"陛下既见,无可复言。"

后数日,朴于李谷坐上得疾而死。世宗既伐幽燕,道被病而崩。至明年,而天授我宋矣。火轮小儿盖圣朝火德之兆,夫岂偶然?

这是说,王朴曾经观测到异常天象,认为天下将起大祸,不仅他自己将罹祸,连后周世宗也不能幸免,于是火速向柴荣禀报,并邀请柴荣一起观看此异象。当天夜里,柴荣跟着王朴出了皇宫,一直来到东京(开封)北部的五丈河边。半夜过后,王朴指着河对岸说:"陛下看见隔岸像渔灯一样的火光吗?"柴荣果然看见远远的天边有一点火光,但那火光随即快速移动,越来越大,到了对岸已经有车轮那么大了。最奇怪的是,火光之上还站着一个看起来仅三四岁的小孩,用手指着他们。王朴急忙拉着柴荣说:"陛下请下拜!"二人跪拜后,火轮才渐行渐远,直至隐没。王朴最后哭着说:"陛下已经看到了,我也没什么说的了。"

按照王铚的记载,这大约是后周显德六年(959)春天的事。没多久,王朴在前任宰相李谷家做客时"得疾而死",而柴荣则在此后北伐幽燕途中"被病而崩"。

由于二人的死均如此突然,有些人便结合科幻进行脑补和解释,称那天夜里王朴和柴荣看到的"火轮"其实是一架飞碟，火轮上的小孩则是外星人，二人显然是受到了外星人的诅咒或病毒辐射才相继在短时间内离奇病亡。实际上，我们看王铚的原文就知道，这种外星人猎奇式的解读是根本站不住脚的。王铚写了王朴、柴荣相继而死后，紧接着说了一句话："至明年（960），而天授我宋矣。火轮小儿盖圣朝火德之兆，夫岂偶然？"

原来，王铚写这个故事的根本目的，是为宋、周政权嬗变的合法性站台而已。

我们现在解释朝代更替，更多用的是革命或者篡位的客观表述，但在古代，人们用的是"五德终始说"，以此证明朝代兴替的合法性与正统性。五德终始说，是战国时期阴阳家邹衍所主张的历史观念，"五德"指的是五行木、火、土、金、水所代表的五种德性，"终始"指的是"五德"周而复始、循环运转的过程。秦始皇统一天下后，全面接受邹衍的"五德终始说"，认为周朝是"火德"，水胜火，故秦始皇自称以"水德"君临天下。

时间来到后周、宋朝交替的历史节点，我们如今信奉的是柴荣死后，赵匡胤欺负后周孤儿寡母才取得大宋天下的历史观念，而宋代人相信的是天命转移、皇权神授以及五德终始。这是宋朝一建立就通过官方舆论强力塑造的理念，也是他们那个朝代的政治正确。后周是"木德"，火胜木，宋朝自然是"火德"，这是宋代人都知道的常识。王铚写《默记》的时候，潜意识里也深受五德终始说影响。唯一不同的是，他将宋朝的"火德"给形象化了，以"火轮小儿"的具象表明宋代周的合法性。所以，在王铚的世界里，"火轮小儿"代表的可不是飞碟和外星人，而是宋朝的"火德"。

由此，我们可以稍加推测，王朴带柴荣观看"火轮小儿"的故事极有可能是宋朝建立后社会上出现的"都市传说"，然后被有心的王铚给记录下来。至于为什么会出现这样的"都市传说"，则主要基于三点事实：第一，"火德"的宋朝取代了"木德"的后周；第二，王朴与柴荣在一年内相继离世；第三，若不是王朴与柴荣相继离世，宋代周便不可能发生。请记住，传说总是在需要对大事件作出解释的时候开始流传。

2

问题又来了，柴荣和王朴既然不是死于所谓的外星人诅咒或病毒辐射，那么，他们是否死于王铚所说的宋朝"火德"肇兴的冥冥天意呢？

上文讲了，宋代人真的会这么认为。或者说，他们会有意这么认为。

史载，赵匡胤建立宋朝后，某日经过后周遗留的功臣阁，恰好一阵狂风吹开了大门，一幅后周大臣的画像映入眼帘。赵匡胤赶紧整理衣冠后，毕恭毕敬地对着画像行礼。身边的人对此感到不解："陛下贵为天子，为何要向前朝的大臣行礼呢？"赵匡胤指着自己身上的龙袍，说："此人若在，朕不得此袍着。"这个人若不死，这身龙袍就跟我没关系了。

原来，赵匡胤看到的是王朴的画像。

王朴为人精明机敏，多才多艺，精通阴阳律历。柴荣继位前，王朴就充当其幕僚。柴荣继位后，君臣二人相知相得。显德二年（955），王朴献《平边策》，站在"久乱思治，久分必合"的理论高度，论证了柴荣开展统一天下行动的合理性，从而愈加得到重用。

史载："王朴仕周世宗，制礼作乐，考定声律，正星历，修刑统，百废俱起。又取三关，取淮南，皆朴为谋。然事世宗才四年耳，使假之寿考，安可量也。"而明代学者崔铣更是直接将"王朴兴周"与"子产相郑""孔明立蜀"相提并论。可以毫不夸张地说，王朴便是五代时期的诸葛亮，王朴若在，一定是柴荣托孤的最佳人选。如果这样，以王朴的能力，必然可以制约赵匡胤的野心，乃至挫败其篡位夺权的计划。赵匡胤也意识到这一点，所以才会说出"此人若在，朕不得此袍着"的话来。

可惜，王朴死在了柴荣前面。

显德六年（959）三月十五日，王朴前往拜访前任宰相李谷。二人正在交谈时，王朴突然晕倒，猝然离世，享年54岁。抛开玄幻或科幻，从现代医学的角度分析，王朴极可能死于突发心脏病或脑溢血。下葬之日，柴荣亲往祭奠，多次大哭。

柴荣曾问王朴，你看朕能当几年皇帝？深谙玄学的王朴答道，以我所学预测，可以当30年，30年后，我就不知道了。柴荣听了很高兴，向王朴吐露了他的理想："若如卿所言，朕当以十年开拓天下，十年养百姓，十年致太平，足矣！"在柴荣的3个"十年大计"中，预留了王朴作为左膀右臂的位置，如今，他已痛失臂膀。但很快，作为这项大计的核心与灵魂，柴荣也走到了生命的尽头。

按照《新五代史》记载的时间线，显德六年（959）三月二十九日，也就是王朴病逝14天后，柴荣北征契丹。四月十七日攻取乾宁军（位于今河北省青县）；二十六日攻取益津关（位于今河北省霸州市），在此设置霸州；二十八日攻取瓦桥关（位于今河北省雄县），在此设雄州。五月一日攻取瀛州（今河北省河间市）；三十日从雄州回到京城开封。

在五月一日之后，本欲继续北伐、收复幽云十六州的柴荣突然生病，且病情发展较快，只能下令撤军。根据宋人徐度的《却扫编》记载，柴荣返京途中，曾在澶州（即澶渊，今河南省濮阳市）停留：

周世宗既定三关，遇疾而退，至澶渊迟留不行，虽宰辅近臣问疾者皆莫得见，中外汹惧。时张永德为澶州节度使，永德尚周太祖之女，以亲故，独得至卧内，于是群臣因永德言曰："天下未定，根本空虚，四方诸侯惟幸京师之有变。今澶、汴相去甚迩，不速归以安人情，顾惮旦夕之劳而迟回于此，如有不可讳，奈宗庙何！"永德然之，乘间为世宗言如群臣旨，世宗问："谁使汝为此言？"永德对以群臣之意皆愿为此，世宗熟视久之，叹曰："吾固知汝必为人所教，独不喻吾意哉！然吾观汝之穷薄，恶足当此。"即日趣驾归京师。

这段史料明确指出柴荣撤军返京途中，在澶州停留了一段时间。这期间，只有他的妹夫、殿前都点检张永德获得召见，得以亲近柴荣，群臣便想通过张永德劝说柴荣尽快返京。他们告诉张永德说："如今天下未定，京城空虚，四方诸侯无不希望京城有变。澶州和汴京相距不远，不迅速返京以稳定人心，却在此地逗留，万一出现意外事件，可怎么办呀？"张永德觐见柴荣时，将这番话复述了出来。柴荣知道张永德一介武人，说不出这些话，便追问道："谁教你说这些话的？"张永德回答："这是群臣共同的愿望。"柴荣听完，也不再追问，只是自己喟叹道："我知道你是受人指使啊，但你居然不清楚朕的意图！"

柴荣在澶州逗留的意图究竟是啥，史无记载，我们只能略加猜测。考虑到柴荣撤军之时，他还命侍卫都指挥使李重进继续出兵北汉，并未召还，可见即便在病中，他仍未完全放弃继续北征的想法。他不愿尽快返京，或许是希望在澶州待病情好转之后重新出兵。所以，当张永德代表群臣催促他尽快返京时，他才说张永德"独不喻吾意哉"。如此，我们可以推测，此时柴荣虽然患病，但至少他自己认为并不致命。

在被群臣催促后，无奈之下的柴荣终于在当年五月三十日回到开封。随后，柴荣收回了张永德的兵权，升任赵匡胤为殿前都点检。这项重大人事变动的原因，是柴荣听到了一则传言——"点检做天子"，作为禁军大将的张永德首先遭到怀疑，因而被解除兵权。于是，在一个来路不明的传言的助攻下，赵匡胤作为最大的受益者成了禁军的一把手，为其后来的黄袍加身埋下了伏笔。

与此同时，六月九日，柴荣封7岁的长子柴宗训为梁王；六月十五日，任范质、王溥参枢密院事，魏仁浦同中书门下平章事。这相当于是把继承人和顾命大臣都定下来了。可见回京后十天左右的时间，柴荣的病情进一步恶化，他自己已做好了最坏的打算。到六月十九日，也就是返京的第二十天，39岁的柴荣病逝。

从上面的叙述可以看出，柴荣之死跟王朴之死的性质完全不一样。王朴是猝死，当天发病当天去世；柴荣的病则经历了发展、加重、恶化、夺命的过程，历时长达四五十天。

由于后周的历史书写全赖继起的宋朝来完成，因此，宋朝的史官首要目的是将柴荣之死与天意挂钩，以此证明大宋开国是上天属意。其中，宋初官修的《旧五代史》记载了最多此类"天意"：

世宗志在四方，常恐运祚速而功业不就，以王朴精究术数，一旦从容问之曰："朕当得几年？"对曰："陛下用心，以苍生为念，天高听卑，自当蒙福。臣固陋，辄以所学推之，三十年后非所知也。"世宗喜曰："若如卿言，寡人当以十年开拓天下，十年养百姓，十年致太平，足矣。"其后自瓦桥关回戈，未到关而晏驾，计在位止及五年余六个月。五六乃三十之成数也，盖（王）朴婉而言之。

就是说，王朴早就算出柴荣仅有五年六个月的寿命，但不忍道出真相，所以用五六相乘之数，谎称还有三十年寿命。这种说法神化了王朴的同时，也确立了天意不可违的神圣性，不管是柴荣之死还是宋周嬗变，都是天意运转的结果，凡人无法干预，更无法更易。

世宗末年，大举以取幽州，契丹闻其亲征，君臣恐惧，沿边城垒皆望风而下，凡蕃部之在幽州者，亦连宵遁去。车驾至瓦桥关，探逻是实，甚喜，以为大勋必集，登高阜，因以观六师。顷之，有父老百余辈持牛酒以献，世宗问曰："此地何名？"对曰："历世相传，谓之病龙台。"默然，遽上马驰去。是夜，圣体不豫，翌日病亟，有诏回戈，未到关而晏驾。

这意思更明显了，以"病龙台"的地名昭示真龙天子柴荣的病乃是天数。

先是，世宗之在民间也，常梦神人以大伞见遗，色如郁金，加道经一卷，其后遂有天下。及瓦桥不豫之际，复梦向之神人来索伞与经，梦中还之而惊起，谓近侍曰："吾梦不祥，岂非天命将去耶！"遂召大臣，戒以后事。

用一个非常具象化的梦境来说明柴荣得天下与失天下的天命因素，老百姓最相信这种说辞了。

初，幽州闻车驾将至，父老或有窃议曰："此不足忧。且天子姓柴，幽州为燕，燕者亦烟火之谓也，此柴入火不利之兆，安得成功？"卒如其言。

到这里，图穷匕首见，官方修史者的意图昭然若揭，连谐音梗都整出来了。"柴入火不利之兆"，何止是为了证明柴荣无法收复幽燕，更是为了论证"火德"的宋朝取代"木德"的后周实属天命使然。

《旧五代史》是薛居正于北宋初年奉旨监修的前代史书，编修成员包括卢多逊、扈蒙、张澹、李穆、李昉等人。其主导思想是强调天命与人谋共同决定政权的兴亡，并通过修史鼓吹北宋皇权源于神授，宣扬宋、周政权嬗变的合理性。

柴荣乃一代明君，人品与能力几乎无可指摘，但在其死后次年便发生了宋、周政权嬗代，这如何解释得通？史官们的做法是诉诸天命。在史书中宣扬君权神授思想，强调"大宝之位，必有冥数"，意即皇位冥冥之中自有定数，非常人所可及，以此一方面突出柴荣之死象征后周的衰亡，另一方面则用以粉饰"被天命选中"的赵匡胤代周立宋的神圣性。

回头再看赵匡胤对着王朴画像行礼，然后说出"此人若在，朕不得此袍着"的情节，你还以为他只是在对王朴的才能表示敬重吗？显然不是，他更多的是在表达王朴的死跟他本人的开国一样，都是老天安排好的——天意注定如此，而非使用了什么权谋，更不是什么欺负孤儿寡母。

在这个意义上，无论是对柴荣之死的解释，还是对王朴之死的解释，都只是朝代政治的需要而已。至于他们死亡的真相是什么，不重要。

3

关于柴荣之死，宋代人讲天命，讲政治，就是不讲真相，因而在历史上留下一个巨大的疑案。现在，我们需要解决的最后一个问题便是：柴荣到底死于何种疾病？

前面我们已经根据王朴的猝死情形，推测其可能死于突发心脏病或脑溢血。同样的，我们也可以从史料记载的蛛丝马迹来寻找柴荣的死因。先说结论：柴荣真正的死因，可能是一种怪病——痈疽。

痈疽是中医学病名，也称疽疮，属于急性脓疡，皮肤组织化脓性感染。痈疽发于皮肉之间，红肿热痛，会引起畏寒、发热、食欲减退等症状。随着病变部位脓点变大、增多，还可能破溃出脓，使疮口呈蜂窝状，其内的皮肤组织坏死，呈紫褐色，很难自愈。延误治疗或治疗不当会导致病变加剧，乃至出现严重的全身反应。

稍微懂点历史的人应该对这种病不会太陌生，因为古代有好几个皇帝感染过这种病，有些还因此毙命。汉文帝刘恒"尝病痈"，宠臣邓通经常为其吸出疮上的脓血，这都下得去嘴，说明对皇帝是真爱呀。于是，汉文帝就问邓通："这天底下谁最爱我呢？"邓通当然不会说是自己，便故作精明地回答："没人比太子更爱您了。"到太子来探望汉文帝的病情时，汉文帝要太子为他吮吸疮上的脓血——比邓通还爱我的人，肯定吸得比邓通好。太子虽然强忍着吸了脓血，但面露难色，被汉文帝看到了。人家邓通吸得那么陶醉幸福，你咋这么不情不愿呢？此后，太子便十分怨恨邓通。等汉文帝驾崩、太子继位后，邓通的下场就十分凄凉了。

这件事在历史上影响很大，以至于后来的皇帝只要生了痈疽，太子为了表示孝顺，基本都会"亲自吮脓"。比如北魏献文帝拓跋弘"患痈"，皇子拓跋宏就"亲自吮脓"；唐太宗李世民"患痈"，太子李治"亲吮之"。

关键是，痈疽是可以致命的。汉文帝终年47岁，史书虽未记载其死因，但一些史学家推测跟其所患的痈疽恶化有关。十六国时期的蜀主李雄，史载其"生疡于头，身素多金疮，及病，旧痕皆脓溃"，他的儿子们都很嫌弃，"恶而远之"，只有被立为太子的侄子李班"昼夜侍侧，不脱衣冠，亲为吮脓"。但六天后，李雄病死。

离柴荣最近的一个因生痈疽而死的帝王，是南唐开国皇帝李昪。李昪晚年崇尚道术，服用丹药，追求长生，个性变得暴躁易怒。南唐升元七年（943）二月，李昪背上生疽疮，色红灼热，发痒作痛。李昪讳疾忌医，等到脓头溃破太医才介入用药。谁知道用药后反而加重病情，李昪不时陷入神志昏迷状态，当月就病逝，终年56岁。

可以看出，患痈疽的帝王，从得病到死亡，短则数日、一月，长则数年，都有可能，视病情的发展与治疗效果而定。柴荣从发病到病逝历经四五十天，时间显然在此范围内,那么,他有没有可能也死于这种貌似不起眼的"夺命怪病"呢?

查阅史籍发现,北宋杨亿《杨文公谈苑》、王巩《随手杂录》、慧洪《林间录》以及南宋李焘《续资治通鉴长编》等书记载柴荣死因时,用了"痈发乳间""疽发脑间""疽发胸间"等表述,均指向柴荣乃死于痈疽发作。这本来是很明确的证据,不过有个疑点:杨亿、王巩、慧洪等人要么是信佛士大夫,要么是僧人,他们称柴荣死于乳间、胸间痈疽发作,目的并不纯粹——跟官修史书别有用心地以柴荣之死来宣扬"五德终始说""天命转移说"一样,这些人的记载,首先是为了证明"因果报应说"。

先看《杨文公谈苑》的相关记载:

周世宗悉毁铜佛像铸钱,曰:"佛教以为头目髓脑有利于众生,尚无所惜,宁复以铜像为爱乎?"镇州大悲铜像甚有灵应,击毁之际,以斧钁自胸镬破之……后世宗北征,病疽发胸间,咸谓其报应。

再看《随手杂录》的记载,情节大同小异:

柴世宗销天下铜像以为钱,真定像高大,不可施工,有司请免。既而北伐,命以砲击之,中佛乳,竟不能毁。未几,世宗痈发乳间而殂。

中国历史上出了几个以"毁佛"闻名的皇帝,柴荣便是其中一个。清代摊丁入亩以前,很长的历史时段内,政府都按人头征税,这导致很多人以遁入空门的方式,不事生产,躲避赋税。当僧尼的人数超过正常的比例时,一个国家(尤其是非大一统的朝代,比如南朝、五代)的正常运转就会因劳动力严重不足而被拖垮。柴荣在位时期,佛教过度兴盛,后周境内平均每个县有20多家寺院,寺院销铜钱造佛像,造成了流通钱币严重短缺。于是,柴荣继位第二年(955),下令大废国中佛寺,规定有国家许可的寺院才能保留,其他一律废除。因为佛教信仰关乎因果报应，很多官员对毁佛心有忌惮。柴荣亲自带头，砸毁了一尊别人不敢冒犯的观音铜像。他说："吾闻佛说以身世为妄，而以利人为急，使其真身尚在，苟利于世，犹欲割截，况此铜像，岂有所惜哉？"佛祖愿以真身救世人，如今牺牲铜像，造福天下，肯定更加在所不惜。柴荣的说辞确实很有论辩色彩，也很有说服力。在他的推动下，最终废除寺院3万余所，6万多名僧尼还籍。佛像被销毁后，重新用于铸造钱币，恢复经济。可见，"毁佛"是柴荣改革的重要内容，也是后周走向强盛的必经之路。

然而，正如历史上"毁佛"的其他帝王一样，柴荣也引起了僧人与信佛人士的不满和攻击。在他死后，宣扬因果报应无疑是最好的教育世人敬佛的素材。所以，才会出现这么多强调柴荣死于痈疽发作乃是遭受毁佛报应的史料记载。而且，柴荣痈疽发作的部位，跟他毁佛时砸中佛像的部位是一致的，从而更加说明了报应不爽。但抛开佛教的"因果报应说"，或许我们可以明确的是，先有柴荣死于痈疽发作的事实，再有士人借题发挥，将其死因与生前毁佛进行勾连的故事编排。从探究柴荣真实死因的角度而言，这些充斥着"因果报应说"的记载无疑比官修史书中玄之又玄的"天命转移说""五德终始说"更有价值。至少，它们保留了柴荣的病因。

到此为止，关于柴荣之死我们总算有了一个相对确定的答案。可是，想起这一路爬梳史籍探求真相的过程，却也不得不感慨一声：历史上，一个人是怎么死的并不重要，重要的是怎么去解释他的死。

朱棣身世之谜

明亡后,一些文人眼见国脉微如缕,只好将自己埋入故纸堆中,崇祯年间的进士李清就是其中之一。

在南明弘光朝为官的短暂日子里,李清多次上书言事,皆不得行,于是搞起了历史研究。

李清在《南京太常寺志》中看到一处惊人的记载,大意是,明成祖朱棣为明太祖朱元璋的妃子䂵妃所生。当时,明成祖已经去世两百多年了,永乐之后的明朝皇帝都是他的后代,明朝的正史也言之凿凿写道,朱棣是明太祖朱元璋的嫡子,其生母为马皇后。

李清对此感到诧异,他请教了以博学著称的钱谦益,但后者也无法解释。于是,李清利用职务之便,亲自前往明孝陵的享殿(陵园内供奉灵位、祭祀亡灵的殿堂)察看,发现明太祖妃嫔牌位的摆放顺序有异常,其中,东侧列嫔妃二十余位,而西侧只有一位,神位上赫然写着"䂵妃"二字,与《南京太常寺志》的记载吻合。

莫非明成祖的生母真是这位神秘的䂵妃?李清还来不及继续探究,南明已走向崩溃,之后,李清拒绝清廷的任命,隐居三十多年,每年必为明朝哭祭。

此后四百年间,关于明成祖生母的争议逐渐发酵,很多像李清一样满怀好奇心的学者,走入这个迷局。

1

关于明成祖生母之谜的讨论，最激烈的一次发生于20世纪30年代。

1932年，中央研究院历史语言研究所所长傅斯年发表《明成祖生母记疑》一文，认为已失传的《南京太常寺志》作为一种官方史料，有重要的参考价值，因此，"成祖引高后以自重……只有一解可以通者，即成祖生于碽氏，养于高后，碽氏为贱妾，故不彰也"。

傅斯年的意思是，明成祖为碽妃所生，由马皇后抚养，但因为生母地位不高，所以正史只写朱棣是马皇后之子。之后，吴晗、李晋华等学者搜集关于明成祖生母的各种史料，为"明成祖生母为碽妃"的观点提供佐证，并提出，这一说法由来已久。

然而，学界往往各抒己见，言人人殊。另一位史学家朱希祖反对以上观点，在《明成祖生母记疑辩》等文章中与傅斯年等人针锋相对。

朱希祖依然采纳《明实录》《明史》等史书的记载，认为明成祖的生母毫无疑问是孝慈高皇后马氏，"明成祖生母为碽妃"一说站不住脚。

马皇后是明太祖朱元璋的结发妻子。当初，朱元璋（原名朱重八）加入红巾军起义，义军将领郭子兴见朱元璋是个人才，于是将养女马氏许配给了朱元璋。

马氏不仅与朱元璋感情深厚，还是他的贤内助，为人仁德，在朱元璋征战四方、治理天下的过程中多次劝谏。按照《明史》的说法，朱元璋与马皇后一共生下了5个儿子：懿文太子朱标、秦王朱樉、晋王朱棡、明成祖朱棣、周王朱橚。

相比来路不明的碽妃，马皇后在史书中享有极高的声誉，也有丰富的史料支撑，确实难以一口气推翻她作为朱棣生母的说法。

如今，抛开民间传说、文学作品杜撰的故事，仅就现存的汉文、蒙古文史料来说，关于明成祖的生母，主要有三种说法：

其一是《明实录》《明史》等正史的记载，即明成祖生母为马皇后，这是从古至今大家广为接受的说法；二是明末清初以来，学者从《南京太常寺志》中考证得来的观点，即明成祖生母为身份不明的碽妃；第三种出自蒙文史书《黄金史纲》《蒙古源流》等，说明成祖的生母是蒙古妃子弘吉剌氏。

2

洪武三十一年（1398），明太祖朱元璋去世，懿文太子朱标之子、年仅21岁的皇太孙朱允炆即位。

年轻的建文帝朱允炆甫一即位就对自己的叔叔们挥起了削藩的"大刀"。不到一年的时间，周王朱橚、齐王朱榑、代王朱桂、岷王朱楩等被罗列罪名，废为庶人。湘王朱柏受人诬告后无以自明，放火焚烧王府，自焚而死。

建文帝朱允炆即位时，燕王朱棣的大哥朱标、二哥朱樉、三哥朱棡皆已去世。朱棣对部下说，他是明太祖所封的诸藩王中最年长的嫡子，意思是，按照伦理顺序，他享有皇位的继承权。

发动靖难之役前，朱棣为了鼓舞士气，反复对麾下将士灌输一个观念，宣称自己是"太祖高皇帝、孝慈高皇后嫡子，国家至亲"，为之后的起兵宣传造势。

面对侄子的削藩之举，朱棣一边装疯卖傻，一边在封地北平（今北京）加紧筹备起兵。建文帝对朱棣早已心生忌惮，意图派人控制北平，奈何天高皇帝远，燕王抢先一步派兵夺取了北平九门，牢牢掌控北境的兵权。

建文元年（1399），朱棣以"祖训"为名，打着"清君侧"的旗号，发兵南下，向明朝初年的都城应天（今江苏省南京市）进军。三年后，朱棣穿过烈火燃烧后的滚滚浓烟，踏入皇宫，迎接朱棣的是他梦寐以求的皇座，还有侄子生死不明的下落。

根据《明实录》《明史》的记载，整个靖难之役的过程中，建文一朝没有人质疑过朱棣的身世，就连建文帝也对方孝孺说："此孝康皇帝（朱标）同产弟，朕叔父也。"

假如朱棣的嫡出身份是伪造，建文帝的忠臣们早已对他群起而攻之，丝毫不会给他以嫡子身份做政治宣传的机会。

朱棣通过这场战争夺取皇位后，召见建文朝的大臣方孝孺，希望这位大儒为自己草拟登基诏书。

方孝孺始终忠于建文帝，在殿前悲痛大哭。朱棣于是下榻走到方孝孺面前，对他说："先生不要这么想不开，我只是想效法周公辅佐周成王。"

方孝孺反问道："成王在哪里？"

朱棣说："他自焚死了。"

方孝孺接着说："那为何不立成王之子？"

朱棣只好说："国赖长君。"

方孝孺："为何不立成王之弟？"

"此朕家事。"朱棣命左右将笔拿给方孝孺，"此诏非先生来草拟不可。"

方孝孺投笔于地，一边哭一边骂道："死即死耳，诏不可草！"

方孝孺抱着必死的决心与篡位的朱棣当面对质，最终被处以极刑。根据《明史》等史书的记载，尽管方孝孺敢于与朱棣对骂，但也从未指出朱棣假冒嫡子。

成书于永乐年间的《明太祖实录》记载，1360年，"夏四月丁巳朔癸酉，皇第四子生，即今上皇帝，孝慈皇后出也"。另有相传为朱棣御用文人解缙编纂的皇家族谱《天潢玉牒》，也说朱棣为马皇后所生。后来，清朝修《明史》也采用以上史料。

照理说，有这些官方史料支持，朱棣的嫡子身份应该无懈可击。但是，问题就出在，朱棣掌权后过度地使用自己的权威。

流传至今的《明太祖实录》，修成于明永乐十六年（1418）。但早在建文年间，第一版《明太祖实录》已经纂修完成，朱棣篡位后，该书被焚毁。后来，朱棣命姚广孝、夏原吉为监修官，先后两次重新修撰《明太祖实录》。现在看到的《明太祖实录》，其实是一部经过两次重修的修订本。

朱棣在《明太祖实录》中到底改了什么？学界普遍认为，朱棣改实录，主要是要掩盖"靖难"的篡逆之名，比如其中写朱元璋曾欲立朱棣、突出朱元璋和马皇后对朱棣偏爱的部分，都是为了加强朱棣即位的合法性，贬低建文帝的历史地位。在这些史书中，朱棣总是在不同场合强调自己的嫡子身份，试图将自己的篡位合法化。

朱棣篡改实录的做法让人诟病，尤其是当他的身世出现争议时，《明太祖实录》的真实性更加遭到质疑，使朱棣陷入了此地无银三百两的猜疑链——如果没有问题为什么要改？改了就肯定有问题。既然朱棣反复强调自己的嫡子身份，这个身份是不是有问题啊？

3

永乐二十二年（1424），戎马倥偬的明成祖朱棣病逝于北征班师的途中。他死后两百年间，在朝廷严格的言论管控下，坊间从未流传关于朱棣生母的争议。朱棣作为朱元璋和马皇后之子的嫡出身份，在官方的口径中毋庸置疑。

到了明末清初，关于建文、永乐两朝历史的文网出现松动。明神宗朱翊钧在位时（1572—1620），经过深思熟虑之后，做出一个违背祖宗的决定，下诏褒扬、编录建文朝的死节忠臣，在南京建起表忠祠，甚至恢复建文帝被革除的年号。

对于私家修史者来说，明神宗的决定提供了一个信号，那就是，官方不再避讳谈建文朝的史事。于是，无论是在朝为官的士大夫，还是民间的文人，纷纷上穷碧落下黄泉，搜集建文、永乐朝的史料。这一时期出现的《建文朝野汇编》等野史，为后世研究建文帝的历史提供了一定的依据。

关于朱棣生母的争议，也走入了史家的视野。

明代方志史学家何乔远在其所著的《名山藏》中提到，《南京太常寺志》记载，明成祖朱棣的生母是碽妃，与之前的《天潢玉牒》等称朱棣是马皇后第四子的说法不同（"臣于南京见太常志云，帝为碽妃所诞生，而玉牒则为高后第四子"）。

何乔远和李清都引用了天启年间修撰的《南京太常寺志》，此书现已失传，只能从引用该书的著作中查找到相关部分。

太常寺是明朝在南北两京设立的政治机构，主要职责为掌管宗庙礼仪和祭祀。由于明太祖的孝陵位于南京，南京太常寺要负责明孝陵的祭祀，因此对洪武朝的后宫嫔妃和享殿的配位分布有详细的记载。《明诗综》中收录的一首由南京官员写的诗，也有"众妃位东序，一妃独在西。成祖重所生，嫔德莫敢齐"的描写。傅斯年认为《南京太常寺志》可信的一个依据，正是其具有官方属性。

明末清初，除了何乔远《名山藏》、李清《三垣笔记》外，谈迁、张岱、查继佐、朱彝尊等纷纷引用《南京太常寺志》的记载，在各自的著作中称，明成祖之生母为碽妃。

酷爱游玩的张岱在《陶庵梦忆》中写道，他不仅读过《南京太常寺志》，还曾在中元祭祀时前去参观明孝陵，看到"近阁下一座，稍前为碽妃，是成祖生母。成祖生，孝慈皇后妊为己子，事甚秘"。

诸位学者引用的《南京太常寺志》还记载了另一个"秘密"：懿文太子朱标、秦王朱樉、晋王朱棡其实是淑妃李氏的儿子。假如这一说法成立，非但朱棣的嫡子身份是伪造，朱标、朱允炆的身份也存在问题。

碽妃是明成祖生母的说法开始流传后，她的身份也成了人们津津乐道的话题。

清代的《续文献通考》传出了另一个令人震惊的说法。

这部文献推测，碽妃或许是高丽人。明初沿袭元朝每年让高丽进贡美女的旧制，碽妃有可能就是从高丽来的，所以身份扑朔迷离。但这也存在一个明显的漏洞，高丽向明朝进贡美女是朱元璋称帝之后，而按照正史记载，早在明朝建立的八年前（1360），朱棣就已经出生了。

故此，朱希祖在反驳所谓《南京太常寺志》的说法时，还指出《续文献通考》中碽妃是高丽人的说法经不起推敲，若是真有一个高丽美女当了明成祖的妈，按照高丽史的习惯，"亦必大书特书，载其家世"。现在连高丽都没有史料可以表明碽妃的身份，如何能仅凭猜测就说她出身高丽呢？

在发掘出更多史料之前，碽妃的身份势必继续饱受争议，而将目光投向汉文史籍以外的记载，会发现，还有另一个难以置信的传说。

4

讲述蒙古族历史的重要史书《黄金史纲》中，出现了明成祖为蒙古妃子弘吉剌氏之子的说法。

《黄金史纲》说，当年明军攻入元大都（今北京），元朝末代皇帝元顺帝紧急撤离，逃回草原，其皇后弘吉剌氏躲在瓮中未能及时逃走，被明军俘虏，献给朱元璋。

朱元璋对这个具有异域风情的美女很是喜爱，便将其纳为妃子，却不知弘吉剌氏此前已有身孕。弘吉剌氏被纳入明朝后宫后，生下了朱棣。

这个故事和元、明两朝的正史都有很大的出入。按照《元史》记载，弘吉剌氏是元顺帝的第二任皇后，在至正二十五年（1365），即明军攻入大都的三年前去世。另外，与碽妃是高丽人的说法一样，在这个故事中，朱棣的生年也对不上。

《黄金史纲》《蒙古源流》《阿萨喇克其史》等蒙文史书，都不约而同地将永乐大帝塑造为蒙古人之子。

到了清代，这个在蒙古草原上流传的离奇故事反过来影响中原地区，比如成书于康熙年间的《广阳杂记》记载："明成祖，非马后子也。其母瓮氏，蒙古人。以其为元顺帝之妃，故隐其事。"

《广阳杂记》煞有介事地写道，这个故事是从前朝的司礼太监和燕地的乡亲父老处听来的。不过，从"其母瓮氏"这句来看，这似乎是从《黄金史纲》上获得的灵感，因为在蒙古人的故事中，弘吉剌氏曾藏身瓮中躲避明军。

从史书编撰的时代背景来看，弘吉剌氏一说与中原地区的碽妃一说，几乎在同一时期出现。但后者是汉地史家对不同史料的记载进行考证得出的观点，前者则是蒙古族为了宣扬黄金家族的天命观而虚构的故事，与史实明显不符。

明末清初，中原饱受饥荒等天灾人祸侵袭，大明王朝摇摇欲坠，东北的女真人建立了强盛的后金政权，逐渐扩张势力，而在北部边疆，蒙古人面对这个百年未有之变局，也有重现祖先荣耀的野心。

正因如此，蒙古史书的撰写者不断宣扬成吉思汗的后裔，即黄金家族的正统性，用祖先的辉煌历史来激发蒙古族子弟的斗志，甚至伪造明成祖为蒙古人之子的传说，来证明黄金家族是天命所归。

但是，理想很丰满，现实很骨感。1632年，成吉思汗的嫡系后裔林丹汗被后金的皇太极击溃，带着部下一路西逃。不久后，林丹汗曾经统治的漠南蒙古臣服于后金，这标志着，自成吉思汗以来的蒙古汗权正式走向崩溃。明成祖为弘吉刺氏之子的传说，可说是黄金家族后裔的一次"意淫"。

5

明成祖朱棣在位时，以纪念父亲朱元璋和母亲马皇后为名，在南京兴建大报恩寺塔，以报答父母的养育之恩。这个工程前后共有10万人参与。整座宝塔的外观由琉璃构件堆砌而成，远看高耸入云，五光十色，塔上悬挂的风铃声闻数里。在大报恩寺塔屹立的四百年间，中外游客将其视为中国建筑的象征，称之为"中国之大古董，永乐之大窑器"，"谓四大部洲所无也"。

随着朱棣生母之谜的不断流传，美轮美奂的琉璃塔有了很多动人的传说。越来越多的人相信，朱棣修大报恩寺塔是为了报答母恩，借纪念明太祖、马皇后之名缅怀他那位真正的生母。甚至有人传言，塔内供奉的不是神佛，而是那位失去名分又难享哀荣的女子。

晚清太平天国运动时，大报恩寺被毁，宝塔带着永远的秘密从世人的视野中消失。

而今，若要从史书残留的只言片语中，考证出朱元璋究竟是在何时何地和哪位女子孕育了其第四子朱棣，那无疑是个大工程。但在追寻这些史料的来源时，可以看到，其出现的时代背景各有不同。这些来自不同历史时期的史料，带着不同的倾向和特征，层累地构成了明成祖生母之谜。

乾隆帝的生母究竟是谁？

乾隆四十二年（1777），86岁的崇庆皇太后去世。

作为乾隆帝的生母，她这一生可谓享尽荣华富贵，年轻时是雍正皇帝侍妾，后因母凭子贵入主慈宁宫，为太后42载。乾隆帝自即位起，就发誓要以天下孝养生母，每逢出巡江南、五台山，抑或是东巡祭祖、木兰秋狝，总要奉太后一同前往。这使得崇庆皇太后成为中国历史上出巡次数最多的皇太后。

得知母亲薨逝的噩耗，时年已67岁的乾隆悲痛欲绝。史料记载，太后入殓时，乾隆"哀痛号呼，擗踊无数"，完全失去了一国之君威严无比的形象。

随后，乾隆根据母亲生前遗言，将之葬于雍正帝的泰陵东北约1500米处的泰东陵，并上谥号孝圣宪皇后。

可自孝圣宪皇后入土为安起，坊间就不断传出乾隆生母另有其人的秘闻。这究竟是怎么回事儿呢？

1

关于乾隆皇帝身世的流言，贯穿整个"乾隆盛世"，就没停止过。其中，传得最有板有眼的，当数乾隆皇帝乃是海宁陈家陈世倌嫡子的流言。

传闻称，陈世倌在康熙年间入朝为官，与雍亲王（即日后的雍正帝）一家过从甚密。有一年，陈家夫人与雍亲王福晋同时生产。当时，正值"九子夺嫡"的关键时期，雍亲王府的新生儿是名女婴，而陈世倌家诞下的却是个男婴。为了在"夺嫡"中占得先机，雍亲王便假意让陈世倌携其子入府与雍亲王府的"小格格"

定个娃娃亲，进一步加强两家的关系。

陈世倌没有怀疑雍亲王的用意，就怀抱其子过府叙旧。谁知，等陈世倌酒酣饭饱后回家，才发现早上带出去的大胖小子，变成了千金丫头。陈世倌到底是官场中人，知道此事关乎身家性命，便没有声张。而那个被抱进雍亲王府的男婴，自此改名爱新觉罗·弘历，日后成为万人瞩目的乾隆皇帝。

即位后，乾隆知道自己的身世真相，遂趁六下江南之机，四往海宁陈家隅园与家人团聚。为了表达对陈家的亏欠与荣宠，乾隆将隅园改名安澜园，并赐予陈家"春晖堂"牌匾，以示自己孝顺亲生父母之意。回京后，他又把圆明园的"四宜书屋"拆了，照安澜园的模样重修，修好后，也改名"安澜园"，以使自己远在千里之外仍能经常感受"家"的温暖。

根据这则历史传闻，金庸在创作个人首部武侠小说《书剑恩仇录》时，采信了乾隆帝为汉人的观点，并在书中为其设置了个胞弟——红花会总舵主陈家洛。陈家洛试图以良知说服乾隆反清复明，结果遭乾隆背叛，间接害死了香香公主喀丝丽。

对此，金庸曾表示，在海宁一带，乾隆为陈家嫡子之事尽人皆知。他小时候做童子军时，还曾在海宁乾隆皇帝所造的石塘边露过营。也正是因为这段露营的日子启迪了他的江湖梦，在而立之年重温旧事时，才会以《书剑恩仇录》开启了叱咤文坛江湖的武侠人生。

那么，历史传闻和金庸的小说，是否就能说明乾隆帝为海宁陈家嫡子呢？

2

我们先来看一下这位传闻中的"乾隆生父"——陈世倌到底何许人也。

史载，陈世倌是浙江海宁盐官人，清代名臣、康熙朝工部尚书陈诜的儿子。他为人素来"廉俭纯笃"，颇受康熙、雍正两朝皇帝的信任。自康熙年间考中进士起，就经常出任乡试考官，为地方督抚。雍正二年（1724），山东境内突发蝗灾，刚履新山东巡抚的他，立即前往各地察访灾情、监察吏治，直到救灾工作稍告一段落，才至济南走马上任。在任内，他奖罚分明，颇能体察民情，又崇尚节俭，注重地方防务。所以一任巡抚下来，他不仅令山东百姓记住了他的好，还让雍正皇帝对其能力有了良好的印象。

可即便如此，陈世倌在雍正朝还是没能顺利进入内阁。直到乾隆六年（1741），在历任户部侍郎、左都御史等要职后，凭借年望的积累，陈世倌才获授文渊阁大学士，成为事实上的"陈阁老"。

如果说，乾隆真像坊间传闻所说是陈家的嫡子，那么，在雍正初年才当上山东巡抚的陈世倌是如何在康熙年间就搭上了雍亲王这条富贵线呢？退一万步讲，即便两人真有交集，凭借陈世倌"献子"之功，雍亲王即位后理应为其加官晋爵，可这些，正史通通没有记载。

而更令相信这一传闻的人寒心的是，陈世倌虽然在乾隆朝得到了晋升，但乾隆帝对这位"陈阁老"却似乎不太满意。

陈世倌在步步高升的同时，也不止一次受到乾隆帝的训斥与降罪。例如，陈世倌于乾隆六年（1741）赴江南查勘水灾治理，乾隆帝就曾说："世倌临行奏言岁内可疏，积水尽消，今疏言仍待来岁二三月，其所筹画皆不过就高斌、周学健所定规模而润色之，别无奇谋硕画，何必多此往返乎？"

后来，乾隆十三年（1748），云南巡抚图尔炳阿参劾赵州知州樊广德亏空，与此事有关的陈世倌又被乾隆帝臭骂了一顿。按照惯例，这份奏折上呈内阁后，需下发给云贵总督审议，以示公平。但是，时任文渊阁大学士的陈世倌和史贻直却直接忽略了这一步骤，将奏折直接发回给云南巡抚，让他照章办事。得知此事的乾隆帝勃然大怒，命将大学士陈世倌、史贻直等交部严查议处，同时降旨训斥陈世倌，称其自补授大学士以来，"无参赞之能，多卑琐之节，纶扉重地，实不称职"。

不仅如此，乾隆帝还在早朝上对陈世倌为人"多卑琐之节"加以具象化解说，称陈世倌任山东巡抚时，曾与孔府达成协议，让孔府中人帮他在当地多购置田产。乾隆帝说，陈世倌一介浙江人，"于兖州私营田宅，冀分其余润"，根本不干大臣该干的正事。当时，乾隆帝下诏罢免陈世倌一切职务的同时，也禁止其搬迁到山东居住，要他在浙江好好反思己过。

按常理，倘若陈世倌与乾隆帝真有血缘关系，那么一向以"孝治天下"自诩的乾隆帝又怎堪从严从重处罚自己"亲生父亲"呢？更何况，陈世倌被革职且被禁止前往山东居住的场景，是文武百官齐聚的朝堂，乾隆帝就这样毫不留情地爆出"亲生父亲"的丑闻，难道不怕朝中有好事者借此事诋毁皇帝的孝心吗？

然而，不管怎么说，还是有人会拿着乾隆六下江南、四次驻跸安澜园的史实，来加以佐证乾隆与陈世倌之间非同一般的关系。

的确，乾隆在下江南期间，曾于乾隆二十七年（1762）、乾隆三十年（1765）、乾隆四十五年（1780）、乾隆四十九年（1784）四次驻跸安澜园。但有意思的是，乾隆前两次南巡并没有下榻安澜园，而是去了扬州、镇江、无锡、杭州等地，视察了漕运，拜谒了孔林。直到第三次南巡，乾隆才选择驻跸海宁。而此时，距离陈世倌去世的乾隆二十三年（1758）已过去了四年之久。倘若乾隆真有孝悌之心，岂会在其"生父"故去后许久才驾临海宁呢？

那么，乾隆第三次下江南时选择驻跸海宁陈家，究竟为何？

据史料记载，在其"三下江南"之前，浙江、安徽、江苏三省刚刚遭遇黄河改道引发的洪水侵袭。而从乾隆二十五年（1760）起，影响江浙一带的大河——钱塘江又传来了海潮北趋的预警。钱塘江海潮一旦北趋，大概率会导致位于钱塘江入海口的浙江海宁以及临近它的杭嘉湖平原受灾。这一片地区自古就有"苏湖熟，天下足"的美誉，是清朝最富庶，也是最为重要的租赋来源地。一旦河工海防失守，其造成的损失对天下百姓和国库而言，都是致命的打击。

海宁盐官镇恰巧就是钱塘江潮的最佳观测点，其沿江沿海的堤坝、石塘正是钱塘潮北趋后最易受到侵袭摧毁的一段。乾隆帝下江南选择到海宁，正是为了视察海塘工程——是出于公干，而不是出于私情。

相应的，在乾隆下江南的过程中，江南士绅大族带头保障皇家吃住亦形成惯例。作为海宁盐官镇第一望族的海宁陈氏，担起接待皇帝驻跸的重任，自是情理之中，没必要进行过度解读。

3

尽管乾隆不可能是陈世倌之子，但关于其身世的传言并未停歇，随着时间推移，不断有新的说法出现，有的说他是雍亲王府钱格格所生，有的说是汉女李金桂所生，有的说是热河傻大姐所生……

乾隆生母乃汉女李金桂的传闻，文字记录最早见于1944年《古今文史》半月刊上登载的一篇题为《清乾隆帝的出生》的文章，作者是当时上海滩鼎鼎大名的杂文作家周黎庵。

周黎庵称，这是他与近代著名学者冒广生闲聊时，对方无意间披露的。据冒氏的观点，乾隆的生母姓李，名金桂，在避暑山庄附近居住。有一年，雍亲王胤禛跟着康熙到热河打猎，射中了一头梅花鹿。雍亲王一时兴起，令人宰杀此鹿，饮用鹿血。鹿血温补燥热，雍亲王欲火中烧，难以忍耐，身边又无妃嫔媵嫱，遂与手下到避暑山庄附近寻女人。恰巧，李氏自外砍柴而归，雍亲王顾不得许多，一把抓住李氏就上了床。之后，打猎归来的雍亲王将此事抛诸脑后，直到李氏挺着个大肚子到避暑山庄告御状，雍亲王才被意外得知此事的康熙帝臭骂了一顿。

为了解决李氏的身份与皇室血统之间的矛盾，在康熙的主持下，李氏于避暑山庄的马厩中生下乾隆后，即被赶出宫，而小皇子则被雍亲王的侍妾钮祜禄氏（即后来的崇庆皇太后）收养。乾隆登基后，知其生母不在宫中，遂每年拨款修缮避暑山庄马厩，以至于直至清朝灭亡，那里依旧保留着乾隆时代的遗迹。

事实上，这则传闻基本可以看作是"热河傻大姐乃乾隆生母"的2.0版本。

冒广生在清末曾做过热河都统的幕僚，那时清廷已日薄西山，在热河的官员以及避暑山庄的老太监们没事就喜欢追忆往事，顺便进行一些文学创作。清朝国力日趋衰落，乾隆时期作为帝国盛衰的转捩点，本身就是最大的谈资；而编排其生母的身份，很符合逸事小说"博眼球"的创作逻辑，也有借此贬低乾隆朝及乾隆帝本人的意思在里面。乾隆生母外号"傻大姐"，是热河一个工匠之女，在选秀女时被拉去充数，结果被选上，进入雍王府……故事就这样产生了，但要以此为信史，很难令人信服。

避暑山庄李金桂的版本，同样是这种编排的产物，纯属子虚乌有。

4

不过，传闻乾隆帝为雍亲王府钱格格所出，倒不算是信口胡言。

据《雍正朝汉文谕旨汇编》记载，雍正元年（1723）册妃大典上曾颁布过一道圣旨："雍正元年二月十四日，奉上谕：遵太后圣母谕旨，侧福晋年氏封为贵妃，侧福晋李氏封为齐妃，格格钱氏封为熹妃，格格宋氏封为裕嫔，格格耿氏封为懋嫔。该部知道。"

而在乾隆六年（1741）钦定的《清世宗实录》中，相同时间颁布的一道谕旨中却写明："甲子（指雍正元年二月十四日）谕礼部：奉皇太后圣母懿旨，侧妃年氏封为贵妃，侧妃李氏封为齐妃，格格钮祜禄氏封为熹妃，格格宋氏封为懋嫔，格格耿氏封为裕嫔。"

值得注意的是，这两则圣旨，除了耿氏和宋氏的位分张冠李戴外，最大的变化就是"格格钱氏封为熹妃"变成了"格格钮祜禄氏封为熹妃"。据此，清朝皇家族谱《玉牒》一锤定音，记载称："世宗宪皇帝（雍正帝）第四子高宗纯皇帝（乾隆帝），于康熙五十年辛卯八月十三日，由孝圣宪皇后钮祜禄氏，凌柱之女诞于雍和宫。"

但看《玉牒》上关于皇帝身份的表述，清史学者郭成康却认为，这并不能排除后世在编撰乾隆身世时，故意篡改其中内容的嫌疑。为此，他作出了三种猜测：第一，格格钱氏与格格钮祜禄氏为同一人，只是官方记载谬误；第二，格格钱氏与格格钮祜禄氏并非同一人，格格钱氏生下弘历，但因身份地位不高，再加上是普通汉女的缘故，在雍正秘密立储时，为免有人非议后世之君，遂将弘历过继给出身满洲名门的熹妃钮祜禄氏为嗣；第三，汉女钱氏因某种原因为四品典仪凌柱献入皇宫，生下弘历，雍正将其封为熹妃时仍依原姓，尔后，弘历被秘密立储，钱氏才改姓钮祜禄氏，遂有"钮祜禄氏为熹妃"的记载。

此外，根据郭成康等学者的研究发现，雍正朝册妃圣旨的底稿为翰林黄之隽的手笔，在这份圣旨底稿中，黄之隽也是将熹妃写成"钱氏"，似乎说明官方记载的确存有猫腻。

　　清史学者杜家骥在黄之隽手书的熹妃册文底稿中，发现了关键信息："咨尔钱氏，毓质名门，扬休令问，柔嘉懋著，夙效顺于中闱，礼教克娴，益勤修于内职。兹仰承皇太后慈谕，以册、印封尔为熹妃……"他认为，既然圣旨底稿已经写明钱氏出身名门，那么在有汉女入宫侍寝传统的清朝，钱氏似乎就没有必要改姓钮祜禄氏。况且，根据《雍正朝汉文谕旨汇编》与《清世宗实录》的表述可知，钮祜禄氏与钱氏在封妃前，都是"格格"。格格并不是清代皇族女儿的专称，而是满语"小姐、姐姐、姑娘"的音译。因此，在后院等级森严的王府中，格格不过是王府普通侍妾的称呼。钱氏即便改姓钮祜禄氏，对其身份地位也没有什么特殊的影响。

　　再则，杜家骥指出，在接受了雍正二年的册封上谕后，弘历的生母已然位居"熹妃"之位，即使其不是满人，也不存在身份地位低、需要改名换姓的问题。因为在清代，只要成为皇太后或皇后，其族人就可获得"抬旗"的荣誉。譬如，最典型的慈禧太后，在咸丰帝驾崩、其子载淳登基为同治皇帝后，清廷便将原隶属于"下五旗"满洲镶蓝旗的叶赫那拉一族，抬入属于"上三旗"的满洲镶黄旗。再比如，嘉庆帝的生母孝仪纯皇后，其最早不过是出身辛者库的包衣奴婢，因嘉庆帝登基，其母家魏氏亦被赐姓魏佳氏，抬入满洲镶黄旗。可知，只要儿子当了皇帝，不管先朝的后妃出身如何，都不影响其家族在清朝享有名门的待遇。另一方面，康熙帝的生母佟佳氏、雍正帝的生母乌雅氏在当朝后妃中本就位分不高，但她们的身份并不影响儿子成为后世之君。所以他认为，雍正帝为立弘历，改"钱氏"姓"钮祜禄氏"，简直多此一举。

　　至于后世之君有无可能篡改《玉牒》上的内容，杜家骥坚持认为，怀有政治目的性的"改姓"，不是光明正大的行为。若仅将册文改写，是很难做到完全堵住悠悠众口的。即使篡改做得尤其到位，也难免走漏风声，这不仅会影响乾隆本人的声誉，更会使雍正、康熙等皇帝受到波及，实在是得不偿失的行为。

　　既然熹妃很大概率就是钮祜禄氏，那雍正圣旨里的"熹妃钱氏"又从何而来？

杜家骥认为，这很可能与满人喜欢简称自己的姓氏有关。例如，爱新觉罗在满语里是黄金的意思，他们的汉译姓就经常喜欢以"金"开头，又或者写成同音字"爱""艾"。而钮祜禄在满语里与"狼"有关，他们的族人也喜欢将汉译姓写成郎或钮。雍正二年的这道圣旨，正是由当时的履郡王允裪承旨，允裪在记录雍正口述的封妃内容时，很可能习惯性地将妃子们的姓氏给简写了。而雍正二年的册妃大典上，被封的妃子除钮祜禄氏外，皆是汉姓。当黄之隽按允裪的意思将雍正旨意文本化时，发现了十分不和谐的"钮氏"，自然会认为这是允裪笔误，将之改写成"钱氏"。由此，一个汉字上的低级错误，便带来了数百年的不解之谜。

5

有趣的是，后世学者在拼命论证乾隆帝生母为"熹妃钮祜禄氏"，而乾隆的儿子嘉庆皇帝却在不遗余力地"坑爹"。

嘉庆元年（1796），乾隆皇帝以"太上皇"身份驾临避暑山庄过寿。知道皇阿玛酷爱作诗，嘉庆便写了首《万万寿节率王公大臣等行庆贺礼恭纪》送给乾隆：

> 肇建山庄辛卯年，寿同无量庆因缘。
> 丽丁南极珠躔见，御丙北辰花甲旋。
> 玉殿辉煌腾瑞旭，金炉馥郁袅祥烟。
> 子臣敬献升恒祝，康健纯常亿祀绵。

担心大臣们还不知道乾隆出生当年康熙帝题写了避暑山庄匾额，嘉庆帝特地为这首御制诗的头两句加上注解："康熙辛卯肇建山庄，皇父以是年诞生都福之庭。山符仁寿，京垓亿秭，绵算循环，以怙冒奕祀。此中因缘，不可思议。"

按照嘉庆帝的注解，乾隆帝诞生于"都福之庭"，只能解释为避暑山庄肇建时，乾隆帝恰巧在京城出生。但不知是嘉庆帝作诗才华不如乃父，还是他想故意透露些什么宫廷秘闻，在嘉庆二年（1797）乾隆帝再度驾临避暑山庄过寿时，嘉庆又为其父撰写了与《万万寿节率王公大臣等行庆贺礼恭纪》内容相近的诗词，并在诗文下注解："敬惟皇父以辛卯岁诞生于山庄都福之庭，跃龙兴庆，集瑞钟祥。"

这下，"山庄都福之庭"似乎有意坐实乾隆帝的诞生地为避暑山庄。

宫里彻底炸开了锅。乾隆对儿子混淆自己出生地之事气愤不已，特地拿出自己作于乾隆四十七年的《人日雍和宫瞻礼》一诗要求嘉庆更正自己的谬误。在此诗中，乾隆自注道："余实康熙辛卯生于是宫（雍和宫）也。"

可嘉庆帝依旧对避暑山庄秘闻深信不疑。

嘉庆四年（1799），乾隆帝驾崩，嘉庆帝为其上庙号"清高宗"。官方也就乾隆生前的起居注、奏疏等开始编撰《清高宗实录》。由于乾隆生前明确指出自己生于雍和宫，编修史书的大臣们并不敢违背太上皇的意思，遂将乾隆降世写成"诞于雍和宫邸"。结果，此书一出，嘉庆帝却发了火，训斥大臣们不要忘记乾隆诞于避暑山庄的事实，要求他们限期改正。

编撰《清高宗实录》的董诰、刘凤诰、曹振镛等人，大多是先朝重臣。他们直接拿来乾隆帝的御制诗，凡提到太上皇生于雍和宫处都做了标注，然后呈给嘉庆帝，请嘉庆帝御览后，再告知他们应该如何记录。至此，嘉庆帝才认可了《实录》中乾隆"诞于雍和宫邸"的表述。

不过，嘉庆帝的脾气也不是一般的倔强。嘉庆二十五年（1820）七月，嘉庆帝暴崩于避暑山庄。在遗诏中，他口述道："古天子终于狩所，盖有之矣。况滦阳行宫为每岁临幸之地，我皇考（乾隆帝）即降生避暑山庄，于复何憾？"

对于嘉庆帝的这份遗诏，新登基的道光帝一开始并不觉得有何不妥。按照惯例，先皇的遗诏除了要颁行天下外，还需派员周知安南（今越南）、廓尔喀（今尼泊尔）、杜兰尼帝国（今阿富汗）等诸藩属国。由于这些国家并不通行汉字，清廷的翻译官在翻译圣旨时才发现了这一谬误，及时禀报道光帝。此时，先期发出的部分嘉庆遗诏已抵朝鲜、琉球等国，道光帝只能硬着头皮再召使臣全部收回。

皇帝遗诏下发后再收回，这在中国整个封建时代都不多见。道光帝这招"亡羊补牢"的操作，显然更让人怀疑甚至臆断乾隆身世的特殊性。

经过道光帝重新修改颁行的嘉庆遗诏，提及乾隆出生地时，其表述却让人摸不着头脑——嘉庆遗诏中原有的那句"我皇考即降生避暑山庄，于复何憾"经修改后，就变成了"我祖、考神御在焉，于复何憾"。联系上下文，新遗诏逻辑上勉强说得通，但意思总是怪怪的。

召回和更改嘉庆遗诏，或许会令帝国的口径保持统一，如此，困扰了两代皇帝的乾隆生母及身世之谜，总算在清廷内部达成一致。

但悬念也在不经意间埋了下去，并在合适的时候催生出更多的疑团。而这就是历史的反作用力。

咸丰帝猝逝之谜：色字头上一把刀？

香港有句俗话叫"咸丰年代的事，不提也罢"，指代陈年往事。

中国近代史，一般以咸丰帝他爹道光帝在位时的第一次鸦片战争为开端。香港岛被划为殖民地，也是始于此次战败后签订的《南京条约》。

到了咸丰帝在位时（1850—1861），内忧外患迅速加剧，内有洪秀全领导的太平天国起义，外有英法联军侵华，第二次鸦片战争爆发，清政府被迫与英、法、俄等国签订一系列不平等条约。所以，咸丰年间不堪回首的耻辱历史，带给晚清时人的冲击力远远大于第一次鸦片战争。

更戏剧性的转变，发生在咸丰帝爱新觉罗·奕詝本人身上。咸丰十一年（1861）七月，31岁的奕詝崩于热河行宫（即承德避暑山庄），成为清朝，乃至中国历史上最后一个掌握实权的皇帝，也是清朝最后一个留下子嗣的皇帝。他的骤然离世，让清朝最后半个世纪走向更加波谲云诡的变局。

1

有学者认为，咸丰十年（1860）是清朝立国以来危机空前严峻的一年。

这一年，在南方，围攻天京（即南京）的清军江南大营溃败，太平军气势正盛。

至此，清朝只能依赖湘军、淮军等地方军队来平定太平天国。统领湘军的曾国藩却与咸丰出现了战略分歧，咸丰希望曾国藩放弃围攻安庆，率军东下救援江南大营，曾国藩则认为要从长江中游着手，君臣二人一时貌合神离。

同年，在北方，英法联军卷土重来，侵略者登陆北塘（在今天津），兵临北京城下。

在此两年前，英法联军进犯天津，逼迫清政府签订了《天津条约》，之后双方要交换批准文件，也就是"换约"，英法两国坚持要到北京，咸丰却想阻止外邦使者进京，冲突一时难以化解，且愈演愈烈，原本暂时中断的第二次鸦片战争重燃战火，就连京师都要丢了。

面对英法联军步步紧逼，大臣僧格林沁给咸丰皇帝上了一道密折，请他以"木兰秋狝"的名义离京避难。清朝皇室有秋季围猎的盛事，所谓"木兰"，即满语捕鹿的意思。僧格林沁是蒙古族的亲王，因其嗣母是咸丰的姑姑，名义上算是咸丰的表哥。

咸丰帝没拿老表当外人，拿着这个密折跟王公大臣商议，说朕该外出打猎，还是出城迎敌呢？众臣认为，这两个方案都不靠谱，您应该坐镇北京，指挥大清将士与英法二贼决战。话说完没多久，前方传来战报，北京城外的防线已经瓦解。

八月初八，北京失守前夕，咸丰以"木兰秋狝"为名，从圆明园后门出城，逃往热河行宫，同时命人对英法联军竖立白旗，以求停战。这是清朝皇帝从未有过的屈辱。咸丰离京前，大臣潘祖荫直言相劝："国君死社稷，上欲何往！"

咸丰乘船离京的渡口叫"安乐渡"，每逢皇帝御舟在此启程，太监、宫女必一声接一声呼喊："安乐渡。"其声悠扬不绝，直到船到对岸才停下来。《清稗类钞》记载，咸丰带着嫔妃、皇子与近臣，从圆明园离京当天，咸丰的儿子载淳（即日后的同治皇帝）跟着太监、宫女一声声地喊着"安乐渡"，年仅5岁的他，还不知道发生了什么变故。咸丰一把抱住儿子，潸然泪下，说："今日无复有是矣！"

此时，咸丰帝的生命已经进入最后一年倒计时。

2

国家重重危机带来的忧虑，可能是咸丰在一年内身体垮掉的原因之一。

逃离北京之前，咸丰工作起来就是一个"时间管理大师"。

关于咸丰勤于政事一事，晚清大臣张集馨曾在给曾国藩幕僚的信中写道："凡军机大政，有急报，虽深夜，（咸丰）必令内监就榻前跪读。其大者，即炳烛披衣而起，御榻之内列小几一，上设笔砚文具，率凭几批答，或朱笔宣召大臣，无不立时施措，无片刻延缓者。其寻常小事，讫后，即将原折置几，黎明临御时，宣付军机。"

北京失守前夕，咸丰起用已赋闲5年的六弟恭亲王奕䜣，命他与英、法两国议和。奕䜣后来被称为"鬼子六"，以建立"总理各国事务衙门"、专理外交事务以及倡办洋务运动著称。

奕䜣临危受命，起初想以之前被僧格林沁俘虏的英国使者巴夏礼为筹码，换取英、法两国退兵，但是与之谈判的英使额尔金、法使葛罗态度十分强硬。奕䜣只好亮出底牌，声称"所有在天津议定和约（1858年《天津条约》），自必一一皆准，本爵必不失信。……俟贵大臣到京日，选择严肃处所，设立香案，由本爵代接贵国国书，置之案上，以昭礼敬"。

此时，咸丰已到热河，他对奕䜣的处理办法十分满意，唯一强调的就是不准出现皇帝"亲递国书"的场面，这点面子他还是要的。

1860年10月，清政府全权议和大臣奕䜣分别与英使额尔金、法使葛罗交换了《天津条约》批准书，并签订了续增条约，即《北京条约》。

中英、中法《北京条约》的主要内容包括：割让九龙给英国；对英、对法的赔偿款都增至八百万两；开放天津为通商口岸；准许华工出国；归还此前没收的天主教遗产等。

之前，英法联军攻入北京时，奕䜣曾请俄国人出面调停。尽管俄国人本就是煽风点火的帮凶，但事后还是以调停者的身份向清廷"邀功"。于是，清政府只好与俄国使者伊格纳切夫签订了《中俄北京条约》。

伊格纳切夫在条约中提出了15条内容，比英、法两国的还多，估计让奕䜣看了想切腹。

《中俄北京条约》的核心内容包括：迫使清政府承认之前签订的《瑷珲条约》，

并将原先规定为中俄"共管"的乌苏里江以东至海之地（包括库页岛以及海参崴在内）的约40万平方公里土地割让给俄国；规定中俄西段疆界以"顺山岭、大河之流及中国常驻卡伦等处"为界，又使中国损失了44万平方公里的领土。

自第一次鸦片战争以来，过去了整整20年的时间，但中国近代化的进程依然缓慢，落后就要挨打，第二次鸦片战争最终又一次以血的教训告终。

北京签订了一系列不平等条约后，咸丰帝迟迟不愿意从热河回銮。次年春节，他本来下旨过了正月就回京，但没过一天就变卦了；过了两个月，他又宣布要去祭拜清东陵，但也没有成行。在生命的最后一年，咸丰放下了政务，将国事交给大臣们。咸丰身边有心腹大臣肃顺给他出主意；在京有六弟奕訢处理洋人的麻烦事；在南方有曾国藩带兵讨伐太平军；表哥僧格林沁也被任命为钦差大臣，去镇压鲁、豫、皖一带的捻军。

在热河行宫，咸丰帝体形消瘦，咳中带血，却不顾身体，拼了命地饮酒，经常喝到酩酊大醉，甚至借此发泄情绪，每次喝醉，必怒骂太监、宫女，连宠妃也不能幸免。他自称"且乐道人"，将这四个字写成条幅，命太监挂于寝宫之内，一旁的皇后钮祜禄氏（即日后的慈安太后）反复劝阻，才没让这条幅挂出来，暴露咸丰此时自暴自弃的心境。

有一种至今无法求证的说法：此时的咸丰帝因感到无力回天，有自求速死的嫌疑（"咸丰季年，天下糜烂，几于不可收拾，故文宗以醇酒妇人自戕"）。

3

纵情声色的坏习惯，有可能早已掏空了咸丰的身体。

野史记载，咸丰对裹小脚的汉人女子有变态般的痴迷。

据说，咸丰曾宠爱一个山西籍的曹姓寡妇，最爱她那对"三寸金莲"。这位曹寡妇不仅"色颇姝丽"，而且一双小鞋"以菜玉为底，衬以香屑"，让咸丰帝欲罢不能。他特别宠爱四个汉人美女，分别赐名牡丹春、海棠春、杏花春、武陵春，号称"四春"。还有人专门从江浙一带购来一批妙龄美女，向咸丰帝献媚。这些女子都是咸丰自己找的"编外人员"，照规矩无法进宫。咸丰想到一个办法，将她们以"打更民妇"的名义送入圆明园。平时咸丰在圆明园驻跸，她们白天休息，晚上穿上更夫的衣服去皇帝寝宫"打更"。

所以，咸丰"托言因疾颐养，多延园居时日"，是为了近女色。色字头上一把刀，性生活无所节制，势必有害健康。到了热河后，少了宫中规矩的节制，咸丰帝也就更难以克制。

有意思的是，当时的人认为，咸丰帝的宠妃那拉氏（即日后的慈禧太后）之所以备受宠爱，也与她会唱南曲、爱穿南衣有关。那拉氏，祖先居于叶赫，故又称叶赫那拉氏，为满洲镶蓝旗人，17岁时参加选秀入宫，因姿色出众，被封为兰贵人。后来，那拉氏一路晋升，在生下皇长子载淳后，被封为懿贵妃。

很多野史宣称，那拉氏对咸丰的性吸引力，来自她与其他旗人截然不同的南方韵味，但由于那拉氏并未去过南方，所以可信度不高。也有一个说法，是那拉氏家中有个南方来的保姆，教她从小学会南方汉人的词曲和妆容。那拉氏入宫后，闲着没事干就唱曲，余音袅袅，动人心弦，一下子吸引了咸丰。一说，咸丰帝将那拉氏列为"天地一家春"，对她的喜爱远远超过了圆明园的"四春"。

那拉氏讨皇帝欢心的不仅仅是唱歌，还有文采。咸丰在位时，清朝正面临前所未有的危机，他每天都要面对堆积如山的奏折。

此时，后妃中文化水平较高的那拉氏，经常助咸丰一臂之力。那拉氏学过汉文化，能读经史著作，会写字，于是在旁侍候咸丰批折子，听他倒苦水。后妃本来不得干政，但那拉氏从旁协助，耳濡目染，政治野心也与日俱增。这一说法也有佐证，同治年间，慈禧垂帘听政，常对送上来的奏折用划痕、折角等方式进行批阅。这是皇帝的惯用手法，只有亲眼见过皇帝批奏折的人才知道。

咸丰至死也不知道，眼前这位美人，会在将来掀起怎样的风浪。

4

内心的忧伤和身体的纵欲，也许会危害咸丰帝的健康，但真正带走他生命的，是疾病。

咸丰十一年（1861）二月下旬，咸丰帝再度放弃了回京的打算。他在七弟奕谳的奏折上作朱笔批示:"不意旬日以来,气体稍觉可支,惟咳嗽不止,红痰屡见,非静摄断难奏效。"意思是,由于身体原因,咸丰无法颠沛劳顿,只能静养,所以一再推迟回銮。

从史料中描述的病情来看,咸丰得的病应该是肺痨,也就是肺结核。在抗生素等有效药物发明之前,这是不治之症。当时传言鹿血能治此病,宫人还在热河养了一群鹿,让咸丰帝每日饮鹿血疗养,但咸丰帝喝了鹿血病情没好转,反而病到咳血。

此外,咸丰一向不注重肺部健康,而且有吸食鸦片的恶习。

清人笔记记载,咸丰帝是个瘾君子,还把鸦片叫作"益寿如意膏"或"紫霞膏","及粤寇事急,宵旰焦劳,恒以此自遣。咸丰庚申,英法联军入京,文宗狩热河,有汲汲顾景之势,更沈溺于是"。太平军北伐,咸丰帝靠吸鸦片来缓解压力;英法联军侵华,咸丰帝从北京出逃,担惊受怕,接着吸鸦片。

对肺结核病人而言,吸烟、喝酒是大忌。如此一来,咸丰的身体每况愈下。在热河行宫过完六月初九的生日后,咸丰帝一连躺了十几天,病情堪忧。

到了咸丰十一年七月十六日,咸丰帝食欲大振,中午点了羊肉片白菜、脍牛肚、炒豆腐、羊肉丝炒豆芽等好几道菜。但这更像是回光返照。

吃完这顿饭后,咸丰帝很快就陷入晕厥,到了夜晚苏醒后,赶紧宣召肃顺、载垣等御前大臣入内,吊着一口气宣布后事:立6岁的皇长子载淳为皇太子;任命载垣、端华、景寿、肃顺、穆荫、匡源、杜翰、焦佑瀛八位大臣为赞襄政务王大臣,"尽心辅弼,赞襄一切政务";太子的两个妈(皇后钮祜禄氏和载淳生母懿贵妃那拉氏)共同辅政,她们手头有一枚印章,顾命八大臣所拟的诏书,得有这个印章才能算数。

七月十七日凌晨,31岁的咸丰帝病逝于热河行宫。当时,御膳房还给他准备了早点"冰糖燕窝",但咸丰永远吃不到这道菜了。

咸丰死后,皇太子载淳继位,改年号为"祺祥"。

然而,之后的政治形势并没有照着咸丰生前安排好的剧本上演。自从咸丰逃出北京后,清政府的中央官僚已经一分为二,一派以肃顺为首,在热河行宫随侍左右，就连咸丰喝杯奶茶，肃顺还要在一旁帮他捧茶碗；另一派以恭亲王奕訢为首，在北京帮咸丰收拾烂摊子。

当咸丰帝的灵柩返回北京后，东、西两宫太后与奕訢、奕譞等联合发动"辛酉政变"，夺取大权，废黜顾命八大臣（肃顺被斩，载垣、端华赐令自尽，穆荫、匡源、杜翰、焦祐瀛、景寿革职）。此前由顾命八大臣拟定的"祺祥"年号也被废，年号被改为"同治"。

十月，年仅6岁的同治帝在太和殿的登基大典上接受百官朝贺，此后，两宫太后开启了垂帘听政的模式，尤其是慈禧太后那拉氏终于从幕后走向台前，执掌朝政，成为此后近半个世纪中，帝国真正意义上的统治者。

紫禁城里，再无手握实权的皇帝。咸丰帝的离世，悄然终结了一个时代。

第二章
帝国政治大案

秦二世继位之谜

秦始皇最后一次出巡，途中重病倒下。

临终时，他赐书扶苏曰："与丧会咸阳而葬。"这是一句隐语，意思是赶紧回到咸阳主持葬礼，言外之意就是继承帝位。

但这次权力交接相当仓促，秦始皇直到病重时才确定嗣君，此乃政治上的大忌。随后，秦始皇在沙丘病逝，赵高说服皇子胡亥、丞相李斯合谋篡改遗诏，逼死扶苏，秘不发丧回到咸阳，拥立胡亥继位，是为秦二世。

在司马迁笔下，沙丘之变成为中国历史上最著名的政治阴谋之一，胡亥诈立是秦朝暴亡的重要一环，它使得这个新生的朝代丧失了一次可能的转机，从而加速其灭亡。千百年来，这一"史实"几乎成了共识。

不过，也有历史学家对此政治阴谋提出真实性质疑。日本学者宫崎市定曾指出，《史记》中李斯和赵高的密谋、赵高劝胡亥夺位的计策是"秘中之秘"，不容他人知晓，当事人更不会事后外泄，沙丘之变应有后人"创作"的成分。然而，我们毕竟没有接触到异于《史记》的叙述，便无从推翻这一记载。

近些年来，一些地下文献重见天日，沙丘之变的另一副样貌出现了。人们不禁产生这样一个疑问：难不成秦朝政治史真的要改写了？

1

2015年，《北京大学藏西汉竹书（叁）》全文公布了汉简《赵正书》的内容。赵正即秦始皇，《史记·秦始皇本纪》载："（嬴政）以秦昭王四十八年正月生于邯郸，及生，名为政，姓赵氏。"《赵正书》记录了秦始皇最后一次出巡至秦亡的部分历史细节，正是《史记》中胡亥诈立的时间段。

《赵正书》的开篇就和《史记》很不一样："昔者，秦王赵正出游天下，还至柏人而病。病笃，喟然流涕长太息，谓左右曰：天命不可变欤？吾未尝病如此，悲……"秦始皇为自己算过命，到五十岁就会死，他出游天下正是为了逆天改命，没想到最终还是生了一场大病。

秦始皇预感自己行将就木，于是召见李斯说道："吾霸王之寿足矣，不奈吾子之孤弱何。……其后不胜大臣之纷争，争侵主。吾闻之：牛马斗，而蚊虻死其下；大臣争，齐民苦。吾哀怜吾子之孤弱，及吾蒙容之民，死且不忘。其议所立。"他害怕身故之后，大臣内斗，殃及小民，便让李斯推荐嗣君。

李斯并没有立刻说出自己的想法，而是大肆吹捧秦王功业，说自己会鞠躬尽瘁。秦始皇流泪说道："吾非疑子也。子，吾忠臣也。其议所立。"

于是，李斯和冯去疾顿首进言："请立子胡亥为代后。"

秦始皇曰："可。"

此时，赵高还只是一个戴罪的"隶臣"，没有资格参与其中。按照这一叙述，胡亥乃是合法继承皇位，自然就不需要通过阴谋夺取皇位。

《赵正书》之后的内容基本与《史记》相近。胡亥继位之后，杀扶苏、蒙恬，子婴进谏，胡亥不听。后欲杀李斯，李斯在狱中为自己抗辩，自呈七罪，实际是陈述自己的功劳，胡亥还是不听。在《赵正书》中，很多决策都是胡亥自己做的，而非受到了赵高的唆使。

当胡亥下令诛杀李斯时，子婴再度进谏："不可。夫变俗而易法令，诛群忠臣，而立无节行之人，使以法纵其欲，而行不义于天下臣，臣恐其有后咎。大臣外谋而百姓内怨。今将军章邯兵居外，卒士劳苦，委输不给，外毋敌而内有争臣之志，故曰危。"这一段《史记》未载。

最终，胡亥还是杀了李斯，让赵高行丞相事。没过多久，赵高杀了胡亥，章邯回师咸阳，杀了赵高。至此，全文结束。

《赵正书》最后还有一句评语："曰：胡亥所谓不听谏者也，立四年而身死国亡。"胡亥是因为不纳谏才导致亡国。这说明,《赵正书》在成书之后还流传了一段时间,抄写者以史为鉴,便加了一段评语。学者推测《赵正书》大概成书于西汉早期。

可以想象,《赵正书》的作者和司马迁在撰写作品时,应该参考了部分相同的史料。只是出于某些原因,他们对于秦二世继位一事的记录产生了矛盾之处。

2013年,湖南益阳兔子山遗址出土的简牍中,有一枚秦二世元年的文告,全文如下:

天下失始皇帝,皆遽恐悲哀甚,朕奉遗诏,今宗庙吏及箸以明至治大功德者具矣,律令当除定者毕矣。元年与黔首更始,尽为解除流罪,今皆已下矣。朕将自抚天下,吏、黔首,其具行事已,分县赋援黔首,毋以细物苛勀县吏。亟布。

大意为,始皇帝死了,我奉遗诏继位。我为父皇安排了盛大的宗庙仪式,废除了一些不合时宜的法律。天下更始,我当减缓刑罚,抚慰天下,施惠百姓,宽待县吏。换言之,胡亥即位之后,为了笼络人心、稳定政局,向天下宣示自己是一个礼敬父亲的好儿子,宽仁待民的好皇帝。

这一段文字似乎可以和《赵正书》相印证,但并不能成为有说服力的证据。毕竟,哪一个皇帝在即位之后不是把自己包装成贤明的圣君?假如胡亥真如诏书里说的一样,那么他的历史评价便不会如此之低了。出土文献的价值,在于它们深埋地下,避开了后世人们出于各种动机的篡改。然而,只要是人写的东西,就避免不了有意无意的"修饰"。

回到开头的问题,秦二世到底是不是合法继位?其实,可以换一个问法,是相信《史记》,还是相信《赵正书》?一个是职业史官司马迁写下的巨著,一个是不知为何人写下的类似小说家言的作品,两相比较,似乎高下立判,但这依然是一个难解的问题。

2

秦始皇三十七年（前210），胡亥登上历史舞台。这一年，秦始皇出游，"少子胡亥爱慕请从，上许之"。此时，胡亥已经年满二十，秦始皇带其出巡，不单单是游山玩水，应有训练政务之意。

当时，困扰秦始皇最大的问题就是东方社会的貌合神离。历史上著名的"焚书坑儒"，更像是一场失控的文化战争。翦伯赞曾说："秦代的政府不是一开始就准备对于古典文献，不分青红皂白，非秦者烧；对于知识分子，不问轻重首从，反秦者坑。反之，他们曾经从六国的宫廷和民间搜集了几乎全部的古典文献，我们因知焚书坑儒并不是秦代政府预定的计划之执行，而是逐渐演进出来的。"

封禅时，有人讥讽"秦始皇遇风雨"；在咸阳宫设酒宴时，有人公开主张分封，反对郡县制；追求长生时，有方士非议皇帝滥杀……这些事件，前后相衔，不断层累，加剧了秦始皇内心的紧张。如此一来，秦始皇必然担心未来的嗣君会不会投向东方，颠覆自己开创的丰功伟业。这可能也是秦始皇晚立嗣君的原因之一。

这时，扶苏劝谏道："天下初定，远方黔首未集，诸生皆诵法孔子，今上皆重法绳之，臣恐天下不安。唯上察之。"扶苏想为秦朝争取一个安宁的舆论环境，安抚东方精英，徐徐图之。然而，容忍这些反体制的议论，无异于站在了秦始皇的对立面。接着，扶苏就被派往上郡监军。

扶苏为人仁厚，能够与东方精英合作，看起来似乎是秦朝转型的最佳人选。然而，也正是这些优势，使他在秦始皇心中的地位越来越低。扶苏外放的两年后，收到了赐死的诏书，蒙恬劝他不要轻易自裁："今一使者来，即自杀，安知其非诈？请复请，复请而后死，未暮也。"扶苏却说："父而赐子死，尚安复请！"如果不是扶苏性格太过迂腐，那便是他已经知道父亲弃用自己之意，故丝毫不怀疑诏书的真假。

扶苏离开政治中枢之时，胡亥请求跟随秦始皇出巡，得到了同意。

贾谊曾记录胡亥的一则童年故事："二世胡亥之为公子，昆弟数人。诏置酒飨群臣，召诸子赐食先罢。胡亥下陛，视群臣陈履状善者，因行践败而去。诸侯闻之，莫不大息。及二世即位，皆知天下之弃也。"胡亥身为公子，却在众目睽睽之下公然践踏群臣的鞋子，不知礼节。然而，他的一众兄长不敢指责，只能叹息。这足以证明胡亥在诸公子中的特殊地位。

胡亥长大之后，赵高为其师。赵高此人"通于狱法"，与东方精英不是同路人，不正符合秦始皇焚书坑儒之后"以吏为师"的宗旨吗？而且，他与蒙氏兄弟交恶，与军功将领也不是同路人。值得一提的是，赵高犯罪之后，秦始皇让蒙毅"以法治之"，使二人交恶，但最后主动赦免赵高的还是秦始皇。

"底牌"已然清晰可见：站在扶苏这边的，是军功集团，估计还有一些东方精英；站在胡亥这边的，是尚法的赵高以及自始至终支持秦始皇的丞相李斯。

这样看来，秦始皇立胡亥为继承人是相当合理之事。

司马迁说秦始皇临终指定扶苏为继承人，但《史记》中也出现了自相矛盾的记载，透露出秦始皇属意的人选是胡亥。

比如，《史记》记载，胡亥继位之后，欲杀蒙毅，对其说道："先主欲立太子而卿难之。今丞相以卿为不忠，罪及其宗。朕不忍，乃赐卿死，亦甚幸矣。卿其图之！"此处显示秦始皇曾有意立胡亥为太子，蒙毅不同意。

对此，蒙毅反驳道："以臣不能得先主之意，则臣少宦，顺幸没世，可谓知意矣。以臣不知太子之能，则太子独从，周旋天下，去诸公子绝远，臣无所疑矣。夫先主之举用太子，数年之积也，臣乃何言之敢谏，何虑之敢谋！非敢饰辞以避死也，为羞累先主之名。"蒙毅承认胡亥为太子，还说秦始皇立胡亥是"数年之积"的郑重考虑，他怎么敢反对？当然，蒙毅完全可能是出于自保才说的这番话，但是，"太子独从，周旋天下，去诸公子绝远"应是事实无疑。

胡亥继位之后的所作所为，颇有遵循秦始皇之意味。他也模仿父亲巡游天下，回到咸阳之后，赵高进谏："先帝临制天下久，故群臣不敢为非，进邪说。今陛下富于春秋，初即位，奈何与公卿廷决事。事即有误，示群臣短也。天子称朕，固不闻声。"于是，胡亥开始常居禁中，很多人由此将胡亥视为赵高的傀儡。其实，居于深宫是法家的统治术之一，所谓"独操主术以制听从之臣"。

当然，即便我们相信胡亥是合法继位的，也改变不了他是一个昏庸残暴之君的事实。他既无其父的手段，又在危机重重时对内行杀戮之道，对外滥用民力，必然亡国。

3

沙丘之变的疑点还有很多。

不管是早于《史记》的《新语》《新书》《淮南子》《春秋繁露》，还是稍晚的《盐铁论》等，都很少涉及二世篡位的问题。这本是否定秦朝的一大关键，没有道理不拿出来大说特说，但除了《史记》，汉初的文献鲜少提及。陈胜起义时说："天下苦秦久矣。吾闻二世少子也，不当立，当立者乃公子扶苏。"这段话里，陈胜强调的是扶苏比胡亥更适合为君，假如扶苏为嗣君，直接斥责胡亥篡位即可，无须纠结当不当立。

在《太史公自序》中，有这么一段话："始皇既立，并兼六国，销锋铸鐻，维偃干革，尊号称帝，矜武任力，二世受运，子婴降虏，作始皇本纪第六。"司马迁在《太史公自序》中交代《史记》各个章节的写作理由，完全是出自己之手，不需要引用史料，却没有怀疑胡亥继位的合法性。

这么多疑点摆在一起，是不是说明司马迁有"发明历史"之嫌疑？

《史记》中，关于胡亥篡位的言论不止一处。汉高祖刘邦想要易储，立戚夫人之子刘如意为太子，结果遭到了功臣集团的反对。叔孙通说："秦以不蚤定扶苏，令赵高得以诈立胡亥，自使灭祀，此陛下所亲见。"樊哙等人说："始陛下与臣等起丰沛，定天下，何其壮也！今天下已定，又何惫也！且陛下病甚，大臣震恐，不见臣等计事，顾独与一宦者绝乎？且陛下独不见赵高之事乎？"可见，汉帝国统治集团都认为胡亥乃是篡位者。

《史记·李斯列传》载，秦二世即位之初，对赵高说："大臣不服，官吏尚强，及诸公子必与我争，为之奈何？"赵高回答："臣请言之，不敢避斧钺之诛，愿陛下少留意焉。夫沙丘之谋，诸公子及大臣皆疑焉，而诸公子尽帝兄，大臣又先帝之所置也。今陛下初立，此其属意怏怏皆不服，恐为变。"言下之意，秦二世地位并不牢固，公子怀疑，大臣不服，必须下杀手才能确保帝位不失。

事实上，秦二世的确在很短的时间内大行杀戮之事：长兄扶苏、大将蒙恬、大臣蒙毅、丞相李斯、重臣冯去疾、冯劫、秦二世的兄弟姐妹……这般景象放在历史的长河之中也是极为罕见的。

《史记》载："公子将闾昆弟三人囚于内宫，议其罪独后。"秦二世派使者对公子将闾说："公子不臣，罪当死，吏致法焉。"将闾回答："阙廷之礼，吾未尝敢不从宾赞也；廊庙之位，吾未尝敢失节也；受命应对，吾未尝敢失辞也。何谓不臣？愿闻罪而死。"使者说："臣不得与谋，奉书从事。"也就是说，将闾毫无入罪的嫌疑，使者无法解释，只能说这是上面的意思。将闾自知难逃一死，仰天大呼，喊天三次："天乎，吾无罪！"于是同两位弟弟拔剑自杀。

另一位公子高在看到宗室相继被处死之后，本想逃走以求生，但念及家人很可能因此遭遇不幸，于是主动赴死，得到了一个"体面"的结局。

《史记》中还有一个细节："乃行诛大臣及诸公子，以罪过连逮少近官三郎，无得立者。"这里的"少近官三郎"，《史记索隐》认为是中郎、外郎、散郎，《史记正义》认为是议郎、中郎、散郎，无论哪一个说法正确，都指的是皇帝身边的"近侍之臣"。不难推测，这些人都是被杀人灭口了。如果没有沙丘之谋作为背景，很难理解秦二世如此滥杀的行为。

胡亥篡位一事，散见于《史记》各处，构成了一个相对完整的"证据链"，如果是司马迁"造假"，那将是一个非常大的工程。至少可以说明，在西汉初年，人们对于秦亡的记忆中就有胡亥篡位的景象，司马迁只不过是将这种记忆忠实地记录下来罢了。或许，《赵正书》代表的是另一种历史记忆，只是这种记忆被人遗忘，埋进了土里。正如秦二世缓刑恤民的文告传到了益阳，但人们依然认为胡亥不当立。

关于沙丘之谋，距离秦亡仅有百年的司马迁，尚无法探明真相，今人距离秦亡已有两千余年之久，看到的材料也远远少于司马迁，自然无法轻易得出结论。因此，在更有力的证据出现之前，司马迁的叙事不能轻言改写，但是我们可以保持存疑的态度。

4

秦为何亡？汉为何兴？这是西汉人反复追问的问题。

楚汉时期，人们认为"秦失其鹿，天下共逐之"，也就是说，皇帝之位就在眼前，大家各凭本事，能者居于其上。贾谊《过秦论》里说："诸侯起于匹夫，以利合……名曰亡秦，其实利之也。"函谷关一被攻破，曾经横扫天下的秦军露出疲态，人们意识到，关中之地，并非固若金汤，反秦实为有利可图之事。

汉高祖五年（前202），刘邦置酒洛阳南宫，让部下议论自己为何有天下，项羽为何失天下。众人说"陛下与天下共其利"，刘邦则说："夫运筹帷幄之中，决胜千里之外，吾不如子房；镇国家，抚百姓，给馈饷，不绝粮道，吾不如萧何；连百万之众，战必胜，攻必取，吾不如韩信。三者皆人杰，吾能用之，此吾所以取天下也。项羽有一范增而不能用，此所以为我擒也。"

藏在这句话背后的是这样一个观念：刘邦依靠个人魅力，获得了人才的支持，夺得了天下。一切都取决于人。

汉初，有识之士观察历史的每个角落，分析各种以人力改写历史的可能性。《赵正书》的结尾说"胡亥所谓不听谏者也，立四年而身死国亡"，便是提供了一种解释。类似的解释还有很多，二世残暴、权臣倾轧、刑罚太过、内部离心等。

一旦江山稳固，"人"的力量便不合时宜了。陆贾曾对刘邦说："乡使秦已并天下，行仁义，法先圣，陛下安得而有之？"刘邦听到这话，很不高兴。汉兴既然不是必然，那么有人取而代之也是合理之事。后来，刘邦讨伐黥布时受伤，吕后请人医治，刘邦骂道："吾以布衣提三尺剑取天下，此非天命乎？命乃在天，虽扁鹊何益！"此时，秦亡汉兴已经笼罩上一层"天命"的外衣。

司马迁撰写《史记》的时候，恐怕也非常迷惘。一方面，《史记》为我们展示了一个帝国坠落的图景，各路诸侯纷纷登场，展现"人"的力量。另一方面，司马迁在博览群书之后，无法不生出这样一种感慨：汉兴难道不是天命吗？

《史记·秦楚之际月表》序说："太史公读秦楚之际，曰：初作难，发于陈涉；虐戾灭秦，自项氏；拨乱诛暴，平定海内，卒践帝祚，成于汉家。五年之间，号令三嬗。自生民以来,未始有受命若斯之亟也。昔虞、夏之兴,积善累功数十年,德洽百姓,摄行政事,考之于天,然后在位。"古代帝王耕耘数十年才得以在位,而汉之兴起也就短短数年的时间,面对如此奇怪的历史走向,司马迁不由得发出感慨:"岂非天哉,岂非天哉!"

如今的我们看待秦亡汉兴,虽然不致发出"岂非天哉"的感叹,但总是会将其归于某种兴亡交替的规律,似乎一定要有某种决定性的力量,推动着历史的发展。人向"天命"低头,实乃本性使然。立足于此时、此地,人们必须为自身的存在寻求某种确定性。历史纷繁复杂,但往往只需要一个真相。

回到秦二世继位之谜,《史记》中的种种疑点,或许正是司马迁挣扎于天命与人力之间留下的痕迹。而司马迁的迷惘,何尝不是一种无法破解的历史困局?

蓝玉谋反案，株连上万人

洪武二十六年（1393）二月初八，春风似剪，明初名将、凉国公蓝玉一如往常入宫，朝见那位他臣事多年的君上——明太祖朱元璋。

与往日不同的是，此刻摆在朱元璋面前的，还有一封来自锦衣卫都指挥使蒋瓛的告发信，密信中字里行间透露着四个字："蓝玉谋反。"蓝玉一进宫就被当场拘押，次日投入诏狱，第三天"磔于市，夷三族"。至死，蓝玉本人都未留下承认谋反的口供。

这又是一场针对开国功臣的清洗。蓝玉案发后，包括开国公常昇（常遇春之子）、景川侯曹震等在内的一公、十三侯、二伯以及众多都督、指挥、千户、百户等各级武官被处死，惨遭杀身之祸的文武官吏多达一万五千人（一说两万人）。回头再看这场席卷朝堂的血腥屠杀，其中有太多不合常理之处。蓝玉之死，究竟是咎由自取，还是兔死狗烹？

1

蓝玉被诛三个月后，洪武二十六年五月，明太祖敕命翰林院将部分案犯的供状辑录成书，题为《逆臣录》。此后两百多年间，《逆臣录》即明朝对蓝玉案盖棺论定的官方文件，被视为蓝玉谋反的"铁证"。然而，蓝玉案的诸多吊诡之处，正是出自这部仓促编成的《逆臣录》。

《逆臣录》记载，洪武二十五年（1392）十一月，明太祖派中军佥都督谢熊到四川召蓝玉进京。当时，蓝玉奉命平定西南土司叛乱，镇守成都。

谢熊到成都后，对蓝玉说："我来取大人回家。"

一个"取"字，瞬间引起了蓝玉的警惕，他对谢熊说："我知道了，必是我亲家靖宁侯身陷胡党之事，口供中有我的名字，差你来提取。"谢熊回答道："上位只叫我来宣召大人，个中缘由我并不知晓。"

蓝玉口中的亲家靖宁侯叶昇，三个月前坐胡惟庸党罪被处死。为相多年的胡惟庸于洪武十三年（1380）被告发谋反并处死，此后明太祖罢宰相，并使该案株连蔓引，十余年间"所连及坐诛者三万余人"，是蓝玉案之前的开国大狱，而作为蓝玉亲家的叶昇在胡惟庸案发的十二年后被杀，似乎预示着新一轮的政治风暴即将向蓝玉袭来。

按照《逆臣录》的说法，蓝玉在回京路上一直惴惴不安，于是暗中策划造反。

但《逆臣录》的一个关键疑点是，书中缺少主犯蓝玉的口供，为首的是蓝玉之子蓝闹儿、蓝玉之兄蓝荣等家族成员。

蓝玉之兄蓝荣是已退休的府军右卫指挥使，据他供述，洪武二十六年正月二十九日，蓝玉一家已到达京师应天（今江苏省南京市）多日，侄子蓝闹儿突然登门拜访，说："父亲教请伯伯来说话。"

蓝荣在蓝玉府上过夜，觥筹交错之间，蓝玉说："胡惟庸党案被废的公、侯越来越多，之前靖宁侯叶昇下狱，必是他供状中有我的名字。我这阵子见上位好生疑忌，我上奏好几件事他都不从，只怕早晚也容我不过，不如趁早下手干一场。我如今与府军前卫头目都商议好了，你可教蓝田（蓝玉、蓝荣的侄子）知道，让他也收拾些人接应。"当晚，蓝荣就答应了下来，跟着蓝玉谋反。

蓝玉的长子蓝闹儿招供道："洪武二十六年正月二十八日，父亲请许都督、孙指挥、徐都督、周都指挥等来家饮酒议事；又于二月初二日，对府军前卫孙指挥、刘指挥、孙百户说：'借马鞍七十副、马四十三匹，我要做些事。'"

据蓝闹儿回忆，蓝玉对部下倾诉自己对明太祖的怨恨："我征西征北受了多少辛苦，如今让我回来，以为是封我做太师，却让我做太傅，太师倒是给别人做了！"

原来，蓝玉回京后，明太祖论功行赏，以宋国公冯胜、颍国公傅友德兼太子太师，曹国公李景隆、凉国公蓝玉兼太子太傅，蓝玉一向居功自傲，认为自己的功劳不在冯、傅二人之下，一直觊觎着太师之位，没想到却被封了低一级的太傅，难免心生不满。

经过一番密谋，与蓝玉勾结的武官一一应允，回复说："大人要借马用，我到二月初七日送马来。"

2

《逆臣录》的另一个重大疑点是，蓝玉阵营的构成十分离奇。

蓝玉案留有口供的同谋者上自公侯，下至草民，均被列为案犯，而且，从回京的路上开始，蓝玉不断地拉帮结派，相约"做一场"，可谓无所顾忌、漏洞百出。

根据武昌中护卫指挥陈干、九江卫指挥佥事陆旺、安庆卫指挥佥事蔡海等招供，蓝玉从四川返京途中，与武昌、九江、安庆等地的卫所长官一一取得联系，命他们调集兵马，以备响应谋反行动。蔡海供称，蓝玉途经安庆时，他与其他曾经在蓝玉麾下效命的军官用船装载羊、酒等物，前去港口迎接，设宴款待。酒席上，蓝玉屏退左右仆从，与蔡海等人密谋，让他们找一些信得过的旧部一同谋反。蔡海等人当场表态："大人既有这个主张，小人们会尽力相助。"酒后，蓝玉继续沿江东下，并赏赐绿绫子一匹、毡衫一领给蔡海。

《逆臣录》记载，回到京师后，蓝玉更是肆无忌惮，与景川侯曹震、舳舻侯朱寿等在京的勋臣密谋，加紧联系他的老部下以及驻扎在京师周围的军队。

假如蓝玉只是与这些高官勋贵取得联络，倒也合情合理，可是在《逆臣录》中，不仅有公、侯、伯、都督、指挥、千户等出入蓝府，还有农夫、匠人、兵士听说蓝玉要谋反，带着牛羊酒肉登门拜访，甚至甘愿为蓝玉运送武器。

比如，凤阳右卫的一个百户听到蓝玉要谋反，派人去蓝府打听消息，顺便请求入伙；一个姓冯的小旗（明朝的下级军官），家中有个儿子听说凉国公府内在商议谋逆，便前去拜见，参与其中；句容县有几个村民到邻近的村子喝酒，听说京城里有大事要发生,也要去凑热闹,稀里糊涂地成了蓝党;景川侯曹震被列为蓝玉的同党,朝廷审理此案时,就连曹震家的小妾、厨子、官僮都有参与谋反的供状。

按照《逆臣录》的说法,蓝玉回到京城后,一个月的时间内,至少有几千个来访者出入蓝府,其中得到蓝玉亲自接待的有上千人。蓝玉差不多每天要见几十个宾客,光是做造反的动员工作都得累趴下。

更何况,这么大的阵仗闹得满城风雨,几乎人人都知道蓝玉要谋反。

3

这就不得不提《逆臣录》的第三个疑点,蓝玉谋反没有确切的行动时间。

如前文所述,《逆臣录》认为蓝玉结交同党已是板上钉钉的事,其党羽更是盘根错节,尽管其中有些成员出身平平,但都想跟着凉国公大干一场。

蓝玉要"干一场"的时间究竟是哪一天?《逆臣录》中蓝党的口供给出了完全不同的答案,大部分同党供称,造反的时间是二月十五日,皇帝到南郊举行亲耕籍田仪式这一天;曹震的儿子曹炳却交代说,蓝玉被捕前一晚,他爹曹震还说,要在"今年四五月间"预备动手。

二月十五日,是《逆臣录》中蓝党供得最多的日期,但这个日期明显不靠谱。

按照惯例,每年仲春,皇帝要出宫前往京城南郊祭祀先农,并亲自耕田,祝福新一年风调雨顺、五谷丰登。但是,这个耕田礼仪对天气有严格要求,一定要选在风和日丽的日子,所以往往由钦天监提前做一个"天气预报",充满不确定性。

更大的不确定性,来自朱元璋本人。

有学者统计,在洪武年间如期举行的亲耕籍田礼中,朱元璋亲自到南郊祭祀、躬耕的次数只有12次,其余都是派遣官员代行其事。可见朱元璋虽然是苦孩子出身,但当上皇帝后也没痴迷种田。此外,蓝玉被告发谋反的洪武二十六年春,朱元璋仍沉浸在太子朱标早逝的悲伤中,身体虚弱,疾病缠身,不一定能出城躬耕。若是蓝玉孤注一掷，将唯一的机会选在这个飘忽不定的日子，那他这场谋反真的如同儿戏。

讽刺的是，这一年二月十五日，朱元璋确实去南郊举行了典礼，他仿佛在宣示，自己根本不害怕反贼的行刺，不过，那时蓝玉早已伏诛。还有很多蓝党关在牢中，他们究竟是被迫编造了这个日期，还是"二月十五日将伺帝出籍田举事"确有其事，真相已然扑朔迷离。

4

入狱第三天，蓝玉被凌迟处死，灭三族。尽管此案蔓延数年，株连甚广，杀了一两万人，但蓝玉本人宛如微弱的烛火，瞬间淹没在历史的风雨之中，甚至没有留下一句载入史册的供词。蓝玉在朝堂上的陡然消失，与他狂傲的一生形成鲜明的对比。

谁也不知道，蓝玉去见朱元璋最后一面时，是否会想起自己作为小兄弟，跟着起义军出生入死的峥嵘岁月。

蓝玉是明朝开国功臣常遇春的妻弟，也就是小舅子。常遇春在朱元璋麾下屡立战功，"当百万之众，勇敢先登，摧锋陷阵，所向披靡"，号称能以十万兵马横行天下，在明朝灭元、统一天下的战争中立下卓越功勋。可惜的是，这位战将在40岁时便英年早逝，朱元璋为之恸哭不已，叹息"使我如失手足"，追封常遇春为开平王，配享太庙。

蓝玉在姐夫常遇春帐下时便已崭露头角。常遇春去世后，久经沙场的蓝玉也成为独当一面的大将，与徐达、傅友德、冯胜、沐英等名将征战四方。

常遇春是在灭元不久后去世的。当时，元顺帝从大都（今北京）北遁，蒙古人的北元政权盘踞草原，对新兴的明朝虎视眈眈。朱元璋多次发兵北征，给了蓝玉建功立业的机会。经过数次征战后，洪武二十一年（1388），蓝玉被拜为征虏大将军，率军15万北上，"以清沙漠"。

蓝玉的军队星夜兼程，到达捕鱼儿海（今贝尔湖）岸边，仍不见蒙古兵。此时，军中已经产生动摇，以为这次北征将徒劳无功，副将定远侯王弼却说："我们率军十几万深入漠北，如果毫无收获地班师，该怎么向陛下复命呢？"于是，蓝玉派人侦察，终于在捕鱼儿海东北方向80里处，发现北元嗣君脱古思帖木儿的王庭。

蓝玉以王弼为先锋，发动突袭，直逼脱古思帖木儿驻帐的哈剌哈河畔。忽然间，天助明军，刮起沙尘暴，北元王庭毫无防备，又看不清明军的数量，一时抱头鼠窜。脱古思帖木儿上马逃走，蓝玉率精骑追奔数十里，北元太尉蛮子等被杀，北元妃子及公主以下百余人被俘。北元的王帐与无数武器、财物焚烧于熊熊烈火之中，蓝玉所部收降北元部属上万人，获马、驼、牛、羊15万余匹。

远在应天的朱元璋得知捷报后大喜过望，将蓝玉比作卫青、李靖，赐诏奖励慰劳。至此，蓝玉的军事生涯到达顶点。

5

朱元璋丝毫不吝啬对蓝玉的褒奖，但这不代表他能无条件地包容蓝玉的缺点。在兵戈扰攘的时代，将领只要能打仗，就是个好部下，但在王朝定鼎的当下，混官场不再是打打杀杀，而是人情世故。

蓝玉不会做人。

此前与北元的交涉中，蓝玉搞砸过一次谈判。

洪武二十年（1387），即蓝玉横扫北元王庭的前一年，蓝玉随冯胜出征辽东的北元太尉纳哈出。纳哈出倒是个明事理的主儿，见打不过明军，亲率数百骑到蓝玉军营中约降。

蓝玉设宴款待纳哈出，席间脱下身上的汉人服装，嚣张地要求纳哈出换上，说："请服此而后饮。"纳哈出认为这是对自己的羞辱，将酒洒在地上，随后用蒙古语叫上一同前来的部下，准备离场。

在座的郑国公常茂（常遇春之子）见纳哈出不给他舅舅蓝玉面子，当场拔刀，砍伤了纳哈出的臂膀，双方顿时乱成一团。

主将冯胜发现骚乱后，及时出面平息，之后派人招抚纳哈出的部众，下令班师。回朝后，朱元璋认为此次出征虽然取得胜利，但违反"因俗而治"的民族政策，冯胜受到牵连，被追究责任，收夺大将军印，引发事端的蓝玉反而逃脱了制裁。

蓝玉没有就此收敛，多次变本加厉地惹是生非。

洪武二十一年（1388），蓝玉从捕鱼儿海班师，带着部下途经长城喜峰口时，已经是夜晚。喜峰口的关吏对城下的蓝玉军说，按规定，"夜不即纳"，只能明早再入关。蓝玉大怒，竟然纵兵毁关而入，将防御北边的长城关隘破坏。

北征时，蓝玉私吞了不少从北元虏获的驼马珍宝，还将北元的一个妃子擒到帐中，强奸了她。对此，明人李贽在著作中称，蓝玉犯的是死罪（"罪当死"）。蓝玉回到京师后，朱元璋得知此事，当面责问他，但还是赦免了他的罪。

朱元璋嘴上放过蓝玉，但没有掩饰自己的不满，他原本打算以此次战功，封蓝玉为梁国公，但等到蓝玉班师，却改封为凉国公。这两个封爵大有讲究，凉国听起来就比梁国要更偏远，分量轻了不少。

此后，居功自傲的蓝玉依然我行我素，没有悔改的意思，就在死前不久，他还在抱怨自己得不到太师之位，埋怨朱元璋不听他的陈奏（"奏事多不听，益怏怏"）。

但是，蓝玉骄横跋扈的性格和真假难辨的谋反案，会促使朱元璋大开杀戒吗？蓝玉案，也许另有隐情。

6

蓝玉案发之时，大明王朝刚经历了一轮政治动荡。

洪武二十五年（1392），38岁的太子朱标病逝。朱标作为朱元璋培养多年的接班人，口碑极佳，"盛德闻中夏，黎民望彼苍"，其早逝对朱元璋的打击极大。朱元璋当时已65岁，因悲伤过度，身体虚弱，患上"热症"，"几将去世"，靠太医精心治疗才脱离危险。

朱标去世五个月后，朱元璋经过反复考虑，将他对朱标的期待寄托到朱标之子朱允炆身上，下诏立16岁的朱允炆为皇太孙。在这场白发人送黑发人的悲剧后，大明有了新的储君，蓝玉的政治地位也悄然发生变化。

朱标在世时，蓝玉与其关系密切。

前文说到，蓝玉是常遇春的妻弟。常遇春之女，即蓝玉的外甥女嫁给朱标为太子妃，并生下二子二女，太子与常氏、蓝氏家族之间结成了坚实的纽带。

蓝玉作为太子妃常氏的舅舅，深得朱标的信赖。《明通鉴》记载，蓝玉当年征纳哈出还朝，对太子朱标说："我看燕王朱棣有不臣之心，又听望气者说，燕地有天子气，殿下应该多多防范。"

朱标对四弟朱棣倒是十分信任，说："燕王对我甚是恭谨。"

蓝玉接着说："殿下待臣甚厚，臣才敢开诚布公。"

之后，朱标与四弟朱棣难免产生隔阂，远在北平的朱棣听说此事后对蓝玉恨得牙痒痒。朱标薨逝后，朱棣受召入朝，朱元璋问他："民间近来说朕怎么样啊？"朱棣却回答说："诸公侯纵恣不法，将有尾大不掉忧。"朱棣嘴上不提一个名字，但字字针对蓝玉，当初蓝玉暗地里向朱标打小报告，朱棣如今也乘机添油加醋，引起朱元璋对功臣的猜忌。

从这一记载来看，燕王朱棣，即日后的明成祖，对蓝玉案也有推波助澜的作用，但这则史料也可以说明，朱标与蓝玉的关系非同寻常，甚至有些大事也会私下商量。

7

太子朱标在朝中深得人心，完全有能力驾驭骄纵的蓝玉，故此，朱标在世时，朱元璋虽对蓝玉的很多不法行为"闻之不乐"，却始终睁一只眼闭一只眼。

朱标一死，蓝玉的好日子就到头了。

此时还有一个对蓝玉极为不利的因素：皇太孙朱允炆是朱标与另一个妃子吕氏所生，并非蓝玉外甥女常氏的儿子。

当初，常氏嫁给朱标后，先是生下朱标的嫡长子朱雄英，朱元璋十分疼爱这个皇家嫡长孙，但是，朱雄英不幸于洪武十五年（1382）夭折，追封虞王，谥号为"怀"。

常氏在生第二个儿子朱允熥时，由于产后疾病或身体亏虚去世，年仅24岁。

从年龄来看，常妃的幼子朱允熥在储君竞争中并不比异母兄朱允炆有优势，而且由于常氏早逝，其母族的力量也大为削弱。后来，朱允熥活到了永乐年间，死前一直被明成祖软禁，成了数十年权力斗争的看客。

随着太子朱标去世，蓝玉失去了与储君的血脉联系，显然不被朱元璋归类于辅佐皇太孙的人选，而蓝玉还有另一个身份，即蜀王朱椿的岳父。当年，蓝玉参与平定云南有功，朱元璋册封其女为蜀王妃。

开国之初，朱元璋为了拉拢人心，与多名功臣结为姻亲，形成一个庞大的关系网。但此一时，彼一时，随着皇权日益稳固，政治联姻的意义已经大不如前。太子溘然长逝后，储君尚年少，诸藩王年长，这些结为皇亲国戚的功臣，难免引来皇帝的猜忌。

朱允炆被立为储君后，不像其父朱标有丰富的治国经验，也不像父亲那样深受爱戴，原本可以成为太子得力干将的蓝玉，也变成了隐藏的忧患。在朱元璋看来，为大明立下汗马功劳的功臣宿将成了新君的威胁，难保他们之中不会涌现出威胁皇位的权臣。正是在这样的政治背景下，蓝玉案爆发，朱元璋借一场尚未发生的谋反，处死了蓝玉及其同党，株连过万。

蓝玉伏诛后，朱元璋又先后赐死了傅友德、冯胜。宋国公冯胜、颍国公傅友德的境遇与蓝玉相似，他们都与藩王联姻，女儿分别嫁给了周王朱橚和晋王世子。史书记载二人受猜忌的原因，说傅友德贪得无厌，擅自请求封赏，惹怒朱元璋；冯胜是因为私自与女婿周王朱橚秘密会面，惹人猜疑。

由此可见，蓝玉、冯胜、傅友德都与明初的政治联姻有着千丝万缕的关系，这些政治联姻曾让他们享尽荣华，也让他们备受猜忌。

蓝玉案发后，雄猜好杀的朱元璋不断对臣子举起屠刀。据说，洪武末年，大臣在上朝前都要和家人诀别，生怕一去不复返。大臣们甚至发现一个规律，只要朱元璋腰间的玉带垂在肚皮下，他就不会杀人，若是他的玉带高高贴在胸前，心情很差，可能又有一场腥风血雨。

洪武二十九年（1396）九月，朱元璋突然召2500名已退休的武官进京，赏赐给他们一大笔银子，表示优待，并嘱咐他们回家抚教子孙，以终天年。这些老人被召见时可能还战战兢兢，以为刀子要架在自己脖子上了，没想到是皇帝大发慈悲，给自己提升退休待遇。

至此，蓝玉案引发的屠杀渐渐归于平息，被朱元璋视为眼中钉的元老皆已拔除。

史载，明朝开国功臣中，"及洪武末年，诸公、侯且尽，存者惟（耿）炳文及武定侯郭英二人"。耿炳文有个儿子娶了朱标的长女江都郡主，坚定地站在储君一边，而淮西出身的郭英向来以忠诚谨慎著称，其妹妹又是朱元璋的宁妃，这两人都被朱元璋看作自己人。

然而，正是因为朱元璋大肆屠杀元功宿将，到建文年间，燕王朱棣发动靖难之役时，建文帝朱允炆身边军事人才匮乏，鲜有骁勇善战的名将可供调遣。就连朱元璋内定的"保嫡"大将耿炳文也难以施展才干，很快被纸上谈兵的曹国公李文忠之子李景隆取代。最终，建文帝和他的众臣一败涂地，皇位被朱棣所夺。

朱元璋晚年利用蓝玉案做好的政治布局，至此彻底破产，他疼爱的孙子朱允炆落得个活不见人、死不见尸的下场。

嘉靖李福达案：没有真相，只有政治

嘉靖初年，山西的一个乡间无赖薛良不断控告自己的债主张寅，指称张寅的真实身份是弥勒教首领、朝廷在逃通缉犯李福达，由此引发了一桩震动朝野的大案。

这桩史称"李福达之狱"的大案，自案发到最终结案，前后历时三年，巡按御史、刑部尚书、未来的内阁首辅乃至皇帝都下场角力，案情发生了两次反转。甚至在结案多年之后再度翻案，余波难息。

很多人将其视作正义与奸佞的斗争。可是，当我们深入案件内部，却发现，这里面的水，太深了。

1

事情的开端极为平常，源于民间常见的经济纠纷。

原告名叫薛良，家住山西徐沟县同戈镇旁的白树村，是一个游手好闲的赌棍。早年与人通奸，因害怕泄露，逼得女方自缢身亡，被判处杖一百、徒三年，发配到同戈驿服役。薛良自然不可能老老实实待在那里，很快便逃役回来。

被告名叫张寅，山西五台县人，是一个精明的成功人士。他往来两京、河南、苏杭、徐州等地做买卖，还在省城太原置办了八间门面房。在古代，大商人多半同时也是大地主。正德年间，张寅在同戈镇置买了房屋土地，此外在五台、太谷等县也有田地。有钱之后，自然要当官，恰好明朝允许买官，也就是"捐纳"。正德十六年（1521），张寅捐纳了一个太原左卫指挥使的职位，他的长子张大仁也纳银在北京充吏。

　　无赖和商人，都属于流动的不安分的人，很容易就产生交集。当时，张寅在太谷、徐沟二县放贷，薛良就是他的客户之一。薛良陆续向张寅借了15两银子，但一直拖欠未还。张寅多次向他逼讨债务，可能使了一些手段，于是双方结下了仇怨。

　　嘉靖三年（1524）八月，薛良向山西巡抚毕昭举报：张寅其实是一个在逃的通缉犯——李五。

　　李五何许人也？李五也叫李午，早年在陕西洛川县行医，暗地里宣传弥勒教，煽动信徒造反。正德七年（1512），洛川县发生叛乱，然而李五早已经不知所终。这个消息，薛良声称是同里魏槐亲口告诉他的。

　　事关谋反之事，巡抚毕昭当然不敢怠慢，立马下令拘捕案犯并进行审问。当时，张寅及其长子在北京，所以官府抓了张寅次子、三子及其亲眷。

　　嘉靖四年（1525）二月，薛良上报称张寅手指生龙虎形，左肋有朱砂痣。

　　五月初，张寅主动从北京回到太原投案，称薛良是挟仇诬告。

　　七月，薛良收罗到新的"罪证"，又上交了一份讼状。讼状中说：张寅原是崞县左厢都李福达，弘治二年（1489）参与造反，被发配充军。后来逃回，投认在五台县张子名户内入籍。薛良声称这个消息来自张寅的义女婿戚广。

　　薛良的两次举报，信息都不够准确，比如他把张寅说成了张英，把李福达写成了李伏答，把张子名写成了张子贵。这说明，他的消息大都是听来的。不过，一个清晰的犯罪链条已经呈现：崞县人李福达，弘治二年谋反，被发配充军；逃回后躲住在陕西一带，以李五为名传教惑众，引起了洛川县的叛乱，后又脱逃，改名张寅，并冒入五台县张子名户籍。

　　按明制，负责此案的是山西按察司。由于案情复杂，牵扯的人物、地点众多，加上调查能力实在低下，山西按察司的进展十分缓慢。

　　五台县证实张寅确实有该县户籍。徐沟县证实薛良确实与张寅有仇。验看张寅的身体，也没有发现龙虎形和朱砂痣。陕西方面说当年与李五有关的造反者都病故了，无人可以证明张寅是不是李五。几个证人也推翻了之前的言论。魏槐说他只是和乡亲们聊到了李五煽动一事，从来没有与薛良说过张寅就是李五。戚广说，张寅是太原左卫指挥，从来没有聚众叛乱。

嘉靖五年（1526）二月，山西按察司作出了初审判决：薛良乃是诬告陷害。审判结果上报巡抚，复审之后得出的结论一致。薛良将以诬告谋反罪被放逐到口外（长城以北）。

至此，大幕已经拉开，原告被告两方对垒，一干证人悉数登场。

然而他们并非主角，只是背景。

2

嘉靖五年五月，新任山西巡按御史马录收到了一封信。

这是一封请托信，里面写着"张寅是我旧识，被人诬告，不过因疾其富，乞矜宥"等话语。为官十八载，想必马录经历过无数的贿赂、求情和威胁，但是这一次他不得不谨慎对待。因为写这封信的人乃是皇帝身边的大红人——武定侯郭勋。

郭勋是明朝开国功臣郭英之后，承袭先祖武定侯之爵位。嘉靖帝即位之初，朝廷发生了"大礼议"事件。以杨廷和为首的文臣群体，站在了皇帝的对立面，郭勋则果断支持皇帝，因而备受恩宠。

郭勋介入此案是一个意外。原来，张寅在京期间，四处攀附权贵，结交上了郭勋。其长子张大仁在京工作，一直与郭勋有来往。五月，张大仁不知案件已经定性，害怕自家有牢狱之灾，便找上郭勋，求其帮忙打点一番。这才有了郭勋请托一事。

马录看完信后，立马翻开卷宗查看张寅一案，随后陷入了沉思。郭勋是什么人？一个得势的武人，仗着皇帝喜欢，处处和文官作对，多行不法之事。现在他写信请托，不正符合奸佞之人的行事风格吗？如果案件没有猫腻，他为何要替人求情呢？此案必有蹊跷之处。

于是，马录决定查明真相，并且公开弹劾郭勋。

马录弹劾郭勋的奏章一公布，就激起了追求"正义"的浪潮。

兵科给事中刘琦批评郭勋"求讨书信者，即是知情；党类受嘱者，意图贿赂"，甚至还咬文嚼字了一番："妖贼名李午，盖午，四正之时，正阳之位也。改张寅，盖岁首建寅，人生于寅之意也。"

户科给事中郑一鹏称："访得张寅情罪深重，乃知勋之罪有不止于专横者。勋明知张寅系谋反杀人首恶，自宜觉发，为国讨贼，乃与之往来交结。"

御史潘壮上疏："张寅，天下皆知其为李午；李午，天下皆知其为谋反人也。乞将张寅置之重典，郭勋解其兵柄。"

……

在案件查明之前，这些人已经认定张寅就是李午，就是李福达，要求严惩郭勋。

弹劾郭勋者，包括马录在内，要么是都察院的御史，要么是六科给事中，他们都属于一个群体——言官。

明代的言官十分厉害。他们的人数为历朝之最，绝大多数都是进士出身。他们品级低，没有患得患失之念，不怕得罪人，但是权力重，二三品大员见了他们也得规规矩矩。朱元璋如此设计，是为了把一群有胆气又熟读圣贤书的人变为"天子之耳目"，查不法，查贪官，查奸佞，使得江山永固。

然而，士大夫有独立的意识，有"从道不从君"的追求。言官终究无法完全成为皇权的工具，在必要时刻，他们化身为"公理"的守护者，向皇帝宠信的奸佞宣战。

处在风暴中心的言官们，可能就是这样看待自己的。

马录的果决也赢得了整个士大夫群体的赞美。吏部侍郎孟春称赞道："昨劾郭勋，殊快人心，彼虽喋喋，愈见其非。"大理寺丞汪渊说："昨见章奏，攻发巨奸，人心甚快，非有大风裁者致是。"工部侍郎闵楷说："今睹发奸一疏，风裁百倍，中外咸服其公，奸雄已落其胆矣。"

在这样一种氛围中，马录更加不会怀疑自己的判断出了问题，他要做的就是排除一切奸佞势力的干扰，走到自己早已认定的"真相"面前，揭开它的面纱。如果他失败了，所有这些追求正义的人不就会变成一个笑话吗？

这一查，还真查出了惊喜。

官府发现了许多新的人证。比如定襄县的韩良相，他在北京时认识了李俊、李二和李三，这三个人曾秘密地对他说："我们是李福温之子，如今上官的张寅，原名李福达，是俺五叔。你们不信？取起帽看他是秃子。"韩良相立马查看，果然是秃子。陕西方面也找来15个见过李五的人，官府让张寅和一众皂隶站在一起，结果这些人一下就把张寅认出，扯住他说："这是李五。"

不过，案件依然存在许多疑点。比如，张寅当时已经66岁，可是依据记录李福达户籍的黄册，张寅应该才51岁。崞县县民杜文住说李福达娶了自己的姐姐杜氏，可是张寅的妻子明明姓林，而黄册里李福达的妻子却姓张。

当然，这些疑点对于已经先入为主的马录来说，都是无关紧要的细枝末节。很快，他公布了再审意见：张寅、李五、李福达是同一个人，依律处以凌迟。

如果事情到此为止，就仅仅只是一个清官明断的故事。这不是马录作为言官的追求：如果正义仅仅止于一两个人的清白，却放任天下的浑浊，那么，这样的正义要来何用？

因此，他们要将"正义"的火焰燃向朝堂，烧尽一切奸佞。

3

嘉靖皇帝的心情非常不好。

自他即位之后，以杨廷和为首的文官群体就一直提醒他要守规矩。天子之尊，如何能受人掣肘？幸好嘉靖帝对于权力的使用颇具天赋，他用左顺门的鲜血告诉了这群士大夫什么是为臣之道——君是主，臣是仆，该闭嘴时就闭嘴。

"大礼议"一事后，嘉靖帝对文官极不信任，于是大力提拔身份尊贵的郭勋，用来平衡朝堂势力。自那以后，郭勋便常常受到言官的弹劾，罪名包括侵占军田、给亲戚走后门、剥削士兵等。但在皇帝眼里，郭勋始终是个好同志。

马录弹劾郭勋的时候，皇帝说这案子交给巡抚好好办，丝毫不提郭勋。张寅案再审结果出来之后，皇帝认可了马录的判案，但对郭勋只是口头指责了一下，明显不愿深究。

言官对皇帝的偏袒十分不满,"正义"的追击随之爆发。众言官纷纷上疏弹劾郭勋,声势比以往更为浩大,其中有两份奏疏还是20多位官员联名的。他们的意思很明显:郭勋交通反贼,罪无可赦,不要再包庇了。

这时,皇帝的心腹张璁和桂萼说了这么一番话:"诸臣内外交结,借端陷勋,将渐及诸议礼者。"嘉靖皇帝想起了令他头疼的"大礼议",想起了文官的集体哭谏,心里的愤怒达到了极点。这些人为什么一定要置郭勋于死地,难道真的是为了正义?他们是冲皇帝来的,他们想用一种名为"公理"的力量,驯服皇权。

想到这里,嘉靖对于李福达一案恐怕就已经有了翻案的念头。

皇帝立即令锦衣卫前去山西接管此案,由三法司(刑部、都察院、大理寺)及锦衣卫进行会审。此案会审共进行了六次,前五次均由刑部尚书颜颐寿主持,参与审判的官员不断增多,遍及九卿、五府、科道,看起来十分公正。然而,主审官员难免经受来自四方的压力,挣扎于皇权与舆论的夹缝之间。

第一次会审有点敷衍了事,仅仅只是重复了双方的证词,没有发现新证据,维持了原判。嘉靖皇帝敦促会审官员"勿得徇情回护"。

第二次会审,一个重要证人翻供了,李福达妻弟杜文住本来称张寅是李福达,在这次会审时,杜文住却说:"我是崞县人,与李福达无亲。我姐夫也叫作李福达,稍矮些儿,脸上有麻疤。"颜颐寿不敢也不想给出明确结论,只能列举供词,模糊处理。嘉靖皇帝一看,再次斥责主审官员徇私,甚至表示要亲自审讯犯人,经大学士杨一清等人劝说,才放弃了这个想法。最后,皇帝下令,必须要交出一个明确的答案。

第三次会审,颜颐寿再次发现原告的证词存在疑点,但是指证张寅是李福达的证据链依然完整。所以他只能硬着头皮,赞同原判。嘉靖皇帝再次告诫:"不许仍前回护。"

皇帝一次又一次驳回官员的审判结果,意思已经很明显了:他要翻案。

颜颐寿事实上已经无路可走了:如果继续维持原判,必然得罪皇帝;但如果改判,又如何推翻前面的证词?而且一旦改判,之前参与此案的官员都要遭殃。他能做的,就是寻求一个中庸的方案:一方面,仍然认定张寅就是李五和李福达;

另一方面，承认无法证实张寅参与谋反。

此外，颜颐寿上了一篇悲壮的奏疏，详细地记录了从马录审案到第四次会审的全过程。如果此案是诬告，那么就代表整个文官系统都腐烂了，这是不可能的。皇帝已经听不进去了，直接斥责审案官员"朋谋捏诬，泛言奏饰"，命他们"戴罪办事，待再问明白，一总发落"。

第五次会审，官员们要是还看不清形势，就堪称愚蠢了。有些证人"适时"地翻供了。马录主动承认失职。审案人员推翻了之前的结论，认定薛良诬告好人。

事情绕了一大圈，还是回到了最初的起点，但是真相已经面目全非。

假如张寅真的是李福达，因为年代久远，出现矛盾的证词极为正常；假如张寅不是李福达，任何一个疑点被忽视都有可能导致冤案的发生。从案件本身出发，张寅、李五、李福达三个身份，却是同一个人，证据链虽然完整，但并不通顺。而且证人的证词是否能作为核心证据有待商榷，证词是否忠实地记录下来也无法确定。

当然，大人物们并不在意这些，不管是皇帝还是士大夫。

4

第六次会审，审的却是另外一个案子。

皇帝下旨全面更换主审官员，由礼部右侍郎桂萼署掌刑部、兵部左侍郎张璁署掌都察院、少詹事方献夫署掌大理寺印信。这三人从"大礼议"时就支持皇帝，是嘉靖最信任的人。他们的任务只有一个：将不听话的朝臣定罪。

一夜之间，仿佛命运开了个巨大的玩笑。原来坐在审判席上的官员，尽皆沦为阶下囚。主要证人全部翻案了。马录家中搜出了不少书信，那些赞美他敢于"锄奸"的文字，被当成了官员勾结的证据。追求正义的言官们，被打成了挟私报复的小人。

随后，皇帝指令桂萼等审理此案时"用刑推究"。这些人得到了尚方宝剑，自然不会心软。据说，颜颐寿素来看不起张璁、桂萼，他们便借此报仇，上了夹手指的酷刑，还笑着说："汝今日服未？"颜颐寿忍受不了痛苦，不断磕头，说："爷饶我！"当时，京师有一个《十可笑》的歌谣，其一就是："某可笑，侍郎拶得尚书叫。"

可见，审判之中不乏诱供、逼供、屈打成招的行为。不然也无法解释，所有被审官员全部认罪，所有重要证人全部翻供。

很快，皇帝要的真相就呈了上来：薛良诬告张寅，秋后处斩；马录、颜颐寿等审案官员犯故意"入人死罪"，徒四年；众言官犯诬告之罪，徒四年。

嘉靖看见审判结果，十分兴奋。这里面有不少人曾在"大礼议"中上疏批评皇帝，甚至还有人参与了左顺门的哭谏。如此一来，朝堂应该能清静不少。但他有一处不满意，对马录的处罚太轻。在他看来，这场文官集团挑衅皇权的战争中，马录是那个吹响冲锋号的人，必须严惩。正如当初那个顽固不化的杨廷和一样。

皇帝想以"奸党"的罪名判马录死罪。桂萼等讨论后认为，处斩太重，原来的判决又太轻，干脆将其贬至烟瘴之地，永远充军，遇大赦也不宽宥。他们向皇帝解释说，要是置马录于死地，只是惩罚他一个人；永远充军，则祸及子孙。这样，马录看似活着，实则比死还难受。

但皇帝仍不甘心，非要杀了马录，以解心头之恨。大学士杨一清劝谏道："录无当死之罪，律无可拟之条。若法外用刑，人无所措手足矣。"皇帝这才勉强接受，下旨说："马录情犯深重，你每既这等说，发广西南丹卫永远充军，遇赦不宥，但逃杀了。"

事后，嘉靖皇帝十分高兴，特意嘉奖了张璁、桂萼等人，夸他们"尽忠以事君"。皇权即是公理，只有忠诚才能行善道，否则就是徇私枉法。为了让世人明白这个道理，嘉靖皇帝将张寅案相关档案编成《钦明大狱录》一书，刊行于天下。

无论此案是不是冤案，嘉靖皇帝的作为都开了一个不太好的头。一道旨意决定一场司法的现象，在明朝后期还见得少吗？

5

四十多年后，尘封已久的案件被人拾起。

隆庆二年（1568）九月，右佥都御史庞尚鹏上了一道奏疏，重提李福达一案。据他说，他在山西见到了一名罪犯，名叫李同，传习白莲教，蛊惑人心，甚至引起四川一地的叛乱。李同自诉是李五的孙子，其供奉的祖师名叫李大仁、李大义，家庭情况竟然与张寅一家相同。这说明，张寅真的是反贼。

庞尚鹏早年在读《钦明大狱录》的时候，就非常困惑，为什么一个案子前后判决竟然如此迥异？他遍访士大夫，发现几乎没有什么人信《钦明大狱录》。人们口耳相传的是另一个故事：言官忠于职守，却被奸人打压。在皇权的压制下，无人敢公开反驳。但，皇帝只有一张嘴，而公理在每个人心里，"真相"终有重现天日的一刻。

如今，迟到的"正义"终究还是到来了。庞尚鹏在奏疏中赞扬那些获罪的官员："天地有正气，宇宙有正人，故天网地维，万古不坠。"

庞尚鹏敢如此高调，也是因为时代变了。嘉靖皇帝死后，首辅徐阶大力革除旧弊，"大礼议"以来被打压的群臣都得到了翻身的机会。直到隆庆五年（1571）高拱为内阁首辅，这场平反运动才被叫停。

然而，这件案子真的反转了吗？

在庞尚鹏的奏疏里，出现了许多事实性错误，比如张寅明明是投案自首，他却写成马录抓捕了张寅，不得不让人怀疑他是否真的读过《钦明大狱录》。而且，仅仅凭借一人之口供，根本无法确定张寅就是李五。李同是何时被捕的？审讯是何时进行的？真实的口供是什么？这些我们都不得而知。再说了，张寅家境殷实，已经成功洗白了，为何还要继续从事反叛活动？这明显不合情理。

当然，细枝末节并不重要，人们有时候只需要一个故事。

此后，在明人的史书笔记里，几乎清一色都是认为张寅就是李福达，为那些受冤的官员抱不平。不少人找到一些未被埋没的"真相"。比如万历士人沈德符写的《万历野获编》载："（张寅）二子纳粟入国学，而大礼年少美姿容，嬖于武定侯郭勋。"意思是张寅之子靠"美色"俘获了郭勋。这显然是无稽之谈，完全是后人想象的产物，却被当成了正确的"记忆"。

只有少数人认为张寅非李福达。最有名的自然是张居正主修的《明世宗实录》，里面评价张璁时说道：

及奉诏鞫勘大狱，独违众议，脱张寅之死，而先后问官得罪者亡虑数十人，以是缙绅之士嫉之如雠。然其刚明峻洁，一心奉公，慷慨任事，不避嫌怨。其署都察院，不终岁而一时风纪肃清，积弊顿改。

张居正赞扬张璁的做法引来了许多士人的不满。沈德符直接破口大骂："大狱一案，千古奇冤。乃欲削灭以泯其迹，恣横至此，他日其后惨祸，谓非自取不可！"

沈德符是一个典型的追求"公理"的士大夫。他视皇帝为最高统治者，但维护的却是一种体制化的皇权，换句话说，守规矩的皇帝。这个规矩我们可以称之为"道"，而"道"为士大夫所掌握。实际上，就是要求皇帝与士大夫共治天下。

沈德符曾评价二张"皆绝世异才，然永嘉（张璁）险，江陵（张居正）暴，皆困于自用"。他明白，张居正和张璁是一类人。他们身怀大才，有志革新，于是奋不顾身追求权柄，最后难免走向刚愎自用。他们或媚事皇帝，或专权自用，在事实上都形成一种"独"的政治风气。而这种风气违背了共治天下的原则。

马录未必真的想要忽视真相，沈德符未必真的想要篡改记忆，他们只是认为自己走在一条正确的路上。当同道之人越来越多，他们自然坚信，这条路是正义的。然而，在不断强化的皇权面前，士大夫们虽有抗争表现，但更多的是忠顺、沉默、党争乃至摇尾乞怜。最后，在明朝这个庞然大物倒塌之时，士大夫群体发出了"反对君主专制"的声音。

后世说这是中国的启蒙思想。很明显，并不是。君与相的传统格局，发展到了巅峰，就是这个样子：极端的皇权，以及畸形但蓬勃发展的士大夫群体。

但是，正如李福达一案告诉我们的道理：细枝末节并不重要，一个完整的故事才重要。这是虚伪的、悲哀的理想主义者留给这个世界最有用的东西。

天理教起义真相

嘉庆十八年（1813）九月十五日，是个晴天。

内阁中书张大镛今日轮休在家，十分悠闲。午后，他和友人驱车前往法源、枣花二寺赏菊，流连于秋景之中，直到日落西山，才与友人分别。然而，这天晚上忽然雷电交加，让他心生不安。

十六日，天气变得阴沉，刮起了大风。黎明，张大镛忍受着寒意，像往常一样入署办公，经过正阳门的时候，他觉察到了异常。官兵们全副武装，神态紧张，如临大敌。走到外东华门的时候，他问一名街兵发生了什么，那名街兵回答："老爷尚不知耶？昨夜宫中搜杀一夜矣！"

原来，昨日中午，两股匪徒进攻紫禁城。现在，军队进了皇宫，京城大门也关了。张大镛赶到内东华门的时候，大门紧闭，官员们挤在一起，相互打听消息，犹如一群无头苍蝇。

正如恼人的天气一般，人们的心里也蒙上了一层阴云。

当时，嘉庆皇帝还在从热河回京的路上，还不知道宫中什么情况。这群匪徒有多少人？外面有没有同党？还会再进攻紫禁城吗？一时间，京城的官民都陷入了恐慌之中。

十七日，天气依旧阴沉。官兵们挨家挨户搜捕匪徒，只要遇到行踪诡异之人，立即逮捕。京城大门紧闭，消息封锁，人们自觉危机四伏，却又无法获得信息，这使得北京城变成了谣言的温床。

中午，有消息说圣上车驾回京，一位贝勒在东华门楼远望，清空街道，大开城门，结果等了个空。晚上，紫禁城外有一处喧哗，全城都沸腾了，有人说太平湖交战了，有人说西长安门被攻破了，还有人骑白马奔驰在街道上，大呼"有贼"！等到半夜，才发现根本就没有一个匪徒。北城有一户人家，丈夫当兵守卫禁城，他的妻子听闻喧嚣声，惊恐之下，竟然上吊自杀。

十八日，北风呼啸，驻守的士兵冻得"无人色"。搜捕还在继续，谣言没有止息。不过，有一个好消息传来，官兵在京城附近的宋家庄抓到了一个名叫林清的贼人，据说他就是进攻紫禁城的策划者。

十九日，天终于晴了。嘉庆回到了京城，局面稳定下来。这位颇有志气的皇帝在乾清门颁布了《罪己诏》，称此次事变为"汉、唐、宋、明未有之事"，愤懑之情，跃然纸上。

二十日，嘉庆召集诸位皇子和王公大臣严厉训话，悲愤地说道："我大清以前何等强盛，今乃致有此事！"

清廷逐渐搞清楚了事由：一伙名为"天理教"的乱民，约定在九月十五日这一天造反。他们兵分几路，分别在河南滑县、山东曹县等地作乱。其中一路，由林清率领，勾结太监，直接进攻紫禁城。

天理教一事本身并不算大，京城内的战斗只持续了一天便结束了。事发的第六天，搜捕行动就停止了，军队也撤出了京城，被抓的贼人被相继押往菜市口正法。一切回到了正轨，但人们心底的恐慌与震惊却久久无法散去。

1

九月二十三日，嘉庆亲自审讯"贼首"林清，想要搞清自己的帝国出了什么问题。

在牢狱中，林清几乎将自己的人生一五一十都交代了出来：家住哪，干过什么，何时入教，何时有了造反的心思，同党有谁，计划是什么……其中不乏夸张之词，也有为了求饶而编造的东西。不过，和其他要犯的证词一比对，事实就基本清晰了。

嘉庆十八年是乡试之年，天理教一事自然成了在京读书人的热门话题。博取功名者开始思考消除"邪教"之法，心想说不定就押中了科举的题目。以天下为忧者更关心嘉庆的罪己诏，猜测清廷是否在酝酿一场改革，而自己在其中又能有何作为。后来，有一个名叫盛大士的士人，收集各方信息，写下了《靖逆记》一书，畅销一时。

犯人的供词、军机处的档案、皇帝的起居注、宫中的档案、读书人的笔记……可以说历史给我们留下了满满当当的资料去了解天理教。

那是一个隐秘、混乱、不为人所熟知的世界。

明清时期，各种名目的秘密宗教犹如雨后春笋，在大江南北破土而出，形成了一个生机勃勃的民间世界。除了大名鼎鼎的白莲教之外，尚有罗祖、南无、净空、混元、大乘、八卦、青阳、红阳等教，名目繁多，不胜枚举。从名字可以看出，各教派大都改编佛家宝卷，开创教门。

他们被官方敌视，见不得光，不能在庙宇公开活动，也不能大摇大摆举办仪式。多数情况下，一个师父掌握着一部宝卷，带着一帮徒子徒孙，在家里搞点小规模的聚会，传播教义。

上层精英的精神世界很辽阔，心里装得下家国天下，人生不如意了，也可以从艰深的佛理里寻找意义。底层的百姓不通文墨，没什么修身齐家治国的理想，说的话、想的事难登大雅之堂，但不代表他们不想说话。秘密宗教给了他们一个在台面下说话的机会。

当时，有一种信仰流行于各教门中：有一个名叫"无生老母"的神，是所有人的祖先。然而，她的孩子流连于红尘，失去了本性，她便派人下凡拯救世界，让孩子们赶紧回归"真空家乡"。

信众们把历史分为三个时期：青阳（过去）、红阳（现在）、白阳（未来）。无生老母分别派燃灯佛、释迦佛和弥勒佛来统治人类世界。现在，也就是红阳时期，"恐怖大劫"即"白阳劫"将席卷人间，弥勒佛随之降生，领导人们驱走黑暗，赢得光明。在劫难中，只有无生老母的信徒可以活下来。

他们的世界很朴实，一个悲惨的末日，和一个终结苦难的预言。

得救的仪式则更加简单。信众只需对着升起的太阳，念诵"真空家乡，无生父母"八字经语。复杂点儿的需要打坐焚香，这样便能得到庇佑。

一般而言，教主都是具备"手艺"的人。他们游走于乡里，或者城市的边缘地带，要么行医治病，要么教授拳术，引诱人们入教。行医时，或使用针灸，或使用按摩，或传授盘膝坐功，病人病愈后，多半拜师入教。教拳则能强身健体，可用于帮会斗殴，也是挣命的艺能。

入教和出教都非常随意。想要好处的人找到更灵验的符咒就会离开，畏惧官府的人压力一大就会割席。有的弟子，去了别的村子，发展了另一批信众，他就成了另一个教主。他可能改名，也可能遥尊自己的师父，用一个复合的名字，比如"老君门离卦教又称义和门""东方震卦又称龙华会教"。教主去世了，新人上位，也可能改名。一教多名，多教一名，分支无数，芸芸众生缠绕在其中。

教众之中有穷人，也有富人，有汉人，也有满人，有农村的，也有城市的。因血缘、地缘而形成的密密麻麻的小社会，盘踞在帝国的底层。他们有一个共同点：没有通过科举考试获得过功名。

励精图治的皇帝、忧国忧民的读书人，居高临下审视着社会的角落。在他们眼里，民间宗教是邪教，是秩序的潜在反对者，是社会的恶疾，必须予以清除。

其实，教众大都过着惨淡的生活，日复一日练拳、吃斋、念咒，盼望着大劫的到来。东边发大水了，西边闹粮荒了，家中没钱财了，这些都可能是大劫的征兆，但他们的日子总能过下去。

直到有一个不安分的人勾起他们内心的恐惧与欲望，告诉他们末世到了，该去挣得光明。

2

林清，这个震动京城的人，本质上是一个流氓。

他在京畿附近的宋家庄长大，小时候学会了读写。17岁时，他做了药铺的学徒，有了一些看病的本事。他做过伙计，当过更夫，开过茶馆，当过衙门的书办，做过长随，也搞过一些小生意。天南海北都闯过，去过关外，也到过江苏，最常待的地方还是京畿一带。

他身上有一堆臭毛病，嫖娼、赌博、酗酒，像贪污、诈骗之类的坏事也做了不少；稍微赚了点钱，就立马挥霍光，然后找另一份工，如此循环往复。没钱，没长远打算，却消停不下来。

这样的人与秘密宗教，可谓是相互吸引，天生一对。

教门里鱼龙混杂，崇尚互助。在这里，流浪之人可以有归属感，好事之徒可以凑热闹，林清两者兼是，自然如鱼得水。最重要的是，教门给了林清一个可以敛财的组织结构和一个清晰长远的奋斗目标。

另一方面，林清心思活泛，能说会道，识字，懂点药草，是传教的一把好手。广大的教众分布在农村、城市的各个角落，安土重迁。而正是林清这样的人，才能打破底层百姓的封闭性，把他们联系在一起，看到自己的力量。

当时，京畿一带教门众多。刚开始，林清加入了荣华会，平日里朝拜太阳，念念符咒，还要躲着官府的查抄。渐渐地，他的野心越来越大，赶走了原来的教首。他自己说，是因为他"会讲"，别人便要他当教首。站稳脚跟之后，他便迅速和其他教派联系，统一、吸纳、整合了京畿附近的白阳、青阳、坎卦等教。

林清的口才了得，他劝人入教，交种福钱，承诺一倍还十倍，也过上了舒适的生活。然而，教派的潜力还有可挖掘之处，他也不想就这样混下去，正如他对弟子说的："无福做太平百姓。"

嘉庆十六年（1811），已经是白阳教首的林清南下豫北，结识了滑县人李文成和冯克善。李文成懂点天文，能说会道；冯克善是个拳师，野心勃勃。三人都有着不安分的性格，热衷于统一周边的教派。此后，林清多次南下，兜售他的符咒和观点。有一次，李文成在"讲论"中引用林清的观点，战胜了自己的师父，得到了师父珍藏的经卷，夺取了教权。

林清和李文成将他们的观念融合在一起，建立了一个新的八卦教组织。林清手底下叫坎卦教，他是大家信奉的领袖；李文成新得的教派为震卦教；冯克善被拉入三巨头之中，是离卦教主。

随着权势越来越大，林清将触手伸向了一些落魄、失势的上层人士。

嘉庆初年，旗人的生活日益困顿，就连官员之家也不能幸免。有一位汉军旗人名叫曹纶，家徒四壁，出外当差仅穿一件破旧长袍，在家衣不蔽体。林清在江苏与曹纶相识，两人同为在外打拼之人，一见如故。

嘉庆十二年（1807）春，曹纶患病卧床不起，一日忽闻叩门声，开门一看竟是林清。林清热情地说："曹公子一寒至此，清虽薄于力哉，然通财济乏，义也。"立马就拿出白金数镒。曹纶感激涕零。不久，林清又派人送来衣物。曹纶病愈后，两人结为兄弟。此后，曹纶生活上如有困难，林清全力资助。

嘉庆十六年，曹纶被擢升为独石营都司，前去拜见林清，为一直没能还钱道歉。林清故弄玄虚地说："清之财皆君子赐也。"曹纶不知何意。林清屏退左右，对曹纶说："仆少孤贫，因遇异人授神术，凡求无不立至者，乃渐丰于财。今传授日众，众推为坎教教主，领八卦九宫。"随后，林清提到有好事者说自己聚众招摇，试探曹纶的心意。

事涉秘密宗教，曹纶自然犹豫，思忖再三回答道："纶虽不才，岂为负恩不义之人哉？安有拯救于贫乏垂毙之时，不知所报，而反相陷害者乎？愿吾子勿复忌。"

随后，林清教授八字真咒给曹纶，说可以摆脱贫穷。过了很久，曹纶发现符咒不灵，有教众告诉他要亲自向教首跪拜，才会灵验。于是，曹纶带着儿子到宋家庄奉林清为师。

林清结交曹纶，是想利用曹纶的职权谋私，比如借兵丁之名入城买米。曹纶也是出于感恩和求富的双重心理，才与林清越走越近。后来，林清想要邀他参与谋反大计时，曹纶身为朝廷四品命官，却还在观望，"谓事成可得大官，事败亦不至于累及己"。

大约同一时间，太监刘得财也入教了。太监们并不是孤立地生活在皇宫之中，相反，他们与自家亲戚都保持着密切的联系，是皇宫与乡村之间的纽带。刘得财入教之后，常常哄骗一些下层太监拜师，告诉他们入教不吃酒，不要钱，还有钱拿。有两个太监每月初一都能领到一两银子。

最令人惊讶的是，清朝宗室海康也加入了林清的教派。这些人的加入，使得林清的野心越来越大。

3

我们无法确定林清究竟是何时有了造反的心思以及天理教之名是何时正式确立的。在林清统合八卦教的时候,反叛之势就已经在酝酿了。

站在人生前所未有的巅峰,林清或许想要效仿白莲教的前辈,谋一番惊人的事业。他向弟子们宣称,红阳大劫已经迫在眉睫,"白阳当兴"。他不想只用麻木的欲求刺激教众,而是直接告诉他们末世来了,该去解救自己了。

林清大力扩张教众的人数和孝敬的钱财,承诺这些捐献会在将来带来回报。"每钱百文,许地一顷,粮食数石,许给官职。填注号簿,并开写合同、纸片,交与本人作据。"朴素的敛财手段。

他与李文成、冯克善三人结拜,自称天王、人王、地王。朴素又古老的结盟方式。

李文成自称"李自成转世",是未来的统治者。而林清是弥勒佛转世,在人王统治的时期,如同孔圣人一样,相帮李文成。一个皇帝,一个圣人。朴素的政教体系。

林清还嫌自己的头衔不够多,又说自己是"太白金星转世",又自称刘姓"转世",教众皆尊他为"刘老爷",还作了一首诗:"专等北水归汉帝,大地乾坤只一传。"

人越多的地方,通行的真理就要越简单。劝说精英造反,或许要晓以天下大义,或许要搬弄经典。但对于一群没读过书的人来说,一份富贵的许诺,一个法力无边的神仙,一个厉害的姓氏,足以将他们捆在一起。

嘉庆十八年,风声已经放出去了:大劫就要出现。孤立的各个教派联合在一起,教首聚在一起商议大事,信众们深入民间,尽可能招徕新教徒。这一年无疑是一个好机会。直隶、河南、山东三省交界的地区,连续两年遭遇旱灾,许多农田都荒废了,饥荒也在蔓延,正符合末世的景象。

这一年七月,林清、李文成等人相聚河南道口,共商大计。

当时,林清得到了一部宝卷——《三佛应劫统观通书》,里面有一句"八月中秋，中秋八月，黄花满地开放"。于是众人商议八月十五举事，可是清廷颁布的《时宪书》中竟没有闰八月，起义日期便改成了九月十五。

道口会议上充满了热烈、乐观以至于诡异的气氛。每一伙人都得到了一个目标。林清攻进北京，李文成占据河南滑县，冯克善夺取山东。起义当天，众人头上要扎白巾，暗号为"得胜"，每杀一个人，便要喊一声"得胜"，如此就能获得力量。山东、河南起义成功之后，便立马支援北京。

很显然，他们无比相信城市会被攻克，清兵会被击退，林清甚至夸下海口："我们据了京师，不怕皇上不到关东去。"

其实，就在众人展望末世之后的美妙世界的时候，起义之火就已经身处巨大的危险之中了。

七月，在山东的金乡，天理教教徒的聚会被发现了。县令很快就写了一份报告，一层一层地递交上去，到了巡抚手中。两周之后，得到命令的知县抓到了人，也知道一群人准备造反。这个知县要乡绅做好准备，警惕叛乱，也加大了搜捕的力度。

天理教的保密工作非常差。住在乡村的士绅看见亮着的灯火和密谋的身影，铁匠报告有人正在大规模打造兵器，胆小的百姓听到亲戚朋友谈到起义立马告发……事实上，起义之前，很多人都觉察到了叛乱的火苗。

祝现是林清的徒弟，他一家是正蓝旗的包衣，归豫亲王管。他参加邪教的事情很早就被家人察觉，甚至整个造反计划都被知晓了。他的一个在豫亲王府做雇工的侄子，立马告诉了王府的护卫，王府护卫说这事不归他管，但还是报告了王爷。亲王知道后，并不相信。

后来，侄子又找了一个在教中的族人祝瑞，写了一份证词，准备上交给亲王。祝瑞自觉处境尴尬，磨磨蹭蹭不肯行动，他妻子告诉他："你能做的就是告诉王爷。如果告发成功，那么一切都好。如果不成，我们最好逃走。"于是，祝瑞骑着自家的驴慢慢进城，等到他告发的时候，紫禁城已经陷入了内乱。

清廷并非闭目塞听，有太多渠道能够提早获悉叛乱，但是臃肿的机构实在缺乏效率。即便是成功遏制叛乱的金乡县令，反应也不能被称为迅速。

八月底，河南滑县的天理教教徒在铸造军械武器的过程中走漏了风声，知县率兵偷袭，李文成等人猝不及防，被捕入狱。李文成的部下被迫提前举事，救出李文成，迅速攻占了滑县。

就这样，天理教起义提早发动了。

4

河南滑县陷入兵火的时候，林清的小分队正磨刀霍霍。

他的麻烦主要来自于内部。

九月十二日，教徒们分成小股，装成行商小贩，带着白布和武器，进入京城。有人还没看到紫禁城巍峨的高墙，就心生胆怯了。比如林清的手下李五，本来要带70人，准备了50把钢刀，结果只有40多人进城。有一对退却的兄弟在供词中说道："我们弟兄两个商量，如不应他，他必将我们杀害，暂且应允再商量吧。九月我们实没有到林清家去。"

有头领在最后一晚对众人说："此事去也是死，不去也是死。若能得手，众人皆有富贵。"很多人一进北京就吓破了胆，越想越怕，时不时停下来喝酒壮胆，找借口推脱。九月十五日那一天，到了东华门和西华门的只有100余人。

到了正午，东华门有两个太监走向宫门，起义者拔出武器，快步冲向宫中。当五六名起义者冲进去之后，守门官军毫不费力地关上了大门，其他人被关在门外，只能疯狂乱窜。很多人把白布和刀丢在路旁，狼狈地逃到林清所在的宋家庄。可见起义之草率。

进去的人没有退路，搏命乱杀，他们只能期待找到西门的队友。但终究人数不济，悉数被擒。

西华门倒是冲进了五六十人。他们关上宫门，以拒官军，同时爬上城楼，插上白旗。一批精锐向皇帝居住的养心殿进发，与宫中的护卫展开了激烈的白刃战。宫里的皇子、格格、后妃等在听到消息后，无不抱头逃窜，乱喊乱叫，宫里顿时陷入一片混乱。

有三个起义者翻越宫墙，想要跳入墙内。皇子旻宁，也就是未来的道光皇帝，立马叫随从取来腰刀、鸟枪，等到枪来，对着一名攀墙的起义者开火，击中一人，还有一人掉了下去。旻宁跑到另外一个院落，看见一个举白旗的首领，再次开枪击杀。

很快，清军的火器营赶来，在隆宗门与这群不知天高地厚的起义者激战。起义者走投无路，分散躲了起来，其中有一个太监假装做事，竟然直到几天后才被揪出来。到了这时，大局已定，起义者一个又一个被俘虏，有人选择了自杀。只有几个人藏得好，趁着天黑，爬上宫墙，侥幸逃了出来。

装备差，没经验，人数少，天理教起义从一开始就不可能成功。进了紫禁城的天理教徒不是被杀，就是被俘，逃出去的也都被抓了。他们不足百人，却打死了100多名宫廷护卫，也算给这场儿戏一般的起义增添了几分悲壮的色彩。

随后，林清被捕，京畿各地都在搜捕天理教教徒。另一边，清军全力围剿河南、山东地区的天理教起义军。

起义军占领滑县后，杀戮官员，屠杀富户，囤积粮食，吸纳叛乱者，安抚城内居民，滑县的起义军一下从一万人变成了六万人。起义军时常劫掠乡村，那里有非常多乡绅已经组织起兵力，进行抵抗。由于天理教认为信教者才能得救，所以他们不克制使用暴力，而且劫掠之后会产生一大批饥民，反而扩充了自己的队伍。

对于一些投降的地区，天理教"并不烧杀，邀买人心"，只要他们同样举起白旗，反抗朝廷。可是，这些人在清军到来之后，往往选择逃生，甚至还会主动帮助清军剿灭起义军。

最大的问题是，起义军毫无战略思维，不知道何时该做什么，遭到打击之后，只知道采取守势，最后被围困。

十一月初，李文成率领部分队伍出击山东，留下一支队伍守卫滑城。清军在滑城外建立炮台，"掘地道"，还将林清首级悬挂于营帐外，威慑起义军。起义军不为所动，屡挫清军进攻。守城的一名战士轻蔑地向敌人喊道："欲破我城，须精兵二十万！"官兵射中他的左臂，那名战士拔下箭矢，依然奋勇。正当起义军集中全力抗击扑城之敌时，一声巨响，西南和西面的城墙被清军轰坍了一大段，清军从缺口攻入城内，经过几个时辰的战斗，才拿下滑县。

李文成那一支突围的军队，同样被困住。有人以丰厚的赏赐引诱李文成投降，李文成高呼道："李文成在此，欲杀即杀，断不肯降！"最后举火自焚，数十名战士拥抱自己的领袖，与李文成一同从容就义。

十二月中旬，天理教起义告终。

5

天理教起义并不是一次成功的起义，但它给清廷的震撼，尤其对嘉庆的心理冲击，不可谓不巨大。

嘉庆即位之初，国家权力依旧操持在乾隆手里。出于后见之明，我们知道清帝国的盛世已经在走下坡路了。生齿日繁，人口危机浮现，一亩田地要养活的人越来越多。科举也渐渐僵化，考生越来越多，考上的人却越来越少。

嘉庆四年（1799），嘉庆以雷霆之势杀和珅，抄家产，整顿吏治。嘉庆九年（1804），白莲教之乱平定，嘉庆也有了可以夸耀的武功，他并没有把人心的变动当一回事，只觉得这是一场叛乱罢了。

嘉庆十六年，嘉庆亲自撰写了一篇《守成论》。文章里说，汉、唐、宋、明到了中期全都在走下坡路，问题就在于君主自作聪明，变更成法，所以臣子贪功冒进，百姓浮躁，最后导致家国衰亡。嘉庆其实意识到了帝国潜在的衰落，便想将已有的繁荣延续得更久一点，所以甘心当守成之主。只要不再出和珅这样的大贪，只要皇帝以身作则，那么盛世为什么不可以持续呢？

天理教起义是一记响亮的耳光。伤害性不大，侮辱性极强。

嘉庆满怀悲愤地颁布清朝第一份《罪己诏》，其心情可见一斑。就像是一座营造了多年的宫殿，勉力维持光鲜亮丽，没想到一朝倒塌，露出了残破不堪的内里。

在《罪己诏》中，嘉庆提到了"因循怠玩"的问题。文武官员的推诿塞责、庸碌无为、不思进取，导致了紫禁城被攻击这样的奇耻大辱！与其说是罪己，倒不如说以己之身代众臣之过，实则还是在怪众臣。

天理教事件发生的五天内，他就斥退了六位大学士中的三位和六部的三位尚书。一场甄别各级官员的行动也开始了，上自督抚，下至县令，全都整顿一遍，这一行动一直持续到嘉庆十九年（1814）。"守成之君"开始了大刀阔斧的吏治整顿，近乎一场"维新"。恐怕他也意识到，再不改革，国家有可能衰亡。

这是一位正值壮年且握有大权的君主，在国内外相对安定的情况下，自上而下进行的一场变革。比之鸦片战争之后的诸多变革，一无外敌窥伺，二无太后掣肘，可谓是天时地利尽在手中。然而，这场变革还是失败了。

嘉庆并没有遭到猛烈的反击，反而像陷入了沼泽中，四周都是绵密的吸力，将他拖入泥沼之中。他想要解决官员的不作为，却被官员的不作为给打败。

嘉庆二十五年（1820），朝中发生了兵部大印失窃案。经查，一名皂吏为了儿子娶媳妇，方便花轿穿过衙门直通街外，竟然在兵部大库后面开辟出一道新门。此事在半年之前发生，兵部人员来来往往，竟没人发现。嘉庆又想起了如梦魇一般的天理教之变，直斥大臣"良心何在"。

这一年，正是嘉庆去世的一年。至死，天理教的阴影都笼罩在他头上。

道光户部亏空案：此案过后，羞谈人性

道光二十三年（1843）正月，62 岁的道光皇帝听到国库的账面数额后，极为罕见地露出了喜悦之色。

这一年，清政府对洋人的赔款陆续进入正轨。根据战后约定，清政府需要向发起侵略的英国支付 2100 万西班牙银元的赔款。按照当时的汇率，这笔款项大约相当于大清白银 1470 万两。

鸦片战争前，清朝每年的财政收入基本维持在 4000 万两上下。而在签署《南京条约》的 1842 年，清朝国库岁入仍在 4200 万两上下，鸦片战争赔款也就相当于清朝一年收入的三分之一。加上战胜的英国人允许清政府分四年偿还这笔巨款，在支付完当年的战争赔款及各项地方建设款项后，道光二十三年初，大清国库的账面上还盈余了 1000 多万两。这笔钱虽然不及从前的乾隆盛世时丰厚，但安安稳稳地过个年绝对足够了。

因此，这年的春节，一向节俭的道光帝破例在"四菜一汤"的基础上，添了一道"燕窝福在眼前金银鸭子"。

然而，事实证明，道光帝还是高兴得太早了。

春节刚过，他就接到了定郡王载铨和武英殿大学士潘世恩的联名上书，称国库盈余千万两皆是下面官员粉饰太平之语，实际状况是国库亏空已久，战争赔款无法按时交付，要另想法子与列强周旋。

道光帝异常愤怒，差点骂娘。他即刻指示刑部尚书惟勤进行核查，结果得到了一个令人惊骇的数字：国库亏空逾 925 万两！

第二章　帝国政治大案

一时间，道光帝陷入了懊恼与自责中，而一起严查"国之硕鼠"的大案随之拉开帷幕。

1

道光二十二年（1842）秋，在京城开钱庄的张亨智打算给儿子张利鸿买个官当当。"捐纳"活动几乎贯穿了整个清朝，本来也没什么好说的。但事情坏就坏在，张亨智有个弟弟张诚保在户部银库当库丁。

所谓"库丁"，就是银库保安。不过，在清朝，户部银库的保安可不是想当就能当的。为了保护国家资金安全，守国库的必须是信得过的人，所以要成为户部的库丁，第一步得先拥有"旗籍"。

此外，户部对库丁有一套严格的管理制度。库丁每次进入银库，无论寒暑都必须脱光身上衣物，一身赤裸接受检查，随后从检查官面前鱼贯而入。入库后，穿上统一发放的工作服，直到工作完成，再光溜溜地从库中出来，接受再次检查。按照规定，只要入过库，出来时无论是否患有工伤，库丁都必须平伸两臂，两腿微蹲，抬臂拍手，再跨过齐腰高的"板凳"，跨越时再张嘴学鹅叫。一套动作下来，库丁们有无私自藏银，一目了然。

听闻哥哥有意让侄子弃商入仕，张诚保蛮开心的。他希望未来可以借助侄子的官威，让自己在户部银库吃五喝六，拔高身份。于是，他自告奋勇地找到张亨智，告诉哥哥只要安排好人送钱，其余的由他操办，绝无问题。

上面有人好办事，但张亨智的财力在京城里显然排不上号。官府对于"捐纳"明码实价，张亨智发现自己即使倾家荡产，也只能拿出一万两白银。这个价格，只够为张利鸿捐个穷乡僻壤的"知州"，想要靠近京畿，连门儿都没有。

按照清中后期的银价，一两白银的购买力约等于现在的200元。花这么大一笔钱，买个地位略高于知县的"散州知州"到底值不值，张亨智也得盘算盘算。可自古以来"士农工商"排序，商为最末。要想改变家族命运，捐官显然是最便捷的选择。再说，知州好歹是从五品文职，也算一方父母官。即使这次"捐纳"的投资回报率极低，但若把时间线拉长来看，只要张利鸿成功叙任，整个家族的名利双收是可以预期的。

于是，张亨智叫来亲家周二，亲手交给他一万一千余两捐纳银子，要他务必在十一月初二这一天，将钱全数送到户部银库，交给自己的弟弟张诚保。

2

周二是个信守承诺的人。

到了约定的日子，他一早就来到了户部银库。但户部银库前排着队想捐纳做官的富商一抓一大把，周二直到傍晚时分，才终于见到了在银库门口等候多时的张诚保。

见到周二守约前来，张诚保立即吩咐他和帮手张五一起，先将这一万余两白银分装进户部专用的存钱麻袋中。之后，在张诚保的打点下，周二等人又插队到银库门前过秤，整个过程行云流水，没有一丝耽误。

可是，到了银子上秤、验色阶段，张诚保不知是疏忽还是故意，将第二袋报成了第三袋。本来这种口误之事，在场监督的官员只需提醒一嘴，误会便能即刻解除。但直到张诚保报完最后一袋，在场官员都没有插过一句嘴。

或许是看准了这些户部大人的"尸位素餐"，鬼迷心窍的张诚保意识到自己报错数后，将错就错继续虚报白银袋数，实际上却将该交的钱一袋袋还给了周二。

如此，按照当时户部麻袋存银每袋一千两的规格，张诚保实际只交付户部七袋散装白银，合7000两。剩余的4000两，则全部装进了自己的口袋。

户部银库的监督官员玩忽职守，与张诚保一起负责给富商做银子过秤工作的其他库丁却不傻。他们之所以愿意一直待在闷热潮湿的户部库房内充当一个毫无品级和地位可言的库丁，无非是看中这份工作本身的价值。

清朝库房管理制度规定，户部每月应开库9到14次，每次入库工作的库丁约为40人。除了承担户部日常的银两搬运工作外，清朝中后期库丁的主要工作内容就是辅助户部捐纳房收齐和管理全国捐输事宜，这其中便包括处理富商们用来买官的巨款。

按照一般的操作流程，富商的捐纳在银子入库前，还需要掏出部分钱财打点协助银子入库的库丁。这笔钱财一般不会太多，但若有富商不愿给，则明显破坏了库丁们心照不宣的潜规则。

眼下，张诚保、周二等人直接将4000两巨款私吞，一旁同样做着散银入库工作的其他库丁自然眼红不已。见周二离开了银库，一部分库丁就私自离开工作岗位，悄悄尾随周二等人来到其住处，向其讨要赏银。但双方交流无果，库丁们不满周二不按潜规则办事，遂哄抢了他手中的部分银子。

周二最后只能拿着剩下的3700两回去跟张亨智交差。这笔"捐纳"银子竟然还有三千多两回到自己手中，张亨智却也心满意足。

然而，世上没有不透风的墙。这边，周二拿着一大笔"捐纳"银子回到张家交差；那边，与张氏合伙开钱庄的几个富商就收到了消息。他们与张亨智一样，也有捐纳买官、改变命运的想法。于是，这几个富商要张亨智"如法炮制"，帮他们运作。可张亨智不想拖累兄弟，始终守口如瓶。见状，几个富商又提出要平分他手中的银两，作为"封口费"。但张亨智做人吝啬至极，直接将这几个人赶出钱庄，并扬言要与他们恩断义绝。

这下好了，求官无门又分不到好处的几人，憋着一肚子气，直接将此事捅到了顺天府衙门：户部银库库丁张诚保串通其兄张亨智，亏空国库银两。

北京城内无秘密，张诚保亏空户部银两之事一经爆出，就引起了载铨、潘世恩、祁寯藻等清流党大臣的注意。他们平日里专爱"讽谏时政"，勇于言事。张亨智及其弟张诚保上下其手之事，也由此"不能复蔽，达于天庭"。

3

收到载铨等人的奏报后，道光帝起初并未特别留意此事。

毕竟，户部银库自成立以来，亏空之事时有发生。远的不说，仅道光一朝，从道光九年（1829）到道光十二年（1832），银库就接连爆出户部库丁、书吏吞帑、过贿，户部库丁戴云峰舞弊，户部银库围墙外库丁跨沟建房等重大亏空案件。这些案件均表明成立近两百年的户部银库管理漏洞百出。但对依赖紫禁城内库及内务府银库过日子的道光帝而言，直接影响并不大。要不是这一次张诚保伙同其兄张亨智亏空国库正好撞上了《南京条约》的赔款周期，户部没钱赔，这个"小案子"也不会演变成惊天大案。

而引爆此案的另一个关键因素，是民间"捐纳"已经成为彼时清朝国库收入的主要来源。据经济史学家汤象龙研究，道光一朝三十年，仅各省捐监就合计3380余万两，平均每年100余万两，以江苏、广东、江西、浙江捐款最多。要知道，在清朝的"捐纳"活动中，捐监还不算卖官鬻爵，他们买的只是一个国子监生的身份，相当于买了科举考试的"入场券"。但这样的活动，自朝廷开放之日起，各地富商、大地主就乐此不疲。捐监的数额已经这么大，捐官的肯定有过之而无不及。由此，清朝的捐纳收入究竟有多少，至今学界也无法估算出这个天文数字。

"捐纳"做官的弊端，道光帝是知道的。他曾公开表态称："捐班（指捐纳做官者）我总不放心，彼等将本求利，其心可知。科目（指科举做官者）未必无不肖，究竟礼义廉耻之心犹在，一拨便转。得人则地方蒙其福，失人则地方受其累。"

话虽如此，但在面对巨额的战争赔款和频繁的天灾人祸时，他还是默认了这种民间资本自愿充公的交易模式。户部为此特设了"捐纳房"，用于管理和存放各省捐纳银两，为王朝运作储备足够的粮食与弹药。

根据清代各朝户部银库的统计，捐纳房自成立之日起，进账银数就有增无减。从雍正二年（1724）至道光二十二年（1842）的120年间，捐纳房收入的银两共计约1.82亿两，相当于道光朝六年田赋的总和。

在这样的时代背景下，张亨智、张诚保兄弟算是撞到枪口上了。

4

道光帝责成定郡王载诠与刑部尚书惟勤共同督办此案。

事关重大，载诠、惟勤等人立即带着刑部官员坐镇户部，指导同僚清点国库。粗略一算，才发现银库实际存银仅有290余万两，与先前户部报给朝廷的年度结余相差逾925万两，盈余的亏空占比接近八成。

冰冻三尺，非一日之寒。在调查中，载诠等人发现，户部亏空的925万余两，主要装进了库丁的腰包，其中不少可追溯至和珅执掌户部的乾隆末年及嘉庆初年。也就是说，截至道光二十二年，超过40年的时间，户部一直都有银子被盗。

925万两白银，即使放在今天，用10辆重型货柜车运，估计也装不下。而每次户部银库开门，能进去的不过40个人，出来还要经过多道关卡检验，库丁们有能力像载诠所汇报的那样夹带银子出库吗？

办法是有的。载诠等人调查后发现，库丁运银主要有两种方式。

其一，即谷道藏银。意思是，库丁们将银子通过肛门塞入体内，塞入时用猪脂肪将银子包上，同时还得用点儿松骨的药，一次最多可夹带80两，留银于体内30分钟。

当然，这种活儿做得多了，臀部的括约肌会松弛，上了年纪的库丁根本夹不紧。而且一到冬天，无论肛门功夫多么厉害，塞这么多银子也容易冻坏屁股。于是，库丁们又改良出另一种方式——茶壶偷银。北京的冬天滴水成冰，库丁们就先往大茶壶中注水，然后把银子放进去，待其自然冷却结冰，再拎着茶壶出库门接受统一检查。

这样，库丁们每月当班三四回，偷盗的库银就有好几百两。子传孙，孙传子，经年累月的私运，使国库被挖空了也不足为奇。

知道真相的道光帝，眼泪差点掉下来。他知道大清财政困难，以往每年都会派亲信循例查库，以确保国库资金安全。可是，他哪里知道，他派过去的钦差大臣，权责实在有限。加上各类钦差都是从各个部门临时任命的，财务专业技能参差不齐。所谓钦差查账，能做到的最多也只是翻翻以前的旧账，督察一下库丁们的纪律，检查一下库房里的门窗，仅此而已。至于大清户部库银究竟还有多少，谁也说不清楚。

更重要的是，与乾隆朝的和珅类似，替道光帝管理户部的人，是他最为亲信的军机大臣兼大学士穆彰阿。

在清朝，军机大臣兼大学士拥有类似宰相的权力。穆彰阿身居高位，敢在他"头上动土"的，整个道光朝掰着手指头算，也不会超过五个人。因此，即使有钦差大臣发现银库问题，穆彰阿的存在也会使他们对检举揭发之事心存忌惮。

而身为当朝宰辅的穆彰阿，其人也与和珅类似，贪！区别在于，和珅贪财，穆彰阿垄断的却是实实在在的权力。

道光十五年（1835），广东顺德才子罗惇衍与陕西泾阳才子张芾、云南昆明才子何桂清三人均考中进士，年龄都在二十岁左右。三人被分配到翰林院。后来翰林院散馆，张芾、何桂清见穆彰阿权势炙手可热，便拜伏于门下，以门生自居。只有罗惇衍一人政治思想保守，说什么也不肯依附穆彰阿。结果，等到外放实差时，罗惇衍却因为不是穆彰阿的门生，只得到朝廷一道圣旨，称其"年纪尚轻，未可胜任，着毋庸前往，另派某去"。

翰林院散馆授官，是有清一代因循旧例的固有操作。清朝开国二百多年，散馆未授官者，仅罗惇衍一例。可见在当时，穆彰阿的势力和影响有多大。

不过，亏空国库毕竟不同于散馆授官。道光帝亲自介入，要求追赃盗银，这下，穆彰阿感受到事态的严重性，趁势收敛。与此同时，道光帝责令定郡王载铨、大学士兼军机大臣穆彰阿、大学士兼户部尚书敬征、兵部尚书裕诚、大学士兼工部尚书赛尚阿等组织"专案组"，缉捕涉案库丁，追究责任。

5

随着犯案的库丁陆续落网，户部亏空案却陷入了侦查"瓶颈"。

这些偷银的库丁大多是小金额作案，几十年来基数庞大，且流动性极强。大部分偷走的银子都被他们挥霍光了，这些人的生活也由富返贫，根本没有银两归还朝廷。有鉴于此，道光帝只能连发两道上谕：

其一，因银库亏短银两甚巨，要求清军官兵于各项需用一概从俭，甚至要俭而再俭，兵丁军饷如不能按数发给，将来一定照数补发，令八旗、满洲、蒙古、汉军都统、前锋统领、护军统领等分别谕令兵丁知晓。

其二，谕令军机大臣，因库银亏短，各衙门用费均应减少，命宗人府、户部、工部、内务府、三院、三山、太常寺、步军统领衙门、顺天府各堂官对所有大小工程及支领款项，可裁即裁，可省就省。

然而，压缩公共事业和基础设施建设经费的支出，无疑又加重了道光朝的地方性危机。与户部亏空案几乎同时爆发的黄河大洪水，便在大节俭的背景下造成了更深重的破坏。史载，这次洪水"计一日十时之间，长水至二丈八寸之多，浪若排山。历考成案，未有长水如此猛骤"。时至今日，河南陕州一带还流传着"道光二十三，黄河涨上天，冲走太阳渡，捎带万锦滩"的民谣。

洪水虽可怕，但更严重的问题是，洪水过后，清朝赖以运转的漕运系统被冲得七零八落。道光帝强调靠压缩必要支出度日，到头来为难的只能是老百姓。为了安排黄河水患的善后工作，朝廷开始向老百姓临时征收巨额的"地丁银子"。

帝国越是无奈，就越能强化皇帝的决心：涉案之人必须付出应有的代价。

道光二十三年三月，道光帝正式下令，追究自嘉庆五年（1800）起至道光二十三年间历任银库职官、查库官员的刑事及经济责任。标准是，查库御史及库官任期内每月赔1200两；管库王大臣每月赔500两；负责查库的钦差王大臣每查一次库，赔6000两。

紧接着，他将屠刀伸向张诚保等涉案的户部库丁，规定"在库外当差之栅栏库丁及该库皂隶亦应量减处绞，妻妾子孙均流放二千里安置"。

处理完如此庞大的涉案人群，道光帝还担心达不到预期效果，于是又将雍正帝发明的"追赔"制度贯彻到底，要求已故涉案官吏由其子孙后代减半代偿，并规定各涉案官员必须每月向国库缴纳超过规定比例三分之一的罚银。否则，初限"一月两次比追"，再限"拟斩监候"，三限"查抄现存家产"，四限"斩立决"。

总之，不赔钱就杀头。

6

刑部郎中景瑞成了最早的一批"倒霉蛋"之一。

他的父亲吉郎阿是嘉庆年间的户部银库员外郎，但道光帝下令罚赔时，吉郎阿已逝，债务就顺延到了他身上。根据清朝俸禄标准，景瑞的刑部郎中官居正五品，年俸 80 两。吉郎阿是嘉庆十四年（1809）调任户部的，前后任职三年，按道光帝的罚银比例，共应罚缴 43200 两。然而，别说是 4 万两罚银，就是每月 1200 两，按三分之一缴纳，对景瑞一家而言，也是承担不起的巨款。

景瑞只能硬着头皮欠账、拖延时间。道光帝也毫不客气，将景瑞下狱，勒令其子惠征接管家中债务。

但是，惠征比其父官职更低，仅为八品的吏部笔帖式。按照正常还债流程，惠征一家要么饿死，要么被皇帝问斩。走投无路之下，惠征只能将自家祖产全部变卖，以资抵债，替父、祖还上了亏欠户部的四成债务。

这回，道光帝终于不再为难他们一家了。

实际上，尽管道光帝对户部亏空案的处理态度十分坚决，但追缴及惩处官员的效果却非常不理想。

据学者韩祥统计，嘉庆五年（1800）至道光二十三年（1843）间，历任银库司员共计 104 人（含已故 61 人）、299 人次；历任查库御史共 89 人（含已故 26 人）、134 人次。依据清宫上谕档对此两类人员罚赔的详细记载，在世者 106 人罚赔银应为 134.6 万两，已故者 87 人减半罚赔银应为 77.968 万两，总共应为 212.568 万两。历任管库王大臣共 54 名（含已故 46 人），罚赔银应为 30.775 万两。历任查库王大臣共 76 人（含已故 54 人，穆彰阿、裕诚均任过管库王大臣与查库王大臣，故有 2 人次的重复），罚赔银应为 40.2 万两。若按最理想的情况估算，道光帝这三项追赃加起来大约只收回了 284 万两，相较于 925 万两的巨额亏空仍有很大的差距。

道光帝只能遍询群臣，再求良计。但负责查案的载诠、潘世恩等人要么思想保守，要么身陷案中，给出来的建议不过是些开源节流、减少流通、多增盈余的废话。

更为糟糕的是，由于涉案时间跨度太长，此次户部亏空，被处罚的官员多数此时已身居高位，成为朝廷三、四品的中坚力量。道光帝一下子裁撤处罚了这么多人，导致的朝政混乱，亦是前所未有。因此，在革退了部分涉案官员后，道光帝只能睁一只眼闭一只眼，改为从宽处理，将原拟定革职的大学士兼军机大臣穆彰阿、兵部尚书裕诚等人特旨改为留任，允许他们戴罪立功。

就这样，在法难责众的现实面前，户部银库亏空案的追缴与惩处不了了之。大清入不敷出，便只能酌减八旗兵丁饷银，并鼓励地方富商、大地主多多捐输、捐纳，大开卖官鬻爵之风。从此，大清的衰败成为历史的必然。

前面提到，惠征变卖祖产偿还四成赔银后，道光帝终于放过他们一家，但故事还没有结束。

七年后，道光帝在银库亏空与愧对祖宗的双重自责中死去，大清进入咸丰时代。又一年后，清廷颁布选秀女诏书，惠征的女儿成功入选，被封为皇帝的懿贵人（一说兰贵人），惠征一家从此否极泰来。这个懿贵人，后来成为大清最尊贵的女人，但很明显，她并不是大清的"贵人"——这个泱泱大国，便是在她身后轰然坍塌。

历史早已布满草蛇灰线，一切因果似乎都有迹可循。

第三章 历史名人争议

司马迁受宫刑的真相

多年以后，当司马迁放下撰写《史记》之笔时，他大概仍会想起那个令他蒙羞的时刻。

汉武帝天汉二年（前99）九月，他被以"诬上"的罪名逮捕入狱。"诬上"等同于后世的欺君之罪，在汉朝应判腰斩。但此时，他所收集整理的《太史公书》（即《史记》），仅仅撰写了一小部分，还未达到流芳百世的巨著规模。

《太史公书》是其父司马谈临终前叮嘱他一定要完成的史书。对司马迁来说，撰写此书不仅是对历史的负责，更有延续父亲遗愿的意义。眼下，面对生死关头，他只能从绝望中寻找希望。

所幸，汉朝对于死刑的执行界定并非一成不变。根据当时规定，有两种情况可以免死：一种是交钱赎罪，即"令死罪入赎钱五十万，减死一等"；而另一种则是承受"腐刑"，通过去势失去做男人的资格。

司马迁彼时为太史令。汉朝官制规定，太史令为秩级六百石的官员，每月禄米只有70石。在汉朝，丰年时米价一般在30—50钱（五铢钱）/石。也就是说，司马迁不吃不喝，一年收入最多为42000钱，要一下子拿出50万钱罚金去赎命，难过登天。

所以，被捕入狱后，司马迁没得选，只有承受"腐刑"才能活下去。

1

天汉元年（前100），奉命出使匈奴的苏武被扣押，汉武帝大怒，决定再征匈奴。

此时，曾令匈奴人闻风丧胆的卫青、霍去病等名将均已谢世，大汉有兵无将。汉武帝只能沿用过去的思路，起用宠妾李夫人之兄、曾破大宛获良马的贰师将军李广利为帅，以三万步骑协同作战的模式，进攻匈奴。

考虑到李广之孙李陵曾任建章监和贴身侍卫，又有多年在敦煌、张掖屯兵练武的经验，且曾深入匈奴腹地勘察地形，汉武帝认为他更适合担任李广利大军的后方运粮官。所以，待朝廷点完将后，汉武帝又将李陵召回朝，要他为大军筹备出征粮饷。

但是，李陵在入朝拜见汉武帝时，却明确表示自己不愿意给李广利当"后勤部长"。

李陵的理由很直接，他是"飞将军"李广的孙子，祖上三代都是冲在最前线替汉朝打仗的先锋，如今，要让他做个后方粮官，有辱李广子孙的家族使命。当然，或许还有一个更重要的原因，李广利打仗向来平庸，难有胜仗，李陵若充当其运粮官，出不了战绩，不利于振兴当时已趋没落的李广家族。

于是，李陵请求汉武帝另赐一队兵马给他。他愿意率着这支"别动队"，绕到匈奴人的后方，发起致命一击，以配合李广利在前方的攻势。

没想到，汉武帝拒绝了他的请求。

李陵并未死心，他继续表示，自己愿意率领麾下那支在酒泉、张掖等地备战练武的5000人部队先行，为李广利大军占据先机。李陵手里的这支部队是清一色的"丹阳兵"，以步战善射闻名。汉武帝本来担心"以步御骑"容易招致败仗，可李陵却信誓旦旦地表态，自己有完胜的把握，希望汉武帝尽快授其兵权，直捣单于庭。

这下，汉武帝大喜，遂令李陵率军先行出征，再命强弩都尉路博德领兵做李陵的后备。这个决定却遭到路博德的强烈反对。

路博德也有自己的小算盘，他认为自己从前曾为伏波将军，灭过南越国，打仗是一把好手，老将怎可充当他人的配角？但他对汉武帝说出的理由是，李陵选择在九月秋收之际发兵，犯了兵家大忌，他不愿看到汉军将士为此而送命。无奈，汉武帝只能取消了路博德接应李陵的计划。

不幸的是，李陵此次出塞，竟遭匈奴主力包围。他挥师搏击、杀敌数千，却仍难逃被包围的命运。在匈奴左、右贤王主力八万骑兵的围攻下，李陵"矢尽道穷"，只能将解困的希望寄托在李广利身上。

然而，就在李陵大军遭遇围困之际，他的手下管敢却率先投靠了匈奴人。管敢是李陵军中的斥候（侦察兵），十分熟悉李陵军队的兵力部署。管敢向匈奴人泄露了李陵的底牌，导致李陵未能等到援军便已全军覆没。战后，李陵害怕被汉武帝问责，遂投降了匈奴。

消息传来，汉武帝大发雷霆。而朝中大臣也多是见风使舵之辈，陛下盛怒，他们也有多狠骂多狠，唯独列席朝会的司马迁一言不发。

司马迁的反常，引起了汉武帝的注意，便点名询问其看法。

司马迁说，自己与李陵年纪相仿，又同朝为官，虽然平日里工作没什么交集，但"仆观其为人，自守奇士，事亲孝，与士信，临财廉，取予义，分别有让，恭俭下人，常思奋不顾身，以徇国家之急。其素所蓄积也，仆以为有国士之风"。

针对李陵投降一事，司马迁坚持认为，李陵虽战败，但他的所作所为已公诸天下。他是个十分看重家族声誉及爱惜名节之人，他活着投降匈奴，应该只是暂时性的权宜之策，以待将来在适当的时候报答陛下的知遇之恩。

司马迁绝对不会想到，正是自己这段为李陵辩白的发言，彻底激怒了汉武帝。

汉武帝误认为，司马迁对一个败军降将的"洗白"，旨在指责李广利、路博德等后方大军救援迟钝，由此引申，则是汉武帝用人失当，才导致本该取得的胜利变成了失败的恶果。

一念及此，汉武帝也不给司马迁解释的机会，便给他定了个"诬罔主上"的罪名，下狱论死。

2

问题来了，司马迁替李陵辩白是否站得住脚呢？也就是说，李陵的投降行为到底是真是假？

学界的主流观点是，李陵先假投降，后迫于形势而真投降。但反过来想，李陵一开始或许就是真投降，只不过他的表现并不像其他投降者那样卑躬屈膝，反而是带着一种悲壮和无奈，恰恰是这种"悲情英雄"的铺垫造成了司马迁的误判。

据《汉书·李广苏建传》记载，李陵从遭遇匈奴大军围困到完全战败投降，中间曾有过一段纠葛挣扎的过程。那时，面对匈奴大军的合围，李陵率军边打边撤，最后被匈奴兵断了后路，堵入一处峡谷之中。匈奴单于并不打算放过李陵，遂在峡谷两侧的峭壁上埋下伏兵，等李陵率军进入其提前布下的"口袋阵"后，再"乘隅下垒石"。经此一战，李陵的5000名步卒死伤惨重。即便如此，李陵自始至终都坚持力战。直到双方战至黄昏时刻，看到身边的兄弟一个个倒下，李陵这才身着便装只身出营，并制止手下跟随："便衣独步出营，止左右：'毋随我。'"

按照北宋史学家司马光的解读，李陵此时单独出营并非为了乞求投降，而是想凭借个人之力刺杀单于，以期改变战局。然而，这种行为不仅与李陵作为军队统帅的身份背道而驰，还可能进一步加剧双方矛盾。后面李陵去刺杀单于的结果，大家也都知道——"良久，（李）陵还，叹息曰：'兵败，死矣！'……于是尽斩旌旗，及珍宝埋地中。"

此时，摆在李陵面前的两条路，一条是在军中自戕，另一条是回去接受汉武帝对战败者的处罚——斩刑。而斩刑这条路，他的祖父李广当年率军出征匈奴时，就已经替他尝试过了。史载，李广当年率军自雁门关出击匈奴，因遇匈奴单于主力围困，为匈奴兵生擒。后来李广诈死，偶然劫得匈奴良马，逃回汉朝。汉武帝见后，立即让廷尉府逮捕李广审讯问罪。廷尉府官员认为，"（李）广亡失多，为虏所生得，当斩"。最终，李广靠同事、亲朋及自己的家资，才得以交钱赎罪，贬为庶人。

如今，历史的阴影再次笼罩在李陵的头上。他应当十分明白，失兵回汉朝，或许仍有机会苟活于世，但重振李氏家族的希望从此熄灭了。

于是，据《汉书》记载，李陵刺杀单于失败后，曾有一名军吏劝解过他：

"将军威震匈奴，天命不遂，后求道径还归，如浞野侯为虏所得，后亡还，天子客遇之，况于将军乎？"军吏所说的"浞野侯"，正是曾流亡匈奴十年的汉将赵破奴。赵破奴与李陵类似，也曾率万骑部队深入匈奴腹地展开"斩首行动"，但出师不利，为匈奴左贤王所俘。直到李陵率军出征前夕，赵破奴才携家带口回到汉朝。朝廷对他的处置也比对待李广宽容，汉武帝没有怪罪赵破奴，反倒以礼相待。

听完军吏的话，李陵立马制止手下的劝降意图："公止！吾不死，非壮士也！"

毫无疑问，如果司马迁知道此事，他必然会结合李陵之前的表现，进一步巩固心中李陵拥有"国士之风"的看法。

可历史的事实却总是让人失望。在随后的突围过程中，当李陵看到副将韩延年突围失败选择自杀殉国时，他却又宣称"无面目报陛下"，出人意料地选择了投降匈奴。前后反差，匪夷所思。

据史书记载，李陵到了匈奴后，备受单于礼遇。当时，他的同僚好友、出使未果的苏武正被单于扣押在北海（今贝加尔湖）一带牧羊以消磨意志。李陵得知此事后，一直"不敢（访）求（苏）武"，甚至被单于督促着前往北海劝降时，他也表现得异常拧巴。

见到苏武后，李陵当即自剖心迹道："（李）陵始降时，忽忽如狂，自痛负汉，加以老母系保宫，子卿不欲降，何以过（李）陵？"——你苏武不愿意投降的心情和毅力，怎么可能超过我呢？又说，当今皇上年岁已高，朝令夕改，大臣无缘无故被诛灭者达十多家。在汉朝，自身安危都无法保证，还谈何忠君保节呢？见劝说苏武无用，李陵又说："嗟乎，义士！（李）陵与卫律（此前威胁苏武投降匈奴的胡人）之罪上通于天。"并作势要与苏武诀别。

如果不深入剖析李陵投降的影响，仅从他的行为和言辞入手观察，读史之人更多看到的只是他的忏悔与自责。司马迁与李陵同朝为官多年，即使没有任何交集，仅凭军报上的寥寥数语，也很难不受同情心的影响，对李陵在前线的惨状和投降后的痛苦产生深深的同情。

因此，司马迁共情了李陵的遭遇。

而汉武帝却始终将信将疑。李陵投降后，天汉四年（前97），汉武帝又以公孙敖为因杅将军，让其率步骑4万配合李广利出征匈奴。这一次，公孙敖的运气没比李陵好多少。他带出去的4万部队，多数折损于匈奴主力之手。撤兵回朝后，公孙敖遭到了汉武帝的问责。为了减轻自己的罪名，他只能将这一切的过错归咎于李陵，胡诌一语："捕得生口，言李陵教单于为兵以备汉军，故臣无所得。"

公孙敖的话并无依据，且最后被证实替匈奴人练兵的，是另一名汉朝降将李绪，而非李陵。但那一刻，汉武帝显然已经完全丧失了他对李陵的最后一丝信任。他将李陵留在汉朝的族人尽数杀光，替李陵求情的司马迁也受此牵连，获罪下狱，徘徊在生死边缘。

3

李陵投降匈奴，司马迁仗义执言受腐刑，这些都是载入史册的事件，然而，随着两人的故去，不同的声音出现了。

东汉学者卫宏在《汉书旧仪注》中说："司马迁作《景帝本纪》，极言其短及武帝过，武帝怒而削去之。后坐举李陵，陵降匈奴，故下（司马）迁蚕室。"照此说法，在司马迁受腐刑一案中，李陵投降匈奴只是诱因，更深层的原因是司马迁撰写《史记》时过分指责和揭露景帝、武帝父子在位时的过错。不巧的是，该篇后来被汉武帝御览，愤怒的汉武帝当即令人删去。李陵投降匈奴后，司马迁替其求情，汉武帝便借故发火，将司马迁处了腐刑。

往前追溯，卫宏的观点实际上源于西汉末年的宗室刘歆。

刘歆是西汉学者刘向之子、楚元王刘交的五世孙。他在《西京杂记》中称："汉承周史官，至武帝置太史公。太史公司马谈，世为太史。子迁，年十三，使乘传行天下，求古诸侯史记，续孔氏古文，序世事，作传百三十卷，五十万字。谈死，子迁以世官复为太史公，位在丞相下。天下上计，先上太史公，副上丞相。太史公序事如古春秋法，司马氏本古周史佚后也。作《景帝本纪》，极言其短及武帝之过，帝怒而削去之。后坐举李陵，陵降匈奴，下迁蚕室。有怨言，下狱死。宣帝以其官为令，行太史公文书事而已，不复用其子孙。"

可见，太史公一职是在汉武帝时确立的，此前录史之人皆是家传。如司马迁的父亲司马谈，便是汉朝独一无二的太史。在汉朝，虽然太史公一职位在丞相之下，但国家发生的一切大事，底下的人呈报中央，都得先拿一份给太史公备案，而后再交予丞相处置。所以，太史公拿到的，都是朝廷的一手资料。而录史者，又向来要求使用春秋笔法，司马氏录史直言不讳，尽说景帝、武帝父子的龌龊事，汉武帝岂能容忍而不拿他开刀？

刘歆认为，"李陵之祸"为汉武帝提供了处置司马迁的借口，同时也激起了司马迁日后的怨恨。这种怨恨，在他受刑之后再次爆发出来，从而导致其再下狱，最终身死狱中的结局。汉武帝的曾孙汉宣帝在位期间，将太史公这个官职改为太史令，只是履行太史公此前负责的文书工作而已，而且不再任用司马氏子弟为史官。

那么，刘歆、卫宏等人关于司马迁受腐刑一案的说法，是否可信呢？

翻开《史记·孝景本纪》，在文章的末尾，司马迁发表议论说："汉兴，孝文施大德，天下怀安。至孝景，不复忧异姓，而晁错刻削诸侯，遂使七国俱起，合从而西乡。以诸侯太盛，而错为之不以渐也。及主父偃言之，而诸侯以弱，卒以安。安危之机，岂不以谋哉？"

这段话的意思是，汉文帝在位期间原本已天下太平，但是到了汉景帝时代，他却错用晁错激化矛盾，酿成"七国之乱"。要不是后来汉武帝采用主父偃的谋略，允许诸侯王将自己的土地分封给子孙，诸侯王之祸估计很难平息。这难道不是朝廷在安危之际施用谋略的最好例证吗？

这么看来，在司马迁眼中，后世公认的"文景之治"，主要是汉文帝的功劳，而汉景帝的能力甚至都不如自己的儿子汉武帝。但话说回来，刘歆、卫宏等人主张的是司马迁贬低孝景、孝武这一对帝王父子，从现存史料分析，这种结论似难成立。不知目前流行的《孝景本纪》是否遭到删改，跟司马迁最初的版本已有不同？

总之，自东汉起，刘歆、卫宏的观点越发流行。

读罢班固的《汉书》，汉明帝刘庄得出一个观点："司马迁著书，成一家之言，扬名后世，至以身陷刑之故，反微文刺讥，贬损当世，非谊士也。"他认为，司马迁针砭时弊过于激烈，虽然可以留名于后世，但或多或少都贬损了当世的君王，实在没有半分忠臣义士的影子。

王肃是汉魏之际的经学家，司徒王朗之子，师从大儒宋忠。他认为，班氏父子在编撰《汉书》时就曾说过，司马迁写史"其文直，其事核，不虚美，不隐恶"，如此才有"实录"之美名。既然录史需要秉笔直书，汉武帝看完之后，"怒而削之"，也是人之常情。

对此，《后汉书·班彪传》载班彪之言称："太史令司马迁作本纪、世家、列传、书、表，凡百三十篇，而十篇缺焉。"班彪之子班固在《汉书·司马迁传》中也说："而十篇缺，有录无书。"按照司马迁自己的说法，《太史公书》应有本纪十二篇，表十篇，书八篇，世家三十篇，列传七十篇，凡一百三十篇，五十二万六千五百余字。

班彪、班固父子治学严谨，且去司马迁不过百年，想来所言非虚，当时流传的《史记》已经缺失了十篇文字。但他们自始至终从未留下有关《史记》遗失的时间、篇目及原因。

对于《史记》遗失的详情，《汉书》注家之一、三国时期学者张晏认为："（司马）迁没之后，亡《景纪》《武纪》《礼书》《乐书》《律书》《汉兴已来将相年表》《日者列传》《三王世家》《龟策列传》《傅靳蒯列传》。"这一意见，成为现代学界关于《史记》遗失篇目的公认观点。

但由于司马迁生卒年仍有争议，《史记》失书与汉武帝是否有关，时至今日仍众说纷纭。

4

学界还有一种观点认为，司马迁受腐刑无关任何人，也不是他在《报任安书》中所言"家贫，财赂不足以自赎"，而是他想要以此抗争汉武帝晚年残暴的统治。

古代文学研究大家徐朔方认为，依照王国维对司马迁的生卒年考证，司马迁遭逢"李陵之祸"时，年已47岁。司马迁膝下至少有一个女儿，其女后来嫁给了西汉丞相、安平侯杨敞。杨敞出身弘农杨氏，其祖上是赤泉侯杨喜。当年，项羽兵败垓下，就是这位杨喜与其他五名汉军将领在项羽自刎后分得其尸，扬名天下。

杨敞的正室、司马迁的女儿司马氏是历史上少见的"女强人"。昌邑王刘贺在汉昭帝驾崩后称帝，在位27天，据说做了不下一千件的荒唐事，惹得朝堂怨声载道，大将军霍光与车骑将军张安世开始密谋废立。杨敞是霍光的亲信，行动开始前，杨敞害怕得要死，回家便将废立之事向妻子和盘托出，结果司马氏告诉他："此国大事，今大将军议已定，使九卿来报君侯。君侯不疾应，与大将军同心，犹与无决，先事诛矣。"可见，司马氏在大事面前有多果断决绝。

而司马迁受腐刑时，其女早已嫁作杨敞妻。司马迁一年工资虽不足五万，但遇到这种大事，女儿出于人之常情，又怎会对父亲见死不救呢？徐朔方指出，这可能有两个原因：一是司马迁觉得自己没错，拒绝花钱自赎；二是司马迁看不惯汉武帝的行为，想通过此等赌气的行径，唤起汉武帝内心的自我审视。

汉武帝晚年是个什么状态呢？

据史料记载，晚年的汉武帝内心极其矛盾，一方面仍如年轻时那般豪迈雄阔，以追击匈奴、征伐大宛为己任，大力开拓汉帝国的疆土；另一方面也担忧"亡秦之迹"的再现。因为他早年立的太子刘据"仁恕温谨"，一旦即位，必然是个仁孝守成之君。所以，相较于"老太子"刘据，他更喜爱与自己性情相似的幼子刘弗陵。

在这种矛盾的心理作祟下，汉武帝不得不重新审视他与太子刘据之间的关系。自从太子就宫后，他为刘据设立了博望苑，太子身边就"使通宾客，从其所好"，甚至还有不少他的反对派给太子出谋划策。显然，父子二人在皇权的争夺上愈演愈烈。

众所周知，太子刘据是皇后卫子夫之子。其背后，卫、霍外戚集团势力自然不容忽视。可是，在外戚身份以外，卫青、霍去病等更是以征伐匈奴而闻名的大汉军事实权人物。对于一位以"皇权至上"为信条的大一统君主而言，政治权力的转移，对政治生命而言是致命的。换而言之，如果军方配合太子刘据介入皇权争夺，汉武帝的统治将面临提前结束的风险。

很不凑巧，李陵身后的李氏一族也是大汉声名赫赫的军功世家。为了消除身边潜在的风险，汉武帝有理由故意不给李陵军队，让其自募人马出征匈奴，待其打不下去要撤兵时，再以道义及命令阻断他的退路，使之最终走上被迫投降的终点。只是他没想到，明明满朝文武已尽说李陵的不是，司马迁却还要出来当"刺头"，声称李陵有"国士之风"，逼迫他撤销治罪李陵的决定。这样，不治司马迁之罪，也就说不过去了。

太始元年（前96），受尽腐刑与牢狱之苦的司马迁终于出狱。考虑到自己还要继续述说黄帝以来的历史，他只能忍着身心的苦楚及天下人的冷眼，重新找汉武帝要官。不知是否仍心存恼怒，汉武帝给了他一个略带羞辱但又俸禄优厚的官职——中书令。

在汉朝，中书令是秩级"千石"的官员。但在司马迁之前，承秦所置，此官只用"宦者"。面对如此羞辱，司马迁只埋头苦撰《太史公书》的剩余篇目，直到太始四年（前93），其著基本完结。

这时，埋藏在司马迁内心多年的愤懑，才终于找到一个宣泄口。

在封笔《史记》后，他写了一篇《悲士不遇赋》：

悲夫！士生之不辰，愧顾影而独存。恒克己而复礼，惧志行而无闻。谅才韪而世戾，将逮死而长勤。虽有形而不彰，徒有能而不陈。何穷达之易惑，信美恶之难分。时悠悠而荡荡，将遂屈而不伸。使公于公者，彼我同兮；私于私者，自相悲兮。天道微哉，吁嗟阔兮；人理显然，相倾夺兮。好生恶死，才之鄙也；好贵夷贱，哲之乱也。炤炤洞达，胸中豁也；昏昏罔觉，内生毒也。我之心矣，哲已能忖；我之言矣，哲已能选。没世无闻，古人唯耻；朝闻夕死，孰云其否！逆顺还周，乍没乍起。理不可据，智不可恃。无造福先，无触祸始。委之自然，终归一矣！

司马迁在赋中一叹"士生之不辰",二感不甘于"没世无闻",心态像极了曾以《离骚》寄托怀才不遇、命运多舛的前辈屈原。

但在那个他认为"理不可据,智不可恃"的年代里,他从未轻言放弃,哪怕死亡在前,哪怕极尽屈辱,他依旧选择了与手中的"史笔"共进退。也正是这种忍辱负重的精神,终使《史记》获得了"史家之绝唱,无韵之离骚"的至高地位!

朱熹有没有"纳尼姑、通儿媳"？

震惊！一代大儒纳尼为妾，为老不尊！

假如你穿越回宋宁宗庆元二年（1196），这恐怕就是当年最轰动、最震撼的花边新闻了。而新闻的主角，正是其时号称有三千弟子的南宋理学大师朱熹。

一代大儒如此"道貌岸然"，不仅现代人听起来瞠目结舌，当时人得知消息后也是一片哗然。

考虑到朱熹曾是自己的授业恩师，此时又因病离朝返乡，宋宁宗不忍过分苛责于他，遂决定暂时罢免他的本兼各职，等风波过后再行安置。而新任宰相韩侂胄却认为，宋宁宗有点过分开恩了。因为朱熹所提倡的理学思想已广泛融入科举考试，朱子本人的著作亦被陆续列为士子们的参考书目，这就意味着，如不及时彻底地消除朱熹的影响，南宋官场上的歪风邪气将无法遏制。

于是，朝廷下令将理学定义为"伪学"，禁止天下臣民讨论、学习和传播。由于朱熹出事这一年，恰逢科举之年，为防止有人在卷面上替朱熹喊冤，朝廷干脆实行"一刀切"——严禁朱熹门生参加科举，严禁考生利用卷面解释义理，严禁考生研读"四书五经"。

不久，朝廷再次下令，订立"伪学"逆党籍，以朱熹为首的五十九名官员名列其中。史称"庆元党禁"。

"庆元党禁"兴起后三四年，一生致力于研究儒家经典义理的朱熹便郁郁而终，只留下世人对其无限的追念与猜疑。

1

那么，有关朱熹纳尼为妾的传闻到底是不是真的？

事情还得从头说起。

庆元二年十二月，监察御史沈继祖突然向宋宁宗递上一道劄子，里边罗列了朱熹的六大罪状。这道劄子其实是前任监察御史胡纮留下的，因为工作调动，他决定把这次弹劾任务交给沈继祖来完成。

沈继祖称，经过多方调查走访，他发现朱熹并非像人们所看到的那样大义凛然。比如，朱熹整日吹嘘要求大家"穷天理，明人伦"做谦谦君子，他自己背地里却经常藐视朝廷、自以为是。前首相赵汝愚不利社稷，为宋宁宗贬死，朱熹居然不顾影响，带着门徒百余人为赵汝愚哭丧，引发朝堂震荡。而在此之前，宋孝宗驾崩，按照宋朝皇陵选址的"五音姓利"法则，其帝陵应在宋高宗永思陵的西边兴建，以承昭穆之序，但朱熹竟然倚仗自己帝师的身份，倚老卖老，硬是要朝廷听从他启奏的《山陵议状》，为宋孝宗重新选陵，破坏了原有的国家法度，致使国运受损。而在朝堂之外，一向主张"廉以修身，俭以养德"的朱熹则更加自鸣得意。朱熹常年讲学的浙东建阳县，那里的护国寺是块风水宝地，他嫌县学基础设施简陋，就撺掇他的徒弟、时任建阳知县的储用利用职权，使县学与护国寺对迁。在搬迁过程中，朱熹又指使门徒用"大木巨缆"捆绑孔子的圣像，致孔圣人的雕像损手断脚。

在宋人普遍以道德说事的政治环境中，这道劄子里也不乏涉及朱熹私德的例证。

其中提到，朱熹早年为官时，曾奉母居住在崇安（今福建省南平市）。当地武夷山大米闻名天下，朱熹却以过期的陈米奉养其母，致使老人家常常吃不饱，只能乞求邻居给口饭吃。而最令人发指的，就是朱熹"纳尼为妾"以及"冢妇不夫而自孕"。

"纳尼为妾"指控的是朱熹诱尼姑二人以为宠妾。宋代法律严禁僧侣、尼姑或道士婚娶，朱熹若有此举，当属知法犯法，罪加一等。至于"冢妇不夫而自孕"，"冢妇"在古代一般代指嫡长子的正妻，有别于非嫡长子的妻子"介妇"。这项指控向来被许多人误解为朱熹与寡居的儿媳有染，但事实上，劄子里提及"冢妇不夫而自孕"时，原句子中是没有主语的，大概沈继祖也故意想引人联想。

综上所述，沈继祖认为，朱熹罪孽深重，不杀不足以安天下。

对此，朱熹的支持者们皆以为，沈继祖的指控，尽是诬陷之辞，若朱熹本人出面澄清，事情或有转机。然而，黑料一爆出，朱熹却接连给皇帝上了两道谢表，一则表明自己很感念宋宁宗及先帝们对自己的知遇之恩，一则"默认"了沈继祖对自己的指控。他称："谅皆考覆以非诬，政使窜投而奚憾。"意思是，对我的指控，想必朝廷已经核查过了，早有定论，那么，你们说我有罪，我就有罪吧，即使受到罢官放逐我也没有怨言。

谢表是旧时臣下感谢君主的定式奏章，不管弹劾内容是否属实，按照当时的规定，宋宁宗给朱熹颁布了圣旨，他就得上表谢恩。可是，谁也没想到，就是这样一句牢骚话，居然被南宋诗人叶绍翁写进笔记《四朝闻见录》中。由于该书相对翔实地记录了宋高宗到宋宁宗时期的四朝事迹，后世的官修实录纷纷以此作为前朝历史资料的补充。于是，朱熹不仁不孝、伪善、乱性的一面，自此广为流传。

2

不过，与现代人过度关注朱熹的性丑闻不同，当年沈继祖对朱熹最致命的指控，应是"私故人之财"及"吃菜事魔"两项。

据《宋史》记载，朱熹曾为赵汝愚之子赵崇宪做媒，迎娶已故资政殿大学士刘珙的女儿。沈继祖认为，朱熹之所以给赵崇宪保媒，正是为了报答赵汝愚从前对他的提携之恩。因为刘珙是文武百官中出了名的有钱人，刘、朱两家又是几十年的世交，刘珙的父亲刘子羽还曾受朱熹之父朱松所托，照顾过朱熹成长。所以，朱熹将赵崇宪介绍给刘珙当女婿，就是为了日后能更好地与赵崇宪合作，侵吞刘珙的万贯家财，从中牟取暴利。

依照沈继祖的思路，朱熹为自己的异姓小侄女招婿，完全是出于私利。这就是所谓的"私故人之财"。

然而,这根本就不是事实。

刘珙膝下有二子二女,嫁到赵汝愚家的是其小女儿。在此之前,刘珙的两个儿子和大女儿皆已成家立室、分家单过,就剩下小女儿待字闺中。按照宋朝的社会制度,即使刘珙因故去世,其尚在闺阁的女儿,也可以从已婚的兄弟处获得由他们保管的父亲遗产的相应部分;又或者是依据刘珙生前所立的遗嘱,将家中田产、庄园、银子等提前进行分割,待女儿出嫁时,一并作为其嫁妆抬进赵家。总之,每个婚嫁的孩子,无论男女,依照当时的法律都可以拥有自己的一份家产,作为嫁入夫家的底气。

显然,若仔细推敲,沈继祖着重指控朱熹伙同赵崇宪私吞其岳父刘珙的万贯家财,万难成立。

再来看沈继祖给朱熹扣上的另一顶大帽子——"剽张载、程颐之余论,寓以吃菜事魔之妖术,以簧鼓后进。"

"吃菜事魔"是宋朝对民间邪教的贬称。沈继祖指控朱熹剽窃了张载、程颐的学说,明显就是希望从"二程"理学主张"存天理,灭人欲"的角度,去驳斥朱熹提出的"穷天理,明人伦,讲圣言,通事故"的主张,以此来坐实朱熹及其门徒传播邪教、扰乱朝纲的罪名。朱熹平日里"餐粗食淡,并以粗米供母"的行为,也的确让只看表面的人轻易相信他犯下了"吃菜事魔"的罪行。但实际上,不管是"存天理,灭人欲"还是"穷天理,明人伦",程、朱所主张的是"以理制欲",强调的是约束君主本身不合理、违背自然规律的行为,与天下百姓无关,更与民间邪教信仰八竿子打不着。

朱熹毕生推崇的"格物致知论",其服务对象最早就是当朝天子宋孝宗。随着皇权的不断加强,越来越多的士大夫已经意识到,王朝的决策仰赖陛下本人,皇帝可以凌驾于一切机构之上,拥有最高的决策权。因此,要想天下长治久安,需要教育的是皇帝本人。这便是朱熹为何主张"格物致知",从而达到"正心""诚意"境界的最主要原因。

由此可见,沈继祖对朱熹"吃菜事魔"的指控亦纯属捕风捉影。

3

回顾朱熹被指控的过程，不难看出整个事件与胡纮及赵汝愚二人关系紧密。

先说胡纮。若不是此人事先为沈继祖整理好了材料，朱熹被污名化也不至于如此牵连甚广。莫不是胡纮与朱熹有仇？

还真是。

胡纮是宋孝宗隆兴元年（1163）的进士，入仕后经朝廷大臣京镗举荐，曾长期在进奏院上班。北宋诗人苏舜钦也曾在进奏院供过职，并且因为得罪御史中丞王拱辰，被对方利用进奏院赛神会的公款吃喝事件弹劾过，引发"进奏院案"。南宋与北宋的政府机构一脉相承，南宋的进奏院也如北宋的进奏院一般，是当时管理各地"驻京办"的机构。进奏院的官员平日里除了请客吃饭这种职能外，基本上就只能靠收发邸报、卖卖文人书画来刷存在感了。

胡纮与苏舜钦一样，也是进奏院的"一把手"。可苏舜钦是宰相苏易简之孙，不愁吃喝和前途，在进奏院搞公款消费时，他还自掏腰包，冲抵了部分酒钱。而胡纮本身"家贫无以置书钱"，根本搞不起一场像样的饭局，所以如何讨好上司获得升职加薪的机会，显然更值得他去仔细钻研。

好巧不巧，胡纮未显达时，奉母住在崇安的朱熹在当地开办了一家小型学堂，还打出广告，欢迎各地学子前来与之论"理"，免费提供食宿。朱熹任职的浙东提举，全称"两浙东路提举常平茶盐公事"，主要职责是收取除都城外江南其他地区的一切赋税，是个"肥差"。因此，胡纮本能地以为，朱熹开办的学堂，伙食一定不差。

于是，对美食怀抱无限热忱的胡纮，来到了朱熹的学堂，打算占一下这位官人的便宜。

没想到，朱熹待人一视同仁，胡纮赶到学堂时，朱熹正与学生们边吃糙米饭，边讨论学问。见胡纮远道而来，朱熹也没太当一回事，只招呼他坐下与自己共进午餐，全然没有顾及胡纮天子近臣的身份。

胡纮本来就是带着薅羊毛的心态去的，朱熹却没给他开特例，这让他的自尊心大大受挫，回去之后就对朱熹充满了怨怼之情。

不过，若说胡纮因为一顿饭而诋毁朱熹的人格，他似乎又不像是能做出这种"不入流"行径的卑鄙小人。那问题究竟出在哪呢？

4

朱熹一生三起三落，最终位居帝师，引领宋朝理学进入高潮，这离不开一位朝廷大员的扶持。他就是南宋宰相赵汝愚，也是"庆元党禁"案的关键人物。

赵汝愚是宋太宗子汉王赵元佐的七世孙，标准的赵宋宗室子弟。不过，鉴于汉唐以来宗室子弟或拥封地自立，或拥兵政变的先例，宋朝对宗室子弟并无列土封疆的惯例。因此，赵元佐一脉传到赵汝愚时，其家庭背景已与普通百姓无异。

赵汝愚是江西人。江西与福建近邻，宋朝迁都之后，为更好地管理南方百姓，遂鼓励出身赣、闽两地的官员异地任职。赵汝愚就是在出任福州知州兼福建安抚使期间，与出生在福建，且在福建文化圈久负盛名的朱熹相遇相知。

赵汝愚任职于福建期间，福州当地旱涝频发。据《八闽通志》记载，"（福）州西旧有湖，溉民田数万亩，后为豪猾湮塞为田，遇旱则西北一带高田无从得水，遇涝则东南一带低田沦为巨浸"。赵汝愚不忍见百姓疾苦，遂向朝廷请旨疏浚，并从福州府库中掏出公帑数百缗用于保障民生。听闻此事的朱熹对赵汝愚十分崇敬，遂写了《次赵汝愚开西湖》两组诗，其一曰：

> 百年地辟有奇功，创见犹惊鹤发翁。
> 共喜安车迎国老，更传佳句走邮童。
> 闲来且看潮头入，乐事宁忧酒盏空。
> 会见台星与卿月，高光齐照广寒宫。

此外，为感谢赵汝愚造福八闽百姓，朱熹还亲自写了封信给他，赞扬其行为的同时，也对接下来如何治理福建、扩大闽地人口以及发展闽地经济提出了建设性的意见。可以说，赵汝愚任职福建的政绩，朱熹是出过不少力的。

后来，朱熹筹办紫阳书院时，赵汝愚派人奉上了自己的部分俸禄及贵重药材等，作为资助。理学由此昌盛一时，并形成风尚，影响后世。

由于赵汝愚在地方上政绩卓著，又是赵宋皇家子弟，在历任福州、成都等地官职后，他就被调回朝廷出任要职。彼时，自高宗、孝宗以降，南宋皇位传到了宋光宗赵惇这里。赵惇即位时已年过不惑，且在漫长的储君时期曾遭受过来自孝宗、高宗等老一辈的压力，加上他的正宫皇后李凤娘是出了名的善妒之人，因此即位后不久就出现精神失常的症状。

一国之君神志不清却坚持治国，这显然成了一把高悬于南宋群臣头上的"达摩克利斯之剑"。为了稳定南宋朝局，绍熙五年（1194）六月，趁着宫里给宋孝宗发丧的契机，时任枢密使的赵汝愚联合同为宗室出身的工部尚书赵彦逾以及韩侂胄、郭杲等人，以光宗在奏章批示的"历事岁久，念欲退闲"八字为由，拥立一向仁慈孝顺且为太皇太后吴氏所属意的嘉王赵扩为帝，史称"绍熙内禅"。

宋宁宗赵扩上位后，鉴于赵汝愚从龙的功劳，令其担任右丞相，与从光宗朝即出任左丞相的留正共同辅政。随着赵汝愚的升迁，作为他的知己好友，朱熹也步入了自己仕途的巅峰：在赵汝愚的推荐下出任"帝师"——焕章阁待制兼侍讲，专为宋宁宗经筵讲学。

这并不是朱熹第一次入朝。

早在宋高宗绍兴年间，朱熹就曾以进士之身，出任过一届泉州同安主簿，兼管县学。那时，满怀仕途憧憬的他自上任第一日起，便在办公室内高悬"视民如伤"牌匾，警示自己做官要为国为民。

当时，南宋刚刚与金朝签订了丧权辱国的"绍兴和议"，主政的宋高宗放任秦桧等"主和派"大兴文字狱，令他们重修官方实录，以抹去针对朝廷及高宗本人不利的评价，并大肆倡导人浮于事的官场风气，阿谀奉承之辈在朝廷里大行其道。朱熹的应对之策，则是在文字狱迭兴之际，以"职兼县学"的优势，在当地办起了教育，广纳四方莘莘学子，"访求名士以为表率，日与讲学说圣贤修己治人之道"。针对百官"嗜利于禄"的风气，他还提出了"志道、据德、依仁、游艺"四大教育口号，坚持以德为本、以仁为归、学道与学艺统一的理学教育思想。

朱熹的尝试，可以说是成功的。日后追随理学、尊奉朱熹的一众朱子门人，如许升、王力行、黄谦、黄岩孙等，皆是此时被挖掘出来的。可碍于当时的形势，朱熹最后还是被迫卷铺盖回家，由此结束了自己的第一次任官经历。

这一次，被宋宁宗钦点为帝师，朱熹迎来了新的机遇。

圣旨下发之日，宋宁宗就摆出一副留心"圣学"的姿态。他担心朱熹讲学过于深奥，便提前让讲官开列了两套书单，确立了十本经筵讲书，同时为经筵讲学制定时间表，规定讲筵官两日入宫一次，"早讲于殿上，晚讲于讲堂"。要知道，即使被视作南宋"中兴之帝"，宋孝宗赵昚在这方面的功夫也没有宋宁宗下得足。

由此，朱熹当真相信，宋宁宗将会是自己讲学以来最好的一名学生。

5

但进入新角色的朱熹很快发现，自己被骗了。

身为帝师，他不仅要给新君讲学，还要为其提供最适宜的政务咨询意见。决定前往临安辅弼宋宁宗之前，他做了大量准备工作。他先给宋宁宗上了五道书札，大意是希望皇帝能摒弃其父宋光宗赵惇的恶习，先"正心诚意"，再"读经穷理"。这也是朱熹以理学入教育的基本理念。

对此，一直以恭谨面目示人的宋宁宗竟从未细看过老师的奏章，只是一味地做着礼贤下士的表面文章。

朱熹一到，宋宁宗就给他加官晋爵，赐紫金鱼袋。眼见宋宁宗似乎与传闻所描述的有所偏差，朱熹也没有气馁。学习并非一朝一夕之事，皇帝流于近习很久，思想转变无法一蹴而就也很正常。

于是，朱熹给宋宁宗制定了更加详细的学习计划，先让宋宁宗学会"内省"。他告诉宋宁宗，做人要先"存养省察之功，无少间断"，才不会利令智昏。当然，如果皇帝一开始做不到也没关系，只要能像古之圣贤那般，做到"以义制事，以礼制心"，从谏如流，知错就改，对别人不求全责备，对自己多加检视约束，那么，做个圣明天子其实也不难。

朱熹的话说得很诚恳，但是，对着当朝皇帝如此直言、揭短，显然已经犯了政治忌讳。

正像一切恶毒的捧杀都具有相当的隐蔽性，宋宁宗并没有当场对朱熹发飙，反倒是褒奖起朱熹的正直与忠诚。这样，朱熹误认为自己再一次迎来了理学教育的复兴之光。

与此同时，以赵汝愚为首的朝廷正被一股政斗阴云笼罩着。

自从赵汝愚联手韩侂胄等人成功实施了"绍熙内禅"后，权力的分配便成了同盟之间最棘手的问题。韩侂胄一直希望自己能在权力的金字塔尖获得立锥之地，为此，他曾求见赵汝愚协商。可赵汝愚表现得异常小气，不仅断然拒绝了韩侂胄的请求，还对其邀功请赏的行为进行羞辱，认为韩侂胄的行为与那些地位低贱的爪牙无异。

这可把韩侂胄彻底激怒了。

韩侂胄家族与赵宋皇室有着数代姻亲关系。他的曾祖父是北宋名臣韩琦，祖父韩嘉彦是宋神宗的驸马爷，父亲韩诚又与宋高宗互为连襟，他本人的曾侄孙女则是宋宁宗的中宫韩皇后（韩皇后的曾祖父韩肖胄乃韩侂胄的堂兄）。仅凭这耀眼的裙带关系，即使登基的不是宋宁宗，韩侂胄的显贵非凡依旧无损。

糟糕的是，在两大从龙功臣为分权大打出手之际，韩侂胄还身兼枢密都承旨一职，负责传达诏书，并附有"内批"之权，可以代替皇帝下达命令，并绕过一切封驳程序。而在处理权力分配的问题上，赵汝愚对于同为宗室朝臣的赵彦逾的态度同样消极。最终，赵汝愚打算利用宰相职权，将韩侂胄、赵彦逾二人贬斥出朝。

政斗一触即发。

6

庆元二年（1196），韩侂胄正式向赵汝愚宣战。

他先让党羽刘德秀诬告左丞相留正与赵汝愚结党营私，随后又通过宋宁宗授权的"内批"，将包括京镗、胡纮在内的一批以"韩党"自居的官员升迁上来。

最后，他利用赵汝愚宗室子弟的身份大做文章，声称"同姓居相位，不利于社稷"，试图引起宋宁宗对赵汝愚图谋不轨的猜疑。

果不其然，在韩侂胄的运作下，宋宁宗不分青红皂白，将赵汝愚罢相，贬赴永州（今湖南省永州市）。

赵汝愚的落败，直接掐断了朱熹在后宫讲课的美好时光。在好友启程前往永州前，朱熹就被宋宁宗降旨罢归，结束了为期仅46天的短暂帝师生涯。

不过，对着朱熹这名帝师，宋宁宗还是保持着一贯的"伪善"。在给朱熹的圣旨中，他写道："朕悯卿者艾，方此隆冬，恐难立讲，已除卿宫观，可知悉。"寥寥数语，宋宁宗给朱熹的感觉，无疑还是饱含温情的。

朱熹没有为自己辩解什么，也没有为好友赵汝愚说什么好话。他只是站在"帝师"的角度，决定再给宋宁宗上一道劝谏的奏疏，告诉他，皇权不宜让他人染指。

虽然朱熹没有指名道姓，但宋宁宗直接将这道奏疏在朝堂上公布了出来，刻意引发两派的猜忌。"温情"的背后，是无情的一刀。

当韩侂胄看到朱熹奏章上所言的"况中外传闻，无不疑惑，皆谓左右或窃其柄"时，一张罗网已经张开了。朱熹和他所提倡的理学，即将与赵汝愚共埋黄土。

作为"韩党"中人，胡纮不会为了当年一顿饭而对朱熹下狠手，但为了眼下的政治需要，他会。于是，在胡纮、沈继祖等人的报复性检举揭发下，朱熹及他的支持者们一并被列入"伪党"。他主张的理学也被认定为"伪学"，禁止天下臣民传抄学习。

朱熹纳尼为妾等轰动天下的绯闻，便是在这样的政治背景下被人为制造出来的。朱熹的政敌知道，道德是对道德主义者最重的苛求，欲望是对禁欲主义者最大的反讽，所以，他们的构陷不仅是要打倒政治上的敌人，更是要永永远远搞臭一代大儒。

一代理学大家终成人人喊打的"过街老鼠"，朱熹显然难以接受这样的结局。庆元六年（1200），距离"党禁"案爆发仅四年，时年71岁的朱熹病故于建阳考亭书院。临终前,他已近乎双目失明。弥留之际,他两眼昏黑,依旧背负着天下骂名。只是,他已经分不清那究竟是来自环境,还是来自生命的油尽灯枯。

朱熹病逝七年后,开禧三年(1207)十一月,韩侂胄在上朝时突遭暗杀,被人割了脑袋,传首金国。就在韩侂胄被杀后,朱熹重现光明。自那以后,朱熹成为唯一非孔子亲传弟子而享祀孔庙的人,位列大成殿十二哲,与古之圣贤同享香火。

然而,即使历史已证明朱熹是正人君子,他被污名化的那些事依然在传播。或许,在理学的格物致知面前,人们看到的都是自己的"心魔"。

明朝到底有没有"首富"沈万三？

明朝刚建立之时，国库捉襟见肘，朱元璋急需一笔巨款修建皇城，于是找到了帝国首富沈万三。

对于沈万三来说，这是财富拥抱权力的时机，当即表态愿出资帮助朱元璋修缮应天府城。为了进一步表达诚意，他还主动提出要代朱元璋犒赏三军。

朱元璋反问他："我有百万军队，你发得过来吗？"

沈万三回答，保证每人至少分得一两。

就在犒军这件事上，沈万三犯了政治大忌。朱元璋闻言甚为忌惮，认为沈万三此举意在夺权，遂起意杀之。

在命令最终执行前，马皇后及时出来劝谏："法者，诛不法也，非以诛不祥。民富敌国，民自不祥，不祥之民，天将灾之，陛下何诛焉？"沈万三富可敌国虽是"不祥之民"，却并不触犯法律，宜让天罚，皇帝不用亲自动手。

因此，朱元璋最后将沈万三发配云南充军，并在那里终老。

这个故事，源自《明史》。自《明史》问世以来，关于沈万三的传说风靡天下，人们对此深信不疑，并从沈万三的故事中推断出朱元璋残暴不仁的另一面。

在民间传说中，朱元璋想杀沈万三，还因为他有一个只闻其名、不见其影的"聚宝盆"。只要往盆中丢入金银珠宝，聚宝盆就会应其所求，成倍成倍地长出一模一样的宝物来，直到整个聚宝盆全部塞满填满。民间百姓认为，朱元璋借筑城犒军杀沈万三，实则是想占据"聚宝盆"，以此为大明王朝生出无限钱财，充盈国库。

但实际上，不管是正史记载还是民间传说，这些故事都极有可能是假的。因为，沈万三是否活到了明朝，这本身就是一个疑问。

1

根据1979年修订版的《辞源》介绍："沈万三，明吴兴（今浙江省湖州市）人，字仲荣。后移居苏州。巨富，称江南第一家。朱元璋建都南京，召见，令岁献白金千锭，黄金百斤。甲马钱谷，多取资其家。其后以罪发戍云南（一说辽阳），子孙仍为富户。（沈）万三豪富事，民间传说甚盛，但诸书记载互有出入，已难详定。"可见，由于历史传说的层累效应，到当代已经很难勾勒出沈万三本来的模样。

追根溯源，所谓沈万三在明初助朱元璋修应天城、犒赏三军，而后被对方猜疑进而动了杀心的记载，最早应是出自王世贞之手。

王世贞在记载永乐年间锦衣卫指挥佥事纪纲的劣迹时曾称，"（沈）万三生尝伏法，高皇帝（明太祖）籍没其家"。王世贞是晚明太仓人，父、祖三代皆为官，与沈万三是老乡。其本人在嘉靖、隆庆年间，独领江南文坛二十年，并开创了私修史学的复兴之风。兴许如此，清初张廷玉等人在编撰《明史》时，才将他的记录引入正史中，流传后世。

然而，史学家顾诚在清乾隆年间纂修的《吴江县志》中却发现了不一样的记载。该书这样书写沈万三及其家族的事迹：

沈万三秀，有宅在吴江廿九都周庄，富甲天下，相传由通番而得……二子（沈）茂、（沈）旺密从海道运米至燕京。洪武初，以龙角来献，侑以白金二千锭，黄金三百斤，甲士十人，甲马十匹，建南京廊房一千六百五十四楹，酒楼四座，筑城甃阶、造铁桥水关诸处，费巨万万计。时方征用人才，（沈）茂为广积库提举，（沈）旺之侄玠为户部员外郎。

不仅如此，该书还有按语称，明朝国子监学正莫旦撰于明弘治年间的《吴江志》说："张士诚据吴时，（沈）万三已死。"

张士诚发动常熟平江之战，是在元至正十六年（1356）正月。如果这一条记载无误的话，那么朱元璋入主应天时，沈万三至少已经离世十二年之久。朱元璋找沈万三筑城、犒军，从史实上讲，根本就不可能发生。

问题是，莫旦的《吴江志》所载，是否可信呢？

莫旦的高祖父莫芝翁是沈万三的儿女亲家，其族人莫辕也曾与沈万三之曾孙沈文度结亲，可以说，莫家与沈家是世代姻亲。莫旦编撰《吴江志》的灵感源自明朝敕礼部纂修的《大明一统志》，他说："昔《大明一统志》之纂也，朝廷先期遣使采天下事实……奉文纂修者，乃天下之书，其法当略。至一邑之中，亦自有书，其纪宜详。今略者就绪，而详者可遂已乎？"他认为，《大明一统志》是全国地方志的总书目，编撰时内容简略考究即可，而地方的志书则应做到翔实，如此才不负乡亲父老翘首以盼。自《吴江志》动笔起，历任吴江官员就"各捐俸为倡，而邑人好事者皆乐助也"。这确保了莫旦有足够的金钱和条件去收集目之所及的史料，从而完成一部翔实的地方志的编撰。

从莫旦的家族背景以及《吴江志》的编撰过程来看，我们可以初步确认其记载内容的可信度，但还需要其他的史料来进行佐证。

2

明初翰林学士刘三吾的文集《坦斋集》中，收录了沈万三侄儿沈汉杰的墓志铭。这篇《吴兴处士沈汉杰墓志铭》写道：

（沈）汉杰之先吴兴人，家南浔。其大父（沈）祐，始徙今姑苏长洲之东蔡村，爱其水田膏沃，土俗忠朴，因家焉。人遂以其所在污莱未田者归之。躬率子弟，服劳其间，粪治有方，潴泄有法，由此起富，埒于素封。恒谓二子：'乐莫如兼济。'二子世遵先训，益大厥家。长讳富，字仲荣，即万三公；次讳贵，字仲华，即万四公。仲华二子，德昌其长，汉杰其次。

通过这则墓志铭可知，历史上真实的沈万三，名叫沈富，字仲荣。

沈汉杰一系出自吴兴沈氏，原来祖居江浙交接的南浔古镇，一直到其祖父沈祐时，才将祖宅搬迁至水土肥沃、民风淳朴的姑苏长洲东蔡村。被世人称为江南首富的沈万三，就是沈汉杰的伯父。而沈汉杰的父亲，名叫沈贵，字仲华，人称沈万四。

刘三吾明言，他为沈汉杰写这篇墓志铭，是受沈汉杰之子沈玠所托，因为沈玠亦在朝为官，且对他的文笔颇为认可。同时，刘三吾表示，他所编撰之事皆出自沈玠提供的行状。应该说，沈汉杰墓志铭的记载，与沈万三及其家族的实际情况更加接近。

在这篇墓志铭中，刘三吾还交代了，沈汉杰"生元延祐庚申某月某日，卒以大明洪武辛亥五月十三日，寿五十有二。其月二十九日葬于南兴隆荡之北"。大明洪武辛亥年即洪武四年（1371），这一年，沈汉杰以年过半百的岁数谢世。此时，距离朱元璋在元至正二十六年（1366）宣布扩建及加固南京城命令，仅过了5年时间。

此外，根据明朝中期文人杜琼的《王半轩传》记载，"明初十才子"之一的王行（号半轩），年轻时曾受聘于长洲周庄人沈达卿（一说即沈旺），为沈氏塾师，并在之后为沈氏族人撰写过墓志铭。杜琼称，沈达卿是沈万三之子，"赀雄当世"。当初，王行在沈达卿家做塾师，只要教授完当天的课程，沈达卿都会循例给其白金20两作为酬谢。王行为人高尚，认为以经济价值衡量人品，不是人生正道，所以每次遇到这种"好事"，他都要远远躲开，并暗自哀叹。不过，这并不妨碍他与沈氏族人的交情。

沈万三的长子沈茂（沈荣）死后，王行就替他写了墓志铭。在这篇墓志铭中，王行写道："荣父（甫），姓沈氏，讳荣，世为苏之长洲人，考富（即沈万三），妣曾。生于元大德十年（1306）春正月闰之甲申，卒于国朝洪武九年（1376）秋八月之壬寅，得年七十有一。"

也就是说，在沈汉杰故去5年后，他的堂兄、沈万三之子沈茂去世，享年71岁。

宋明时期，男性结婚年龄普遍在15—20岁之间。按照沈茂的年龄反推，倘若洪武九年其父沈万三还活着，那么他至少接近90岁。对于像沈万三这种在当时颇具影响力的人来说，他活到耄耋高寿，不可能不见诸各种史料乃至口述野史之中。

退一万步讲，就算沈万三还活着，不仅捐献巨资替朱元璋修南京城，还因为提出犒赏三军而被发配至云南充军戍边，那他至少也得活到洪武十四年（1381）九月。因为直至此时，明军才派大将傅友德、蓝玉、沐英等进兵西南，剿灭元朝在云南的残余势力。这一仗打了将近半年，到洪武十五年（1382）闰二月，明军攻克大理，段氏被擒，总算打完。此后，到洪武十七年（1384）三月，沐英才开始屯兵常驻云南。而这个时候，朱元璋的挚爱马皇后已经薨逝两年，她是万万不可能替沈万三求情的。另外，如果此时沈万三还活着，那指定得是百岁老人了，朱元璋罚一名百岁老人守边，若被载入史册，肯定震古烁今。

由此，基本可以断定，发生在沈万三与朱元璋之间的故事，大概率是虚构的。

3

既然沈万三活到明初的概率极低，那么，《明史》及王世贞所记载的，沈万三获罪伏法并被抄家一说，又是从何而来呢？

在记载沈万三事迹的《明史·马皇后传》中，修史者将沈万三称为"吴兴富民沈秀"，并认为这就是沈万三的本名。其实，这很有可能是《吴江县志》中提及的"沈万三秀"的缩写。

明代官员董谷《碧里杂存》记载，元末明初，江南百姓习惯将巨富称作"万户"，如王万户、李万户之类。但当时江南富人颇多，以"姓氏+万户"的形式称呼有钱人，若遇到两位姓氏相同的万户，便不知呼者所云。于是，江南百姓将富人细分为五等，即"奇、畸、郎、官、秀"，其中，"奇"资产最少，"秀"资产最多。沈万三因是江南首富，遂得"沈万三秀"的名号。

"沈万三秀"如此出名，以至于有了代代相传的诱惑力。沈万三之后，到了其子侄一代，也就是明朝建立前后，江南沈家积累的财富非但没有减少，反而越来越多。在宗族观念兴盛的江南，沈家的财富逐渐转化成无形的家风与教育资产，越来越多的家族子弟接受良好的教育，并出人头地。继续沿用"沈万三秀"的名号来概括这群沈氏富人，也是符合当时社会民情的世俗标签的。

我们由此重读《明史·马皇后传》中关于"沈秀"的记载，可以看出正史或许是撰写者因不清楚名号的继承性，而将第二代"沈万三秀"的事迹附会到第一代"沈万三秀"（即沈万三）身上去了。

最后的问题是，沈万三的后代里，真的有人触犯龙颜导致被抄家吗？

还真有。

沈家传到沈荣、沈旺手上时，兄弟二人还能继承父亲沈万三的投资眼光。前文提及的兄弟二人"洪武初，以龙角来献，侑以白金二千锭、黄金三百斤，甲士十人、甲马十匹，建南京廊房一千六百五十四楹，酒楼四座，筑城甃阶，造铁桥水关诸处，费巨万万计"的事迹，便是正史与民间传说沈万三替朱元璋修南京城的由来。

江南是当时全国最富庶的地区，江南兴则天下兴，但朱元璋却不允许江南富人"独肥天下"。所以，洪武四年（1371），明朝设立了"粮长制"，在各州县设置粮长，负责征解地方税粮，充实中央。按照规定，粮长应在纳粮最多的大户中公推产生，其主要职责包括田粮的催征、经收、解运等。除此之外，作为一方富户的粮长，还需承担起类似于后世"太平绅士"的义务，协同县、乡等地方管理者，丈量土地、解决乡邻纠纷等。

《明太祖实录》记载，在粮长制设立当年，"户部奏浙江行省民一百四十八万七千一百四十六户，岁输粮九十三万三千二百六十八石，设粮长一百三十四人"。据此换算，平均每位粮长输税粮当在七千石左右。作为江南首善之家，周庄沈氏很有可能就是朝廷相中的地方粮长之一。

这一点，在明初昆山人卢充耘所撰《沈伯熙墓志铭》中也有体现。该墓志铭记载，沈伯熙，名沈庄，是沈旺的儿子。他为人"持重和逊""不倚富自矜"，但在洪武十九年（1386），却因为与其兄沈至在督粮上犯了错误，被朝廷"同系狱中"。监狱的生活让沈伯熙忧心忡忡，出狱后不久，他就积劳成疾，病卒南京了。尽管《沈伯熙墓志铭》中并没有交代沈至、沈庄兄弟俩做了什么，但他们被抓，却多多少少反映出明初江南地区对于粮长制的执行存在问题。

在沈庄病逝的次年，即洪武二十年（1387），朝廷针对粮长制颁布了修订案。新法令规定，江南"随粮定区，区设粮长四人，量度田亩方圆，次以字号，悉书主名及田之丈尺，编类为册，状如鱼鳞，号曰鱼鳞图册"。

鱼鳞图册的出台，让江南粮区的管理更加细致，从而提高了粮长们征粮捐输的效率。但从另一方面分析，只要囊括天下粮田的鱼鳞图册在手，明朝的皇帝就不用担心江南粮长们欺上瞒下了。如此，便能进一步挤压粮长在基层社会中的号召力与影响力。而这，正是沈氏家族衰败的一个信号。

4

沈万三的孙辈沈至、沈庄被抓，或许只是偶然事件，并未引发朝廷对沈氏家族的彻底清算。

颁布鱼鳞图册的次年，洪武二十一年（1388），朱元璋又命苏州府广泛举荐人才到京师做官。由于沈氏在江南一带颇具声望，这次被荐举到京做官的人中，除了莫旦的高祖父莫芝翁外，还有另外8名沈氏姻亲。这些人入朝后全都任职于六部，为各司郎官。

彼时，朱元璋年岁渐老，为了收拢皇权，不断向朝臣施压，相继惩办了胡惟庸案、空印案、郭桓案等大案要案。在惩处这些涉事官员时，他的标准都是"大戮官民，不分臧否"。所以，洪武末期，朝廷官员人人自危。

沈氏姻亲多人被荐入京为官，也许并不是一个好消息。于是，沈汉杰之子沈玠赶紧带着这群入京为官的姻亲拜见朱元璋，并表态愿意捐献官俸和家财，支持朝廷建设。对此，朱元璋一律照准，并颁旨允许这些沈氏姻亲空闲时，可回家探亲。

朱元璋既然照准了沈氏姻亲们的"年假"，莫芝翁便赶紧收拾细软，短暂离开这个是非之地。然而，朝廷的紧张气氛却未引起沈氏族人足够的警觉。见在朝为官的亲家莫芝翁返乡，沈氏族人早早开始筹备家庭宴会，并派人送名帖到了莫府。

沈氏盛情难却，莫芝翁只能登门拜访。

据《吴江志》记载，这次沈氏招待莫芝翁极尽奢侈，不仅使用平日罕见的羊脂玉、象牙、丝织品等为用餐器皿，还令"两家僮仆皆衣青罗里翣"，在旁随时侍奉。席间，莫芝翁写下了一首《归吴江省亲》，诗曰：

> 不才窃禄意拳拳，暂得承恩下日边。
> 报国惭无经济策，思亲正是别离年。
> 千金难买身长健，五福无如寿最先。
> 一笑归来茅屋底，喜看人月共团圆。

"千金难买身长健"，莫芝翁的话不能说得太明白。能看出，他想告诫沈氏族人值此多事之秋，该夹起尾巴做人的道理。

可是，在沈府觥筹交错间，竟无一人领会其诗的深意。沈家的赘婿顾学文对此颇不以为然，竟当场掏出一根价值七十万钱的金钗，让莫芝翁给予品评。殊不知，一场毁灭整个沈氏家族的灾祸，正在悄然逼近。

洪武二十五年（1392），太子朱标病死，朱允炆被立为皇太孙。此时，朱元璋65岁，已近古稀之年。

太子朱标是朱元璋一手培养与辅导的，可等朱允炆当皇太孙时，朱元璋显然力不从心了。他担心自己驾崩以后，主少国疑，万一出现曹操、高欢、宇文泰之类的枭雄，朱允炆必定驾驭不了，那他所创建的大明帝国恐要二世而亡。他只能先替朱允炆除掉潜在的枭雄。

朱元璋开始将矛头对准此前在捕鱼儿海击溃北元残余势力的大将军蓝玉。

洪武二十六年（1393），蓝玉谋反案发。随后，经由朱元璋钦定，一本名为《逆臣录》的供词集新鲜出炉。据《逆臣录》记载，沈氏族人沈文炬、赘婿顾学文、塾师王行等均与蓝玉案存在或多或少的关联。其中，作为沈氏家族的塾师，王行起到关键的作用。

王行早年为沈氏塾师，后来曾应官府之邀，出任过一段时间的苏州府训导，但不久后还是觉得教书更有乐趣，遂辞职返乡。之后，迫于生计，应蓝玉之子蓝碧瑛之聘前往南京，在蓝家坐馆，为蓝碧瑛之子蓝庆孙讲课。王行的课讲得很好，蓝家人十分赏识他，蓝玉遂向丞相胡惟庸举荐其人。结果不久之后，胡惟庸就因结党营私被杀，王行唯恐受牵连，避居周庄一带，又给沈家当起了坐馆。于是，就有了《逆臣录》所记载顾学礼招供其兄顾学文联合沈氏族人行贿蓝玉的事：

洪武二十六年正月十二日，有表兄沈德全（沈至之子，沈旺之孙）与同家人倪原吉、沈子良回家言说："你兄顾以成（即顾学文）在京，因见我家（即沈家）门馆王先生在蓝玉府内教书，我与你兄央他引见，就送乌犀带一条与本官（指蓝玉）接受，赐与酒食。吃罢，（蓝玉）言说：'你四分沈家是上等大户，我如今要行些事，正要和你商议。你可准备些粮米、银子、段匹前来，我要赏人。'又说：'见有钞一万五千贯，你可就船顺带前去苏、杭收买段子。'各人依允，收讫在己。"今蒙取问，从实招说。

有了顾学礼的供词，顾学文与沈家族人通过王行的关系攀附蓝玉的逻辑链条清晰可见。可想而知，富甲一时的沈氏家族接下来会遭遇怎样的灭顶之灾。

随着朱元璋对蓝玉案的搜捕大网逐渐张开，包括沈家赘婿顾学文在内，沈旺、沈德全、沈昌年、沈文规、沈文矩、沈文衡、沈文学、沈文载、沈海等多名沈氏族人以及沈氏姻亲户部侍郎莫芝翁、员外郎张瑾、主事李鼎、崔龄、徐衍等人，"俱受极刑，至（洪武）三十一年方息"。

可以说，经过蓝玉案的大清洗，沈氏家族能杀的，全都杀了。至于其余沈氏族人，根据乾隆朝《吴江县志》记载，洪武三十一年（1398）二月二十日奉圣旨："正党与户下户丁都凌迟了，十岁已上的小厮都发南丹卫充军，十岁以下的送牧马所寄养，母随住；一岁至三岁的随母送浣衣局，待七岁送出来。钦此。"

朱元璋正是在洪武三十一年驾崩的。随着他的离去，这一桩牵连甚广的蓝玉案总算告一段落。而由沈万三开创的沈氏富豪家族传奇，亦就此结束了辉煌的书写，骤起骤落间倒也符合帝制时期财富传承的短命规律。

努尔哈赤为何要处死长子褚英？

在即将统一女真各部之际，万历四十三年（1615）中秋节前后，57岁的努尔哈赤突然作出了一个骇人的决定：处死最心爱的嫡长子褚英！

消息一出，女真各部大为震惊。

褚英曾是努尔哈赤指定的接班人。在努尔哈赤统一女真各部的征战中，褚英一直坚定不移地追随父亲，在多场重大战役中作出过极大的贡献，也是女真各部公认的"巴图鲁"（英雄）。

从"明日之星"到"废太子"，褚英到底经历了什么？为何会被生父置于死地？

数百年来，这个历史疑案一直困扰着读史之人。

1

努尔哈赤一生共娶了16个妻子，生了16个儿子。其中，多名妻子都是他成名后为了与各部族政治联姻而迎娶的，唯独第一任妻子詹泰，是努尔哈赤落魄时迎娶的"糟糠之妻"。

褚英，就是努尔哈赤与詹泰所生的第一子。

褚英出生时，他的祖父塔克世、曾祖觉昌安尚在世。作为世袭的建州左卫女真首领，他们一直注意与明朝保持相对和平的关系。但伴随着建州右卫女真首领王杲公然叛明，觉昌安、塔克世父子也成了明朝官方认定的逆贼。在一次军事行动中，明朝辽东总兵李成梁纵兵屠戮古勒城，两人也被一同误杀。背负国仇家恨，努尔哈赤这才走上了起兵反明的道路。

努尔哈赤起兵时，褚英只有 4 岁。小小年纪的他，因母亲早逝，只能跟在父亲身后躲避刀光剑影。当时的女真人还不似后来的满人那般开化，他们没有文字传承，历史也仅靠家族内部的口耳相传。所以，适龄儿童褚英没有接受过一天的正规教育。

不过，女真人到底是马背上的民族。跟随父亲格杀征战多年，在尸山血海中成长起来的褚英练就了一身胆气与武艺。据《清太祖实录》记载，褚英 17 岁第一次带兵出征，就凭借手中一千骑兵夺下了瓦尔喀部安楚拉库路的二十多座营寨，并沿路降伏所属全部村庄部民。褚英的武功和战绩，对于事业正处上升期的努尔哈赤而言，实在是老天最大的恩典。

首战归来，褚英就被努尔哈赤当众赐号"洪巴图鲁"（意译精力旺盛的英雄），并晋封为贝勒。

女真是个崇尚英雄的部族，得赐"巴图鲁"称号，在清开国前期，是一种十分庄重且崇高的殊遇。放眼整个女真部落，除了褚英，当时有此英雄称号者，不过努尔哈赤胞弟舒尔哈齐（达尔汉巴图鲁）、"开国五大臣"之一安费扬古（硕翁科罗巴图鲁）等少数几人而已。可见，褚英在努尔哈赤心目当中有多么重要。

随着努尔哈赤所占地盘不断扩大，在战场上屡立新功的褚英，地位亦不断提升。万历三十五年（1607），27 岁的褚英出征海西，在乌碣岩战役中勇谋出众，挫败乌拉部；凭此军功，获封"阿尔哈图土门"尊号。"阿尔哈图土门"意为"广略"，即足智多谋，故后人也称褚英为"广略贝勒"。

由于此战主帅舒尔哈齐消极避战，战后，表现出色的褚英得以在叔叔被解除兵权后，继承其所有的诸申（女真内部阶层，在贝勒之下、奴仆之上）、土地，成为后金创立前建州女真内部又一实权人物。那时，除了尚未开化的野人女真及乌拉部外，其余各部基本已经拜伏在努尔哈赤的强权之下。

女真各部统一在即，努尔哈赤的事业蒸蒸日上，面对日渐繁重的政务，他自然需要从子侄辈中挑选合适的助手兼接班人。于是，褚英凭借卓越的军事才能及嫡长子的身份，得到父亲的特别青睐，被授命执掌国政。这一年，褚英才 29 岁。

2

按理说，接班人是努尔哈赤自己选定的，他应该对褚英十分满意且放心。但事实并非如此。

据《重译满文老档》记载，努尔哈赤素知"长子自幼心胸褊狭，并无治国宽大之心怀"，尽管如此，他还是想效仿中原王朝的嫡长子继承制。他认为，抛弃长兄，使弟越兄代理国政，不利于兄弟团结。褚英虽然性格不好，但胜在人够勇猛，敢闯敢拼，也许在政务上磨砺一下，便能改掉身上那股子心胸狭隘、桀骜不驯的脾气。

另外，努尔哈赤也考虑到，除了詹泰外，他的其他妻子娘家基本都是女真以及结盟的蒙古酋长家庭。这些势力本身就像一把双刃剑，关系好的时候可以助自己一臂之力，关系不好则会进行反噬，倘若从中选立太子，风险并不好把控。

一番权衡之后，努尔哈赤或许只能信任褚英。然而，褚英的确是出色的军事人才，却实在没有做政治家的细胞。为使女真各部的行政更加通达，努尔哈赤除让褚英协掌国政外，还封了自己的三个爱子代善、莽古尔泰、皇太极以及侄子阿敏（舒尔哈齐之子）为四大贝勒，既是统军征战的四大元帅，也是努尔哈赤的四大辅佐。

而褚英自从被任命为执政后，就时不时以"嗣子"自居，根本不给四大贝勒以及努尔哈赤最信任的五大臣面子。只要弟弟们或大臣们稍有不顺其意，他就采取恐吓、威胁的手段逼对方就范，并经常离间兄弟、大臣与努尔哈赤的关系，以此来巩固自己的地位。

《重译满文老档》记载，有一次，褚英突然觉得自己平日里对四大贝勒态度不好，担心他们有一天忍无可忍跑到努尔哈赤那里告状，于是他利用自己"嗣子"的身份，将弟弟们通通叫到自己身边。时值隆冬，褚英要弟弟们顶着风雪指天发誓，坚决不向父亲告状。为了让弟弟们乖乖听话，褚英还威胁说："汗父曾赐予尔等佳帛良马，汗父若死，则不赐赉尔等财帛马匹矣。"又说："我一旦即位，就把和我作对的大臣、兄弟统统杀掉。"

对此，四大贝勒和五大臣愤怒不已，他们担心公开表达对褚英的不满容易引起努尔哈赤的猜疑，遂私下密商，罗列褚英为人臣子的罪状，联合向努尔哈赤告状。

3

起初，努尔哈赤并不相信四大贝勒和五大臣的状词。努尔哈赤清楚褚英的毛病，也想给儿子一个自我辩解与反省的机会，便召褚英到议事堂与众兄弟、大臣当面对质。

然而，当努尔哈赤把指控褚英的罪证拿给他看时，褚英却表现得异常冷静。他全盘承认了自己的所作所为，并认为这些行为乃是一名"嗣子"理所应当要做的。褚英的态度显然深深地伤了努尔哈赤的心。

作为一名父亲，努尔哈赤还是劝诫儿子要慎重对待自己的所思所言："你如果不说明，就是你的过错。父亲我即使不能打仗，不能断理国事，不能执政，年纪老了，也不把国家大政移交给你！执政的国主汗、贝勒要宽宏大量，公平地抚养国人。如果使同父的四弟，父任用的五大臣如此不睦，并使之困苦，怎么能让你执政呢？"

言尽于此，史书上竟没有记载褚英遭到训诫后的当场反应。但从努尔哈赤之后让褚英将"专主的国人、牧群、财货等，和你弟弟们合在一起再平分"的命令来看，褚英被废前，依旧没有认识到自己的行为失当。

倒是努尔哈赤，一直都对褚英报以宽容。他没有立即将扬言要杀兄屠弟的褚英关起来，而是选择冷处理的方式，先将他搁置一边，令其闭门思过，以观后效。

然而，骤然遭受冷落的褚英，不免误会了老父亲的用心。

闲置褚英时，努尔哈赤的建州女真与乌拉部之间的战役正打得热火朝天。为免战事拖延，努尔哈赤遂令褚英的同母弟、大贝勒代善，三贝勒莽古尔泰代掌褚英兵权，随父出征，另留"四贝勒"皇太极在后方看家，完全不让长子褚英参加建州女真的任何军政要务。这样的安排让褚英难以接受。

于是，努尔哈赤出征在外，褚英就召集诸多僚友前来共商如何阻碍父亲获胜。

褚英带头对天起誓，写下了各种恶毒的咒语，一心求神灵庇佑其谋取父亲、兄弟及随征的五大臣性命，以扫平自己代掌部落国政的一切障碍。看到褚英的言行如此疯狂，他的随从们不禁担心。事情一旦败露，后果不堪设想。待努尔哈赤凯旋后，褚英的几名随从便向努尔哈赤告发了主子的不肖行为。

这回，努尔哈赤是真的怒了。

不管褚英之前与四大贝勒、五大臣之间到底有多少深仇大恨，但祭天施咒的行径已经赤裸裸地表明了此逆子篡夺汗位的野心。于是，据《重译满文老档》记载，努尔哈赤以"褚英意不自得，焚表告天自诉"，判其诅咒君上之罪，发配高墙幽禁。直到两年多以后，努尔哈赤通过多番观察，觉得褚英仍丝毫不悔前过，深感"若是怜惜一个儿子，将会危及大国、众子及大臣们"，这才决定对嫡长子痛下杀手。

而同样是褚英之死，《清史稿》则用了完全不同的笔法记载此事："（乙卯）秋闰八月，帝（努尔哈赤）长子褚英卒。先是太祖将授政于褚英，褚英暴伉，众心不附，遂止。褚英怨望，焚表告天，为人所告，自缢死。"

自缢，也就是说褚英是自杀而亡，无关努尔哈赤的命令。

4

事实上，不仅是褚英死亡的方式有疑问，就连褚英的死因也存疑。

褚英死后，明末学者黄道周在其所著的《建夷考》中称，褚英之死与努尔哈赤的弟弟舒尔哈齐之死有关。

舒尔哈齐是一直跟随在努尔哈赤身侧的建州女真军事集团"二号首脑"。在血与火的创业岁月中，舒尔哈齐不仅成为哥哥身边最得力的助手，也成了努尔哈赤势力壮大之后最强的竞争对手。在权力欲望的刺激下，舒尔哈齐开始"拉山头"，并依靠辽东总兵李成梁的支持，分化努尔哈赤的权力。但经过几番较量，舒尔哈齐还是败给了努尔哈赤。努尔哈赤没有手下留情，将弟弟囚禁至死。

黄道周称，在舒尔哈齐与努尔哈赤斗得两败俱伤之时，褚英曾十分同情叔叔。他与舒尔哈齐一样，是个忠于明朝、有伦理纲常思想、懂得手足亲情弥足珍贵的女真人。他劝努尔哈赤放过舒尔哈齐，并试图帮助舒尔哈齐逃脱努尔哈赤的魔掌。然而，努尔哈赤的眼线遍布部落，舒尔哈齐惨死后，褚英受到牵连，最终亦为其父所杀。

问题是，黄道周的说法是否可信？

恐怕这里边道听途说或主观臆想的成分比较大。熟悉历史的人都知道，黄道周是死硬的抗清义士。明末，李自成的农民军与关外的满洲八旗几乎同时威胁明朝统治。在内忧外患的情况下，大学士杨嗣昌曾提议与关外八旗和谈，为平定李自成、张献忠等农民军争取时间。结果，此议刚摆到朝堂上，黄道周就大骂杨嗣昌没有骨气。这从侧面反映出黄道周对清朝一直持有不共戴天的态度。而褚英、舒尔哈齐之流虽然是努尔哈赤的至亲，但他们都因反对努尔哈赤而死，对于不了解内情的黄道周而言，他完全可以臆断这正是因为褚英与舒尔哈齐"崇明"，与努尔哈赤产生思想冲突，才遭后者不顾亲情赶尽杀绝。

凑巧的是，在萨尔浒之战中，朝鲜南人学者李民寏随军被后金俘虏。被俘期间，他将押解途中的所见所闻，包括八旗军事训练、战略、战术以及努尔哈赤君臣言行、性格、品德等统统记录下来，形成了一本《栅中日录》。在该书中，李民寏首次向世人公开努尔哈赤的言行举止："奴酋为人猜厉威暴，虽其妻子及素亲爱者，少有所许，即加杀害，是以人莫不畏惧。"可以看出，在李民寏笔下，努尔哈赤就是个顶着汗王身份的冷血屠夫。

李民寏被俘，正是缘于朝鲜王朝出兵支持明朝收拾后金，从立场上而言，黄道周显然相信李民寏所记录的一切。可若正如李民寏自己所言，努尔哈赤是个完全没有情感的屠夫的话，身为俘虏的他，又怎能保住性命逃出生天呢？

另一方面，黄道周将褚英、舒尔哈齐塑造成"身在金营心在明"的形象，也是现实的需要——这有助于丑化努尔哈赤，激起更多人保家卫国的意识。

所以，黄道周关于褚英之死的记载，乃是基于立场与现实需要的历史书写，而无关历史真实。

5

那么，褚英究竟为何而死？这或许与"五大臣"的地位快速下滑有着密切的关系。

清史学者刘小萌在《满族从部落到国家的发展》一书中指出，建州起兵之初，以扈尔汉、费英东、安费扬古、额亦都、何和礼为首的五大臣就结成了以努尔哈赤为首的利益共同体——"古出"集团。古出是满语"gucu"的音译，意为朋友。古出与首领一般不存在前者隶属于后者的奴主关系，而是雇佣关系。

《清史稿》记载："国初置五大臣以理政听讼，有征伐则帅师以出，盖实兼将帅之重焉。额亦都归太祖最早，巍然元从，战阀亦最多。费英东尤以忠谠著，历朝褒许，称佐命第一。何和礼、安费扬古、扈尔汉后先奔走，共成筚路蓝缕之烈，积三十年，辅成大业，功施烂然。"可见，努尔哈赤的立业称汗，离不开五大臣的艰苦奋斗。而这种奋斗的基础，正是奠定于长期稳定且平等的合作关系之上。

扈尔汉、费英东等古出投靠努尔哈赤时，曾有言在先："念吾等先众来归，毋视为诸申，望待之如骨肉手足。"因此，努尔哈赤为了让他们更有归属感，除了每回征战获胜后给予他们诸申、土地、牲口等优厚赏赐外，还大力促成彼此之间的姻亲、收养关系。五大臣中，何和礼娶努尔哈赤女东果格格，人称栋鄂额驸；扈尔汉被努尔哈赤收作养子，人称达尔罕虾；费英东则娶了皇长子褚英之女爱新觉罗氏，成了努尔哈赤的孙女婿。这样，五大臣在建功立业的道路上，就不可避免地使自身利益与努尔哈赤的兴衰牢牢捆绑在一起。随着努尔哈赤政治势力的不断扩大，古出名义上是努尔哈赤的朋友，实际上却成了努尔哈赤名下的诸申。

努尔哈赤出于维护自身统治的需要，在无情地削弱五大臣集团势力的同时，提拔一群自家的亲族、子侄进入权力中心，使汗权的影响得到扩大与延续，这便造成了五大臣与汗王子侄之间最原始的利益冲突。

很不幸，被努尔哈赤寄予厚望的褚英就是这种利益冲突的"牺牲品"。

褚英初出茅庐就被赐号"洪巴图鲁",五大臣对此难免震惊尤甚。之后,万历三十五年(1607)三月,褚英随费英东、扈尔汉等率兵三千征斐优城,其带兵数量超过全军的一半,似乎也从侧面印证五大臣势力的逐步削减。

作为与努尔哈赤年纪相仿的五大臣,费英东、扈尔汉等人陷入了年纪越大越被边缘化的困境。而脾气暴躁的褚英执政后,四处扬言要杀了四贝勒、五大臣以巩固自己的权位,这使得矛盾进一步激化。最终,五大臣以求生存的姿态——"若因畏惧执政之主而不告,吾等生存之本意何在矣"——加入了与四大贝勒密谋废黜褚英的行动之中。

6

不过,五大臣与四大贝勒联手欲置褚英于死地,只是问题的导火索。真正决定褚英生死的人,只能是努尔哈赤。

已故历史学家周远廉指出,北方民族曾长期保留"二元政长制"的传统,这种制度要求在一个部落或部盟里,需要同时存在两个地位、权力基本相等的首领。他们别分两地、各辖属民、各聚兵士,各自为政,以保证在部落或部盟发生重大变故时,其中幸存的部民能择良地东山再起,从而延续部族的生命力与文化。自努尔哈赤起兵伊始,这种古老的传统就被原样保留在建州女真的行政建制中。

在两兄弟的关系尚未恶化的岁月里,努尔哈赤与舒尔哈齐同为公开的建州左卫指挥使。在《满文老档》和《明实录》中,也不乏努尔哈赤与舒尔哈齐同称贝勒、都督的记载。而在服饰、用具上,公开的历史资料亦显示"小酋(舒尔哈齐)穿银环服色,与兄(努尔哈赤)一样矣"。甚至在公开场合中,舒尔哈齐还曾告诫过朝鲜使臣申忠一:"日后尔金使若有送礼,则不可高下于我兄弟。"

可见,无论在何时,二元制政体强调的,都是权力的制衡与和谐。然而,这种政体的存在,并不利于权力的集中。所以,在努尔哈赤致力于统一女真诸部、建立高度集权的君主制国家的过程中,曾与努尔哈赤地位、待遇皆平等的舒尔哈齐必然会遭到哥哥的打击。

但是，舒尔哈齐之死并不会导致"二元制"政体在女真诸部中快速消亡。舒尔哈齐死后，努尔哈赤又将国人各5000户、牧群各800个、银各万两、敕书各80道，分赐给褚英和代善，使二人延续"二元制"政体下的执政地位。再加上先前努尔哈赤曾在公开场合确立了褚英的继承人身份，舒尔哈齐死后，褚英自然也就延续了叔叔的身份地位与不幸命运，在坐上女真诸部"二号人物"的宝座的同时，走到了父亲集权之路的对立面。

褚英死后，这种妨碍汗权聚集的多头政治体制仍未退出历史舞台。或许是不想让杀子、屠弟的血腥故事在自己的晚年重演，努尔哈赤下令改革八旗，由自己与四大贝勒分而掌之。

褚英被杀后第二年，1616年，努尔哈赤在赫图阿拉称汗，建立后金，改元天命，与明朝并立。后金建立后，原分掌八旗事务的四大贝勒，又得到了参政议政的权力，在努尔哈赤的领导下分掌后金国家实权。

后金天命六年（1621）正月十二日，努尔哈赤召集诸子、侄、孙等，对天地神祇焚香设誓："今祷上下神祇：吾子孙中纵有不善者，天可灭之，勿令刑伤，以开杀戮之端。如有残忍之人，不待天诛，遽兴操戈之念，天地岂不知之？若此者，亦当夺其算。昆弟中若有作乱者，明知之而不加害，俱坏（怀）礼义之心，以化导其愚顽。似此者，天地祐之，俾子孙百世延长。所祷者此也。自此之后，伏愿神祇，不咎既往，惟鉴将来。"

然而，这番誓言更像是晚年的努尔哈赤给予自己的一针安慰剂，美妙却不管用。

在历史的长河里，在残酷的现实面前，褚英之类的人物依然会被做掉，以天诛的名义。

诡异的杨名时案

雍正四年（1726）七月，雍正皇帝给全国督抚级别的封疆大吏发了一道上谕，谈论他本人对于用人选官的理念。

在这道上谕中，雍正点名道出了他心目中好官与坏官的典型。其中，田文镜、杨文乾、李卫和诺敏四人，被雍正树立为模范督抚，说他们"实心任事，整饬官民，不避嫌怨，遂不满众人之意"。意思是，这几个督抚能干事，肯干事，敢于动真碰硬，干得罪人的活儿，所以尽管口碑不好，却是朕心目中的好官典型。而杨名时、查弼纳、张楷、魏廷珍等五个督抚则被点名批评，雍正指责他们"操守虽清而皆顾惜情面，将就求容悦于人，故内外之人皆称誉者甚多"。这几个人，被雍正定性为"洁己而不奉公之清官巧宦""同流混俗之乡愿"，表面上有口皆碑，实际上对社会、对官场风气的影响很坏。

皇帝通报批评了，不管对错总该认了。这是为官者的基本常识。但云贵总督兼云南巡抚杨名时忍不了，他一直以圣人君子的标准要求自己，无法违心地承认自己是圣人君子所深恶痛绝的"乡愿"。于是，他给雍正写了个折子，向皇帝申诉。

结果，事情越发往严重的方向发展，他为此付出了沉重的代价。

1

在康熙晚年皇子间的权力斗争中涉险上位的雍正，为人深沉，为政苛猛。跟康熙一样，他也有自己的一套察吏之术和用人之法，并多次在上谕中表述自己的基本观念:"治天下惟以用人为本,其余皆枝叶事耳。"

既然用人是一等一的大事,雍正当然会在其中施展他的手腕。有一句俗话,叫"康熙年间有清官,雍正年间无清官"。这句话肯定把问题绝对化了,但不无道理,至少,它反映了两代帝王在引导官场风气时所表现出来的迥异态度。

在中国的历史传统中,皇帝用人是有层级的。按照北宋名臣司马光的经典分类法,人可以被分为四类:"才德全尽"谓之"圣人","才德兼亡"谓之"愚人",德胜于才谓之"君子",才胜于德谓之"小人"。如果同时有这四种人应聘,那么皇帝的录用顺序应该是:圣人、君子、愚人,最后才是小人。也就是说,宁要无才无德的愚人,不要才胜于德的小人。因为小人会挟才作恶,危害最大。司马光提出的这套用人标准,基本是古代帝王用人的钦定标准,但也不排除一些例外。

雍正就是例外。他在政治实践中倡行一条"宁用操守平常的能吏,不用因循误事的清官"的重才轻德的用人路线,与传统用人的法则大异其趣。在他看来,封疆大吏最上者,操守既好又能实心任事、不避嫌怨;其次则操守平常之辈;最下亦最可痛恨者,乃是洁己邀誉的清官巧宦。

他向来对清官十分鄙薄。只要组织部门或地方督抚举荐一个人,但凡提到此人"为官清廉"之类的话,雍正都会先戴着有色眼镜质问一番:那此人是不是施政能力有限呀?

曾任广东学政的惠士奇,在官场上口碑很好,但雍正对他并不认可。雍正曾在一个官员的密折上留下朱批说:"向闻惠士奇声名着实好,今见其人甚平常,想必随波逐浪,到处奉迎,邀誉窃名之所致。此等欺世奸诈之行,不可法也。虚名虽盗,实祸随之,何益之有?"后来,惠士奇在雍正朝的政治下场果然很不好。只因为应召入对的时候,雍正对他心存不满,就被罚去负责修筑镇江城,后又被削籍归里。

雍正到底是怎样鉴别、区分一个人是能吏还是清官呢?

他有自己的独门秘诀,可以简单归结为四个字:反听舆论。就是说,跟名声、口碑这些公议对着干!口碑好的官员,能力估计不怎么样;口碑不好的官员,能力应该差不了。用雍正自己的话解释就是："此等清官，无所取于民而善良者感之，不能禁民之为非而豪强者颂之，故百姓之贤不肖者皆称之；无所取于属员而亦不能禁属员之不法，故属员之贤不肖者皆安之；大臣之子弟、亲戚犯法则姑容而不行参革，地方之强绅劣衿生事，则宽待而不加约束，故大臣绅衿皆言其和平而望其久留；甚至胥吏作奸而不能惩，盗贼肆行而不能察，故自胥吏至于盗贼，皆乐其安静而不欲其去任。及至事务废弛，朝廷访闻，加以谴责罢斥，而地方官民人等群然叹息，以为去一清廉上司，为之称屈，此则平日模棱悦众、违道干誉之所致也。"

在他看来，那些实心任事、整饬地方的能吏，往往触犯各阶层的利益，反而矛盾丛集，"或谤其苛刻，或议其偏执，或讥其骄傲"，结果却为舆论所不容。

而这种内心成见进一步发展，就会把用人标准简单化，将清官等同于乡愿，把酷吏当成能人。皇帝的喜好，很容易影响并塑造当时的官场风气。如此下去，使雍正朝清官不容于世而能吏大行其道。

2

杨名时等人被雍正点名通报的时候，雍正其实并未发现他们存在什么具体问题，只是本着他"反听舆论"的思维作出判断：大家都说你官做得好，那肯定是你沽名钓誉得来的好评。

事实上，雍正点杨名时的名确实也很突兀。他此时可能并无其他深意，只是觉得杨名时名气大，就随手拿他举个例子罢了。因为杨名时这位康熙朝老臣，正是雍正一手捧上仕途巅峰的。

杨名时生于顺治十八年（1661），康熙三十年（1691）进士，到康熙五十九年（1720）擢升云南巡抚时，已经60岁。宦海浮沉三十年，终于当上边省大吏。不过，这也极可能是他的仕途终点，毕竟年纪摆在那里了。没想到，雍正继位后，对杨名时颇为青睐，说他"向来居官任任声名甚好"，还勉励他莫移初志，不忘初心。雍正三年（1725）九月，杨名时居然晋升兵部尚书，仍管云南巡抚事。同年十月，升任云贵总督，照旧兼任云南巡抚。

雍正四年（1726）七月，也就是雍正点名通报杨名时等人的同一个月，杨名时刚刚迎来一生仕途的巅峰，被任命为吏部尚书、云贵总督，兼云南巡抚。老来官场顺遂，可见雍正待他不薄。

杨名时是康熙朝名臣李光地的学生，一辈子以道学自励，此时已为士人领袖。康熙曾评价说："杨名时实好官，不徒清官也。"雍正继位之初，需要借重一些有影响的人物来帮助自己稳定政局。或许是这个原因，使名气很大的杨名时被拣选中了，所以连连升官。

在雍正点名通报杨名时之前两年，两人其实发生过一次龃龉。杨名时题奏时无意泄露了密折密批，雍正对他的处罚是，停止了杨名时密折奏事的权利。

杨名时没有立马认错求情，而是等到好几个月后，才请时任云贵总督高其倬代呈了一个请安折。雍正对他不认错的态度很不爽，但最终没拿他怎样，反而自己很憋屈地示意高其倬从中转圜，密谕高其倬说："杨名时是一好巡抚。但前者不许奏折，求也不求，未免自恃沽名，朕所以着他为难，亦自取之也。朕无怪他意。"然后，还赐给了杨名时"端阳药锭一匣"。

经过高其倬的点拨，杨名时这才公开承认泄露密折的错误，恳求恢复奏折权。

雍正这次欣然接受，在给杨名时的朱批里还透露了一个好消息："朕安。你好么。朕要用你总督，勉为之。"没错，雍正不仅未再怪罪杨名时，还给他升了官。杨名时看到朱批，百感交集。

此时的雍正，表现出了难得的肚量。

按照两人关系的发展，后来即便雍正点了杨名时的名，杨名时像其他人一样默不作声的话，或许就不会发生这么多事了。

3

被雍正点名为"清官巧宦""流俗乡愿"，平生最恨乡愿、以道学相砥砺的杨名时，偏偏咽不下这口气。

两个月后，杨名时决定给皇帝写一个折子，为自己申辩。而雍正看到折子后，气炸了。

杨名时的折子尽说些圣贤最恶乡愿、我要立志改正不负皇上训斥之类的话，但雍正一眼就洞穿了他的满腹牢骚和抵触心理。而且，雍正还看出杨名时节外生枝，竟然借圣贤之口，旁敲侧击贬低雍正刚刚树立的四个督抚榜样。这无疑更加坐实了雍正此前对清官的看法：所谓清官，不过是一帮沽名钓誉之徒。你什么都可以拿走他们的，但一拿走他们的名声，就跟要了他们的老命一样。

雍正对杨名时的厌恶之情由此而生。他训斥杨名时说，朕说你两句，你听着就是，"有则改之，无则加勉，不在此舞唇舌、弄讥讽，徒自取轻于朕耳"！

雍正有他的英明之处，但也有一切帝王的缺点。最突出的一个，就是臣下必须时刻服输，真心忏悔，不得在皇帝面前耍机锋、抖聪明。任何时候，都要给予皇帝最高的权威，不管是政治的，还是学术的。哪怕你是"有名人物，汉人领袖"（指杨名时），也不能例外。

也是活该杨名时要出事。就在抗辩"乡愿"一事不久后，他又犯了一次泄露密折的错误。因为是第二次犯错，雍正断定杨名时是故意的。

雍正朝正式立下的密折密谕制度，是雍正用人的一个特殊手段。封疆大吏不时地将地方各级官吏统治的得失，秘密上奏给皇帝，雍正把呈上的奏折批答后下达给奏事者本人。这样，皇帝及时了解了地方军、政、财等事务，特别在选用、提拔和调转官员以及对他们的奖惩方面都充分沟通了情况，最后亲自酌情裁决。

督抚大员凡有要事，经过密折取得皇帝的大概意见后，再公开提出来，就能顺从圣意，通过的概率会大得多。而皇帝则通过密折制度，在全国各地安插了无数双"眼睛"，借此牢牢地控制了地方的统治机构。

这个制度的显著特点是"密"，只有奏事者和皇帝两人知道。雍正经常在朱批最后加上"密之"两字，更体现了它的机密性。由此，也引导官员间互相打小报告，这样皇帝可以更好地揪住官员们的把柄。

杨名时无视帝国的保密制度，一再泄露密折。这一次，雍正可不会对他大度客气了。

雍正指出了杨名时泄密的两大居心：一是让大家知道密折推荐官吏，把别人升官的功劳揽到自己头上；二是故意泄露皇帝旨意，给六部施压，这样他奏请的事就能轻易通过。接着把杨名时骂得狗血淋头，说他"怙恶不悛，大奸大诈，全无人臣之体，甚属可恶"。

杨名时的厄运，随之骤降。

4

雍正四年（1726）十月，被雍正视为"天下第一良臣"的鄂尔泰取代杨名时为云贵总督。翌年二月，湖南布政使朱纲升任云南巡抚的任命正式发布。十月，新任云南巡抚朱纲和钦差、刑部侍郎黄炳开始在云南昆明会审。

会审对象，正是刚刚落职的杨名时。

一个多月后，朱纲好不容易终于审出了"重大进展"：杨名时曾收受犯了贪污、亏空罪的原顺宁知府范溥的礼物——四批缎子，以及一对重十两的金杯。根据这一条，就可以将杨名时问成死罪——判处绞刑。

然而，雍正对此并不十分满意，他后来跟心腹大臣鄂尔泰交底说："若不先治其假誉，返成伊千百世之真名矣。……此辈假道学，实系真光棍，诚为名教罪人，国家蛊毒，若不歼其渠魁，恶习万不能革。但此种类，若不治其名而治其身，反遂伊之愿也。"意思很明显，针对杨名时这样的人，不批倒搞臭他，只从肉体上消灭他，是意义不大的，反而会助长他的名气。

雍正始终认为，搞倒杨名时并不真的是要弄死他，而是要撕破这样一个士人领袖的"假道学"伪装，给全国科甲出身的士人一个深刻的教训。

必须承认，雍正的政治手腕很毒辣，也很高明。他继位后，政权不稳是事实，所以逐步推进打击异己。到雍正四年以后，与他争权的其他康熙皇子，助他夺权的年羹尧、隆科多，这些最危险的政敌都被他解决掉了。他才开始将注意力转向科甲朋党对皇权的威胁。

雍正对科举出身的士大夫向来难言好感。他认为，依托科举而生的同年、门生故旧之间相互袒护容隐的科甲陋习，是朋党习气的一种形式，是需要大力整饬的前朝积弊。在他眼里，这些人"徇私结党，互相排陷，必至挠乱国政"，威胁皇权稳固。因此，雍正朝得到重用的大臣，绝少科举出身。他最器重的田文镜、鄂尔泰、李卫，都不是科举出身。

杨名时"中招"，或许是他在不恰当的时候撞到了"枪口"，刚好可以被拎出来作为反面典型。而此前优待杨名时，给他不断晋升，只是雍正的一种缓兵之策。

但是，杨名时的节气砥砺不是吹的。什么罪责他都可以揽下来，就是涉及他道德品质的罪名，他一概不认，死都不认。

雍正最终还是作出了让步，让杨名时先拿出三千两银子清结案件，再作处置。他知道杨名时是清官，一时拿不出这么多钱。

果然，杨名时凑啊凑，只凑出了两百两。

于是，终雍正一朝，杨名时一直"待罪"云南，未被降旨处死，因为他还在凑银子。

第四章 潜藏的历史真相

古代中国为什么要修长城？

秦始皇统一天下后，命蒙恬率 30 万大军北击匈奴，收复河南地（今内蒙古自治区鄂尔多斯一带）。经过一番血战，匈奴溃败北遁。此时，蒙恬接到一个新任务，修筑长城。秦始皇决定动用大量民工，由蒙恬率领，在秦、赵、燕三国长城的基础上，修建一道西起临洮（今甘肃省定西市岷县），东至辽东（今辽宁省辽阳市）的万里长城。

数年后，当匈奴人再度南下时，只见一道连绵不绝的军事工程横跨于山川之间，巍峨的城墙与英勇的守军，带给他们前所未有的震慑。汉代贾谊在《过秦论》中说："乃使蒙恬北筑长城而守藩篱，却匈奴七百余里；胡人不敢南下而牧马，士不敢弯弓而报怨。"

此后，历朝历代多次修建长城，据国家文物局统计，两千多年间，各地修建的长城总长度约两万公里。那么，古代王朝为什么如此热衷于修长城？

1

学界一般认为，长城的修建肇始于春秋战国时期。

春秋时期，列国纷争，交相争霸，为了增强军事实力、抵御邻国进攻，一些诸侯国广筑边墙，修建起连续的军事堡垒。这便是长城的雏形。

比如齐长城，其修建的年代多在公元前六七世纪。齐人利用今山东省中南部山区的地形，因地制宜，修造土石墙，拒敌于国门之外，至今仍有遗址留存。

又如楚方城，是楚国濒临汉水垒砌的长城。《左传》记载，公元前 656 年，齐楚两国交战。齐军进至召陵（在今河南省中南部），楚国大将屈完对齐国国君说："您如果真要来攻打，楚国有方城作为城防，汉水作为城河，足以抵抗。"

齐军来到楚方城下，见楚国的防御工程果然坚固，屈完没有吹牛，于是放弃强攻，收兵而去。史书记载，楚方城为楚国阻挡了多次进攻，其他诸侯从北面攻打楚国，经常打到汉水边的方城就攻不下了。

春秋时的长城，是列国为了争霸战争而建造的，这些战争很多无非就是原本周朝统治下的诸侯国打内战。战国时期，秦、赵、燕三国在其北部修建的长城，则是为了抵御北方游牧民族的入侵，这也是后世修建长城的主要原因。

2

秦国自商鞅变法后，推行富国强兵的改革，国力日渐强盛。但是，秦国的对手不仅有山东（崤山、函谷关以东）六国，还有常常袭扰其边境的北方游牧民族，如义渠、楼烦、林胡。

义渠为羌戎民族的一支，原居宁夏固原草原和六盘山、陇山一带，与秦国接壤，双方经常爆发冲突，互相争夺领土。

秦昭襄王在位时，公元前272年，他的母亲宣太后用计诱骗义渠君至甘泉宫，杀之，随后发兵攻灭义渠。一说，宣太后灭义渠用的是美人计，她年轻守寡，于是盛情邀请义渠王居于甘泉宫，并与他约会，麻痹义渠王的心智，等义渠王放松警惕时才派人杀了他。

秦昭襄王灭义渠后，先在其故地置北地郡（今甘肃省庆阳市），随后在陇西、北地、上郡等地的北部修筑长城，派军驻守，此即战国秦长城。据说，秦国的长城所用土石皆为紫色，遂有"紫塞"之称，后世多用"紫塞"来指代北方边境。

燕国是战国七雄中实力较弱的一国，《战国策》说："凡天下之战国七，而燕处弱焉。"燕国之南面临齐、赵两大强国的威胁，北边还有强大的游牧民族东胡盘踞，于是，燕国不得不与东胡媾和，甚至派遣人质。

为燕国修筑长城的，正是一个曾在东胡为质的将领，他叫作秦开。公元前311年，燕昭王即位，采纳郭隗的建议，建黄金台招贤纳士，从此发奋图强，使燕国一度战胜齐国，威风了一次。燕昭王时，秦开从东胡逃归燕国，乘着国家崛起的春风，为燕国建功立业。

秦开作为优秀的"东胡留学生"，深知东胡的作战习性，于是率领燕军大破东胡，迫使东胡北退千余里。为了防止东胡再次南侵，秦开主持修筑燕长城，西起今河北张家口，东至今朝鲜清川江北岸，长约两千里。

战国时期，修建长城的还有赵国。

赵武灵王在位时（前325—前298），实行"胡服骑射"，也就是跟着胡人学穿搭，换成衣短袖窄的服装，仿照北方游牧部族在马上射箭。经过改革，赵国军队的战斗力飞速上升，还把自己的胡人师傅打趴下了。赵武灵王时，发兵至林胡地，林胡王献马降服，赵国拓地至云中（今内蒙古自治区托克托县）、九原（今内蒙古自治区包头市），又自代郡（今河北省蔚县）出兵，至西河（今山西、内蒙古间的黄河），大破楼烦，俘虏其部众。

赵国骑兵虽然这么能打，但不可能连年征战，整天追着胡人跑，所以，他们也以长城作为防御手段。《史记》记载，赵国的长城"自代并阴山下，至高阙为塞"，即从代郡北部沿着今内蒙古大青山、乌拉山至今内蒙古狼山中部的石兰计山口，长约650千米。

林胡、楼烦相继败于赵国后，更强悍的匈奴崛起于草原，来到赵长城下。据《史记》记载，匈奴以游牧、射猎为生，逐水草而居，部落散布着大量马、牛、羊、驼，男子从小学习骑射，到成年"尽为甲骑"，此外，匈奴还建立了一套政权机构，以单于为首领，下置左、右贤王等，全民皆兵，控弦数十万，俨然一个庞大的战争机器。

战国末年，赵国名将李牧凭借赵长城与匈奴展开了对决。

李牧长期镇守赵国雁门一带（在今山西省朔州市），十余年间，屡破东胡，降伏林胡，使匈奴不敢犯边。

在边境，李牧命将士们看守赵长城上的烽火台，每次侦察到匈奴进犯，就传警报，让赵军躲入营垒中固守。这样过了好几年，匈奴都以为李牧胆小如鼠，可又占不到便宜，他们每次来都没能抢到物资，也无法跟赵军交战，日渐疲惫。李牧利用匈奴疲于奔命的时间，在赵长城后训练军队，精选战车 1300 乘，精骑万余匹，骁勇步兵 5 万人，弓弩兵 10 万人，命不同兵种训练战术，协同作战。

等到时机成熟，李牧派出边境军民引诱匈奴来攻。匈奴单于忍了这么多年，终于有机会与赵军一战，于是轻敌冒进，深入赵境。李牧见匈奴上钩，率领自己训练多年的"特种部队"出战，经过激烈的战斗，大破匈奴，"其后十余岁，匈奴不敢近赵边城"。

李牧镇守赵长城多年，没被匈奴人打败，后来却败给了赵国奸臣的流言蜚语，遭到罢黜。赵国罢免李牧，自毁长城，军中无良将可用。不久后，秦将王翦率领大军破赵，攻入赵都邯郸。此后，随着秦一统天下，一道万里长城屹立于北方边境。

3

秦朝统一后，名将蒙恬主持修建的长城，正是建立在战国时期秦、赵、燕三国长城的基础上。

蒙恬命人用土石夹筑，或用土夯筑，将三国长城联结成一条隔断南北、横亘东西的"巨龙"，并且充分利用山川地形，将长城建于险要之地，使匈奴骑兵难以越过，同时在工程选址方面，尽量选在河流北岸，以隔绝匈奴人的水源，此外，还有高大的烽火台分布在视野开阔的山上，用以时刻探查匈奴的行踪。

然而，长城终究只是一道军事防御工程，需要训练有素的军队配合，才能充分发挥作用。所以，蒙恬镇守长城时，匈奴"不敢南面而望十余年"，可当秦朝灭亡、中原动荡时，北境守备松懈，匈奴人便冲破了长城的防线。

秦朝以后，尽管历代王朝皆批判秦始皇为修长城劳师动众，却纷纷仿照秦朝修筑长城，防备来自北方的对手。

汉朝（前 202—220）沿着丝绸之路修建河西长城，烽燧绵延，亭障相连，还有无数来此屯垦的军民确保边防的后勤供给。根据居延汉简和敦煌汉简等出土史料，可以看到汉朝在边塞建立的一整套防御体系以及古老边民的生活日常。

北魏（386—534）的统治者是曾以游牧为生的鲜卑人，但他们入主中原后，也修起长城，防御游牧民族柔然南下，并沿着阴山南麓建立了沃野、怀朔、武川、抚冥、柔玄、怀荒六个军镇。日后北齐、北周的建立者，正是出自这些民风彪悍的军镇。

隋朝（581—618）建立后，北方的突厥、东北的高句丽等都是极具威胁的边患。隋文帝、隋炀帝父子俩都曾修筑长城，主要是对北朝长城进行连接和加固，其中，隋文帝修了五次，隋炀帝修筑三次。

北宋（960—1127）失去了燕云十六州的屏障，但仍在宋辽边境修筑了一道"水长城"，以遏制契丹人建立的辽政权。这道水长城以水为屏障，沿途汇集河流19条、湖泊30个，置堡垒26座、战船百艘，全线长约500千米，西起保州（今河北省保定市），东达泥沽海口（今天津市滨海新区）。

女真人建立的金（1115—1234）用迅猛的铁蹄踏破了东京梦华，但擅长骑射的他们并没有忽视对边境的防御，金人在农牧交界带的北方修筑了一道界壕，防御草原上的游牧民族。金界壕绵亘千里，有壕堡作为防守士兵屯驻之地。

两千年来，长城以北，匈奴、鲜卑、柔然、突厥、契丹、女真、蒙古等少数民族，你方唱罢我登场；长城以南，秦、汉、隋、唐、宋、明等，历代中原王朝兴亡盛衰。

说起历代统治者修建长城的原因，可以用北魏大臣高闾的一番话作为总结。

当时，北魏拓跋氏统一北方，学习汉文化，实行汉制，新兴的游牧民族柔然却不断从老家南下侵扰，北魏统治者头疼不已，命大臣献策该如何驭边。

中书监高闾上书建议，可依秦汉故事，在六镇之北修筑长城，并在要害之地开有城门，门旁修造小城，由精兵把守，这样，胡虏既无法攻城，在野外掠夺也一无所获，等到粮草全部用尽后他们自然会撤退，最终必定受到教训。他计算六镇东西距离不过千里，用十万人建城，很快就能竣工，"虽有暂劳，可以永逸"。

接着，高闾指出，"长城有五利"，分别是："罢游防之苦，一也；北部放牧无抄掠之患，二也；登城观敌，以逸待劳，三也；息无时之备，四也；岁常游运，永得不匮，五也。"

高闾说，长城有这五个好处：第一，长城作为固定的驻防地，可以让士兵免去在大草原上巡游侦察的艰辛；第二，修建长城后，游牧民族难以轻易地抄掠民众；第三，将士在城上登高观察敌人动向，作战时以逸待劳；第四，减少边境防卫的失误，不用无时无刻地防备；第五，长城可以用于巡逻、运输，使边防军的资源永不匮乏。

历代修筑长城，大抵是出于以上原因。

4

但是，仅仅有长城还不足以一劳永逸，还需要与之配套的军事防御体系。

汉朝的边境有仓、库、阁等机构，为长城提供后勤保障；北魏的六镇为长城防线提供了足够的兵源；到了明代，则在长城的基础上，建立"边有墙，墙有关，关内有堡，堡内有兵"的防御体系。

明朝，是古代王朝修建长城的最后一个高峰。《明史》记载："元人北归，屡谋兴复……正统（明英宗年号）以后，敌患日多，故终明之世，边防甚重。"

明朝推翻元朝的残暴统治后，蒙古人逃回大漠，不时南下侵掠，使明朝自建立起就处于游牧民族的袭扰之下，到了明中后期，瓦剌、鞑靼、女真等来自北方的边患，成为长城的防御对象。

从明朝开国之际，徐达修建的居庸关、山海关，冯胜修建的嘉峪关，到永乐年间，边境大量修建烽火台，"长安岭迤西，至洗马林，皆筑石垣，深堑壕"，再到隆庆、万历年间，谭纶、戚继光、王崇古、方逢时主持蓟州、宣府、大同、山西边务，加固增设城防……有明一代，几乎每个皇帝在位时都不同程度地修过长城。

无论是修筑规模还是现存数量，明长城都堪称空前绝后，总长度为8851.8千米（2009年国家文物局与国家测绘局公布数据），其主体东起鸭绿江畔的虎山长城，西至甘肃嘉峪关。

明代，沿着这条波澜壮阔的路线，军镇、卫所、堡垒林立，形成了"九边重镇"，顶峰时期戍守将士多达百万之众。九边重镇，自东向西分别为：辽东镇、蓟州镇、宣府镇、大同镇、太原镇（山西镇）、榆林镇（延绥镇）、宁夏镇、固原镇、甘肃镇。有学者统计，有明一代，北部边境发生的战事多达1400多次，其中，依靠长城击退对方的次数占此类战事的50%。

5

关于长城的优势，嘉靖年间兵部尚书翁万达有一段精辟的论述："《易》曰：'王公设险以守其国。''设'之云者，筑垣乘障、资人力之谓也。山川之险，险与彼共。垣堑之险，险为我专。百人之堡，非千人不能攻，以有垣堑可凭也。"

翁万达以此上书，提议增修长城。他认为，长城是一道明军所专有的有力屏障，可使戍边将士以一敌十，以寡敌众，用少量兵力阻遏多数骑兵的进攻，使以步兵为主的明军占据易守难攻的地利。

如果没有长城，明朝几十万，甚至上百万的守军只能分散而守，无险可依，难以抵抗北方游牧骑兵的冲击。即便是对付平时小规模的侵掠，若无长城，游牧民族分散行动，"卷甲长驱，疾若飘风"，南下抢掠一番就跑，明朝守军也难以及时赶到，只能眼睁睁看着这些骑兵跟街溜子一样来去自如。

正如翁万达所说，在明代，雄伟坚固的长城多次成功地捍卫疆土。

有时候，长城的守军成功击退敌人的进攻。

嘉靖三十三年（1554），蒙古人打来孙所部的十万余骑兵，南犯蓟镇。总督杨博亲自登上古北口长城，日夜身不解甲，率领部下固守长城，一旦敌骑靠近，则火器齐发。结果，对方的十万大军连攻四日都没能突破长城，杨博又组织几支小分队，半夜火烧敌营，敌骑不得不退去。次年，蒙古人再度来犯，再次被长城守军击退。

有时候，长城的威慑足以使敌"不敢轻易近墙"。

隆庆元年（1567），名将戚继光任蓟镇总兵，随后主持加固山海关至居庸关段长城，在沿线兴建一种新的空心敌台，也称敌楼，既可以有效地保护士兵，起到堡垒和瞭望台的作用，在平时也可以储存军械或供士兵居住。戚继光守蓟镇、修长城期间，"边备修饬，蓟门晏然。继之者，踵其成法，数十年安定"。

崇祯十七年（1644），大顺军攻入北京，明朝灭亡。明朝辽东总兵吴三桂在大顺军和清军之间举棋不定，最终决定献出山海关，归降清廷。山海关被称为"天下第一关"，属于明长城蓟州镇的东起点。

吴三桂降清后，清军轻易地夺关南下，突破长城防御，灭大顺、南明，一统江山。山海关之战，再度证明了长城的关键作用。

6

综上，基本上可以总结出历朝历代修建长城的两个方面原因。

从实用功能和外部因素来看，中原政权修建长城，主要是为了阻挡游牧民族南下侵袭，起到守土安邦的作用。从战国至明朝，修长城的动因基本都是如此。

从地理环境和气候原因出发，农耕民族与游牧民族之间在自然资源、生存环境、生活方式上的差异，是长城存在的客观因素。

有学者认为，长城一线与现在的400毫米等降水量线基本吻合。中国北方，有一条重要的地理分界线。其大致上从东北向西南方向延伸，经过大兴安岭、阴山、贺兰山等山脉，将这条线的两边划分为半湿润区与半干旱区，一边受季风影响，适宜种田，一边受大山阻隔，适宜放牧。

古人早已发现这条若隐若现的分界线。汉代班固在《汉书》中说，此"隔以山谷，雍以沙漠，天地所以绝内外也"。宋金时期，全真教道士丘处机通过张家口西的长城险隘，登上野狐岭，"登高南望，俯视太行诸山，晴岚可爱。北顾但寒沙衰草，中原之风自此隔绝矣"。

在古代，这条分界线南边的农耕民族男耕女织，春种秋收，生活安定，日出而作，日落而息；北边的游牧民族逐水草而居，狩猎放牧，不时南下骚扰，尤其是到了寒冷干燥的时节，牛羊难以繁衍，游牧民族便会从非季风区闯入季风区，大肆掳掠。以农立国的中原王朝，除了极其强盛的时期外，往往难以耗费大量国力去控制北方辽阔的草原与荒漠。

在中国历史的部分时期，气候发生恶化，也影响长城一带的政治局势。近几千年来，中国出现过四次寒冷期，每次气候变化，都使农牧区的分界线发生迁移，北方游牧民族的生活环境进一步恶化，于是大规模南下，侵略边境，甚至入主中原，公元4世纪左右的少数民族南下，11—13世纪契丹、女真和蒙古的相继崛起，17世纪清兵入关，基本上与气候变化同步。

然而，为了阻挡游牧民族侵袭而修筑长城，并不代表中原王朝是封闭、保守和退缩的。

西方探险家斯坦因在游览汉长城遗址时，如此评价道："关于长城方面，就已经说过的而言，已十分足以表示中国最初进入中亚，急遽创造同继续保护这条通道，需要何等大的力量同有系统的组织。但是一看这种前进政策功德圆满所经过的那一段可怕的地面，不禁令我们感到中国人势在必行的展延长城以及后来汉朝的猛进政策，在人力方面所受的痛苦和牺牲，一定是很伟大的了。"

汉朝凿空西域，开辟丝绸之路，为了张国臂掖、向外推进，在建城之外，还实行屯田政策与徙民实边。如汉武帝元狩四年（前119），"关东贫民徙陇西、北地、西河、上郡、会稽，凡七十二万五千口"；元鼎六年（前111），"初置张掖、酒泉郡，而上郡、朔方、西河、河西开田官，斥塞卒六十万人戍田之"。这些来自中原地区的移民，将内地的铁犁、牛耕、货币等先进事物带到边疆，促使边地经济发展。

汉武帝"以屯田定西域"的成功经验被后世吸收，修筑长城的历代王朝皆重视长城一线的屯垦，迁徙移民开发荒野边塞。到明代，《明史·方逢时传》记载，长城"九边生齿日繁，守备日固，田野日辟，商贾日通，边民始知有生之乐"。

游牧民族往往是为了掠夺资源而南下侵掠，假如能以和平方式换取需要的生产资料，游牧民族也会选择放下屠刀，而长城各关口为他们提供了通贡互市的机会。如隆庆五年（1571），明朝与蒙古俺答汗达成和议后，汉蒙双方开放官方的贡市、关市、马市，与此同时，民间的月市、小市也十分活跃，长城沿线出现"六十年来，塞上物阜民安，商贾辐辏，无异于中原"的局面。

清朝抛弃了传统的长城观念，认为"固国不以山川之险"。清朝统治者把怀柔各民族作为稳定边境的首要政策，因此不再新建长城，只是对明长城加以修缮，一些年久失修的长城则逐渐残破。

在这条宛如天堑的分界线上，农耕文明与游牧文明经历无数次的冲突，最终走向交流与融合。时至今日，曾经举国之力修筑的金城汤池，变成了承载民族记忆的历史名胜。

徐福东渡的历史真相

秦始皇三十七年（前210）十月，秦始皇第五次东巡，也是他人生最后一次东巡。

他自咸阳出发，十一月至云梦；然后沿江而下，过丹阳，经钱塘，上会稽；途经吴地，沿着海边北上，最后来到琅邪。深沉辽阔的大海，阻却了这位皇帝的脚步，却也带给他无尽的遐想。在琅邪，秦始皇再次见到了徐福。

九年前，一群方士告诉他海外有神山，山上有仙人和长生不老药，其中就有徐福。秦始皇耗费了巨额资金，资助他们出海寻仙山。过了六年，这群方士不仅无功而返，有些人还私下说秦始皇的坏话，于是秦始皇在咸阳坑杀了那些攻击他的方士。

奇怪的是，当徐福再次出现在面前，秦始皇并未惩罚他。徐福说道："蓬莱药可得，然常为大鲛鱼所苦，故不得至，愿请善射与俱，见则以连弩射之。"看样子，徐福并非得了好处却不做事的人，他必然多次出海探寻，为"大鲛鱼"所苦，所以才需要一支"善射"的武装力量。

当天夜里，秦始皇梦见自己与"海神"搏斗。于是，他问占梦博士，博士说："水神不可见，以大鱼蛟龙为候。今上祷祠备谨，而有此恶神，当除去，而善神可致。"海中的恶神会化作大鱼蛟龙，一定要将其除掉，才能迎来好神。

于是，秦始皇亲自乘船出海，诛杀恶神！船队巡视到荣成山，没有发现水神的踪迹。到了芝罘，终于发现了一条巨鱼，人们将其射杀。

故事到这里戛然而止了。

秦始皇在完成了"弑神"的壮举之后，很快就病倒了，至死也没能等来仙药。至于徐福，没人知道他的踪迹。他出海之后到过哪里？是否找到了三神山？这些都淹没在了历史之中。

到了后世，徐福东渡成了一个席卷东亚的传说。日本南起九州，北至青森，韩国的济州岛和釜山等地，都有徐福登陆的传说，甚至还有人说日本的神武天皇就是徐福。

徐福也成了一个遥远时代的印证。

1

《史记》是最早记录徐福事迹的文献，一共有三处。

其一，《秦始皇本纪》二十八年（前219）载：

齐人徐市（即徐福）等上书，言海中有三神山，名曰蓬莱、方丈、瀛洲，仙人居之，请得斋戒，与童男女求之。于是遣徐市发童男女数千人，入海求仙人。

古人看着无垠的海洋，心中必然充满了好奇，想象海中有一个奇特的世界，从而创造了种种光怪陆离的神话。"三神山"传说就是其中一个：海中有神奇的蓬莱、方丈、瀛洲三山，为神仙所居，这里富丽堂皇，还有不死之药。

战国时期，齐、赵、燕等国的贵族阶层中就开始流行这一传说，这些身居高位的王侯将相享尽了人间的荣华富贵，便把眼光看向了大海之外，纷纷派遣船队进入海中探秘。秦国征服六国之后，齐地的传说自然也深深地吸引了来自西北内陆的秦始皇。因此，当徐福等人上书出海求仙时，秦始皇欣然同意。

在太史公的描述中，我们只知，徐福是齐地人，三神山就在渤海之中，离陆地不远。

其二，《秦始皇本纪》三十七年（前210）载：

方士徐市等入海求神药，数岁不得，费多，恐谴，乃诈曰：蓬莱药可得，然常为大鲛鱼所苦，故不得至。愿请善射与俱，见则以连弩射之。

徐福的船队做了入海的尝试，但是因为某种"大鱼"的袭扰未能成功。这说明近海航行并非困难之事，但是充满未知的风险。对一向有野心的秦始皇来说，徐福无疑是一个"好方士"，所以皇帝并没有对他施以任何惩罚，还继续资助他出海。

其三，《淮南衡山列传》中载：

又使徐福入海求神异物，还为伪辞曰：臣见海中大神，言曰：汝西皇之使邪？臣答曰：然。汝何求？曰：愿请延年益寿药。神曰：汝秦王之礼薄，得观而不得取。即从臣东南至蓬莱山，见芝成宫阙，有使者铜色而龙形，光上照天。于是臣再拜，问曰：宜何资以献？海神曰：以令名男子若振女与百工之事，即得之矣。秦皇帝大说，遣振男女三千人，资之五谷种种百工而行。徐福得平原广泽，止王不来。

在这里，徐福终于变得有血有肉起来。他为求仙已花费了很多人力、物力和时间，因为害怕秦始皇震怒，便编造了一套谎话。在故事里，徐福见到了仙人，但是欲得仙药，需要进献童男女和各种工匠。秦始皇相信了。于是，徐福率领"男女三千人"入海，到达了一个平原之地，自立为王，不再回来。

在这则记载中，我们可以窥见徐福船队的构成。有数千年轻人，有五谷的种子，有工匠，也一定有会使"连弩"的"善射"者。如果我们抛开司马迁对秦始皇求仙的指责，那么很有可能，徐福船队就是一支由秦始皇资助的开拓土地的团队。

一般认为，司马迁不可能凭空杜撰一个人物出来，所以徐福应有其人。不过，太史公惜字如金，使得徐福这个人物身上有太多的迷雾。而这些迷雾，也成为后人发挥想象的地方。

后来，随着中国人对海洋的了解越发加深，徐福的故事也越来越明确、越来越复杂。

《三国志》载:"澶洲在海中,长老传言,秦始皇帝遣方士徐福,将童女数千人入海,求蓬莱神山及仙药,止此洲不还。世相承,有数万家。其上人民,时有至会稽货布;会稽东县人海行,亦有遭风,流移至澶洲者。"徐福来到了澶洲。

《后汉书》则在《倭传》之后添加了这样一段内容:"又有夷洲及澶洲。传言秦始皇遣方士徐福,将童男女数千人入海,为蓬莱神仙不得。徐福畏诛不敢还,遂止此洲,世世相承,有数万家。"这就给人留下了徐福可能去了日本的感觉。

五代后周时期,济州开元寺僧人义楚首次明确提及徐福去了日本,他在其《义楚六帖》中记载:"日本国亦名倭国,在东海中。秦时,徐福将与五百童男、五百童女止此国,今人物一如长安。又云:又东北千余里,有山名富士,亦名蓬莱。再云:徐福止此谓蓬莱,至今子孙皆曰秦氏。"而这个故事,又是他从一个日本僧人那里得来的。这说明,日本至少从唐朝起就有徐福到此的说法了。

此后,徐福到过日本成为一个定论。比如宋代有一首《日本刀歌》,这首诗虽然放在了欧阳修的文集里,但极有可能是司马光所作。诗中提到,徐福带去了各种工匠,甚至还有先秦典籍。倒也符合大量秦移民奔赴朝鲜、日本,带去中华文明的故事。

宋代以后,河北、山东、江苏、浙江几省及沿海地区都流传徐福的传说,而且有十几个临海的地方都宣称自己是徐福东渡的出发点。直到今天,徐福的故事依然在增加。1982年,江苏省赣榆县发现一个名为"徐阜"的自然村,学者罗其湘认为这里是徐福的故里,还引起了一阵"徐福文化热"。

历史是层累的。有时候,我们越了解一段历史,其实是我们对于这段历史的想象越来越多。

2

徐福东渡的故事,反映了一个伟大的海洋时代。

秦始皇统一中国后多次巡游各地,其中到得最多的地方就是海边。从北边的芝罘、碣石，到南边的会稽，他每次巡狩，几乎都要刻石颂德。他还曾多次乘坐大船，"议于海上"。

一个西北内陆的帝王，为何会对海洋如此向往呢？

《墨子·非攻下》有这么一个说法："一天下之和，总四海之内。"秦灭六国之后，有人称"平定海内"。汉人则说"六王毕，四海一"。"海内"即天下，这里的"海"代表了一个具有政治色彩的边界。当海内一统，当秦国的疆域扩展到海边，秦始皇自然就会产生一种感觉：海洋，也该被我统治。

这是一种极大的野心，也是一种占有海洋的理念，正符合秦国从内陆杀出、开拓千里的气质。

两千多年前，人们就有了非常发达的近海航行。比如，越国吞并吴国后，勾践"从琅邪起观台，台周七里，以望东海。死士八千人，戈船三百艘"。沿海地区的百姓也习惯从海中获取利益。《史记》载，齐国"通商工之业，便鱼盐之利，而人民多归齐，齐为大国"。

战国时代，齐地的思想家邹衍提出了一个世界观：大九州说。这个世界一共分成九份，中国居其一，名为赤县神州。神州内有九州，也就是《禹贡》所说的"九州"，这是"小九州"。中国之外，还有八个大州。大九州之外，是大瀛海。可以想见，大批齐人远赴海外，才能形成这样一种域外世界的猜想。

秦始皇与徐福第一次见面前，恐怕就已经接触到这样的海洋知识，他才会对海外的神山如此坚信。否则，秦始皇不可能同意资助徐福进行航海活动，而这些活动耗资以万计。

在史书中，秦始皇为了追求长生而受徐福蒙骗。不过，秦始皇征服海洋的野心应是真的。他曾移民三万户在琅邪台下，这是关中之外移民人数之最。免除移民徭役十二年，这是最优待遇。他还在这里连续待了三个月，这是秦始皇在咸阳之外居留最久的纪录。而燕、齐的海上方士可以算作是沿海地区开发海洋的知识人群。他们往往表现得十分狡诈，积极追求富贵，这也是海上开拓者应有的气质。

徐福究竟去了哪里，暂无历史的确证。不过，我们可以从相关的记载中了解那个时代的航海能力。秦始皇去世大约一百年后，汉武帝派遣楼船将军杨仆从海路出击朝鲜，楼船兵多达五万。从威海至楼船军登陆地点洌口约180海里，而由朝鲜釜山至日本下关的航程不过120海里左右。如果徐福船队在朝鲜半岛南部港口得到补给，再继续东渡日本，可能性是非常大的。

秦始皇三十七年（前210），秦始皇为了扫除徐福遭遇的海上障碍，亲自出海弑神。这一行为也颇具象征意义。帝王出海，诛杀起风波的恶神，迎接善神。如果神灵可以由帝王选择，那么帝王之威权自然超越神灵，可以统治海洋。

相同的故事也发生在湘江。秦始皇在横渡湘江时遇上了大风，几乎不能渡河，他问博士："湘君何神？"博士对曰："闻之，尧女，舜之妻，而葬此。"秦始皇一听，什么神灵，不过是尧的女儿、舜的妻子，怎么敢阻碍他渡河。于是他派遣三千服役的刑徒，把湘山上的树全砍光，把水神居住的地方变成一个光秃秃的赭红色的土山。

四海之内，莫非王土，天下百姓，任我驱使，这种力量应该要征服一切，自然不能容许信仰爬到皇权的头上。

可以说，秦始皇对海洋的向往之情，是一种占有式的爱恋。为此，秦始皇特地在咸阳的宫苑之中造了一个海洋模型："始皇都长安，引渭水为池，筑为蓬、瀛，刻石为鲸，长二百丈。"而且，秦始皇陵地宫的设计据说"以水银为百川江河大海，机相灌输"。到了现代，学者发现秦始皇陵封土堆的土壤汞含量异常，这一记载极有可能就是事实。

这位恋海的帝王，最后长眠于"大海"之中。

3

徐福东渡的传说，不只是中国的历史，还是整个东亚文化圈的符号。

据日本学者统计：日本自奈良时代（710—794）到1945年之前，记述徐福东渡的资料达157种。许多日本名著比如《源氏物语》《紫式部日记》等都讲述了徐福入海求仙药的故事。

在日本民间，更是广泛流传着徐福的传说。与徐福传说有关的遗迹有一百多处，徐福祠、徐福墓、徐福碑，随处可见。姓羽田的人自认为徐福后裔，相传徐福渡来日本之后，其子孙姓秦（日语中羽田读音与秦相似）。到了现代，还有人根据一本充斥着神话传说的《日本书纪》认定神武天皇就是徐福，得到了一些日本皇室成员的认可。

同样的传说在朝鲜，也流传已久且广。新罗末期文人崔致远曾吟唱道："挂席浮沧海，长风万里通。乘槎思汉使，采药忆秦童。日月无何外，乾坤太极中。蓬莱看咫尺，吾且访仙翁。"

高丽时期，朝鲜文人们认为徐福东渡去了日本，甚至把徐福当成了日本的一个文化象征。文人姜沆（1567—1618）在其《看羊录》中记载："徐福，载童男女入海，至倭纪伊州熊野山止焉。熊野山尚有徐福祠，其子孙今为秦始，世称徐福之后。"

不过，很多朝鲜士人同样认为徐福到过朝鲜，其船队中的一支还漂至济州岛登岸，安家落户，开辟基业。朝鲜李朝时期杰出文学家朴趾源在其名著《热河日记》中写道：

方士所说三神山——蓬莱、方丈、瀛洲在海中。……日本人自认为其国所有，我国亦以金刚山为蓬莱，济州汉拿山为瀛洲，智异山为方丈。以当时之交通情形言之，其海船之漂散，或至日本，或至韩国，自在意中。

言下之意，徐福船队漂散了，有的来了朝鲜，有的去了日本。这样皆大欢喜，大家都不用争了。

很明显，日韩双方都将徐福东渡的故事加以延伸，并将其确认为真实的历史。究其原因，汉文化的东传在两国历史上都是相当关键的事情。自家的历史不够显赫，于是便要借中国的历史来彰显自身，于是经过多代人的层累，徐福东渡最终成为他们历史的一部分。

因此，徐福东渡一事成了东亚文化圈共有的符号。但是，只要中日韩三国的关系有了变动，那么就会有人借这段历史来"托古改制"，要么添加一些，要么删改一些，来迎合现实。

1339年北畠亲房著的《神皇正统记》，作为日本正史第一次提到秦始皇好神仙，派徐福到日本求长生不老药之事。同时，书里提到此事发生在"焚书坑儒"之前，徐福将一些先秦典籍带来了日本，因此孔子全经仅存日本。

宋代，《日本刀歌》也提到了这个故事：

> 传闻其国居大岛，土壤沃饶风俗好。
> 其先徐福诈秦民，采药淹留丱童老。
> 百工五种与之居，至今器玩皆精巧。
> 前朝贡献屡往来，士人往往工词藻。
> 徐福行时书未焚，逸书百篇今尚存。

当时，有许多日本僧人来中国献书，大部分是佛典，但有很多是中土亡佚之书。人们十分震惊，于是对海外藏有中土佚书以及古本全本也充满了期待。同时，高丽应宋朝之请，也贡献了相当多的异本。

江户时代（1603—1868），《日本刀歌》传入日本之后受到重视，作为日本确立自身正统性的一个佐证。既然古书亡于中华却存于日本，那么日本在文化上便有了更多话语权。于是，日本的学者纷纷查找那些古书，甚至还把《四库全书总目提要》拿来当搜索指南。

朝鲜人听说之后，一些使者来到日本，希望能够看到中土古本。这更加刺激日本寻找古书。中国学者也按捺不住心情，到日本搜集海外文献。

《日本刀歌》一事，其实就是一个"礼失求诸野"的问题。在唐朝，中国有各种各样的舶来品，唯独没有汉文典籍，这是因为唐朝无需从弱小的邻国里找寻自己的文化。经过五代的丧乱，宋人有文化建设之需要，便向邻国索要古籍。

作为文化宗主国的中国，敢于承认先王大典有可能存在于"蛮夷"之中，这恰恰证明中国人不担心丢失文化正统之地位。而忙着找寻古典的日本人，也是因为自身的文化迎来新转机，而需要借儒学之正统，来分解儒学。

那时，即便与徐福的时代相隔已远，即便人们的足迹早就跨越了大海，但中国依然是天下秩序的中心。

到了明清，中国的帝王对辽阔的海洋起了防范之心。最终，来自海上的力量以一种无可匹敌之势，终结了古老的秩序。

项羽真的烧了阿房宫吗？

秦朝灭亡那一年，大火烧了咸阳城整整三个月。

纵火者，为西楚霸王项羽。

史载，"项羽引兵西屠咸阳，杀秦降王子婴，烧秦宫室，火三月不灭"。

有谋士劝说项羽，占据关中，可成霸业。但昔日的国仇家恨蒙蔽了项羽的内心，他将繁华的都城破坏殆尽，劫掠宝物、美女东归，还找了个理由说："富贵不归故乡，如衣锦夜行。"当浓烟散尽，大秦帝国已成故梦，而作为帝国最引人注目的工程之一，阿房宫也随着这场大火慢慢没入历史的疑云里。

1

那场大火过去千年，唐朝诗人杜牧用一篇《阿房宫赋》，将人们带入宏伟瑰丽的想象之中。

在这篇传世名赋中，杜牧开篇写道，秦始皇一统天下后，命人将蜀地的树木砍得光秃秃，木材全部运往咸阳，用来建阿房宫（"六王毕，四海一；蜀山兀，阿房出"）。

在杜牧笔下，阿房宫占地三百多里，华丽精巧的宫殿遮天蔽日，五步一楼、十步一阁，分布在河流、湖泊之间，每一间屋子里能变换成四季不同的气温。穷奢极欲的秦始皇把六国的财宝、美女运到宫中，"取之尽锱铢，用之如泥沙"。宫里美女如云，她们梳妆的镜子，如繁星闪烁，她们披肩的长发，如乌黑浮云。每一天，渭河的水里尽是美人弃置的脂粉；山腰上袅袅升起的云烟，是宫里焚烧椒兰等名贵香料的香雾……

洋洋洒洒数百字后，杜牧写下阿房宫的悲剧结局："楚人一炬，可怜焦土！"杜牧说，秦朝灭亡后，如此宏丽的建筑，最终逃不过项羽的一把火。最后，杜牧用一句话点明了文章主旨："秦人不暇自哀，而后人哀之；后人哀之而不鉴之，亦使后人而复哀后人也。"

时年23岁的杜牧借古讽今，借用秦朝的历史教训，将批判的锋芒指向当时大兴土木的唐朝统治者，笔落力透纸背，成《阿房宫赋》，从此享誉文坛。这篇文章振聋发聩、千古传诵，是有唐一代的名篇。从此，越来越多的人相信，曾经有一座壮丽无比的阿房宫，后来被项羽焚毁，成为秦朝暴政留给后世的警示。

项羽、大火和阿房宫，这三个关键词被联系在一起，再也难以分开。

但要注意的是，《阿房宫赋》是杜牧基于历史的文学创作，其中有些内容只是出于作者本人的遐想，并没有史料依据。项羽的那把大火，也许并没有烧到阿房宫。

2

秦亡一百多年后，汉代史学家司马迁为编撰《史记》，四处走访历史古迹。可以想见，常年在长安为官的司马迁，可能亲眼见过位于渭水之南的阿房宫遗址。

在《史记》中，司马迁为后世留下了关于阿房宫的早期文字资料。

史书记载，阿房宫始建于秦始皇三十五年（前212）。秦始皇晚年时，咸阳生齿日繁，他认为先人建造的咸阳宫和都城庞大的人口相比，显得太过狭小，于是效仿西周都于丰镐的故事，从修建秦始皇陵的70余万民工、刑徒中调集人力，在渭水南岸的上林苑修建一座新的"朝宫"（即帝王的宫殿）。这就是阿房宫的由来。此时，距离秦朝灭亡只有5年时间。

《史记》描写了阿房宫前殿、阁道和门阙的建筑格局："先作前殿阿房，东西五百步，南北五十丈，上可以坐万人，下可以建五丈旗。周驰为阁道，自殿下直抵南山。表南山之巅以为阙。"

前殿是皇帝处理重大朝政事务的地方，是整座阿房宫的中枢，如果用明清时期的故宫做比喻，大概相当于太和殿。不过，司马迁在《史记》中只写了阿房宫前殿的规模，他没有像后来的杜牧一样，有声有色地描绘其他的华丽宫殿以及宫中的奢靡生活。

这留下了一个疑问，要知道，司马迁不仅是一位史学家，也是一位文学家，他写《史记》的时候，距离阿房宫修建只有百年时间，能够掌握的资料比杜牧多，完全可以有更多对阿房宫内部景色的描写，这样的写法也有助于谴责前朝劳民伤财的失政之举，但他没有这么做。

此外，查阅《史记》时会发现，司马迁没有写项羽对阿房宫的破坏。

对于项羽焚咸阳的行为，《秦始皇本纪》的记载为，"遂屠咸阳，烧其宫室，虏其子女，收其珍宝货财，诸侯共分之"；《项羽本纪》的说法是，"项羽引兵西屠咸阳，杀秦降王子婴，烧秦宫室，火三月不灭"。

作为推翻秦朝皇权的标志，项羽处死了此前投降的末代秦王子婴，又烧毁了代表秦帝国政治中心的"宫室"。这两处记载都对阿房宫只字未提，这里的"宫室"，主要是指咸阳宫。

咸阳宫建于渭水之北、泾水之南，为战国时秦国迁都咸阳后所建，后为秦朝皇帝执政之所在，秦朝统一后颁布的很多重要诏令都出自咸阳宫。秦朝还没来得及将宫廷搬进阿房宫就退出历史舞台，所以，直到秦亡，咸阳宫一直是秦朝的大朝正宫。

考古发现，在今西安市西的咸阳宫遗址，除了有明显火烧痕迹的红烧土、木炭灰和炼渣等外，还有大量的建筑物残骸。由此基本上可以确定，这座见证了荆轲刺秦、秦灭六国等重大历史事件的宫殿曾经毁于战火，而这把火极有可能是项羽的军队所放。咸阳宫真被烧过，但阿房宫的命运则更加扑朔迷离。

3

位于今西安市未央区的阿房宫遗址，早在 1961 年就被列入第一批全国重点文物保护单位。

历经两千年的沧桑岁月后，这里只剩下一片看似不起眼的黄土台地，秦始皇下令修建的阿房宫，就深埋在这片黄土地下面。自那时起，对阿房宫遗址进行考古发掘的呼声居高不下，考古学界也想揭开尘封多年的历史之谜——这座梦幻般的宫殿为何突然消失？项羽到底有没有烧毁阿房宫？

2002年，由李毓芳教授领衔的团队开始对阿房宫进行全面的考古勘探。在此之前，李毓芳已经干了几十年的考古工作，大部分时间从事宫殿遗址发掘。经验告诉她，秦人的宫殿都是建于一个人工夯筑的台基上，考古专家通过钻探、发掘，可以了解宫殿的布局和结构。

在阿房宫遗址，李毓芳及其团队发现了一个东西长1270米、南北宽426米的夯土地基。据测量，这个土台比秦代的地面高12米，由此估算，光是打造这个地基，就要用去650万立方米左右的泥土，这在两千多年前，无疑是一个浩大的工程。

这个土台位于阿房宫的核心区域。根据司马迁所写的"先作前殿阿房"和史书中对阿房宫前殿规模的描写，学者们推断，这就是阿房宫前殿的遗址所在。掌握关键线索后，李毓芳团队对这一处遗址的发掘进行纵深推进，从中找寻宫殿建筑的踪迹。

在此后两年的考古工作中，李毓芳发现了两个吊诡的现象：一是迟迟没有找到宫殿建筑曾经存在的证据；二是阿房宫遗址上没有任何被火烧过的物证。这与传统观点中项羽烧阿房宫的说法相悖。

有一天，考古工作者终于在遗址北边发掘出大量秦代的瓦片堆积。在其中的一个瓦片上，李毓芳辨认出"大匠乙"三个字，这表明这片瓦是一名叫乙的秦朝工匠烧制的。考古团队大感欣喜，以为阿房宫的宫殿建筑残骸即将出土。

然而，在此后的漫长发掘中，除了瓦片外，考古团队再难以找到足够的建筑物残骸，来证明这里曾经存在过宫殿建筑。在夯土台边缘的侧壁上，也没有找到秦代宫殿常用的"收分"结构（一种增强建筑物稳定度的加固方式）。

此时，李毓芳意识到，作为地基的台地上可能有一种特殊的结构。通过细致发掘，考古专家发现，夯筑地基上存在一个自南向北逐渐向上的坡状结构，这在修建宫殿时可用于运输黄土，但是假如宫殿已经建成，这条坡道就没有继续存在的理由，应该早就被推平了。

这条本来不该出现的坡道以及宫殿残骸的"凭空消失"，让考古专家提出了一个大胆推测，打破了两千年来的固有印象。考古研究表明，阿房宫可能连前殿都没有修筑完成。故此，阿房宫不是被项羽焚毁，更不是从人间蒸发，而是根本不曾建成。这座传奇建筑，其实是个"烂尾楼"。

4

翻开史籍会发现，书中字里行间已从侧面证明阿房宫未建成，与如今的考古资料互为印证。

比如，《史记·秦始皇本纪》如此写道："阿房宫未成；成，欲更择令名，名之。"

《汉书·五行志》说："复起阿房，未成而亡。"

按照这两处文献的说法，直到秦亡，阿房宫都没能建成，甚至连这个名称也只是个代号，类似于"渭河南某某工程项目"。

关于阿房宫名称的由来，有多种说法。有学者认为，"阿房"可读作"阿傍"，为秦汉时长安方言，是"那边"的意思，俗话就是"那边的宫殿"；也有一种说法，"阿房"指地名，出自《三辅黄图》中"作宫阿基旁，故天下谓之阿房宫"一句，意思是，这座朝宫是在阿城的基址上修建的，所以叫"阿房宫"。

假如阿房宫建成了，秦朝会按照秦始皇的旨意，为其重新取一个好听的正式名称，而不是继续采用这个俗气的临时称号。

我们也可以结合当时的历史背景来看。

秦始皇三十五年（前212），嬴政认为咸阳城太过局促，下诏修建阿房宫。短短两年后，秦始皇在最后一次东巡途中病逝。皇帝一死，当务之急便是为他举行葬礼。于是，与阿房宫同时期进行的秦始皇陵成为头号工程，阿房宫的修建工作暂停，原本调集的劳力全部去给秦始皇陵修封土。

到了秦二世元年（前209），胡亥见老爹下葬了，秦始皇陵抢修成功，遂下旨"复作阿房宫"。然而，同一年，陈胜、吴广在大泽乡揭竿而起，掀起了声势浩大的起义浪潮。是年秋,陈胜的部将周章攻入关中,到达距离咸阳百余里的戏亭(今陕西省临潼区东)。

这时候,咸阳最紧要的任务变成了平叛。眼看秦二世胡亥慌了,少府章邯向他进言道,贼寇人多势众,现在调集其他郡县的兵马也来不及了,骊山修陵的刑徒众多,恳请陛下释放他们,让他们拿起武器来作战。

秦二世一听,估计激动得直拍大腿,赶紧把在骊山服役修陵的人全部交给章邯统领,前去征讨周章。这支军队成为秦末的一支重要军事力量,随章邯转战各地,后来被项羽消灭。

前面说到,修建阿房宫的劳动力是从修秦始皇陵的70万人中分出来的。故可以推测,由于人力匮乏、战火纷飞,阿房宫的工程不得不再次陷入停滞,其前前后后的建设时间仅有3年左右。在缺少现代化机械辅助、完全依靠人力的古代,留给阿房宫工程的时间实在太短了。

之后,秦朝在农民起义、六国贵族的怒火中走向覆灭,这个庞大的工程也成为历史。两千多年的风雨拂过大地,剥蚀了黄土地上的无数遗迹,也掩埋了阿房宫的真相。人们相信,曾有这么一座皇宫,它所象征的奢侈、腐败、不恤民力,是导致秦朝灭亡的罪魁祸首。

但从古至今,有不少人质疑过"项羽烧阿房宫"一事。宋代有位文学家叫程大昌,在他所著的《雍录》中,指出杜牧《阿房宫赋》中存在讹误:"今用秦事参考,则其所赋,可疑者多。……阿房终始皇之世未尝讫役,工徒之多,至数万人,二世取之,以供骊山,未几周章军至戏,则又取此役徒以充战士,则是歌台舞榭,元未落成,宫人未尝得居也,安得有脂水可弃,而涨渭以腻也。"

程大昌这一说,既有从历史文献中寻得的依据,也跟现在的考古结果不谋而合。可惜的是,鲜有人注意到这样理性的观点,"项羽烧阿房宫"之说犹如思想钢印,已经深入人心。

这也体现了"阿房宫"作为文学意象的重要价值。历代文人如此浓墨重彩地描绘阿房宫的风光,书写它的毁灭,还让项羽背了这个黑锅,不外乎是为了讽谏。来自不同时代的富有理想的知识分子,都会对统治者滥用民力、物力的做法感到痛心，他们无法当面规劝，只好从历史中找寻教训。

这座想象中的宫殿，化作批判的标靶，诉说着一个王朝的速亡，无论它是否建成，是否遭受焚毁，都为后世敲响了警钟。这一点，亘古不变。

秦桧是金国间谍吗？

40岁以前，秦桧被公认为"爱国英雄"。

那时，在宋末的洪流中，他充当太学生的领袖，反对宋廷割地赔款，抗金态度坚决。要不是因为靖康之变，或许终其一生，他都不会口碑扑街。

然而，随着金兵南掠，徽、钦二帝被迫奉表北上，前半生极度忠于赵宋皇室的秦桧也沦为金人的俘虏。或许是在金人的威逼利诱下未能守住底线，秦桧自此开始见风使舵，对征服者摇尾乞怜。

在北上四年后，建炎四年（1130）秋，秦桧突然携家带口坐着一叶扁舟自海路南归。

彼时，宋钦宗之九弟、康王赵构已在南京（今河南省商丘市）登基。宋高宗赵构的即位，让金兵南掠的势头更加猖獗。为了铲除宋室残余势力，金兀术率金兵"搜山检海抓赵构"。后幸得岳飞、韩世忠等抗金将领死战不退，宋高宗才转危为安，逗留越州（今浙江省绍兴市）。

秦桧的突然"回归"，让惶惶不可终日的宋高宗倍感欣慰。他将秦桧视作赵宋王朝的苏武，赞许他"忠朴过人"。而秦桧也对宋高宗表示出极度热忱，回朝后就首倡"议和"，提出"如欲天下无事，须是南自南，北自北"的口号，引发一时朝堂热议。

可对于秦桧这样一名"脱北者"，南宋文武群臣始终不信任。

毕竟，除了"南北分治"这种分裂王朝的思想外，自靖康之难以来，被虏北上的前宋官员及皇室成员数不胜数，其他人要么杳无音信，要么就如张叔夜、何槃等自戕而亡，秦桧究竟是如何能独善其身、拖家带口、毫发无损地南渡效宋？

于是，自打秦桧主理南宋朝政起，一种"秦相公为细作"的说法就流传开来了。

1

要判断秦桧是否"变节"，最直接的方法就是看他到底是怎样回到南宋的。

据宋初史学家李心传的《建炎以来系年要录》引述秦桧《北征纪实》称，秦桧一行是从楚州（今江苏省淮安市）逃难回来的。追随二帝北上后，秦桧即被金太宗赐给了自己的堂弟挞懒，挞懒见他文笔尤佳，这才先充"任用"，留其家眷在燕山府（今北京）。此后，挞懒的军队转战淮东战场，秦桧也被迫随军来到了楚州，目睹金兵对宋人开战。

秦桧称，自己内心尤为挣扎，所以在挞懒驻军楚州时，他便顿生心意，想要脱北南归。考虑到随自己被俘入金的有妻子王氏、小奴砚童、小婢兴儿、御史卫司翁顺及燕人高益泰等，他遂"厚贿"金人头目，使其家眷得以混入金兵之中，等待他发动楚州出逃计划。

不过，挞懒的部队一向戒备森严，他们原本打算骑马出逃，但发现周围都是埋伏，才考虑走水路。为此，秦桧称，他尚在楚州时就意识到这一细节。他曾寻访"能操舟行船之人"，准备随时夺船而走。

后来，某个深夜，金兵防备松懈，秦桧果断联系船家，携家眷登船，当夜就行舟六十里，抵达长江边的丁家寨。当时，丁家寨有位丁将军，远近闻名。但很不凑巧，秦桧一家抵达丁家寨时，丁将军正好染病在床。直到第三日，精神有了些许好转的丁将军，才派副将刘靖等人以酒招待秦桧一行。然而，刘靖没安好心，在招待席间就想谋财害命，幸得秦桧警醒，面斥刘靖，并迅速离开丁家寨。这样，一行人才得以平安赶赴行在临安。

秦桧的自述，乍看之下似乎毫无漏洞，但细品便能发现，他所说的，恐怕自己都圆不回来。于是，李心传引述完秦桧的自辩后，对秦桧顺利南归提出了三点无法反驳的质疑：

其一，自中京至燕千里，自燕至楚州二千五百里，岂无防禁之人，而逾河越海并无讥察？

其二，（秦）桧自谓随军至楚，定计于食顷之间，向使金人初无归桧之意，第令随军，则质其家属必矣，胡为使王氏偕行？

其三，（秦）桧自叙乃云，刘靖欲杀己以图其**囊橐**，既有**囊橐**，岂是奔舟？

从秦桧自称的燕山府到楚州，即使是交通便利的今天，开车走高速也得行进800多公里。古代行军条件简陋，除了遇水坐船外，大部分路程都是靠双脚丈量，秦氏一族有男有女，且大多养尊处优，即便充作金兵的他们突然战斗力爆表，且能分配到一人一马作战，面对两军混战的状况，要想毫发无损地活下来，绝非易事。

而且，从楚州南归临安，先不论一艘小船能否坐下这么多人，秦桧逃回南宋之事，按其所述是秘密行动，而两地有千里之遥，途中不免要跋山涉水，一群人在两军交战前线穿梭前行，到底是如何躲过金军的严密封锁的？

另外，秦桧自述，丁家寨的副将刘靖见财起意，欲谋财害命，倘若秦桧真有心回归宋朝，在紧急逃命的状态下，还有心思仔细收拾细软？

种种疑点说明，秦桧的南归自述，要么是他的夸张之词，要么是他隐瞒了一些不堪的过去，意在洗白自己。

2

李心传针对秦桧提出的质疑，其实也是南宋朝堂的普遍质疑。南宋初年的大臣向子諲、翟汝文、常同、朱胜非等就曾认为秦桧有"变节"的嫌疑，甚至连宋高宗一开始都不信任秦桧。据《宋史》记载，秦桧死后，宋高宗曾高兴地对身边的宿卫大将杨存中说："朕今日始免靴中置刀矣！"

可是，秦桧在北宋时期有过"力主抗金"的过往，回归南宋以后，宰相范宗尹、同知枢密院事李回等人仍坚持认为，秦桧乃宋室良臣，宜荐予宋高宗特擢任用。

对此，时为直秘阁的向子諲力阻秦桧晋升："与（秦）桧同时被执军前鲜有生者，独桧数年之后，尽室航海以归，非大奸能如是乎？"而时任御史中丞的常同在得知朝廷要大用秦桧时，也发出警告："（秦）桧自金归，受其大帅所传密谕，阴为金地，愿陛下察其奸！"

后来，秦桧为相，打算收买人心，引荐翰林学士翟汝文为参知政事，结果却被对方指着鼻子臭骂作汉奸、金人间谍，搞得秦桧一时下不来台。

可惜的是，向子忞、翟汝文等人的指控并未提供真凭实据。唯有朱胜非在其著作《秀水闲居录》中记录了秦桧南归宋朝的全过程："秦桧自京城随金北去，已被金人达兰（挞懒）郎君任用。金骑渡江，与之俱来，回至楚州，金遣舟送归。（秦）桧，王仲山婿也，别业在济南，金为取千缗赆其行。桧之初归，自言杀金人之监己者，夺舟来归，然全家同舟，婢仆亦无故，人皆知其非逃归也。"

作为宋高宗的"从龙文臣"，在秦桧南归以前，朱胜非曾协助岳飞等人从平苗、刘之变，力保宋高宗称帝。对于秦桧突然拖家带口从北方潜回，他第一反应就是，此人来路不正，极有可能背负着某个特殊任务。

按照朱胜非的叙述，秦桧此番得以回归宋朝，少不了金人的鼎力相助。

秦桧是宋朝叛臣王仲山的女婿。此前，王仲山与其弟王仲嶷曾分别出任江西抚州、袁州（今江西省宜春市）知州。南宋初年，金军南下攻打江西、搜捕赵构时，王氏兄弟几乎未作任何抵抗，便"以城降拜"，投靠金人，卖主求荣。由于王仲山是北宋山东籍宰相王珪之子，南宋著名女词人李清照的舅父，因此，王氏一族在济南颇具声望，多有置业。这回秦桧能够"逃归"，靠的就是变卖其老丈人的私产，获钱千缗，以资路费。换而言之，秦桧自言"夺舟来归"，实际上应是他与金人通力合作后，金人给他预设的一种逃归假象，目的就是为了欺骗南方这一大帮宋朝遗臣。

不过朱胜非所言，同样存在漏洞。

正如他所说，金人曾为秦桧"取千缗赆其行"。我们知道，北宋时期出现了中国最早的纸币——交子，但金人并不用交子，所以他们能给到秦桧的，只能是实打实的铜钱硬币。宋史学者王曾瑜先生考据，宋朝铜钱的标准重量是每贯（缗）五宋斤。依一宋斤约为六百克计，约折合三千克。铁钱"小钱每十贯，重六十五斤，折大钱一贯，重十二斤，街市买卖，至三、五贯文，即难以携持"。也就是说，朱胜非《秀水闲居录》所言如无夸张想象的成分，秦桧手里的那笔钱，别说三五个人扛着走不动，就是真如秦桧所言，让丁家寨副将刘靖带着一队人马来劫财，也不一定能全数劫走。

3

问题来了，朱胜非是如何获知秦桧南归的具体细节的？此中记载，或许也有不少来自其本人的臆测乃至政治攻讦。

绍兴元年（1131）二月，秦桧升任参知政事，位列副相。他得以升迁，全靠宰相范宗尹鼎力相助。范宗尹少年得志，才三十出头就是百官之首。可相较于他的前辈，范宗尹在宋朝宰相群体里的政绩算中等偏下。他是坚定的"主和派"，宋钦宗尚在位时，他就极力避战主和。因此，即使获得宋高宗信任，年纪轻轻身居高位，但他在朝中依旧没能赢得多少政治声望。为此，范宗尹竭力拉秦桧入伙，为自己造势。

然而，自南归以来，秦桧就一直紧盯宰相名位。范宗尹向他抛来"橄榄枝"，他一方面答应做对方的盟友，另一方面已想好如何拆对方的台——"（秦）桧力引一时仁贤，如胡安国、程瑀、张焘之徒，布在台省，士大夫亟称之。"

后来，范宗尹建议宋高宗追夺宋徽宗以来"滥赏"的恩典时，触了霉头。宋高宗以一句"朕不欲归过君父，敛怨士大夫"驳斥了范宗尹的提议，而秦桧也适时地跳出来，检举揭发"盟友"范宗尹尸位素餐，致使后者在一片怒骂声中罢官离场。

秦桧原本以为，范宗尹出缺，论资排辈应该轮到自己补缺相位了。没想到，宋高宗竟破天荒地起用"主战派"大臣吕颐浩为相。

这下，可把秦桧逼急了。他一边声称自己"有两策可耸动天下"，一边调用亲信党羽，为其当选宰相造势。最终，迫于舆论压力，宋高宗答应任命他为右丞相，与吕颐浩分理朝务。可这依旧无法满足秦桧的权欲。为了把吕颐浩排挤出朝，他趁吕颐浩都督江、淮、荆、浙诸军事时，特设"修政局"，大肆参议吕颐浩的施政方针，意图"复制"打压范宗尹的方式，将吕颐浩踢出权力中心。

然而，吕颐浩并非"软柿子"，见秦桧故技重施，不甘示弱的他遂向宋高宗荐举朱胜非为侍读，并督江、淮、荆、浙诸州军事，主动将自己手中的部分相权让渡给朱胜非，使之成为与自己政治意图一致的"反桧"盟友。

在吕颐浩、朱胜非以及殿中侍御史黄龟年的共同弹劾下，秦桧上任右丞相不足半年，便罢相出任闲职。及至数年后秦桧彻底掌权，朱胜非才因反对他而"废居湖州八年"，直至绍兴十四年（1144）去世。

可见，朱胜非与秦桧自始至终都是势同水火的政敌。

另据何忠礼先生考证，朱胜非的《秀水闲居录》除了有言秦桧乃金人"纵归"之奸细外，对于部分与吕颐浩政见不一的官员也有不同程度的诋毁，如针对名相赵鼎。在韩世忠败金兵于黄天荡之际，吕颐浩曾上书恳请宋高宗御驾亲征，给前线将士打气。赵鼎则力劝不可，遂与吕颐浩结下梁子。朱胜非撰写《秀水闲居录》时，就言赵鼎"尝失身于伪楚，初无敢荐者，而（张）浚独荐为言事官，（赵）鼎德之"。事实上，在赵鼎最初的仕途履历中，张浚只推荐赵鼎出任过"司勋郎中"一职。此官隶属于吏部，职掌官吏勋级，与朱胜非所言执掌谏议职能的"言事官"天差地别。

据此推断，朱胜非的《秀水闲居录》很有可能是基于政治立场的记述，而非基于事实书写。反正秦桧的所作所为，本就够得上奸臣的恶名，在此之上给他安个"金人细作"的身份，似乎也无伤大雅。

4

既然没有客观证据证实秦桧乃金人间谍，那么，秦桧就真的只是宋室大奸臣，而非金人间谍吗？

要相信，万物皆留痕，事过必有迹。我们不妨看看金朝的史料有没有留下相关的"痕迹"。

在官方修撰的《金史》中，并未发现相关的蛛丝马迹。不过，今天能够看到的除《金史》外唯一一部金代纪传体通史《大金国志》，却有秦桧受金国派遣、回南宋当间谍的记载：

> 天会八年，诸臣虑宋君臣复仇，思有以止之。鲁王曰："惟遣彼臣先归，使其顺我。"忠烈王曰："惟张孝纯可。"忠献王曰："此事在我心里三年矣，只有一秦桧可用。我喜其人，置之军前，试之以事，外虽拒而中常委曲顺从。桧始终言'南自南，北自北'，因说'许某着手时，只依这规模分别'。今若纵之归国，彼必得志。"

按照金人语境，《大金国志》中提及的天会八年，即南宋建炎四年（1130）。而文中的"鲁王""忠烈王""忠献王"，则指金国宗室挞懒、斡本、兀术。据古籍研究学者崔文印先生考证，《大金国志》的这段记述，实际是引自另一本史料笔记《金国南迁录》。

照这份史料所载，秦桧之所以选择在建炎四年出逃金国返回南宋，完全是金朝上层提前筹谋的结果。当时，金朝十分担心宋朝君臣上下勤力一心，北伐中原，收复失地。为此，挞懒、斡本、兀术三名宗室重臣曾关起门来开了个小型会议，计划派一名间谍返回南宋，扰乱敌方政局。

在会议上，斡本首先提出派伪齐丞相张孝纯回南宋当间谍。但金兀术表示，此计划已在他心中筹谋了3年之久。他认为，秦桧是金朝"活间计划"的不二人选。因为，秦桧为人表里不一，阴险狡诈。另外，秦桧支持"南北分治"，如果将秦桧塞回南宋，并使其身居高位，日后金国必能在兵不血刃的前提下，依靠秦桧为所欲为。

尽管《金国南迁录》言之凿凿，但此书自面世以来，几乎所有的史学家都认为，书中所记，妄言甚多，不可相信。其中，最早证伪此书的，亦是南宋藏书家陈振孙。

陈振孙认为，《金国南迁录》全书的措辞及表达极似宋人笔法，全然没有金人聊天时会经常出现的口语习惯。而且，所谓"忠烈王""忠献王"之述，都是后人给已逝先人的谥号，在汉化程度相对不高的金朝初年，这种表述根本不可能存在。

历史学者邓广铭对陈振孙的观点极表赞同。邓广铭在研究中发现，《金国南迁录》有诸多历史谬误，譬如金世宗在位29年，年号大定，一直未改，而该书开篇就叙说金世宗卒于兴庆四年，金章宗继位后改元天统，天统四年诛杀郑王允蹈等，与正史记录完全不符。

由此可知，即使有《大金国志》《金国南迁录》背书，秦桧是金国奸细一事，还是具有一定争议的。

5

在以"莫须有"的罪名杀害岳飞之前，秦桧所做的最引天下人愤恨之事，当数促成宋高宗与金朝方面达成"绍兴和议"。

根据和议的要求，南宋须立即解除岳飞、韩世忠、张俊等三名中兴名将的兵权。同时，和议签署之日，南宋须对金称臣，每年纳贡银、绢各25万两、匹。作为交换，金朝归还宋徽宗灵柩，并给在押的宋钦宗提高待遇。

就算条件如此苛刻，金国在与南宋签订此和约时仍觉条款加得不够。据《四朝闻见录》记载，绍兴和议原文件的末尾，金国使者还附加了一项条款："不许以无罪去首相！"

当时，吕颐浩、朱胜非、赵鼎等南宋早期丞相，早就在与秦桧的政斗中落败，或死，或被贬斥出朝。偌大的朝廷，仅剩秦桧一人独揽朝政。金人提出这一附加条款，言外之意就是要让秦桧继续当宰相，从而维护金国的既定利益。金人为何如此热衷于确保秦桧的宰相地位，这就很值得细品了。

即便有绍兴和议的保证，岳飞的死敌金兀术在临终前仍十分担心南宋方面会在不久的将来反攻北方。金兀术在遗嘱中反复叮嘱金熙宗，要谨防宋朝势力增长，"如宋兵势盛敌强，择用兵马破之；若制御所不能，向与国朝计议，择用智臣为辅，遣天水郡公（赵）桓安坐汴京，其礼无有弟与兄争，如尚悖心，可辅天水郡公并力破敌"。

可见，绍兴和议的签订，只是金朝牵制南宋王朝势力增长的一种手段。对于抱议和态度的宋高宗，金朝高层可以说是从未对其施与过信任。金朝的算盘是，一旦无法钳制南宋，便考虑立被俘虏的宋钦宗赵桓，与南宋争正统。

反过来看，金朝高层在未知南宋是否会有更进一步的抗金举动之前，对其当朝宰相秦桧施加绝对的信任与善意，就不得不令人怀疑，这其中定有常人难以窥探的秘密。

正如王曾瑜先生所言，金人如何放秦桧归宋，若能留下翔实的历史记录，反而是怪事。毕竟，在任何一个政权的历史中，若一个间谍的变节详情被事无巨细地记录在案，他的"无间道"行为也必然难以成功。

总之，对于秦桧这等权奸而言，哪怕没有确凿证实其为汉奸的证据，也不妨碍恨不得食其肉、寝其皮的老百姓将其炮烙油炸，以泄私愤。在今天的江浙沪一带，人们仍然习惯将早餐必吃的油条称作"油炸桧"，这已经不仅是一种食物，更是一种历史记忆，一种对奸臣的痛恨以及对正义的坚持。

摩尼教消亡之谜

延载元年（694），一位来自波斯的高僧走进洛阳。此时，正是女皇武则天的天下。

高僧此行的目的只有一个：在这片繁荣强盛的土地上，留下摩尼教的印记。他所虔信的对象，被当时世界另外两个强大的国家——萨珊波斯和罗马帝国，视作"异端"，遭到迫害。唯独天朝的女皇对这位外邦之人礼遇有加，甚至无视佛教徒的敌意，让他留在中土传教。

武则天以女性身份称帝，所历艰辛非同一般。要证明其合法性，不可能求之于儒家，便依仗佛教进行政治宣传。摩尼教或许也能说明武后登基是上天的旨意，因此才讨得武则天的欢心。而且，外邦异教高唱赞歌，不正体现四海咸服，天下归心的意味吗？

这是摩尼教在中国历史上留下的第一笔记录。现存北京图书馆的《摩尼教残经》还保存武后时期特有的文字，这种字在中宗即位之后就废止不用了。可见，这位高僧如愿在中土传法译经。

公元 3 世纪中叶，波斯人摩尼创立摩尼教。这是一个世界性的大宗教，在其创立后的 1000 多年里，曾广泛地流传于亚洲、欧洲和北非洲。

摩尼教进入中国之后，有一个我们更熟悉的名字——明教。在金庸的《倚天屠龙记》中，明教不仅是快意恩仇的江湖帮派，还是朱元璋的创业团队。小说中，张无忌统帅下的明教徒在蝴蝶谷聚会，并在圣火前誓师驱杀鞑子，齐声歌咏"焚我残躯，熊熊圣火"。然而，拜火其实是祆教的习俗。

1941年，历史学家吴晗在《明教与大明帝国》一文中认为明朝的建立和明教有非常大的关系。但他也承认，在西南联大看到的资料非常有限，这个结论经不起太多的推敲。

那么，历史上的明教是什么样子呢？摩尼教进入中国之后又发生了怎样的故事？

1

开元七年（719），吐火罗国王向大唐遣使进贡，特意派来了一位摩尼教大慕阇（即大主教）。

这位君主在介绍大慕阇的时候，殷勤地将他说成是一个知晓天文的学者，以其学识来取悦唐玄宗，而没有提及他在宗教事业上的成就以及他唯一的愿望，就是能在长安建立法堂。这说明，摩尼教虽早在武后时代进入中国，却不怎么受社会上层的欢迎。

除了皇帝的冷眼之外，佛教徒的敌视也是原因之一。他们认为：佛道为正，余者皆邪法，"末尼既是邪见，朝廷便须禁止"。同为外来之宗教，佛教在进入中国之时也颇遭反感。它争不过道教，便只好努力不被其他宗教超过。攻守易位，排斥异己是合乎情理的事。

开元十九年（731），唐玄宗突然想要弄清摩尼教的真面目，令在京的摩尼高僧译经。

摩尼教之教义，可用"二宗三际"概括。"二宗"为光明和黑暗，即善与恶；"三际"为初际、中际和后际，即过去、现在和未来。

过去存在着光明王国和黑暗王国，光明王国十分美好，黑暗王国尽是丑恶，两者断然分开，互不干扰。后来由于黑暗侵入光明，引起光明和黑暗的大战，遂进入现在。世界的末日终将到来，那时地球将毁灭，光明和黑暗又将截然分开。摩尼教的创立，正是为了人类能够摆脱黑暗的纠缠，回归光明王国。因其崇尚光明，后来人们便称其为"明教"。

摩尼高僧为了接地气，给"摩尼"安上了"光佛"的名头，还把邪恶称为

"魔"。结果，唐玄宗并不买账，于第二年下诏："末摩尼法，本是邪见，妄称佛法，诳惑黎元，宜严加禁断。以其西胡等既是乡法，当身自行，不须科罪者。"他很可能是听了佛教徒的挑唆，才下这道敕令。

在世界宗教之大熔炉——长安城，"光明"不能再合法传播了。

宝应元年（762），唐代宗邀请回纥的牟羽可汗出兵平史朝义。牟羽可汗亲率骁骑，与唐军合力并进，克复洛阳。在洛阳城，牟羽可汗见到了四位摩尼教高僧，将其带回国。回国之后，牟羽公开向人民忏悔，放弃过往的罪恶，皈依摩尼教。万人齐聚，欢天喜地，在大火中焚烧了过去信仰的偶像。

当时，回纥助唐平安史之乱，功劳甚大，动辄以"有恩"为说辞，在中国横行霸道。摩尼教借回纥之势，获得了在中国布教的最好时机。大历三年（768），唐廷为摩尼教建寺，赐匾额为"大云光明"。大历六年（771），回纥使者（多为摩尼教徒）请求在荆、扬、洪、越等州，也就是长江中下游地区置大云光明寺。元和二年（807），回纥使者请求在河南府、太原府置摩尼寺三所。

在古代中国这种皇权、神权、知识权力高度统一的国家，想要立足，必须得迎合知识精英。佛教就是这样做的。摩尼教却"所托非人"。回纥对唐朝予取予求、为患甚烈，经常和回纥打交道的摩尼教徒自然备受敌视。回纥一旦势弱，摩尼教必然受到牵连。

唐武宗时，回纥被黠戛斯所破，唐廷改变了对摩尼教的优容态度。当时，回纥的乌介可汗带着太和公主来到天德城，要求唐朝将天德城借给公主居住。唐武宗询问李德裕的意见，李德裕说只给粮草，不许借城。

生死存亡之际，乌介可汗还提了一个要求：安存摩尼教徒。李德裕为唐武宗写了一封答可汗书，内容写得十分客气，大意是：摩尼教在天宝以前是被禁止的。之后，回纥帮助大唐，才让其传教。回纥破亡之后，官员懈怠，摩尼教在异乡，无依无靠，受到刁难。朕念及高僧远道而来，想要他们安宁，便只好让他们在两都和太原传教，江淮诸寺庙，暂时关停。等到回纥本土安宁，再行开放。

回纥几近灭国，重开摩尼寺其实是一张空头支票。

会昌三年（843），在晋陕一带烧杀抢掠的乌介可汗被击败，太和公主回到了长安。这时候，回纥已经不足为惧，唐朝开始全面禁止摩尼教，没收财物，管制僧侣。

摩尼教之禁，还有一个更大的原因：唐武宗要杀鸡儆猴。一个没有社会上层支持的"邪教"，很难满足这位皇帝的胃口，他的最终目标是佛教。会昌年间，唐武宗下令让所有摩尼教众剃发、穿上袈裟、扮作沙门模样，再屠杀之。这显然是为了反佛而造声势。

至此，摩尼教一蹶不振。为了保留"光明"的火种，他们只能远离中原政治圈，在隐蔽之处继续传教。

2

在对摩尼教的打击中，有一位呼禄法师死里逃生。漠北之地已经不再是摩尼教的庇护所；西域路途艰险；荆、扬、洪、越诸州已张开法网，也不能去。于是，他来到了福建滨海地区。摩尼教再生了。

北宋至道年间，怀安（属福州）士人李廷裕来到汴京。这座大都市吸引人的地方，除了功名，还有数不清的卜肆。相国寺的市场最为繁华，四方商旅，汇聚于此，奇珍异宝无所不有。前门有珍禽异兽、弓剑、果脯之类；靠近佛殿，则卖笔墨以及一些寺姑的刺绣；殿后有书籍图画；后廊就是算命占卜的卜肆。

这里的术士断人生福祸，颇为灵验，受到士人喜爱。甚至有人打广告说："士大夫穷达在我可否之间。"李廷裕很可能是慕名而来，想要占卜前程。游玩途中，他看到了一个异教神像，正是家乡盛行的摩尼教。他花了五万钱买下神像，带回福建，临摹复刻，这个神像便流传闽中。

要知道，摩尼教原本是禁止偶像崇拜的。出现在开封卜肆的神像，足以说明，摩尼教改变了生存策略。也是从宋朝开始，"明教"之称流传开来。

摩尼教有两条路线，要么伪装成道教，要么走向民间。

早在摩尼教进入中国时，道教为了将老子神化，与释迦牟尼抗衡，杜撰了《老子化胡经》，编造老子西入流沙，化为摩尼的神话。摩尼教则反过来利用此经，承认老子是摩尼的化身。宋代是道教繁荣的时代，皇帝们不厌其烦地到民间搜求道家经典，编写《道藏》。明教见此情形，进献摩尼经，把自己伪装成道教的一支。

宋徽宗时，大力赐封神仙人物，甚至包括一些出身低微的神祇，比如福建霞浦的明教徒林瞪。这位明教徒的神绩实在寒酸，嘉祐年间，福州大火，有人看见林瞪身穿白衣，手持铁扇灭火。在道教光环的加持下，他的庙有"洞天福地"的匾额，他也成了"洞天都雷使"。

南宋时，陆游在《老学庵笔记》中记录："闽中有习左道者，谓之明教，亦有明教经甚多，刻版摹印，妄取《道藏》中校定官名衔赘其后。烧必乳香，食必红蕈，故二物皆翔贵。"

有许多士人也参加明教的集会，陆游质问他们："此魔也，奈何与之游？"他们还辩解道："不然。男女无别者为魔，男女不亲授者为明教。明教遇妇人所作食则不食。"

走向上层还需要一定的知识，走向民间只需要"奇迹"。

10世纪中叶徐铉的《稽神录》记载了一个传说。清源（泉州）人杨某为本郡防遏营副将，在西城有一个大房子。一天，他离府未归，家人看见一只鹅背着一张纸进入房子。家人让奴婢将其赶走，却发现鹅变成了一个白发老翁。杨某回来，拿着棍子与此鬼搏斗，结果发现打不中。杨某请来巫者作法，没想到鬼也会作法，而且比巫者厉害。顷刻间，夺去了杨某两位女儿和妻子的性命。后来，有一个明教徒出现，念经诵读，鬼骂骂咧咧地逃走了。然而，杨某在那一年也死去了。

这里的明教似乎没有多少原始摩尼教的意味了，但却非常有生命力，因为它容纳了百姓的情绪。可以说，明教是摩尼教的汉化版。

摩尼教认为现实是罪恶的，富人在黑暗魔王的驱使下压榨穷人。但它并没有激起反抗的精神。它把悲惨的现实视作转瞬即逝的虚幻，世人只需要皈依光明、严守戒律，就能得到拯救。其本质是提倡道德，而道德往往是秩序的一部分，所以历朝历代的统治者并不觉得摩尼教有任何威胁。

然而，当明教走入民间，与百姓越走越近，自然就会引起统治者的警觉。这时，厄运再次降临。

3

宣和二年（1120），某官员上奏："温州等处狂悖之人，自称明教，号为行者。"这伙人建立的斋堂，足足有四十多处。他们蛊惑百姓，往往夜晚集会，白天才散去。宋徽宗下令将斋堂拆毁，严惩为首之人。

就在这伙明教徒被查禁前一个月，方腊在青溪（今浙江省淳安县）造反，自号圣公，一呼百应。官书称这支造反军"吃菜事魔"。"吃菜"就是吃素、禁荤酒；"事魔"就是拜邪魔，不拜佛、不事祖先。当然，百姓不可能认为自己在侍奉魔头，所以这是官府的蔑称。

方腊的起义很快失败，宋廷发现："吃菜事魔"之徒，由来已久，只是官不究、民不举，愈演愈烈。方腊被处死后一天，宋廷颁布了禁止"事魔"的条法，矛头直指明教。这张禁令给人一种感觉：方腊是"吃菜事魔"之徒的首领，"吃菜事魔"又等同于明教，因此方腊就是明教的首领。

然而，"吃菜事魔"就是明教吗？

遍观史料，基本没有把方腊当成是明教首领的记载，大部分都说他以妖术惑众。而且，方腊起义之初，曾召集骨干，聚众宰牛饮酒，显然不符合明教教义。

陆游曾说过："自古盗贼之兴，若止因水旱饥馑，迫于寒饿，啸聚攻劫，则措置有方，便可抚定，必不能大为朝廷之忧。惟是妖幻邪人，平时诓惑良民，结连素定，待时而发，则其为害，未易可测。"言下之意，百姓们不会轻易造反，就怕有人勾起他们的想法。汉之张角，晋之孙恩，今之方腊，都是此类。随后，陆游举了几个例子：两浙的摩尼教，福建的明教，江西的金刚禅，江东的四果，等等。

几乎所有民间宗教都有以下特点：吃素食，穿白衣，不事祖先，夜晚聚会。那为什么明教会被单拎出来呢？大概是因为，方腊起义的两浙之地，也是明教发达的地方。方腊手下刚好有几个吃斋的"魔头"，比如"郑魔王"。偏偏此时，温州的明教徒被官府查禁。如此，官府自然认为"吃菜事魔"之徒都是明教徒。

但是，在官方的条令中，被指为"吃菜事魔"的，可能是明教徒，也可能是其他信徒。

一直到南宋，明教都被禁止，然而民变似乎停不下来，甚至军中也有了吃素之人。绍兴四年（1134），起居舍人王居正上疏称：两浙州县，有"吃菜事魔"之俗。方腊之前，这个习俗还不普及。方腊之后，越禁止，越嚣张。官员平日里不管，一旦民变，就大肆屠杀，"自方腊之平，至今十余年间，不幸而死者，不知几千万人矣"。

调查之后，这位官员算是明白了原因。原来，"吃菜事魔"之徒聚集在一起，相互结盟，一家有事，同党之人便出力相助。不吃肉，就可以省钱；相互帮助，就能共渡难关。世道艰难，本该由官老爷提供的安全、公正和精神慰藉，只能在这里找到，百姓自然便投向宗教了。

然而，即便吃菜修行是为善之举，官府也不允许。信仰之异端只是借口，朝廷真正怕的是宗教的号召力。信徒们聚在一起，动辄以千百数，而且总是夜晚聚会，像是在密谋着什么。对于一个吏治腐败的朝廷来说，这不是在密谋造反又能是在干什么呢？

就在官府将"吃菜事魔"一网打尽时，佛教徒也乘机发难，借权力之手清除异己。南宋志磐《佛祖统纪》云："吃菜事魔，三山犹炽。为首者紫帽宽衫，妇人黑冠白服，称为明教会。"

整个南宋时代，"吃菜事魔"被认为是妨碍社会的最邪恶者。这成了一个口袋罪，几乎所有不利于统治的团队，都可以装进去。如此一来，官员为了升官，佛教徒为纯洁队伍，士人想要净化风俗，均不遗余力地围剿"魔教"。然而魔教到底指的是什么教呢？恐怕没人想要了解。于是乎，许多秘密宗教的黑锅，都赖到了明教头上。

这样看来，明教在错误的时间与方腊起义扯上关系，必然不能被朝廷包容，即便它导人向善，即便它的教义如此符合统治者的意愿。

4

元末农民大起义的时候，宗教异端起了非常大的作用。

白莲教主韩山童倡言"天下大乱，弥勒佛降生，明王出世"，起兵造反，称红巾军。后韩山童被擒，其子韩林儿逃到武安，刘福通拥立韩林儿为帝，号"小明王"，国号为宋。朱元璋原是红巾军的一员，后自立门户，夺取了天下。

朱元璋建立大明，应该和明教没有什么关系，民间信仰主要借力的是白莲教。两者在"吃菜事魔"上是一致的，但教义差了十万八千里。关于"大明"之国号，有人认为出自"明王出世"。也有人认为，大元国号出自《易经·乾卦》"大哉乾元"，大明可能也出自《易经·乾卦》"大明终始"。

讽刺的是，朱元璋称帝之后，立即下诏禁绝民间宗教，并写进了《大明律》。造反起家的人，最懂得如何制止造反。明教犯了国号，同时也是异端，自然被禁。但由于户部尚书郁新、礼部尚书杨隆奏请宽容，便置之不理了。大概是因为，明教在异端里面看起来比较"正统"。

正统十年（1445），福建晋江草庵的寺前大石刻上了十六字偈语："清净光明，大力智慧，无上至真，摩尼光佛。"

这个来自中亚的宗教，最终融进了中国民间的万神殿之中。

第五章 神话与历史

世界上真的有龙吗？

康熙即位的第一年（1662），神龙现世。

七月二十九日，嘉兴的入海口有两条巨龙来袭，赤龙在前，青龙在后，浑身鳞甲冒火，瞬间倾覆房屋百余间，伤一人。两个月不到，又有火龙在夜晚逞凶。

这两次龙的目击事件仅仅宣告了一个开始。

康熙七年（1668）七月，咸宁大雨，有龙盘旋在县署前，等到雨停之后，龙不能乘水而起，搁浅在地，有市民用绳套住龙颈，在街市巡游。十年之后，咸宁的大墓山再次有龙现身，被人发现了龙头和龙角，过了几日，一只浑身亮闪闪的巨龙在白昼飞腾，穿越山岭，带起的水流又是损坏民房无数。

康熙六十年（1721），金坛学宫前有一只龙盘旋，发出阵阵的腥臭味，在人们焚香祷告之后，它才腾空而去。

……

根据《清史稿》的记载，康熙一朝，龙就现身了24次。如果从顺治六年（1649）算到光绪二十一年（1895），短短246年间，就有84次"龙见"。

作为一种没有被证实存在过的生物，龙的身影却出现在华夏大地的各个角落，在几千年的历史变迁之中从来不曾缺席。这是中国文化独有的现象。

对于清朝"龙见"的诸多现象，今人可以给出非常科学的解释，比如龙卷风、洪水、彩虹，等等。但对于古人来说，那是一种真真切切存在的生物。它是引导人上天的乘具、帝王的象征、带来风调雨顺的神兽……

或许，重要的不是龙是什么，而是人们认为龙是什么。

1

《说文解字》云："龙，鳞虫之长，能幽能明，能细能巨，能短能长；春分而登天，秋分而潜渊。"这是古人对龙的定义。

近代以来，关于龙究竟是什么的问题，中国的龙学家也提出了诸多看法，大致可分为两类：一类认为龙是几种动物的组合，很多蜿蜒条状的动物都被拿来当作龙的原型，比如鳄鱼、蜥蜴；另一类认为最初的龙来自自然现象，奇形怪状的云朵、耀眼的闪电，抑或是彩虹。

最有影响力的是闻一多的蛇图腾说：远古时代，一支以蛇为图腾的华夏先民，不断战胜其他部族，合并了其他的图腾，而蛇也逐渐有了马的头、鹿的角、狗的爪、鱼的鳞等特征，这就形成了我们常说的龙。

我们不妨回到历史与神话交杂的上古时代，看看龙最早的样子。

古史里的神话传说并非信史，但其背后是华夏民族走向文明的隐秘路程。比如三皇五帝的传说，神农氏是开创农业之先民的缩影；伏羲教民结网捕鱼猎兽，反映了一个以狩猎采集为生的氏族社会；五帝代表了部落军事联盟的时代。

而这些华夏始祖大多与龙有关系。

《左传》云："太昊（伏羲）氏，以龙纪官，故为龙师而龙名。"伏羲一族不仅以龙命官，而且分支部落也以龙为名，传说中就有飞龙氏、潜龙氏、居龙氏、降龙氏、土龙氏、水龙氏、青龙氏、赤龙氏、白龙氏、黑龙氏及黄龙氏。

《三皇本纪》云："炎帝神农氏，姜姓，母曰女登，有蟜氏女，少典之妃，感神龙而生炎帝。"部族的女性，受到神龙的感触，从而孕育出炎帝。

黄帝"生而能言，龙颜"，"黄帝将亡，则黄龙坠"。黄帝曾经调令应龙（即有翼的龙）一支与蚩尤作战，并杀了蚩尤。

如此种种，不一而足。

在传说中，龙主宰了神州大地。无论是中原的华夏集团，南边的苗蛮集团，还是东边的东夷集团，对龙图腾的崇拜是一致的。

考古遗存中，更是遍布龙的影子。在内蒙古翁牛特旗三星他拉村红山文化遗址中，发现了一件大型玉龙，身躯呈蛇状，呈"C"形，而头部则类似于猪首。山西襄汾陶寺龙山文化墓地出土了一件彩绘陶盘，其上有蟠龙，形如鳝鱼，身躯有鳞。这些形象是对真实动物形状的摹写和排列组合，其中包括鱼、蛇、猪、虎、鳄等等。

这些纹像虽具有"龙形"，但又各不相同，有些学者径直将其称为"龙"，这一做法自然不合适。张光直先生就打趣道："凡与真实动物对不上，又不能用其他神兽（如饕餮、肥遗和夔等）名称来称呼的动物，便是龙了。"

这些形状不一的纹像，都有其专属的文化系统。正如在当时广袤的中华大地，分布着许许多多异质的文化，它们相互激荡、碰撞、融合，最后形成了一个大的传统。在这个过程中，各个部落的图腾交融在一起，使龙的样貌越来越复杂，其形体也越发规范化。

到了商周时期，中国社会进入鼎盛的青铜时代。那些象征着权力的青铜重器上，龙纹频频出现，有蛇形龙，有鳄形龙，虽然种类多样，但是已经开始背离真实动物的体态。李泽厚先生在论及青铜器上的动物纹饰时说："它们完全是变形了的、风格化了的、幻想的、可怖的动物形象。"

随着华夏民族从蒙昧走向文明，从分散走向统一，龙的形象也变得越发艺术化。

春秋时期，史官蔡墨对魏献子讲了一则故事：上古时代，有豢养龙的专业人员。夏朝国君孔甲有雌雄两条龙，却不会喂养，于是找到一个叫刘累的人来养龙。刘累并不能胜任，还把雌龙养死了，于是把死龙煮熟做给孔甲吃。故事里的龙分雌雄、能驯养、可食用，极有可能指的是鳄鱼。

随后，魏献子问，为何今天见不到龙了。蔡墨自然解释不出来，于是云里雾里扯到了阴阳五行，说是"水官废弃"，所以"龙不生得"。

当时，人们对于现实生活出现的龙反应平平，甚至觉得可以吃龙肉，但是龙的形象已经非常模糊了。到了西汉，司马迁在讲述同一事件时说："帝孔甲，淫德好神，神渎，二龙去之。"龙知晓孔甲的失德，于是主动离开了他。

此时的龙，已然是一种具有灵性的生物了。

2

那么，作为一种有灵性的生物，龙的作用是什么呢？

太史公说："天用莫如龙，地用莫如马。"最早，龙算是一个沟通天上、地下和人间的使者。

《山海经》里的龙，是神的交通工具："东方句芒，鸟身人面，乘两龙"，"西方蓐收，左耳有蛇，乘两龙"，"南方祝融，兽面人身，乘两龙"。

《大戴礼记》里记载，黄帝"乘龙扆云"；颛顼"乘龙而至四海"；帝喾"春夏乘龙，秋冬乘马"，这里龙又是帝王的乘具。

这些都说明，龙是一种通灵祥瑞之物，为神王的专属座驾，有着深深的权力烙印。

战国时期，在巫觋文化盛行的楚国，诞生了像屈原这样伟大的诗人，他那支浪漫主义的笔下，勾勒了一幅幅神人乘龙遨游天际的画面，如"乘龙兮辚辚，高驰兮冲天"（《九歌·大司命》），"驾八龙之蜿蜿兮，载云旗之委蛇"（《远游》），"驾飞龙兮北征，邅吾道兮洞庭"（《九歌·湘君》）。

作为通天的使者，龙不可能永远为神灵、圣王服务，上有所好，下必效之。对龙的使用，不可避免地扩散到社会的各个方面。在出土的画像石、画像砖以及帛画中，常常出现墓主人乘龙或者由龙引导升天的场景。1973年，湖南长沙子弹库战国楚墓出土了一幅帛画——人物驭龙图。男子高冠宽服，手持佩剑，驭龙而行。长长的龙身，化作舟船的形状，龙首昂扬，作飞升态。可见，贵族也获得了乘龙的驾照。

在那些阴暗森冷的墓中，龙还有另外一个作用：驱邪除魔。不过，这类的龙主要指的是青龙。《礼记》写道："前朱雀而玄武，左青龙而白虎。"在战国时期，"四神"的概念就已经出现，并且是凶猛的象征。青龙大都位于墓室的内壁、墓道入口的两侧、墓门外两侧等位置上，头朝外，犹如一个威严的卫士。

到了汉代，四神成了镇守一方的神兽。《淮南子》载"东方木也，……其兽苍龙"，"南方火也，……其兽朱雀"，"中央土也，……其兽黄龙"，"西方金也，……其兽白虎"，"北方水也，……其兽玄武"。

作为祥瑞之兽的龙，逐渐和阴阳家的"五德终始说"联系在一起，用来昭示吉凶。

汉文帝时期，有一位鲁人公孙臣给朝廷上书称，汉朝如今是土德旺盛之期，陛下要做的就是改正朔，易服色。当时，丞相张苍认为汉得水德。于是汉文帝下诏把此议交给张苍审鉴，张苍认为并非这样，把这件事扔在了一边。

巧合的事情发生了。三年之后，有"黄龙"显身于天水郡的成纪县。汉文帝听闻之后，下令任公孙臣为博士，让他草拟历法制度，将张苍甩在一旁。没过多久，张苍便称病退出朝堂。

黄龙现身的背后，本质上是一场政治博弈，是汉文帝所代表的皇权与张苍所代表的相权之间的斗争。这说明，龙崇拜已经融入汉代崇尚祥瑞、迷信谶纬的社会氛围，成为汉代政治秩序的一部分。

这种现象也引发了一些知识分子的异议。学者王充直接将龙的神性抹去："在渊水之中，则鱼鳖之类。"既然龙为鱼鳖之类，还有什么必要上天呢？王充还说："天地之性，人为贵，则龙贱矣。贵者不神，贱者反神乎？"

只不过，这种声音太过微弱，无法阻止龙走向神坛。

3

秦始皇统一天下后，帝国时代到来。

龙本身所具有的意义逐渐被帝王独占，成为皇室专用的奴仆。然而，上自官僚、下至百姓从来没有放弃对龙纹的追逐，帝王想将龙垄断，却发现根本办不到。

秦始皇三十六年，一天晚上，使者路过华阴，忽然有人拿着一块玉璧把他拦了下来并且说："帮我把这块玉璧送给滈池君（水神）。"后来又说了一句，"今年祖龙死"。使者非常奇怪，于是问那人原因，却发现人不见了，只留下了玉璧。使者将这件事告诉了秦始皇，并把玉璧也呈交上去。秦始皇沉默良久，说道："山鬼不过只能知道一年的事。"

退朝之后，秦始皇又自我辩解道："祖龙者，人之先也。"言下之意祖龙并非指秦始皇。可是，当他将玉璧交给御府查看的时候，却发现这正是他二十八年渡江所沉的玉璧。

嬴政自称"始皇"，而人们便以"祖龙"比之，说明时人便已经将帝王和龙联系在一起了。

到了汉代，帝王自觉地利用龙的地位以树立权威，每一代帝王都说是龙的化身。出身低微的刘邦为了获得统治的合法性，编造了一段传奇的经历。刘邦的母亲在湖边休息，梦里遇见了神仙。这时雷电大作，刘邦的父亲前去查看，只见蛟龙伏在刘母身上。不久之后，刘母就怀了刘邦。

后来，薄姬也是"梦苍龙居吾腹"，于是生下了代王，也就是后来的汉文帝。

自西汉以后，皇帝成了"真龙天子"，挟龙威以自重来统治百姓。一切衣着纹样、宫殿装饰、车舆仪仗都是以龙纹为主，以示尊贵。然而，帝王绝没有崇拜龙的意思，而是把其作为役使的工具。

龙，作为一个悲催的打工人，在皇宫之中身兼多职。它出现在龙柱、龙床、龙椅等物件之上，威严地向外瞪去，但其龙头要温顺地接受帝王的抚摸。为了显示皇家气派，它出现在皇帝车队的仪仗中，警示众人回避。不仅如此，它还得干一些扛鼎、抬柱、守门、镇梁的杂活，装饰一下床单、锦被、茶壶、果盘、文房用具等生活用品。

即便如此，帝王丝毫不肯放松对龙纹的管制。

唐宋时期，除了帝王用龙以外，公侯可以穿龙服。为了与臣子有所区别，皇帝就只能在衮服上增添各种金丝银线。然而，皇帝的衮服看起来威风，实则太过累赘，穿戴非常麻烦，可是一旦减少那些华丽的纹饰，就和公侯穿的一样了，最后只能继续增添纹饰。

元代的忽必烈想出了一个办法，干脆禁止百官及民间使用龙纹。不过，民间自有办法对付，上面规定龙为五爪双角，那民间就少一只爪，或者少一个角。大德元年（1297），不花帖木儿奏称："街市卖的缎子似上位穿的御用大龙，则少一个爪儿，四个爪儿的织着卖有。"暗都剌右丞却不以为然地说："胸背龙儿的缎子织呵，不碍事，教织着。"

这似乎成了一个规律：皇帝越禁止，龙纹就越稀有，人们对龙纹的占有欲就越高，就越是要逾制将龙袍加身，龙纹也就越来越泛滥。

明永乐之后，宦官得到皇帝重用，于是得赐蟒服。蟒纹，指的是少一爪的龙纹，其形象几乎与龙没有区别。嘉靖元年（1522），明世宗在登极诏中说："近来冒滥玉带，蟒龙、飞鱼、斗牛服色，皆庶官杂流并各处将领夤缘奏乞，今俱不许。"这说明，宠臣向皇帝讨要蟒服已成为一种时尚。

皇帝的亲近之人穿上了蟒服，文武百官就会想穿；文武百官穿上了蟒服，富商地主就会想穿；富商地主穿上了蟒服，民间也会开始流行。皇帝的禁令犹如一纸废文。

清朝则更为宽松了。皇帝的龙袍最为奢华，其下如皇子、亲王以及一至七品官皆有蟒袍，服制的规格越来越低。这样一来，上上下下都能过一把龙瘾。

4

在古代，龙只要一出现，便与神圣、权力联系在一起。但是，庞大的龙家族之中有一个异类：龙王。

一直以来，龙都是与水密切相关的。《易·系辞》有"云从龙""召云者龙"的说法，龙的飞升与潜伏关乎雨水的丰歉。

《山海经·大荒东经》载："大荒东北隅中有山，名曰凶犁土丘，应龙处南极，杀蚩尤与夸父，不得复上。故下数旱，旱而为应龙之状，乃得大雨。"大意为：应龙杀了蚩尤和夸父，不能回到天界，所以下界多次发生旱灾。每当下界大旱时，人们便模仿应龙的样子祈雨，天上就会降雨。不过，这时的祈雨仪式更像是巫术，龙王也并未出现。

佛教传入中国之后，佛典中的龙王进入中土。他们大多慈悲向善，且拥有一定的财富和地位。《佛说众许摩诃帝经》记载了这么一个故事：一天，世尊离开菩提树，前往母唧鳞那龙王宫，并在宫院一棵树下入禅。不巧正赶上这里七日七夜暴雨不止，母唧鳞那龙王为了保护佛身不受风雨浸湿、不受蚊蝇叮咬，"自身缠绕七匝卯首上覆，如伞盖相，经七昼夜不动不摇"。

于是乎，中国成云致雨的龙，和佛典中的龙王结合在一起，成了一个新兴的神祇。它呼风唤雨，随手一挥便可让百姓风调雨顺；它掌管一方水域，拥有无数财富，都藏在龙王宫中；它龙首人身，非常人性化。宋朝人赵彦卫说："古祭水神曰河伯。自释（释迦牟尼）氏书入，中土有龙王之说，而河伯无闻矣。"

自佛教兴盛以来，凡是濒临江河湖海的地域往往会有供奉龙王的庙宇，各种民俗节日也都有舞龙的节目，就这个意义而言，龙王已然是民间文化的一个标志。

不过，中国的龙王全然没有了高高在上的感觉，既不可怖，也不吉祥，在小说笔记之中常常扮演反派或是滑稽的角色。

比如《西游记》中的东海龙王，就十分懦弱无能。孙悟空前去龙宫索取兵器，龙王不好推辞，将珍贵的兵器如数奉上。孙悟空在龙宫舞枪弄棒，说这个"不趁手"，又说那个"轻！轻！轻"，龙王却只能一直赔笑，一口一个"上仙"，卑微到了极点。等到悟空取得如意金箍棒，"你看他弄神通，丢开解数，打转水晶宫里，唬得老龙王胆战心惊"。

《封神演义》中的龙王更是窝囊至极。哪吒打死了东海龙王敖光的三太子之后，在南天门与其相遇，"敖光扭颈回头看时，认得是哪吒，不觉勃然大怒，况又被他打倒，用脚踏住，挣扎不得，乃大骂"，哪吒根本不把龙王放在眼里，"恨不得就要一圈打死他"，骂他是"老泥鳅""老蠢材"，还将他的朝服扯到一边，用手生抓下四五十片鳞甲，敖光疼痛难忍，只能大叫"饶命"。

有一句话说得特别好：中国不养无用的神。百姓给龙王修庙、年年祭拜，但是旱涝灾害时有发生，很容易让人产生龙王无用的感觉。于是，人们很容易将龙王作为出气筒，发泄自己的不满与怨恨。而龙王也很容易让人联想到昏庸无能的皇帝。他们虽贵为"真龙天子"，却还不是懦弱无能、贪生怕死，把天下搞得一塌糊涂。

人们痛骂龙王，何尝不是在骂高高在上的皇帝？

5

明末清初，大量的传教士进入中国，欧洲人见到了龙——这个不存在于现实的生物。他们在既有的词汇中找到了"dragon"这个单词用来翻译，在西方的神话传说中，"dragon"是一种长着翅膀，身上有鳞，嘴里能喷火的生物，属于魔鬼一类。

不过，传教士们洞悉了中国人，尤其是皇帝，对于龙的态度，基歇尔在《中国图说》中说："皇帝的服装以龙凤和许多贵重的珍珠宝石作为装饰品，这种着装的方式旨在引起他的臣民的敬畏感。"皇帝是至高无上的，龙是帝王的象征，这几乎是所有传教士的共识。

那个时候，中国还是欧洲人心中生产香料、丝绸的富庶之地，他们客观地记录了龙的地位，并未将其丑化成恶魔。东方的审美席卷了欧洲的贵族阶层，龙成为时尚的标志被绣在衣服上，或者刻在瓷器上。

随着两次鸦片战争的到来，清朝的腐败无能为世人所见证，中国的龙也"形象大跌"。1860年，英法联军攻入北京、焚烧圆明园，就在当年，英国幽默杂志《笨拙》刊发了《在中国我们应该做什么》一图，对清朝极尽嘲讽。图中，欧洲勇士身骑骏马，挥舞流星锤，正在征服恶龙。那条恶龙长着辫子、大腹便便，嘴上还有八字胡须，尽显丑态。

龙形象被丑化的背后，是中国人屈辱沉沦的历史。

1888年，清朝将龙旗确定为国旗："应将兵船国旗改为长方式，照旧黄色，中画青色飞龙。"清廷想要重新振作，乘龙而起，然而北洋海军的节节败退给了他们一个响亮的耳光。龙旗也成了战败的符号，龙的地位不断下降，人们对其只有哀怜，甚至痛恨。

这时候，另一只动物登上了历史的舞台——狮子。拿破仑曾经说过，中国是一只睡着了的狮子，一旦被惊醒，世界会为之震撼。这句话家喻户晓，常常用来说明中国之崛起，不过，拿破仑是否真的说过这话却是一桩悬案。

中国最早提出"睡狮"的人应是梁启超，他在《自由书·动物谈》中说：中国"其内有机焉，一拨捩之，则张牙舞爪，以搏以噬，千人之力，未之敌也"。但是因为"睡"得太久，已经锈蚀，如果不快快觉醒，将"长睡不醒"。自此之后，狮子就成了中国的象征，激励人们奋起反抗。

革命家邹容就在《革命军》结尾写道："嗟夫！天清地白，霹雳一声，惊数千年之睡狮而起舞，是在革命，是在独立！"狮子要苏醒，就必须扯落龙旗，赶走"真龙天子"。

当然，龙并没有就此走下神坛。

九一八事变之后，日本步步紧逼，中国的形势到了最危急的时刻。爱国的知识分子纷纷走上了学术救国的道路，这其中就有闻一多。

1938年，南京陷落，武汉告急，由北京大学、清华大学以及南开大学三校组成的长沙临时大学，要迁移到昆明。一共有336名师生走陆路，他们名叫"湘黔滇旅行团"。

作为旅行团中一员，闻一多在长时间的跋涉中感触良多。他致力于找到一种民族主义的文化符号，振奋萎靡的民族精神。路途之中，他与学生一同搜集民歌、神话传说、民俗的素材。他的同事记得，"在湘西的一个苗寨，我们发现路旁一座与汉族相似的土地庙中，有一个人首蛇身的神秘像，闻先生见后，久久在石像面前徘徊，非常兴奋"。

闻一多相信，在神话与历史之中，一定有可以解决"这民族、这病症"的良方。

4年之后，闻一多的文章《从人首蛇身像谈到龙与图腾》问世。他在文中说："龙是我们立国的象征。直到民国成立，随着帝制的消亡，这观念才被放弃。然而说放弃，实地里并未放弃。正如政体是民主代替了君主，从前作为帝王象征的龙，现在变为每个中国人的象征了。"

他希望看到，在龙的旗帜之下，中华民族能够唤醒属于自己的集体记忆，每一个中国人都能够团结起来，抵抗日本的侵略。

这篇文章在当时并没有掀起多大的浪花，闻一多的苦心似乎白费了。历史在几十年后才产生了回响，20世纪80年代，一首《龙的传人》火遍全国，每个人都能哼唱出"黑眼睛黑头发黄皮肤，永永远远是龙的传人"的曲调。

中国龙，已经再度崛起了。

帝王为何热衷封禅泰山?

多年以后,唐太宗李世民回忆自己的人生,准会想起一个遗憾——封禅未遂。

唐贞观年间,朝臣多次提议封禅,但每一次都未能成行。尽管李世民本人以不忍百姓劳费为由表示拒绝,却言行不一,实则是利用帝王权术,暗示群臣继续劝进。

贞观六年(632),群臣再次鼓动封禅,李世民差点儿就要答应下来。但魏徵坚决反对。李世民拉下脸来,当面责问这位头号谏臣。

《资治通鉴》在此处用了六个问答。李世民咄咄逼人地问魏徵:"你不让我封禅,是因为我功不高、德不厚,还是中国未安、四夷未服、年谷未丰、符瑞未至?"

魏徵一一回答,说这些条件都已经具备了。

李世民反问道:"那朕为何不可封禅?"

魏徵从容地说:"陛下虽然具备这六项条件,但自隋末大乱以来,人口尚未恢复、仓廪尚且空虚,假如发动千乘万骑的车驾东巡泰山封禅,一路上难以供给。此外,陛下封禅,万国咸集,必定有夷狄君长来扈从,现在伊、洛以东人烟稀少、草木丛生,这将让夷狄看清大唐的虚弱状况。况且陛下的赏赐不计其数,仍不能满足远方之人的欲望;免除几年徭役,也无法补偿百姓的劳苦。崇尚虚名而遭受实害,陛下有什么好处呢?"

于是,李世民保持自我克制,没有轻易地启动封禅计划。

晚年，李世民终于按捺不住，下诏筹备封禅。贞观二十一年（647）正月，李世民宣布来年前往泰山封禅，到了八月，由于薛延陀新降、终南山修翠微宫以及河北水灾等大事频发，不得不下《停封禅诏》。这是李世民封禅计划的最后一次破产。两年后，一代雄主唐太宗病逝，终其一生，他都未能封禅。

在古代，封禅是很多帝王的终极梦想，除了唐太宗之外，还有多少帝王踏上这趟造梦之旅，等待他们的是成功，还是失败？是荣耀，抑或是争议？

1

封禅，实际上是两种祭祀活动的合称。

唐代张守节为《史记》作注时对"封禅"一词做了解释："此泰山上筑土为坛以祭天，报天之功，故曰'封'。此泰山下小山除地，报地之功，故曰'禅'。"

"封"，就是在高山之上聚土筑坛，作为祭天的场所，表示离天上的神灵更进一步，以便向上天做汇报。

"禅"，原先写作"墠"，意思是预备祭祀时的除地工作，即清理土地上的草木、将地面修整平坦，后来演变为在小山上举行的祭地活动。

古代帝王封禅，一般选在泰山，只有实现一番丰功伟业，他们才有资格上泰山封个土堆，到旁边小山扫个地，证明自己完成天地授予的光荣使命，成就太平盛世。

泰山之所以成为封禅的首选，《白虎通疏证》对此的解释为，泰山是"万物之始，交代之处"。泰山号称"东岳"，在古人看来，泰山是东方最早看到太阳的地方，日出东方，东方是万物相代的地方。泰山的另一个名称"岱宗"，也有象征万物之始的意思，岱者，始也，宗者，长也。

泰山主峰玉皇顶海拔约1545米，在中国的诸多名山中不算特别出类拔萃。但是，泰山得天独厚的地理区位，让其享有了历史悠久的自然崇拜。泰山位于今山东省中部，南侧一片平原，适宜耕作定居，其主峰高耸入云，宛如东天一柱，俯瞰着齐鲁大地的众生。在泰山周边的广阔区域内，东至大海，南至长江，北至燕山，西至河南西陲，都没有一座山峰在海拔上可与之相比。

先秦典籍中记载了一个故事：孔子曾经登上鲁国的东山，在高处眺望，仿佛山下的鲁国变小了；可当他来到泰山，天地之间一览无余，竟然觉得天下也变小了。这就是"登东山而小鲁，登泰山而小天下"的典故。

这是一种比喻，表面上是指泰山的高大，实际上是形容人心胸开阔、胸怀壮志。这也就不难理解，游览过各地山川的唐代诗人杜甫来到泰山后，为何会写下"会当凌绝顶，一览众山小"的名句。

2

先秦时期，泰山是齐鲁一带的"神山"。

《公羊传》记载："山川有能润于百里者，天子秩而祭之。触石而出，肤寸而合，不崇朝而遍雨乎天下者，唯泰山尔。"这是说，泽被四方的山川会受到官方的祭祀，在当时的人看来，泰山正是一座兴云布雨、保佑万民的神圣之山。

因此，封泰山、禅梁父（甫）的观念逐渐在齐鲁一带形成。顾颉刚先生吸收清代梁玉绳等学者的观点，认为泰山封禅之说，"是从齐国鼓吹起来的"，而其产生的原因是，东周以后礼崩乐坏，文化中心逐渐东移至齐鲁一带。

春秋时期，日后深刻影响中国两千多年的儒家学说在鲁国诞生。战国时期，齐国创立了世界上第一所官办高等学府——稷下学宫，各家学者在此云集。在百家争鸣的时代，齐鲁一带的学者有必要创立一种有利的学说，来宣传其中心地位，于是，泰山封禅学说便横空出世。

《管子》和《史记》中，记载了齐桓公与宰相管仲关于封禅的讨论。

春秋时期，齐桓公尊王攘夷，会盟诸侯，成为一代霸主。在会盟的现场，齐桓公宣称："我向南征讨楚国至召陵，眺望熊山；北伐山戎、离枝、孤竹；向西远涉流沙，伐大夏；我出征时，束马悬车登上太行山，直至卑耳山才返回。诸侯没有人敢违抗寡人。寡人召集了多次盟会，九合诸侯，一匡天下。昔日夏、商、周三代承受天命，和我现在有什么区别？我想去泰山祭天，到梁父山祭地。"

梁父山，也称梁甫山，是泰山支脉的一处小山坡，为举行禅礼，即祭地的场所。

史书中，齐国宰相管仲对此的表现是两个字——"固谏"，坚决劝阻。齐桓公遭到管仲的反对后，也是两个字——"不听"，多年来得到管仲辅佐的他，这次竟不愿听从贤相的建议。管仲没办法，只好说，那就等您获得远方的奇珍异宝后，再行封禅。祥瑞，是封禅的必备条件之一，齐桓公只好作罢。

《管子·封禅》提到，当时齐地总结古帝王封禅的传说，认为"古者封泰山、禅梁父者七十二家"，其中，管仲列举了从无怀氏（相传比伏羲氏年代更早的上古君王）到周文王时期的十二位帝王，指出他们"皆受命然后得封禅"，以此来劝谏齐桓公。言外之意是，这些君王都是受命于天来统治天下的，齐桓公只是一方诸侯，其霸业远远没有达到受天命的级别。

《管子》的成书年代存在争议，齐国的七十二家封禅旧录也带有传说性质，未必可信。直到秦统一六国，开创大一统王朝后，才出现第一位在史书中有明确记载的封禅者。

3

《史记·封禅书》开篇写道："自古受命帝王，曷尝不封禅？"

齐桓公的故事说明，帝王上泰山封禅，需要足够的政绩，不够格，就不能封禅，不然只会徒增笑耳，让那些真正干下一番伟业的雄主数落一句，什么档次，和我一样来泰山封禅。

秦汉时期，有两位皇帝奠定了泰山封禅的标准，那就是秦皇、汉武。

公元前221年，秦始皇灭六国，终结春秋以来长期纷争的乱世。

历史告诉我们，打江山不易，守江山更难，秦始皇继承秦国历代国君的事业，实现了全天下，乃至各项制度的统一，却掩盖不了潜藏的政治危机。秦始皇在位时，一直担忧山东（崤山、函谷关以东）六国故地的反抗，他常常说："东南有天子气。"于是亲自东巡，去镇压东方的"天子气"。

公元前219年的泰山封禅，是秦始皇历次东巡中的大手笔。这一年，秦始皇东行至齐鲁，召集儒生、博士七十人，到泰山举行封禅，立石歌颂秦朝的功业。

这次封禅有个小插曲。

起初，儒生们以山上一草一木不可损害为由，提议用蒲草裹车轮，避免车轮过硬，伤害草木，祭祀时要将枯草和农作物茎秆编成的席子铺在地上。秦始皇觉得儒生太过迂腐，不采纳他们的建议，而是命人开辟车道，驱车从泰山的南面登顶，举行"封"礼，随后从泰山的北面下山，到梁父山举行"禅"礼。

秦始皇没有按照齐鲁儒生的建议装饰车轮，也没有采用他们制定的封禅礼，他采取的大多是以前秦人在秦国旧都雍邑祭祀神明时使用的礼仪。登泰山的时候，秦始皇在半山腰遇到了暴风雨，不得不在一棵大树下避雨，事后专门封这棵树为"五大夫"。山脚下的儒生听说这事儿，暗地里嘲笑他，幸好他们的讥讽没被秦始皇知道，不然秦始皇下山后可能要给他们挖个坑。

总之，秦始皇的封禅不仅是要宣扬他实现一统的天命，也是为了宣扬他在六国故地的权威。

这从秦始皇在此次封禅所立的泰山刻石可以看出来。这篇由大臣李斯起草的泰山刻石辞，宣称秦始皇"初并天下，罔不宾服"，于是"亲巡远方黎民，登兹泰山，周览东极"，文中称颂其勤政作风和功业德行，将这些功绩刻在石头上，希望其随着这篇铭文，永久地流传下去。泰山刻石辞是一份严肃的政治文告，旨在宣传天下臣民"罔不宾服"等思想，维护政权的统一。

但秦始皇没有想到，六国反抗的怒潮正在逐渐酝酿。泗水亭长刘邦前往咸阳处理徭役，远远望见秦始皇的车驾时，感叹道："嗟乎，大丈夫当如此也！"当秦始皇的东巡队伍到达南方的会稽时，楚国名将项燕的孙子项羽在远处冷冷地说道："彼可取而代也！"秦始皇去世后一年，一个叫陈胜的农民被征发去戍守渔阳，暴雨阻断了他的去路，一场震动天下的起义一触即发。

秦始皇葬入秦陵时，为他殉葬的兵马俑面向东方，仿佛为即将到来的动乱严阵以待，但秦始皇死后，来自东方的浪潮还是淹没了大秦帝国。

4

秦朝灭亡后，汉朝兴起，经过六十多年休养生息，大汉迎来一位与秦始皇一样热衷于封禅的年轻天子——汉武帝刘彻。

16岁的刘彻初登皇位，封禅大业便已提上日程。当时，汉武帝有意提拔赵绾、王臧等儒生，来扭转黄老之学统治朝堂的局面。于是，有人主张用封禅来为改革宣传造势，赵绾、王臧等为汉武帝起草了巡狩、封禅、改历法、服饰等制度。

但是，汉武帝的奶奶窦太后尚在人世，老人家不喜儒术，尊崇黄老之学。在她的干涉下，赵绾、王臧很快被罢黜下狱，封禅之事也被搁置。尽管窦太后去世后，刘彻终于可以大展拳脚，改变汉初崇尚黄老的意识形态，但泰山封禅一事到他在位的第31年才付诸实施。

在此期间，汉武帝用实打实的功业为封禅做准备。

汉武帝继承了他爷爷汉勒帝、爸爸汉景帝所创"文景之治"的丰厚家底。史载，按照当时的经济状况，"京师之钱累巨万，贯朽而不可校。太仓之粟陈陈相因，充溢露积于外，至腐败不可食"。在开疆拓土的事业上，他任命卫青、霍去病等名将北征匈奴，解除西汉开国以来的最大边患；命张骞凿空西域，开拓丝绸之路；派唐蒙出使夜郎，安抚西南；发兵岭南，灭南越国。

与此同时，大臣们得知汉武帝有封禅之心，不断为其制造舆论。

汉武帝时，泰山属于济北国的封地。皇帝如果去诸侯的属地封禅，难免不合礼数。济北王刘胡听说汉武帝要封禅，赶紧主动上书，将泰山及周边地域献给皇帝，这样一来，泰山就直属于汉武帝管辖。汉武帝乐呵呵地接受，然后划了另一块地方封给济北王。

来自齐地的方士公孙卿，借着汾阴后土神庙出土的一个宝鼎，跟汉武帝讲了上古黄帝封禅的故事。在公孙卿讲述的故事中，当年黄帝也曾得到宝鼎，后来到泰山封禅，得道成仙。据公孙卿介绍，齐地的申公通晓黄帝之学，并且知道宝鼎上有一段文字是，"汉之圣者在高祖之孙且曾孙也。宝鼎出而与神通，封禅"。意思是，汉朝的圣人出现在高祖皇帝的孙辈到曾孙辈中，宝鼎出土就会和神灵相通，可以举行封禅典礼。申公生前留下预言："汉主亦当上封，上封则能仙登天矣。"

公孙卿用很多荒诞不经的神仙传说来蛊惑汉武帝，比如说黄帝当年一边征战,一边修道,有龙下凡,垂下胡须迎接黄帝,黄帝带着后妃和大臣七十多人骑上龙背,飞上天空,百姓在人间仰望黄帝上天,抱着掉落地上的弓和龙须哭泣。汉武帝听完这个故事,为之神往,说:"哎呀!如果我能变成黄帝那样,我会像扔掉鞋子一样,抛弃人世间的妻妾儿女。"

此外,深得汉武帝喜爱的文学家司马相如,临终前留下一篇《封禅文》,歌颂武帝功德、祥兆空前,阐明请求封禅的主张;自称长生不老的方士李少君告诉汉武帝,封禅可以成仙不死。

公元前 110 年,汉武帝正式封禅泰山,为纪念这个时刻,将该年年号改为"元封"。从元封元年到汉武帝去世前两年(前 89),21 年的时间里,汉武帝到泰山举行封禅或祭祀多达 8 次。他是历朝历代与泰山关系最为紧密的帝王之一,也开创了空前的壮举。

汉武帝封禅泰山,固然有刻石勒功、了却心愿的原因,但也要注意到他迷信鬼神之祀、沉迷于求仙的"私心"。钱穆先生认为,汉武帝封禅的"最大动机,实由歆于方士神仙之说而起"。

汉武帝在位时,十分迷信方士,提拔了李少君、公孙卿、少翁等奇人异士,就连生病时也求问"神君"。有一次,汉武帝病情严重,寻医问药多日都不见好转,后来通过巫者向上天询问、祈福,竟然痊愈。汉武帝经过这么一折腾,宣布大赦天下,为神明祭祀,并重赏为他祛除疾病的巫者。司马迁在记载此事时也找不到科学依据,只好说:"其事秘,世莫知也。"

封禅,本来也是一种带有原始宗教色彩的活动,其实早在元狩四年(前 119),霍去病深入漠北歼击匈奴时,就曾在蒙古高原上举行过封禅仪式,"封于狼居胥山,禅姑衍"。但是,封禅没有给霍去病带来好运,他此次班师回朝后过了两年,就不幸英年早逝。

元封元年封禅前夕,汉武帝用"祥瑞"来装饰自己。他先去了中岳嵩山,随从人员称在山上听到有"万岁"的呼声,但问上,上不言,问下,下不语。汉武帝以此为祥瑞,兴致勃勃地东上泰山。

封禅泰山时,汉武帝举行了各种祭祀仪式,如"射牛行事"(亲自射杀牛来祭祀，以示隆重）、"衣上黄而尽用乐"（穿黄色祭服，用音乐伴奏）、"五色土益杂封"（在祭坛上覆盖红、黄、青、白、黑五种颜色的土壤）、"纵远方奇兽蜚禽及白雉诸物"（把从边远地方捕获来的珍稀动物放生），并下令在泰山修筑明堂。

汉武帝不仅像秦始皇一样刻石勒功，还单独与奉车都尉霍嬗（霍去病之子，字子侯）到泰山上献玉牒祭文，祭文的内容秘不示人。当时霍去病已经去世，汉武帝带着他的儿子上泰山，应是表示垂爱，但吊诡的是，霍嬗跟随汉武帝下山后没过多久，在一日之间暴病而亡，死时年龄只有十来岁，所以，没有人知道，汉武帝向上天做了什么祈祷。

至此，封禅已经有些"变味"了。本该是纪念丰功懿德的国家大典，汉武帝却更强调其神秘感，以此来加强君权神授的神圣性。

史书中还有另一个细节，可以说明汉武帝的过度迷信。

对于这样一场空前隆重的典礼，主持者本来应该是擅长礼制的儒生，但儒生和方士关于封禅的事宜各执己见，独尊儒术的汉武帝没有采纳儒士的方案，而是任命方士来导演此次活动，比如汉武帝从长安出发东行时，方士公孙卿持着符节，到途经的名山恭候"神仙"。

作为儒生的代表，太史令司马谈为封禅大典筹备多年，却没有参加元封元年的封禅。所谓太史令，并非单纯的史官，还有天官的职责，要负责记录天气、星象的变化规律，为皇帝的各种外出活动占卜吉凶。司马谈曾参与汉武帝时期的多次祭祀活动，可举行封禅时，整个活动却由方士一手操办，少了太史令的身影。

史书记载，汉武帝到泰山封禅时，司马谈"留滞周南，不得与从事，发愤且卒"。传统观点认为，司马谈因为年老得病，没能陪同前往，感到遗憾，在洛阳养病期间积郁而死。

从另一方面来看，汉武帝虽然举办了这场万众期盼的国家盛典，却用方士来主持这次活动。司马谈作为世代相传的史官出身，不能履行自己的职责，可能也会感到有辱先祖，备受打击，"发愤且卒"。司马谈之子司马迁在《史记·封禅书》中讲述汉武帝封禅，用了很多篇幅写方士欺诈伪饰的神鬼之事，也许有暗讽的意思。

5

秦始皇与汉武帝使封禅受命有了具体的标准，前者一统华夏，开创帝制，后者开疆拓土，内修法度。后世帝王以此为标杆，便可判断自己是否达到这些成就，决定是否封禅。

汉武帝去世一百多年后，没落宗室出身的刘秀称帝，建立东汉，再续大汉国祚。于是，汉光武帝刘秀得到众臣拥戴，前往泰山封禅，"告成功于天"。

刘秀的封禅同样充满戏剧性。

建武三十年（54），经历西汉、新莽、更始、东汉四朝的大臣张纯上书，提议封禅，说陛下接受中兴之命，平定海内之乱，恢复祖宗基业，百姓都感激您的恩德，应该封于岱宗，禅于梁父，上报天神，下祀地祇。张纯的封禅主张，强调刘秀维持汉朝统治的正统观念。但没想到，汉光武帝刘秀拒绝了张纯的建议，说："我即位三十年，百姓仍然没过上好日子，我难道要欺骗上天吗？"由此可看出刘秀自谦的品格。

不过，两年后，随着刘秀日渐年迈体衰，封禅再度提上日程。

这一次，群臣用刘秀迷信的谶纬学说来做宣传，上奏道："《河》《洛》谶书，赤汉九世，当巡封泰山……以和灵瑞，以为兆民。"谶纬是一种预言，大都是好事者编造出来制造舆论的工具。迷信谶纬的刘秀翻开《河图·会昌符》一看，上面果然写着："赤刘之九，会命岱宗。"赤刘之九，说的是汉高祖的九世孙，也就是刘秀本人。

这年正月，汉光武帝车驾从洛阳出发，先到曲阜祭祀孔子，随后率王公大臣、文官武将到泰山举行封禅大典。值得一提的是，刘秀封禅泰山的刻石中，收录了多条他起兵以来出现的谶纬文，如"刘秀发兵捕不道，四夷云集龙斗野，四七之际火为主"等。总之，刘秀的封禅，有加强其正统地位、稳固东汉王朝统治的作用。

到了唐代，开创贞观之治的唐太宗李世民一直未能如愿封禅，抱憾而终，但其子唐高宗李治实现了父亲生前的愿望。

麟德二年（665），唐高宗李治从东都洛阳出发，赴泰山封禅。

唐高宗李治在位时，继承贞观遗风，开创永徽之治，平定边陲，百姓阜安，唐朝版图达到极盛，再加上唐太宗有封禅的未了遗愿，所以唐高宗有必要达成封禅的成就。

李治封禅泰山的特别之处，是他带上了皇后武则天，并由武则天参加禅社首的"亚献"仪式。

社首山在今泰安市西南，是封禅历史上另一座举行禅礼的名山，"亚献"指的是古代祭祀时第二次献酒的仪式。武则天凭借唐高宗的宠爱参加封禅，这是后宫女人第一次在封禅泰山的盛典中取得与男子同等的地位，有别于以往的礼制。《新唐书》记载，武则天进行"亚献"时，宦官用一张锦绣帷帐隔绝内外，武则天在帷帐之内，随行的大臣都在帷帐之外，"群臣瞻望，多窃笑之"。

但是，武则天达到了她的政治目的。随唐高宗封禅泰山后，她的政治地位进一步提高，为日后以周代唐做了舆论准备。武则天称帝后，也举行了封禅大典，但不在泰山，而是选择封禅于嵩山。

唐代另一位以封禅泰山闻名的皇帝，是唐高宗与武则天的孙子、开创开元盛世的唐玄宗李隆基。

当时，以宰相张说为首的群臣上书颂扬李隆基"英威迈于百王，至德加于四海"，也就是说他的成就和威望比很多古代帝王高，而且圣德传遍四海，天下太平。

开元十三年（725）十月，唐玄宗在群臣的簇拥下，带着皇亲国戚、四夷酋长、外国使者等，从洛阳出发，前往泰山封禅。一路上，大队人马的帐篷绵延几十里，几万匹随行御马按照毛色分成不同的方阵。

到泰山脚下后，只有唐玄宗和少数高官、宗室、礼官登山。起初，天公不作美，本是秋冬时节，却下起了大暴雨，随行人员在寒风中瑟瑟发抖，登山道路也变得泥泞不堪。对于迷信的古代帝王来说，糟糕的天气是上天的警示，如果雨一直下，唐玄宗的处境就很尴尬。正当玄宗一行人来到山顶宿营时，原本风雨交加的天气却逐渐好转。到了隔天清晨，雨过天晴。

唐玄宗君臣皆以为是上天显灵，山下随行人员齐呼万岁，山上礼仪人员各就各位。在震天动地的欢呼声中，唐玄宗封于泰山、禅于社首山，宣布大功告成，为盛世画下一个注脚。

唐玄宗李隆基所立的《纪泰山铭》很有气魄，文中贬抑秦始皇、汉武帝封禅是"灾风雨""污编录""德未合天"，只有大唐的封禅是"道在观政，名非从欲"。彼时，开元盛世的成就让唐玄宗踌躇满志，也逐渐麻痹了他的心智。晚年的唐玄宗，在盛世的顶点迎来安史之乱的转折，他在泰山上对秦皇、汉武的嘲讽倒是显得有些黑色幽默。

6

经过从秦、汉到唐的发展，象征着神权与君权统一的泰山封禅，成为帝王宣示成就、告功于天的国之大典。到了宋代，这种自我标榜最终走向极端，也促使泰山封禅走向衰落。

宋真宗赵恒，是北宋的第三位皇帝，他在位时，与北方的辽签订了澶渊之盟：宋辽约为兄弟之国，宋每年交给辽银10万两、绢20万匹，宋辽相约以白沟河为界。

澶渊之盟签订后，宋辽边境的战火归于平息，在谈判中立功的宋朝宰相寇准，声望与日俱增，得到宋真宗的厚待。直到有一天，同朝为官的王钦若对宋真宗说："陛下如此敬重寇准，是因为他对社稷有功吗？"

宋真宗干净利落地回答了一个字——"然"。

王钦若一直深深妒忌寇准，于是乘机对宋真宗说，澶渊之盟犹如春秋时期的城下之盟，陛下在澶渊之战以万乘之贵御驾亲征，却签订了城下之盟，为何不以为耻，反以为荣？接着，王钦若进谗言道："陛下听说过赌博吗？赌徒快输光钱时，就会把赌注全部押上，称为'孤注'。陛下当时就是寇准的孤注啊！"

从那天起，宋真宗陷入了自我怀疑，不断猜度澶渊之盟的意义。为人刚直的寇准很快失去信任，被贬到地方为官。王钦若扳倒寇准后，进一步向宋真宗提出了一雪澶渊之"耻"的方案，一是出兵夺取幽燕，再跟辽人干一架。对此，宋真宗却说自己爱惜河朔生灵，不愿出兵。

于是，王钦若提出第二个方案——封禅泰山。

王钦若说："唯有封禅泰山，可以镇服四海，夸示外国。然而，自古封禅往往需要天降祥瑞来做支持。祥瑞是希世绝伦之事，到底是怎么来的呢？其实很多是前代人工制造的，人主对此深信不疑，并昭告天下，那么，人造的祥瑞则与天降的祥瑞没什么不同。"

宋真宗思考良久，采纳了王钦若的第二套方案。他不去锐意进取，富国强兵，反而以封禅的方式树立威望，祈求长治久安。不久后，朝野掀起了一场天书下凡的人造祥瑞运动。

宋真宗对群臣说："去年冬天十一月，一日半夜，朕正要睡觉，忽然见室内光芒万丈，有一位身着星冠绛袍的神仙，对朕说：'下个月应该在正殿设黄箓道场，满一个月后，将降下天书《大中祥符》三篇。'朕恭敬地起身，却已不见仙人的踪影。"

此后一个月，宋真宗按照"仙人"的指示做道场祈福，果然有人在皇宫左承天门的鸱尾上发现了一卷形如书卷、缠以青丝的黄帛，封口处隐隐约约可以看到文字。这就是所谓的"天书"！

经过一番拜受仪式后，宋真宗命人启封，只见天书写着谶语："赵受命，兴于宋，付于眘，居其器，守于正，世七百，九九定。"此外，书中还有黄字三幅，所书内容与《洪范》《道德经》相似，大意是皇帝能保持至孝至道、清净简俭，就能保证国祚绵长。

宋真宗得到"天书"后，大臣们纷纷上书祝贺。兖州父老吕良等上千人和诸道贡举之士八百多人请求封禅；宰相王旦率朝廷百官、州县官吏、蕃夷、僧道等二万余人上表请求封禅。1008年，宋真宗终于在天书祥瑞的助力下，上泰山封禅，并以"天书"之名，改元"大中祥符"。

但，天书政治的闹剧并未就此结束。

封禅泰山当年六月，"天书"再降于泰山。封禅三年后，1011年，宋真宗又到山西汾阳去行"祭祀后土"大礼，这与封禅泰山一起并称为"东封西祀"。

大中祥符五年（1012），即六皇子（后来的宋仁宗）出生的两年后，宋真宗再次声称自己获得神人托梦，这次降下神启的是赵姓圣祖，说明宋真宗受到赵氏祖先的护佑。

《宋史》作为一部正史，直言不讳地讽刺道，宋真宗时"一国君臣如病狂然"。直到宋真宗驾崩，他所痴迷的"天书"与他一同葬入永定陵，朝野争言符瑞之风仍不减当年。

宋仁宗天圣六年（1028），雷电击中宋真宗生前耗费巨资修建的玉清昭应宫，雷火将这座奢华的道观烧得只剩下两座小殿。宋仁宗和临朝称制的刘太后知道天书政治早已不得人心，于是借此事抑制"天书"造成的影响，下诏不再重修玉清昭应宫，这也意味着，自筹划封禅以来二十多年的天书政治落下帷幕。

至此，泰山封禅的文化意义已然支离破碎，失去了原本的神圣性，完全沦为皇帝玩弄权力的工具。宋真宗君臣堂而皇之地制造祥瑞，为封禅造势，不免被后世耻笑，也暴露了所谓封禅的真相。

到了明代，明太祖朱元璋不仅对封禅毫无兴趣，还专门下诏给泰山神去封号，宣布泰山除了常规祭祀外，不再进行封禅。朱元璋"力洗陋制，谢封禅不议"后，明清两代的皇帝都不再封禅，只是在特定时节礼祀泰山，或遣官员祭祀。帝制时代朝廷最后一次遣使祭东岳，是在清宣统元年（1909）。那时，泰山封禅的历史早已随风消逝。

为什么黑白两道都拜关公？

香港导演林超贤早年拍过一部非主流黑帮片《江湖告急》，里面有段情节，相当黑色幽默。

说的是黑帮老大任老久被对手用枪顶着脑门，闭目等死。谁知枪还没响，对手先倒地了。任老久惊诧地睁眼，发现一身戏服装扮的关公提着青龙偃月刀，站在他面前。

关公显灵，救了他一命。

把关公请回家里招待后，任老久的师爷开始质疑关公的真实性："为什么那么多人你不救，偏偏要救我们久哥？"

关公正襟危坐，一脸严肃："太多人要我帮忙，我不可能个个保佑，唯有有空的时候找个人来帮一下。"

"做人跟做神一样。"他接着说，"你隔段时间做点事情，人们就觉得你很灵。"

影片开始不久，就有任老久拜关公的镜头，这不难理解，因为黑帮（秘密社会）拜关公，在历史上很早就形成传统。但后面关公显灵的情节，却显得很魔幻。

然而，放到历史上，无论是官方史书，还是民间传说，关公显灵的记载其实非常多。甚至可以说，许多大历史事件的发生与转向，都是关公显灵的结果。

1

据历史记载，关羽（？—220）最早显灵的事迹发生在荆州地区，他最后的身死之地。具体来说，这个显灵的地点为现在的湖北当阳玉泉山。到了明清时期，有人在这里竖了石碑，上面刻着"最先显圣之地"。

不过，明清时期，关羽显灵的事迹已经被改造过了，改成了我们熟悉的《三国演义》所描述的那样，向吕蒙索命以及吓倒曹操等。实际上，关羽最早显灵，主要是以厉鬼的形象出现，当地人都很害怕，史籍说人们"惧神之灵，如履冰谷"。

为什么人们会在关羽死后传说他开始显灵？这就不得不说到荆楚这片神奇的土地。

自古以来，荆楚盛行巫鬼信仰，重淫祀。这片地方走出来的屈原，笔下写了那么多瑰丽、奇诡的神神鬼鬼，这绝对是中原人想都不敢想的，更不要说写出来了。

公元 220 年，关羽最后镇守荆州，死在荆州，而且头被斩下来，送给曹操，身首异处。当地人相信，这样一个非正常死亡的人，如果灵魂得不到安抚，就会扰乱和报复生者。当地人开始祭祀他，把他当成厉鬼、恶神进行祭拜，原因是唯恐冤鬼作祟，危害乡里。

一直到隋朝，事情起了变化。著名高僧、天台宗创始人智𫖮晚年来到荆州一带传布佛法，了解到关羽的生平事迹和死后遭遇。智𫖮很有创新性思维，为了发展当地信众，他想了个办法，告诉众人说，关羽、关平父子又显灵了，这次是在梦里请求他在玉泉山建座庙。

庙建成后，智𫖮发展关羽"入教"，封为伽蓝护法。这样，关羽便从民间的厉鬼、恶神，被收编为佛教保护神。当地人一听，关羽都被"镇住"了，于是纷纷投入佛门。

"改邪归正"后的关羽神，就这样变成了乡土保护神。

2

又过了许多年，时间来到宋代，关公突然"走红"了。

宋代皇帝普遍信奉道教。道教的人发现，我这个土生土长的宗教，在本土化方面竟然做得还不如佛教，需要好好反思一下。反思的结果是，关公的形象被佛教改造后，很受官民两界欢迎，可以再次改编，为我所用。

大概在宋真宗在位时，道教模仿佛教的路数，制造了一部脑洞更大的关公显灵大片，叫"关公战蚩尤"。听名字就知道比"关公战秦琼"还离谱。但这故事不仅群众爱看，连皇帝也爱看。

后世学者分析说，"关公战蚩尤"这种无厘头故事能火，主要有两个原因：第一，之前的改编故事发生在关公的身死之地，导致关公的影响力主要集中在南方，北方群众对更契合自己地域文化的关公故事抱有期待。这次的改编，直接把故事发生地放在了关公的老家——山西解县（今山西省运城市），从而俘获了大批北方受众。第二，这个时候宣传关公形象很能迎合宋代的政治现实，所以也收获了上层的青睐。具体来说，整个宋代始终面临着强大的敌国入侵压力，统治阶层委曲求全，割地进贡，心里可是相当憋屈。像关公这种忠、勇、义齐全的历史人物，朝廷相当渴慕，恨不得使之复活。

此后，宋朝的皇帝开始为关羽加封号，尤其是面对巨大外敌压力的宋徽宗，起初封关羽为"忠惠公"，后来一路加码到"义勇武安王"。关羽生前只是个侯爵，谁知道在死了900年后，一跃成了王。

整个宋代，关羽在对外战争中显灵的事，也频繁发生。

史书和各种地方志中，宋军作战到关键处，总会到关羽庙祈祷、许诺，关羽随后显灵，统率"阴兵"助阵。举个例子，北宋皇祐四年（1052），侬智高叛乱，一批山西籍战士入广西作战。战前，在驻地荔浦县关羽庙约定，如果关羽这个老乡保佑他们平定叛乱，回归山西后，将为他建祠庙。结果，两军开打后，大白天山野中突然出现了大量"阴兵"的旗帜、戈甲，叛军看到后惶恐落败而逃。

打仗是要死人的，但有神灵护佑就不一样了。这些事宣传出去，很能提振军心嘛。后来，军队将领、守城官员都达成共识，只要打了胜仗，就对外说是关公显灵帮了大忙。皇帝听了也高兴，认为总算没白疼关羽，给了他那么多封号。这种宣传口径，一直延续到了清代。

3

明代，关羽的地位继续上升，直到取代姜子牙，成为国家武神。

这里面有一个大背景。明朝开国后，朱元璋把元代的制度当作"胡制"，通通要改掉，于是发布了"神号改正诏"。要求除孔子外，唐宋以来授予的神灵封号都要废掉。这样，关羽在宋代加封的"义勇武安王"等封号都革掉了，仅采用其生前获赐的"汉寿亭侯"封号。但受朱元璋新政影响最大的，却是当时国家武神系统的头儿——姜子牙（太公望）。

从唐朝开元年间起，跟崇拜文神——孔子的系统相对应，国家开启了对武神的崇祀。武神的主神，正是姜子牙。姜子牙随后获封"武成王"，国家武神庙因此称武成王庙。关羽当时已出现在武神系统中，但排名并不高。武成王庙除了主神姜子牙，两边还有合计多达64位（宋代增至72位）的从祀武将，众神中，关羽排在第15位，地位并不突出。

朱元璋搞神灵系统改革，革掉姜子牙的封号，罢掉武成王庙。在他眼里，历代封王后的姜子牙，同周武王同享王号，有违君臣之礼，太不像话了。所以，处理了姜子牙后，只让其作为臣子从祀于周武王。可见，神鬼生于人心，但他们终归是要为政治服务的。

但改革之后，中国奉行了600多年的武神系统，出现了真空。这怎么能行？军队还要打仗，军人却没有唯物主义武装思想，他们要鼓舞士气，增强自信，终归得靠神的护佑和显灵。这种情况的出现让一心推行改革的朱元璋始料未及，看来改革还有一个新任务：重建国家武神系统。

姜子牙"下台"了，该另选谁上来呢？

宋代以来，随着"说三分"、《三国志平话》的流行，经过历史与文学杂糅的关羽形象，在民间影响力越来越大，民间对关羽讲义气的道德品格推崇备至。与此同时，商品经济的发展推动了社会群体的流动，一方面商帮形成，另一方面黑帮形成。大约在宋代，江湖时代来临。无论是做生意，还是混社会，这些人都脱离了传统的秩序，构建了一种新的、属于他们的秩序。

关羽的形象，完美地契合了这一新生社会力量的潜在需求：一个脱离原籍的人，为了一个共同的理想，与两个陌生人结为兄弟，秉持自己的道德和能力，做出了一番轰轰烈烈的事业。这不就是商人群体和江湖人士所期待和追慕的吗？

总之，一个人要做好生意，混好社会，就要像关羽一样讲义气、讲诚信才行。商人崇拜关羽，秘密社会崇拜关羽，最初都是看中了关羽的"义"，并用以自我标榜。

明初中央王朝面临的正是关羽这种"优质神灵资源"的信息不对称困境。民间的关羽崇拜风气越来越盛，连秘密社会都以关羽为自己的造反活动张目，而国家却褫夺了关羽的后世封号，这不是把"优质神灵资源"拱手让人吗？

朱元璋执政后期，他想明白了这个问题，同意以关羽替代姜子牙，让其成为国家武神。一个典型事件是，洪武二十七年（1394），在南京鸡鸣山建起关羽庙，这是历代中央王朝首次为关羽建专庙。祭祀关羽随之成为国家祀典的一部分。与此同时，全国各地出现了军队建设关羽庙的高潮。

在此之后，明朝皇帝对关羽的推崇代代加码。到了万历年间，明神宗给关羽上了个尊号：三界伏魔大帝神威远镇天尊关圣帝君。当时人姚宗仪说，关羽的地位到此"至尊无上"。

4

万万没想到，后来和明朝作战的劲敌后金，竟然由头儿努尔哈赤带头读《三国演义》，一个个成了三国故事的拥趸。让关羽显灵，也就不再是明朝军队的专利了，而变成明、后金（清）双方共享的神灵资源。

努尔哈赤只要打了胜仗，就说是得到关羽神佑。言外之意，你看你看，明军战败，连关羽都不保佑他们了，可见我是顺天意做事，改朝换代，迟早的事。

满人甚至称关羽为"关玛法"（关祖）。顺治元年（1644），清朝统治者刚刚入关，就匆匆忙忙敕封关羽为"忠义神武关圣大帝"，并举行隆重非凡的祭祀仪式。酬神的意思很明显。此后，清朝历任皇帝对关羽的尊崇有增无减，远超前代。道光年间的著名学者梁章钜直接说，我大清国的护国神就是关羽。

有件事很搞笑。乾隆从他曾祖父顺治那里，给关公的封号再加了两个字"灵佑"，全称叫"忠义神武灵佑关圣大帝"。于是全国的关帝庙牌位集体升级改名，统一为"敕封忠义神武灵佑关圣大帝"。过了一段时间，乾隆觉得这事有点儿不对劲："敕封"两个字怎么看怎么碍眼。没错，关羽神是皇帝敕封的，但这样赤裸裸地写出来，人为造神的意图也太明显了。所以，他赶紧叫停，说"敕封"两个字不妥，拿掉拿掉。

说起来，康雍乾推崇关羽还有一种用意。民间取关羽的义，但官方向来只取关羽的忠。而关羽的忠，作为榜样恰好可以说服明朝遗民降清。

历史上，关羽忠于刘备，但又做得不绝对。在刘备败亡之时，他曾投降过曹操，得知刘备没死后，才谢绝了曹操的厚待，重新投奔刘备。这就是说，关羽的忠是有条件的，主公没死，一片忠心毫不动摇，但要是主公死了，是可以换主公的。清初皇帝利用这一点，为汉人知识分子树立典型。明朝亡了，崇祯死了，你们可以名正言顺投靠大清了。而像诸葛亮，刘备死了还对蜀汉忠心耿耿，这种人是清初皇帝最忌讳的。

总之，清朝皇帝对关羽的膜拜推崇，功利性表现得相当明显。关羽的每一次加封和晋升，几乎都跟他的显灵有关。说白了，就是皇帝对关羽显灵的回馈嘛。

嘉庆十八年（1813），林清、李文成率天理教众武装冲击紫禁城。行动被镇压后，嘉庆颁布谕旨，说这帮逆匪为什么会失败，因为他们当天在紫禁城滋扰生事时，"恍惚之中，望见关帝神像"，一个个抱头鼠窜。

攻打紫禁城失败后，李文成跑回河南滑县老家，聚众抵抗。直隶总督那彦成奉命镇压，镇压下去后，那彦成向嘉庆汇报。你猜他怎么说？

没错，关羽又显灵了。

那彦成在奏疏中说，逆匪想趁着黑夜突围，差点就让他们成功了，突然关帝庙大火，形同白昼，官兵看得真切，两边夹击，这才把突围者全歼。更神奇的是，大火过后，庙烧毁了，但庙里的关羽神像毫发无损。神了，神了。

宣扬关羽显灵助战，既可避免邀功之嫌，又能讨皇帝欢心。那彦成精得很，活该他升官。

嘉庆一高兴，给关羽的封号又加了"仁勇"二字，以答谢关帝助战之功。

在晚清的内忧外患中，皇帝们更加需要关羽显灵了。光绪初年，关羽的尊称达到了极致，长达 26 个字：忠义神武灵佑仁勇威显护国保民精诚绥靖翊赞宣德关圣大帝。

整个清代，官方和民间对关羽的信仰均达到了历史高点。清人赵翼说："今且南极岭表，北极寒垣，凡儿童妇女，无有不震其威灵者。香火之盛，将与天地同不朽。"民间把关公既当武神，又当成财神。有统计称，全国有大小关帝庙 30 万处，数量约是孔子庙的 100 倍。关羽不愧是信众最多、造像最多的中国历史人物。

清朝亡了之后，关公崇拜并未消解。在新的理念下，国家对关羽显灵的需求没那么强烈了，但鉴于关公在民间的强大影响力，仍需好好祀奉。这时候，官方维护关羽信仰，多少有些讨好民意的意思在里面了。1914 年，民国政府将关羽和岳飞合祀。二十世纪三十年代，南京国民政府废除神庙，但不敢动关公庙，关公庙继续保留。

林超贤《江湖告急》中，我认为最具现实主义的一段情节来了：关公旁听了任老久的会议，听到任老久要号令手下兄弟，发动对其他帮派的复仇之战，关公忍不住插话，要任老久以和为贵。任老久一听就来火，把关公训斥了一顿，说他只懂道义，难怪只能做千年老二。关公无语，叹一声人间不值得，当场走人。

原来，人们拜关公是一回事，信关公又是另一回事。

包拯是如何被神化的？

北宋嘉祐七年（1062），64岁的包拯官至枢密副使，距离相位仅有一步之遥。然而，五月的一天，他在执行公务之时突然得了急病，回家后不久就病逝了。

消息传开，宋仁宗辍朝一日，亲自来到府上为其吊唁。整个京城似乎都陷入了悲伤之中，"忠党之士，哭之尽哀；京师吏民，莫不感伤；叹息之声，闻于衢路"。

史书里，包拯人生的最后一笔重重落下，他的功绩与理想就此定格。

但是，包拯的传奇并没有谢幕。在厚重的历史之外，包拯频繁地现身于笔记、话本、杂剧、小说之中，成为百姓生活中的"司法之神"。在民间，包青天的势力几乎和关二爷一样，甚至比孔夫子还要深入人心。

明人张岫于是提出这么一个问题："宋之名臣彬彬其盛，何独公（包拯）之名愈久而愈彰？"

1

包拯字希仁，庐州合肥人，生于真宗咸平二年（999）。他出身官僚世家，29岁考中进士，登上仕途。他这一生，可称得上官运亨通，从县官起家，当过京官，牧守过地方，当过御史和谏官，做过转运使，最后官至枢密副使。

包拯长期在地方工作，最有名的就是他知开封府的一年半。《宋史》载一事，包拯上任伊始，便敞开衙门，使得百姓得以进入大堂，直接向自己告状。

如果要给包拯画一幅历史画像，大体就是一个刚猛正直的士大夫。他性情耿直，不怕得罪人，所以权贵畏惧之。他恪守孝道，初做官时，因为父母年老，主动解官归乡，人生最要求上进的十年就这样过去。他清廉守正，衣服、器用、饮食一如布衣百姓，并且定下家规："后世子孙仕宦有犯赃者，不得放归本家，死不得葬大茔中。不从吾志，非吾子若孙也。"

不过，包拯并不只是一个道德楷模。仁宗一朝是群星闪耀的时代，皇帝开明，士大夫敢言成风，范仲淹、欧阳修、王安石、苏轼等名臣辈出。包拯虽然没有像范仲淹、王安石那样提出宏大的改革方案，但他每到一处，必然兴利除弊。

当时，北宋财政紧张，已有积贫之势；边境也不安宁，西夏和契丹虎视眈眈；土地兼并严重，农民流亡。包拯频繁上疏建言，涉及吏治、朋党、冗费、财政、边备诸多方面，后来有人将他的171篇奏议整理成了一个集子，名为《包孝肃公奏议》。包拯作为改革家的高瞻远瞩，尽在其中。

当然，人们最关心的还是包拯的断案事迹。《宋史》里只记载了两例，但翻阅包公的墓志、奏议以及时人的笔记，他留下来的断案故事还真不少。

载入史册的是割牛舌案。有村民来告官，说自家的牛被人割了舌头，包拯对他说，回家把牛杀了，然后卖了。不久之后，包拯就接到报案，报案人说有村民私自杀耕牛。包拯心知报案人就是割牛舌的凶手，于是喝道："何为割牛舌而又告之？"那人一听，十分惊慌，露出了马脚。

包拯在开封府时，有百姓卖柴火被抢，防卫之时被打伤。包拯下令对抢劫者施以笞刑，开封府推官吕公孺说："盗而伤主，法不止笞。"坚决不同意包拯的判罚。包拯知错能改，并称赞公孺坚持原则。

包公的墓志里也记录了不少案件，其中有一个从舅犯法案："公性严毅，有从舅犯法，公挞之。"司马光的《涑水记闻》则说包拯将从舅处死了。还有一个贵臣拖欠财货案。有权贵拖欠他人货物，包拯下令命其偿还，权贵不听，于是包拯将其传唤至庭前，与原告对质。权贵十分窘迫，归还了财物。

沈括的《梦溪笔谈》中记录了一事。包公担任开封府尹期间，有百姓犯法，应当受杖刑，为免皮肉之苦，便贿赂胥吏。胥吏为他出主意，让他在包公下令行刑之时喊冤，自己则故意对其大声呵斥，不许其申辩。包公认为胥吏仗势欺人，于是杖责了胥吏，宽宥了罪犯。殊不知这样却正中他们的下怀。沈括最后总结说："小人为奸，固难防也。"

从这些故事可以看到，包拯绝不是事事都能明察秋毫，他也会犯错。这样的表现，可以算作称职有为，却远远达不到断案如神的地步。但是，包拯展现出了一些可贵的精神特质：不畏权贵，明察机智，大义灭亲，爱民如子。此后，包拯的故事不断文学化、戏剧化，但其精神却是一脉相承的。

那么，一个意义相对有限的国家官吏，是怎样变成人人爱戴的司法之神的呢？

2

包拯逝世之后，出现了两个不同的包公形象。

一个出现在士大夫的书斋里。

司马光《涑水记闻》记载了一则传遍京师的民谣："关节不到，有阎罗包老。"沈括《梦溪笔谈》里载："包希仁笑比黄河清。"这两个民谣都被选进了《宋史》之中。

南宋初年，文人朱弁所著的《曲洧旧闻》里记载了一个文学色彩极浓的故事。历史上，张贵妃的伯父张尧佐被任命为淮康军节度使、群牧制置使、宣徽南院使、景灵宫使，圣旨一下，举朝惊骇。身为监察御史的包拯屡次上疏反对，言辞十分激烈，甚至他在直面仁宗的时候，依然喧哗失礼。仁宗十分罕见地动怒了，但转念一想，还是放过了包拯。

朱弁将这个故事魔改成了小说：一日将御朝，温成（张贵妃）送至殿门，抚背曰："官家今日不要忘了宣徽使。"上曰："得、得。"既降旨，包拯乞对。大陈其不可，反复数百言。音吐愤激，唾我帝面。帝卒为罢之。温成遣小黄门次第探伺，知拯犯颜切直，迎拜谢过。帝举袖拭面曰："殿丞向前说话，直唾我面。汝只管要宣徽使、宣徽使，岂不知包拯为御史乎！"

文人笔下的包拯是一个正直不阿的大臣，有这样的人在，朝政才能清明。在这些故事里，他们得以感受与皇帝共治天下的尊荣，享受坚守正道打倒奸佞的快感。

与此同时，另一个包公形象出现在喧闹的茶楼酒肆、瓦舍勾栏，成为话本、杂剧里的主角。这里没有高高在上的士大夫，只有一群无业游民、乡野村夫、贩夫走卒、秀才寒儒。他们不想关注金字塔尖的斗争，眼里只有自己的生活。

宋代话本《合同文字记》中就出现了包公判案的故事。

汴梁农民刘添瑞遭遇旱灾，外出逃荒，临行前与兄长刘添祥签订了一纸合同文字，作为日后回家的证据。多年之后，刘添瑞死在外面，其子刘安住带着合同文字回乡。不料刘添祥之妻王氏想要独霸家产，不认合同，指使丈夫将刘安住打得头破血流。包公将众人带到公堂，取两方的合同一对照，果然一致。于是判决刘安住归宗，还要打刘添祥的板子。此时，刘安住说："宁可打安住，不可打伯父。"包公见安住孝义，于是举荐他做了官。

还有一个话本名叫《三现身》。祥符县押司孙文，曾救过一个冻倒在雪地中的人。此人也姓孙，人称小孙。获救后的小孙却恩将仇报，与大孙孙文之妻私通，并设计将其害死，对外则谎称孙文投河而死。后来，孙文的鬼魂连续三次出现，留下了一个字谜："大女子，小女子，前人耕来后人饵。要知三更事，拨开火下水。来年二三月，句巳当解此。"包公通过悬赏，了解案情，猜到了字谜的答案。女子即为孙，小孙白白得来大孙的家业，即"前人耕来后人饵"。"句巳"两字，合起来乃是"包"字。包拯将凶手正法，从此名闻天下，"人说包龙图，日间断人，夜间断鬼"。

公案作品的出现，把包拯放到寻常百姓的生活中。包拯现身的舞台，不再是朝堂，而是处理奸情凶杀、家产纠纷等琐碎事务的官衙。

虽然皇帝也赞赏清官，但更喜欢忠臣，士大夫则喜欢用道德楷模来褒贬时事，以求儒道大兴。但这些，离历史很近，离百姓很远。因此，书斋里的包拯慢慢消失了，市井生活里的包拯却流传了下来。

宋朝以来，由于商品经济的繁荣，人与人之间的关系变得复杂且多样，新的纠纷不断产生，中国社会进入"诉讼爆炸"的时代。可是现实之中贪官污吏太多，人们需要一个正义的化身，带领他们走出灾难。清官就是老百姓为自己创造的理想官吏，用自己的痛苦供奉的神灵。

事实证明，用痛苦浇灌的花朵，其生命力是无穷无尽的。

3

宋代以后，包公成了一个符号。

元代，蒙古人的统治十分粗暴，民族歧视和吏治废弛造成了深沉的苦难，处于社会底层的百姓呼吁清官为他们做主。再加上，还有像关汉卿这样的大师级人物，打磨剧本，勾起人们心中的痛苦。包公断案的元杂剧如雨后春笋般生出，代表作品有《包待制三勘蝴蝶梦》《包待制智勘鲁斋郎》《包待制陈州粜米》等。

《包待制智赚生金阁》中有这么一句话："只愿老爷怀中高揣轩辕镜，照察我这悲悲痛痛、酸酸楚楚、说无休、诉不尽的含冤负屈情。"

这些杂剧边演边改、边改边编，以至于越编越多、越传越神。到了明代，公正无私的包公脱去了凡人的胎骨，化身成神。当时，以包公为主角的小说层出不穷，代表作品是《包龙图判百家公案》和《龙图公案》，都是二十几万字的大作。

包拯有两种断案方式：一种通过推理分析，搞清案件的来龙去脉；另一种则是借助鬼神的力量勘破案件。包公在查案之时，经常有冤魂诉冤或是神灵托梦，他甚至不用通过调查取证便能锁定凶手。

《龙图公案》第六十四回《聿姓走东边》中，包公在审张汉奸杀兄嫂一案时，得到一个卦辞："聿姓走东边，糠口米休论。"谜底是"建康"二字，包公便认定在建康驿一带必有蹊跷。后来因为窗外突现黑猿，包公便推断犯人姓袁；因蜘蛛从梁上堕下，食了案卷中的几个字，便怀疑凶手姓朱，但是嫌疑人并无姓朱者，只有一人名叫萧升，包公又想到蜘蛛又称蛸蛛。就这样，包公一路开挂，侦破了案件。

这时，包公形象已经"黑化"了，样貌八分像鬼，二分像人："降生之日，面生三拳，目有三角，甚是丑陋十万，相貌异样。"在古代，长得丑是一种天赋的神性特质，这说明包公已经是半人半神了。白天断人间案，晚上判地府案。

在老百姓心中，神毕竟比皇帝大。这样的包公形象虽然不真实，但给了百姓一个希望：不用依赖法律条文（因为这些东西在现实之中往往不起作用），就能得到公平；不用经历烦琐的审讯程序（因为这些东西往往害得百姓家破人亡），就能得到正义。换句话说，在一个世道沉沦的年代，人们需要神，而不是人。

到了清代，包公又变回了人。这个时期的代表作品是《铡美案》《铡包勉》《三侠五义》等。

在《三侠五义》中，包公变成了我们熟悉的黑脸，但他的能力大大弱化了。第二十回庞太师因为包公斩了他的儿子而怀恨在心，于是请了法师来暗害包公："只见包公坐在椅上，身体乱晃，两眼发直，也不言语，也不接茶。包兴见此光景，连忙放下茶杯，悄悄问道：'老爷怎么了？'包公忽然将身子一挺，说道：'好血腥吓！'往后便倒，昏迷不醒。……躺在床上，双眉紧皱，二目难睁，四肢全然不动，一语也不发。……谁知一连就是五天，公孙策看包公脉息渐渐地微弱起来，大家不由得着急。"要不是展昭杀了妖道破了阵法，包公恐怕就要去地府判案了。

此时的包拯依然是清正廉洁、铁面无私的平民救星。然而，他会像一个俗世才子般谈恋爱，会像一个老成官僚般计算前途，甚至不敢和皇帝硬刚，其胆气比起宋人笔记中的包拯弱了许多。

或许，至高无上的皇权通过权力的毛细血管，已经渗透进了民间世界，毒杀掉本就不合规矩的血性。

4

在帝国的秩序里，历史属于掌权者，批判属于士大夫，"处江湖之远"的百姓无法言说自己。包公的故事，就是他们微弱的呐喊。

何谓清官？

人们首先会想到不事权贵、刚直不阿、两袖清风这些字眼。然而，仅此而已吗？

在元杂剧《窦娥冤》中，为了收取"诉讼费"的太守桃杌，下令处死窦娥。可是，桃杌作出错误判决的根本原因是什么？没有证据，能力不足，急于判决，并不属于有意制造冤案。而窦天章能够平反冤案，主要依靠窦娥死去时的六月飞雪以及他和窦娥的父女关系。虽然一些官员没有大恶，但是他们的平庸也是一种恶。

　　清官之清，有"清明"之意，也就是智识必须过人。可是古代社会能够回应老百姓这种期待吗？

　　就拿《灰阑记》来说，马员外的大老婆与赵令史合谋毒死了马员外，反诬陷是小老婆张海棠下的毒。因为害怕张海棠的孩子分遗产，所以大老婆谎称这个孩子是自己生的。案件到了开封府，包公心想一个小老婆如何能强夺正宫之子？于是他用石灰撒了一个圈，让孩子待在里面，命令张海棠和大老婆各执孩子一臂用力拉，看谁能把孩子拉出来。张海棠心疼孩子不愿用力。包拯根据这一情况，判断出谁是真凶。

　　智力是解决问题的第一要素，但是这种智力是非专业化的，不可复制的。假设再次发生类似的案件，小老婆爱子心切，心想自己死了，儿子也必然活不成，于是发力抢夺回孩子。那么这个案件要怎么判呢？

　　而且，在官场"兵行险着"是大忌，一旦落人口实就完蛋了。包公之所以敢这么做，只是因为他是包公，人们预设他必然能够躲避流言的中伤。假设一个贪官拥有了包公这样不怕流言蜚语的超级待遇，他完全可以用这种不专业的方法制造大量的冤假错案。

　　一个案子的正确解决，需要超群的智力，同样也需要这种超群的智力由好人使用。

　　传统帝国的逻辑是这样的：用最少的人力，去维系广大疆土的稳定。一个勤政的父母官，往往同样也要担任刑警、法医、侦探和检察官的角色。但是，人力终有穷时。官员只能依靠常识和非专业化的智力，努力调查分析案情，付出大量的时间来找寻真相。

　　然而，他面对的是一个"讼氓满庭闹如市，吏胥围坐高于城"的世界，一天能够处理的案件实在有限。如果他在一个案子上耗尽心力，那么其他案子很可能就只能敷衍了事。

最重要的是，他一旦有了错误，如果上面没人保的话，很可能就被一撤了之了。没有人在意是故意犯的错，还是无心之失。帝国的逻辑再次发挥了作用，中央没有精力来复核所有地方的案件，除非它事涉谋反，于是换个人上就是一种最经济的选择。

一个官员无论再聪明、再勤奋，都无法突破制度的窠臼。

所以，包公才会化身成神。

5

面对惨淡的历史现实，平民的出路只有三条：一是忍耐，二是造反，三是盼望清官。

包公的故事，像是一出廉价的喜剧，幻化出仁爱的社会、廉洁的衙门，满足人们的幻想。又像是一个恐怖故事，脸朝黄土背朝天的黔首们，孤单地面对整个官僚体系的压力，一个接着一个被吃掉。

包公是一个不折不扣的好官，但是包公的信仰在那个时代只会培养奴隶的人格。因为一个清官再怎么爱民，他和百姓都不是一类人。

假如官府不能带来光明，那么处于草莽的侠客呢？他们逍遥于法律之外，很难被官府管束，快意恩仇，以武犯禁。一部《水浒传》讲的就是一个从江湖英雄到朝廷鹰犬的故事，见人杀人、见鬼杀鬼的好汉们只反贪官，却不反皇帝，实在可笑。而且，侠客也是珍稀人物，梁山好汉里开黑店、劫客商、吃人肉的行为不胜枚举，他们杀的人里面又有多少无辜之人呢？

在《三侠五义》中，清官和侠客实现了合作，一个代表官府的正直，惩治邪恶；一个代表江湖的道义，替天行道。

若是清官和侠客还不能解决，那就祈求神明吧。

包公故事里无处不体现报应二字。杂剧《认金梳》里面说："善有善报，恶有恶报，不是不报，时辰未到……感圣君与咱雪恨，这的是有青天报应昭彰。"

在《陈州粜米》中，陈州连年发生灾荒，导致百姓流离失所。本该赈济的权贵趁机中饱私囊，还打死了无辜灾民。然而，法律对权贵却无可奈何。正如戏文中所说:"我是那权豪势要之家,累代簪缨之子,打死人不要偿命,如同房檐上揭一个瓦。"

于是,包公出现了,说"总见的个天理明白",还让死者之子"手报亲仇"。罪犯遭到了报应,天理得以伸张。其实,包公手持着皇帝御赐的尚方宝剑,这才是真正的"天道"秩序。

《龙图公案》中还有这么一个故事,有一个小地主姚某,平日里积善布施,修桥补路,可是养出了一个不肖子孙,倾家荡产。与之相反,有一个皇家宗室赵某,侵占他人田地,强夺别人妻女,却养出了一个好后代,家族蒸蒸日上。姚某死后不服,状告包公。包公说你行善是为了沽名钓誉,而赵某为恶实际是家奴干的,于是判那个家奴下油锅。

如此报应,真是耐人寻味。

以上种种,并不是说包公故事毫无意义。现实中没有其他更好的替代时,或许唯一的出路就是幻想出一种正义。尽管这种说法听起来很"不道德",但这就是生活的真理。

直到有人一语惊醒梦中人:这世上没有救世主。那时,传统帝国已经落幕,新的世界到来了。

历史上的张三丰，是"活神仙"吗？

明成祖朱棣手下群英荟萃，却偏偏给大臣胡濙安排了一个看似不起眼的任务——找人。

永乐五年（1407），明成祖派胡濙带着朝廷御赐的玺书、香币，外出寻找仙人"张邋遢"。张邋遢，即中国道教史上的传奇人物张三丰。明成祖对他推崇备至，可惜无人知道其下落。此后十几年，胡濙为了寻仙，四处游历，打探消息。

按照史书的说法，明成祖表面上是让胡濙寻仙，实际上是要他"隐查建文帝安在""审察人心向背"，带有明显的政治目的，可谓醉翁之意不在酒。这可苦了胡濙，一个人要打听两个知名"失踪人口"。

1

有明一代，从明太祖朱元璋开始，便对张三丰推崇有加，英宗、宪宗、世宗曾加封张三丰真人、真君等道教封号，给予其极高礼遇，堪称明朝官方认证的"活神仙"。

有些文献记载了张三丰的"神迹"。

相传，他一年四季都穿一件烂蓑衣，浑身脏兮兮，整天笑哈哈，所以人称"张邋遢"。

作为一个道士，据说他精通辟谷之术，可数月不食，但吃起饭来食量惊人，顷刻间就能干下一桶饭。

更神奇的故事是，张三丰晚年在宝鸡金台观修行，留下几句谶语，自言将死。不久后，县里的人见他寿终正寝，用棺材收殓他，没过几天却发现张三丰已经"起死回生"，跟没事人似的。后来，张三丰又游历四川、湖北、云南、贵州等地，"踪迹益奇幻"。

明代以来的各种正史、野史、笔记、方志、文集、传说，都有张三丰的行迹。文献中，张三丰故事的时代背景从宋一直延续到明，时间跨度超过300年。

由此可见，这是一个典型的"箭垛式人物"。所谓"箭垛式人物"，是胡适的说法，指的是中国古代的历史或传说人物，得到历代不断改编，故事如滚雪球似的不断扩充，很多事迹被归到了其身上。

抛开神仙鬼怪的元素，根据现存文献中的记载，可将张三丰分为三个不同时代版本的形象：一是北宋末年；二是宋元之际；三是元末明初。

2

北宋末年的"张三丰"，是创立武当内家拳的武术宗师。

这个版本的张三丰，出自明末清初思想家黄宗羲为朋友王征南写的墓志铭。

王征南早年从军，参加过反清复明的斗争，后来到宁波归隐，恰逢黄宗羲到此讲学，与之结识。由于王征南是个屡立战功的猛人，退休后不时有人慕名而来，想要找他切磋。黄宗羲让第三子黄百家拜王征南为师，学习武艺，而王征南最厉害的本领就是武当的内家拳。

王征南去世后，黄百家为自己没能将其内家拳的真髓传承下去而感到痛惜，说："余既负先生之知，则此术已成广陵散矣，余宁忍哉。"黄宗羲也深深佩服王征南，于是为其撰写墓志铭，并追溯内家拳的源流。

中华武术门派众多，"南尊武当，北崇少林"，相较于以拳勇闻名天下的少林功夫，武当内家拳更讲究以静制动，更注重内功修炼。按照黄宗羲的说法，这种拳术"盖起于宋之张三峰（丰）"。

在《王征南墓志铭》中，黄宗羲提到，张三丰是北宋时的武当山炼丹道士，曾得到宋徽宗的召见，但因受阻碍没能入朝。据说，张三丰早年精通少林武术，融会贯通，从中钻研新的拳法。后来有一次，张三丰在外出游历途中，梦见道教的神仙真武大帝向他传授了一套拳法。次日早上，一群强盗围住张三丰妄图抢劫，张三丰用梦中领悟的拳法和他们交手，结果以一敌百，把这群强盗赶走了。也有一说，张三丰是在山上修炼时看飞鸟和蛇打架，受启发悟出了内家拳。

此后，张三丰在长期的修道生涯中，将道家理论与武术相结合，开创了内家拳。百年之后，内家拳从武当流传到各地。

但是，黄宗羲的说法，有两个疑点：一是，宋朝并没有关于张三丰的确切文献，也没有宋徽宗召见张三丰的记载；二是，若张三丰生活在北宋末年，那他就不可能在两三百年后的元末、明初留下足迹。

学者徐兆仁认为，黄宗羲笔下活动于北宋末年的"张三峰"和元明间的"张三丰"是不同的两个人，是后人将这两个形象结合，才认为张三丰既是一位武术大师，又是一代内丹宗匠。

因此，内家拳"盖起于宋之张三峰"的说法，可能只是武术家口耳相传的故事，缺乏佐证。

但是，作为一代武术宗师的"张三丰"形象，在后世深入人心。小说《倚天屠龙记》中，作者金庸根据张三丰开创武当内家拳的传说，创作了一个武当派掌门张三丰的形象，只是将其活跃年代，从北宋改到了元代。

3

宋元之际的张三丰，是一个由世俗走向超世的隐者形象。

据传为张三丰所作的自述，说他曾为元朝中山博陵县令，后弃官出家，于终南山遇火龙真人传授真诀，习得后赴武当山修炼多年。

对于张三丰是元初人的说法，《明史·张三丰传》提到了一个关键的时间点，即张三丰与元初名臣刘秉忠师出同门。

刘秉忠是宋末元初的一个奇人，早年当过居士，后来随僧人前往漠北觐见忽必烈。经过一番交谈，忽必烈发现刘秉忠兼备释、道、儒之学，天文、地理、律历、占卜无不精通，堪称天下奇才，便请他留在府中，以布衣身份担任谋士。后来，刘秉忠成为元世祖忽必烈的首席谋臣，也是蒙元帝国的总设计师，在议定国号、典章制度以及营建元大都（今北京）等事件中发挥不可或缺的作用，因功被封为太保。

忽必烈在统一天下的过程中得到了很多儒士的支持，张三丰大约就是在这一时期受到举荐，成为元朝官员。在后人所编的《张三丰全集》中，有张三丰感谢师兄刘秉忠提携的话："公何为者重贱子，此恩此德提吾耳。"

忽必烈在位时，虽然重用一部分儒士，但仍然在路、府、州、县设达鲁花赤，由蒙古人担任，达鲁花赤地位高，享有特权，难免对汉儒形成压制。张三丰也许不满于这种畸形的政治形态，于是渐生出世之心，最终辞官出家，当了道士。

但是，张三丰活跃于元初的说法也存在争议。

史载，为元朝立下大功的刘秉忠于元至元十一年（1274）"无疾端坐而卒"，享年59岁。

假如张三丰和刘秉忠是同时代的人，他做过元朝的官，再出家为道士，那么，张三丰到明初已经将近200岁了，显然不太科学。故此，《明史》在写到张三丰与元初刘秉忠同师后，还写了一句："然皆不可考。"

4

张三丰在《明史》中有传，相传其名为全一，又名君宝，三丰是其道号。

《明史·张三丰传》是正史对张三丰生卒年代的考证，也是目前比较权威的史料依据，其认为"元初与刘秉忠同师"的说法不可考，并以明太祖朱元璋、明成祖朱棣寻找张三丰作为这篇列传的主要内容。

可见，《明史》倾向于第三个版本，即张三丰是元末明初人。

清人所撰《三丰先生本传》记载，洪武十七年（1384），也就是大理感通寺的高僧带着一盆山茶和一匹白马入朝觐见、马嘶花放的那一年，尊崇佛、道二教的明太祖朱元璋下诏，征武当道士张三丰入朝。诏书下达后，却迟迟找不到张三丰。

洪武二十四年（1391），朱元璋下诏"清理"释、道二教，同时派遣三山高道使于四方，告诉他们，"有张玄玄（张三丰道号之一）可请来"。但张三丰依然没有现身。

朱元璋的第十二子湘王朱柏，封地在荆州，离武当山较近。朱柏本人笃信道教，听说父亲很敬仰张三丰，于是亲自到武当山寻访张三丰，但也访之不遇。

正是由于朱元璋多次访求，张三丰的名气进一步扩大，其神秘的行踪也引起了广泛关注。

那么，张三丰去哪里了？历史上是否确有其人呢？

距离张三丰年代较近的明人任自垣在《大岳太和山志》中记载，张三丰于洪武元年来到位于今湖北十堰市的武当山（又名太和山），之后常年在此修行，其间游遍武当诸峰。

任自垣是明代的道士，永乐年间参与编修《永乐大典》，后来还帮胡濙访寻张三丰的踪迹，他的《大岳太和山志》是较早记载张三丰行迹的史料，可信度较高。

据说，张三丰在武当修建草庐居住，收徒传道。由于元末战火摧毁了武当方圆八百里的大量历史建筑，很多宫观沦为废墟。张三丰在武当七十二峰、三十六岩寻幽览胜之余，还带人铲除荆棘杂草、收拾瓦砾砖石，恢复了武当九宫八观中的三座宫观。

后来，张三丰云游四海，"拂袖长往，不知所止"。他离开前留下一句话："此山异日必大兴。"此话预言了明成祖朱棣"北修故宫，南修武当"，将武当山作为皇家道场的风光史。

所以，当朱元璋派人召张三丰入朝时，张三丰可能已不在武当。

5

一说，朱元璋的第十一子蜀王朱椿在四川见过张三丰。

朱椿被称为"贤王"，"循执礼法，表里惟一"。张三丰入蜀云游时，与其相处融洽，还劝他"志退心虚，乃保无祸"，朱椿按照张三丰的教导为人处世，历经洪武、建文、永乐三朝，果然安然无恙。

朱椿曾题《张神仙像》赞之，其中写张三丰的外貌，"奇骨森立，美髯戟张。距重阳兮未远，步虚靖之遗芳，飘飘乎神仙之气，皎皎乎冰雪之肠。"这是年代较早的关于张三丰外貌描写的文字。

另外，富豪沈万三可能在云南再一次见到了张三丰。据《三迤随笔》载："三丰道人本万三师"，也就是说，沈万三曾拜张三丰为师。

江南富商沈万三，是另一个极富传奇色彩的人物，和张三丰一样，他的生平事迹衍生出了多个版本，甚至有人相信，沈万三之所以富有，是学会了点金之术，或传其有个神通广大的聚宝盆。这些传说大都荒诞不经。

据明人笔记《云蕉馆纪谈》记载，沈万三致富，最主要还是靠海外贸易，他"变为海贾，奔走徽、池、宁、太、常、镇豪富间，辗转贸易，致金数百万，因以显富"。

在沈万三荣登富豪榜之前，元朝至顺年间，张三丰云游江南，与沈万三相遇并结识。据说，张三丰留给沈万三一句预言，说："东南王气正盛，当晤子于西南也。"

元末群雄并起，当时已是江南巨富的沈万三资助朱元璋，出资犒赏全军，还帮朱元璋修筑南京城的外城。工程完成后，朱元璋对沈万三说："古有白衣天子，号曰'素封'，卿之谓也。"口头上表示感谢，背地里却对这个巨富充满了忌惮。帝制时代，溥天之下，莫非王土，沈万三却比帝王还有钱，朱元璋当然容不下他。明朝建立后，朱元璋本要罗列罪名杀沈万三，在马皇后的劝解下才饶他一命，将其财产没收，流放到云南充军。

《张三丰全集》说，沈万三被发配云南后，恰逢张三丰离开武当，游于西南。当年，张三丰预见沈万三穷途末路时将与他在西南相见，这则预言或许是对张三丰的神化，但也说明了道家对于世间人心叵测的看法。

据说，沈万三再度见到张三丰后，经过后者点拨，消解胸中块垒，重新振作，带领当地百姓创业致富，结合当时云贵一带"以辣代盐"的情况，用江南腌制手艺改善当地的"糟辣椒"。后来，沈万三卒于贵州平越福泉山，张三丰亲自为其选择一块风水宝地作为墓地。

但是，沈万三的生卒年存在争议，有一种说法认为他并没有活到明初，所以不可能与张三丰相会于西南。

另一个能证明张三丰现身西南的人，是靖难功臣、隆平侯张信。

按照《万历野获编》和《枣林杂俎》等笔记的说法，洪武年间，张信担任普定、平越卫指挥佥事等职时，与张三丰私交甚笃。

其中，《万历野获编》说，张三丰是因罪戍平越，张信为其上司。但这一说与洪武年间朱元璋下诏寻访张三丰的说法相矛盾，因为，如果张三丰受朱元璋尊崇，就不大可能被罚为戍卒，而假如他被罚为戍卒，那官方肯定有记录，朱元璋也不用大费周折找寻他的下落了。

在这个传说中，张三丰也预言了张信日后将会显贵，他为张信的父亲选了一处墓地，位于岩穴之中，并对张信说，在此下葬，以后你们一家贵不可言。张信听从他的建议，但进入岩洞后见四周伸手不见五指，感到害怕，只是将父亲的遗骨挂于洞中石牛牛角之上。

多年后，张信因在靖难之役站队朱棣，立下功劳，被封为隆平侯。后来，朱棣命张信负责大修武当山的工程，可能与这一段缘分有关。

永乐十年（1412），明成祖朱棣下诏敕建武当山，祭拜真武大帝，并在诏书中说："我自奉天靖难之初，神明显助威灵，感应至多，言说不尽。"

于是，朱棣命张信等大臣率领30万军民、工匠大修武当山，营建武当山宫观，前后历经13年，将武当山打造成至高无上的皇室家庙。这一工程之浩大，堪比同一时期在北京修建的紫禁城，故史称"北建紫禁城，南修武当山"。

朱棣对武当山的推崇，除了为感谢真武大帝的护佑外，也是为了彰显自己继承父亲的遗志。当年朱元璋访求张三丰而不得，所以，朱棣更要找到张三丰，来证明自己君权神授的合法性。

在敕建武当山的同年，朱棣还下了一道诏书，向神秘莫测的张三丰表示敬意："朕久仰真仙，渴思亲承仪范。尝遣使奉香致书，遍谒名山虔请。真仙道德崇高，超乎万有，体合自然，神妙莫测。朕才质疏庸，德行菲薄，而至诚愿见之心，夙夜不忘……"

正是在这一背景下，朱棣多次派胡濙出巡各地，寻找张三丰的踪迹。

另外，还有一件事让朱棣夙夜难安。当初，朱棣发动靖难之役，从侄子建文帝手中夺取了皇位，大军攻入京师应天（今江苏省南京市）后，建文帝却在宫中的大火中不知所终。所以，胡濙走遍四方，既是为了访求张三丰的下落，也是为了查明建文帝的生死。

但是，和建文帝下落成谜一样，张三丰在永乐一朝始终没有现身。有人认为，张三丰早已驾鹤而去，胡濙被委派的任务，是在大费周章地寻找两个生死不明的人。

6

朱棣之所以崇拜张三丰，可能还因为一个让很多帝王欲罢不能的玩意儿。

那就是，道教传说中的长生不老之方，朱棣曾对大臣说："仙药不服，服凡药耶？"

但是，张三丰不贪慕世俗的富贵，更不愿将道家金丹等术传授给权贵。

有一段文献记载了张三丰对帝王的看法："盖帝王自有道，不可以金丹、金液分人主励精图治之思。古来方士酿祸，皆因游仙入朝，为利之阶。登圣真者，决不为唐之叶法善、宋之林灵素也，前车可鉴矣。"

张三丰认为，帝王应专注于政事，而不应该分心去追求所谓的仙家道术，他不愿像唐朝的叶法善、宋朝的林灵素一样攀附权势，也不愿像古代的很多方士、游仙一样涉足政治，留下骂名。

明初，张三丰"招之不来，觅之不见"，朱元璋、朱棣父子都没有找到他，但有明一代，张三丰被一再加封，得到"通微显化真人""韬光尚志真仙""清虚元妙真君"等封号，受到朝野各界的尊奉。

在官方的尊崇之下，民间文献中有关张三丰的记载大量增加，其中不乏假托附会之说。

作为一个"箭垛式人物"，张三丰在文献记载中行踪飘忽不定、生活时间跨度极长，这很有可能是因为民间将其他奇人异士的事迹也归于他身上。所以，任继愈在《中国道教史》中说，张三丰是唐代"吕洞宾以来最富魅力的'活神仙'"。

明朝以后的正史中，再没有过这样的人物。

很多人喜欢小说《倚天屠龙记》中的张三丰。小说连载版的结局尤其令人难忘，当一百多岁的张三丰看见郭襄生前留下的手书时，他眼前似乎又看到了那个明慧潇洒的少女，可是，那是一百年前的事了。

金庸在创作小说中的张三丰时，可能参考了明代以来的诸多文献，所以，他笔下的张三丰，德高望重而又不受拘束，仙风道骨而又侠义心肠，正如历史文献中的张三丰，隐居山野，淡泊名利，远离世俗的是是非非，甚至拒绝皇帝的召见。

《大清一统志》中，有一处关于张三丰在武当山修行的记载。寒冷的时节里，张三丰口中嚼着梅花，登上山峰，一边朗诵《庄子·秋水》："秋水时至，百川灌河。泾流之大，两涘渚崖之间，不辩牛马……"

朝阳升起时，张三丰放声长啸："云海荡我心胸。"

第六章 女性疑案

西施下落之谜

在击败世仇越国、北上中原争霸后，吴王夫差走上了人生巅峰。

英雄盖世的夫差，曾经送给自己心爱的女人一件礼物。这件现藏于上海博物馆的吴王夫差盉，刻有一句铭文："敔王夫差吴金铸女子之器吉。"意思是，吴王夫差用属下进献的"吴金"铸了这件珍贵的青铜器，赐给一个不知名的女子。

这难免让人猜测这位神秘女子的身份。根据历史文献的记载，能够得到夫差宠爱并且获此殊荣的女人，极有可能是那位貌可沉鱼、舍身复国的美人——西施。正如青铜盉铭文中隐藏的秘密一样，中国古代四大美女之首西施的来历和下落也是一个千古之谜。

1

春秋末年，吴越争霸掀起了这个时代的最后一波浪潮。

公元前494年，吴王夫差为报父仇（吴王阖闾此前在与越国的槜李之战中伤重而死），与越王勾践展开决战，一战击溃越国。越王勾践眼见国家站在毁灭的边缘，于是听从谋臣范蠡的建议，向吴国求和。

吴国的忠臣伍子胥认为这是灭越的天赐良机，便劝说夫差，不要答应勾践的请求。但越国大夫文种已经事先用美女、宝物收买了吴国太宰伯嚭，通过伯嚭的花言巧语，让夫差接受了勾践的投降。勾践随后入吴为质，像奴仆一样侍奉夫差。经过数年屈辱生活后，勾践回到越国，卧薪尝胆，推行改革，逐渐富国强兵，等待复仇的时机。

另一方面，吴王夫差打败勾践后，一步步走向霸业的顶点，甚至战胜北方的老牌强国齐国，与诸侯会盟于黄池。但是，吴王夫差听信伯嚭的谗言，杀害伍子胥，在失去忠臣辅佐后更加穷兵黩武，内忧外患日渐显现。

此时，勾践得知夫差已然骄傲轻敌，吴国士卒也已疲敝，便率军乘虚而入，于公元前473年攻灭吴国。至此，吴越争霸落下帷幕。

然而，在记述吴越争霸的早期史书中，比如《左传》《国语》《史记》，都没有关于西施的记载。

这三部史籍的编撰时间跨越了春秋、战国到西汉，其中介绍了春秋晚期，地处东南的吴国和越国相继崛起、称霸的基本情况。我们熟知的历史人物，如吴王阖闾、伍子胥、越王勾践、吴王夫差、伯嚭、范蠡、文种等悉数登场，但唯独少了西施的身影。

这就好像一部史诗大片，缺少一位风华绝代的女主角。

如果非要从这一时期的文献中寻找蛛丝马迹，可以发现，在《国语》《史记》的记载中，越王勾践败给吴王夫差后，为了忍辱负重、图谋复国，曾对吴国君臣使用美人计。

《国语·越语》说，越国为贿赂吴国太宰伯嚭，挑选了八名美女，精心装扮后送给伯嚭。越国大夫文种来到吴国后，代表越王向吴王表忠心，其中一个条件便是"以女赂君"，即靠送出女人来换取吴越和解，具体的做法是，让勾践的女儿服侍吴王，越国大夫的女儿服侍吴国的大夫，越国士的女儿来伺候吴国的士，这种条件可说是莫大的耻辱。后来，吴王夫差接受越王勾践的和谈，勾践带着大臣、女眷三百人入吴，而勾践本人亲自当夫差的马夫，鞍前马后地追随左右。

《国语·吴语》的记载是，勾践败给夫差后，以谦卑的言辞向吴国求和，提出送一个嫡生的女儿到吴国王宫，拿着簸箕扫帚给吴王打扫，并让嫡子捧着盘子和脸盆，当吴王的侍从（"一介嫡女，执箕帚以晐姓于王宫；一介嫡男，奉盘匜以随诸御"）。

到了西汉，司马迁的《史记》中保留了勾践"以美女、宝器，令种间献吴太宰嚭"等记载。

由此可见，在越国向吴国称臣的这段时间里，越国女子做出了极大的牺牲，越国甚至要靠她们出卖色相来换取吴国的信任。那么，让吴王夫差无比心动的美人西施，是否隐匿在这些可怜的女子身后？或者说，在后世的流传中，是不是这些为国献身的女子幻化成了西施的形象？

2

在东汉文人所著的史书中，西施姗姗来迟，终于正式现身吴越争霸的历史舞台。

东汉有两部著作记载了越国将西施献给吴王夫差的故事，一是袁康、吴平的《越绝书》，另一部是赵晔的《吴越春秋》。

关于这两部史书，学界一般认为其杂合正史、野史、传说等材料写成，不乏渲染的成分，但也具有一定的史料价值，如鲁迅先生对二书的评价："虽本史实，并含异闻。"

《吴越春秋》记载，在商讨复国大计时，文种向勾践献上"灭吴九术"，其中第四条计策是"遗美女以惑其心，而乱其谋"。文种对勾践说，我看吴王夫差喜好美色，而吴国太宰伯嚭是个奸佞的人，大王可以选两个美女送给吴王，麻痹他的心智。

于是，越王勾践在越国海选佳丽，"得苎萝山鬻薪之女，曰西施、郑旦……而献于吴"。

这里有个关键信息：西施并非越国权贵之女，而是出身民间的卖柴女。这是关于西施身世的早期记载。到了南北朝以后，随着民间传说和文学作品的演变，西施早年的身份才由"鬻薪女"变为"浣纱女"，并广为流传，形成共识。另外，这一文献还提到西施有个搭档叫郑旦，与她一同被选上，送入吴宫。

按照《越绝书》《吴越春秋》的记载，吴王夫差应该不知晓西施、郑旦的身世。

越国在献上二女之前，对她们进行了系统的训练，用三年的时间，让她们熟悉贵族的衣食住行，学习相关的礼节（"饰以罗縠，教以容步"）。结合浙江绍兴出土的汉代铜镜中，有"吴王"与"越王二女"的画像，可以推测，西施、郑旦是以贵族女子，甚至是王女的身份献给吴王夫差的。

《越绝书》说，吴王夫差得到西施后，"大悦"。西施入吴宫后，得到吴王夫差的宠爱，一直到越王勾践兴师复仇，她在吴国的时间大约有十几年。

《左传》记载，吴王夫差在位时修建"台榭陂池"，作为自己的住所，日日夜夜在宫中嫔妃的温柔乡中流连忘返。即便出去外头，他看到喜爱的东西也一定要夺走，在宫中积聚珍奇，贪图享乐，从一个为父报仇的英杰变成一个好大喜功的暴君。

尽管《左传》没有写出西施的名字，但也许从侧面反映，西施作为美女间谍，出色地完成了自己的使命。

关于吴王夫差的败亡，《史记》的描写中有一种英雄末路般的宿命感：越国军队攻破吴国都城后，勾践和夫差时隔多年再度对话。勾践决定对夫差网开一面，要把夫差流放到甬东（今浙江省舟山市），并享有百户封邑。吴王夫差却说："我老了，不能再臣事越王。我后悔当初没有听伍子胥之言，如今自取灭亡。"说罢，夫差拔剑自刎。

晋人王嘉的《拾遗记》中，则写了一个英雄美人的结局，更加重西施的神话色彩。

《拾遗记》将西施的名字写作"夷光"，说她和郑旦入吴宫后，吴王以"椒华之房"安置她们。吴国的宫人有时隔着珠帘，远远看到两位美女在窗边并坐，对着镜子梳妆，宫人们偷偷观望，感到"动心惊魄，谓之神人"。越国大军攻入吴宫时，吴王夫差一边搂着西施，一边抱着郑旦，坐在宫苑的树下。越国将士当然不知道高层的间谍计划，不认识西施和郑旦，但在见到她们后，也以为她们是"神女"，"望而不敢侵"。

《拾遗记》文学虚构的占比更大，但这说明，到两晋时，西施的惊世之美已经深入人心，她被送入吴宫迷惑夫差的说法，已得到广泛接受。

3

吴越争霸结束后，西施已经完成她的使命，而她的归宿，在后世成了一个人们津津乐道的话题。

宋人姚宽是较早关注西施芳踪的学者，还专门撰文论述西施的下落，总结出三种最有可能的结果：被杀说、归范蠡说、回乡说。

其中，第三种说法，即西施功成后回归故里、安度余生，主要是出自文艺创作，比如唐代宋之问的《浣纱篇赠陆上人》云："一朝还旧都，靓妆寻若耶。鸟惊入松网，鱼畏沉荷花。"这一说与西施故乡的传说也有相符合的部分，但缺乏历史文献的佐证。

至于第一种说法，西施被杀说，在《墨子》中有迹可循。

《墨子·亲士》曰："是故比干之殪，其抗也；孟贲之杀，其勇也；西施之沉，其美也；吴起之裂，其事也。"

此处列举了四位历史人物。比干是商朝末年的忠臣，他忠心直谏，却遭到商纣王的残害，为抗争而死；孟贲是秦国的勇士，受秦武王器重，经常和秦王比力气，由于秦武王举鼎绝膑而死，孟贲获罪被杀；吴起是战国初期的改革家，在楚国推行变法，功勋卓著，最终却死于政治事变。

按照这一说法，西施的结局和这三位文臣武将相似。她最终没有功成身退，而是被沉江而死，其不幸结局，也源于她最优秀的品质。如果没有那样超乎常人的美貌，她可能会一直是苎萝山下的鬻薪之女，平凡地度过一生，但她的绝色却让她扮演了救国的角色，最终还要遭受不公。

读到这里，有人可能会发现一个问题。

尽管墨子的生卒年存在争议，但根据现存史料，其逝世的时间（墨子去世年份有前390年、前420年等说法）不会晚于战国时期的吴起和孟贲，也就是说，《墨子·亲士》中关于吴起和孟贲的结局，是墨子本人无法预知的。

当然，这也有合理的解释，先秦诸子著作中往往有一些篇目是后人托伪之作，经过考证，《亲士》这一篇约成书于汉武帝时期，年代要早于《越绝书》《吴越春秋》。

《吴越春秋·逸篇》沿用《墨子》的说法，在讲述吴亡之后西施的下落时，写了这么一句："吴亡后，越浮西施于江，令随鸱夷以终。"

"鸱夷"的意思，是皮袋子。吴越之地江湖密布，将人装在皮袋子后沉入水中，是一种常见的酷刑，而这一描写，极有可能是西施被越国沉杀的经过。这个说法广为流传，但越人为什么要处死为国家做了这么多年地下工作的西施，至今还没有明确的解释。

有人受《东周列国志》等小说的影响，将此归结为勾践夫人的嫉妒心，认为西施回国后，让勾践夫人感到威胁，为了避免勾践垂涎西施的美色，甚至像夫差一样误国，勾践夫人便命人将西施沉入滔滔江水。这正应了《墨子》的那句"西施之沉，其美也"，也是所谓"红颜祸国"论的老生常谈，男人管不住自己的欲望，却让女人来承担罪责。但是，这一说主要出自文学作品。

还有学者从古代文献中找寻答案，比如引用《孟子》中的"西子蒙不洁，人皆掩鼻而过之"一句，推测越国之所以处死西施，是受当时的舆论影响。这个观点更为悲观，认为西施回越国后，并没有受到国家英雄般的欢迎，反而被认为失身于仇敌，蒙受"不洁"，于是越国人不顾西施的功劳，使她沉江而死，香消玉殒。

除此之外，也有人从"鸱夷"二字反复推敲，认为《吴越春秋》所说的"令随鸱夷以终"，并不是说西施被害，而是说西施随范蠡归隐。在《史记》中，范蠡辞官后隐姓埋名，自号"鸱夷子皮"。《史记索隐》说，鸱夷者，"用之则多所容纳，不用则可卷而怀之"，恰似范蠡的人生。

4

成书于唐代的《吴地记》，引《越绝书》佚文说："西施亡吴国后，复归范蠡，同泛五湖而去。"

这是西施另一个家喻户晓的结局：功成之后，她随"绯闻男友"范蠡泛舟五湖，飘然归隐。

范蠡是越王勾践的重要谋士。《史记》记载，范蠡助越王勾践灭吴，成就霸业。事成后，范蠡认为勾践此人可共患难而不可同享乐，于是弃官不做，离开越国。范蠡走后，专门写信给老同事文种，信中说，"蜚鸟尽，良弓藏；狡兔死，走狗烹",希望文种和自己一样,早日隐退,保全自身。文种得到范蠡的书信后,只是称病不朝,没有远离越王,结果还是被勾践赐死,可见,范蠡有先见之明。

范蠡从越国浮海北上,来到齐国,以"鸱夷子皮"的名号在齐国耕作、经商,几年之间就赚了数十万家产。齐国听说范蠡的名声,请他出山做卿相。范蠡又一次功成名就后,却长叹道:"居家只致千金,居官则至卿相,布衣之极也。久受尊名,不祥。"

不久后,范蠡将此前所赚的家产全部分给乡邻,自己再次归隐,辗转来到了陶地。范蠡认为陶地处天下之中,有利于做生意,于是再度创业,"致赀累巨万"。经过这两次创业,世人尊称其为"陶朱公",后世拜他为财神之一。

由于《史记》没有写西施的故事,范蠡的这段旅程中也就没有西施的踪迹。

但是,《吴地记》言之凿凿地说西施"复归范蠡",这里还用了一个"复"字。这就不得不说《吴地记》中记载的一个桃色事件:"勾践令范蠡取西施以献夫差。西施于路与范蠡潜通。三年始达于吴,遂生一子。"

这是说,当年,范蠡奉命护送西施入吴,吴越一衣带水,相隔不远,却由于二人坠入爱河,谈起了恋爱,这段路程走了整整三年,其间还生下一个孩子。之后,西施隐瞒与范蠡相爱的过往,入吴宫完成自己的使命。范蠡对西施念念不忘,最终等到吴越之争结束的那一天,携手西施,浪迹天涯。

对于这个匪夷所思的绯闻,有人觉得非常浪漫,有人却难以接受,特别是范蠡作为功遂身退的代表人物,是无数文人的理想镜像,实在难以想象他如此为爱痴狂。

对此,明代的王世贞批判道:"蠡为越成大事,岂肯作此无赖事?未有奉使进女三年,于数百里间而不露,露而越王不怒蠡,吴王不怒越者。"

王世贞的意思是说,范蠡是要干大事的奇男子,怎么会像个流氓一样和西施发展地下情,而且吴越之间就相隔几百里地,这点儿事情怎么可能保密,越王、吴王又不是傻子,他们知道了肯定怒气冲天,哪里还会有后续的故事。

宋代的罗大经支持西施随范蠡归隐的说法,但否认他们之间存在爱情,也不认同《吴地记》中的绯闻。罗大经在《鹤林玉露》中提出,范蠡之所以带走西施,不是因为爱她,而是为了"绝越之祸基,是蠡虽去越,未尝忘越也"。这种猜测维护了范蠡清心寡欲的形象,却贬低了西施,把为国献身的她说成红颜祸水,认为她留在越国就会惑主乱政。这种言论,对美女不太友好。

事实上,经过千百年来史家、文人的轮番塑造,西施的形象逐渐丰满,已经难以探究其本来面目。但是,她的故事终将随着中华文脉的不断延续而代代相传,如同永恒的美神,闪烁于历史的天空。作为"美"的化身,在历经万千艰辛后,西施和范蠡携手归隐,泛舟五湖,上演一段才子佳人的传奇。这是很多人希冀的美好结局。

高阳公主谋反案真相

大唐永徽三年（652），唐高宗李治接到了一则劲爆的消息：高阳公主被非礼了。

高阳公主是唐太宗的爱女，唐高宗的姐姐，早在贞观年间就已嫁给名相房玄龄的次子房遗爱为妻。这次公主被非礼，究竟是怎么回事呢？

据高阳公主的侍女交代，非礼公主的不是旁人，是房遗爱的长兄房遗直。同时，进宫汇报之人还向唐高宗透露，房遗直自从成为房氏大家长后，就不时与一些阴谋分子厮混，私下里经常发表一些瞧不上唐高宗的言论，实属大不敬。

房遗直莫名被弟媳控告非礼，很快意识到了问题的严重性。为了取得唐高宗的信任，他当即进宫举报高阳公主私窥天象，意图谋反。不仅如此，他还给唐高宗带去了一则更震撼的内幕消息——房遗爱曾与薛万彻密谋："若国家有变，当奉荆王（李）元景为主。"

薛万彻是唐初名将，以勇武著称于世。他是丹阳长公主的驸马，也就是唐高宗的姑父。假如此事属实，那性质可比公主遭非礼、房遗直妄言恶劣多了。话不多说，唐高宗马上命长孙无忌全权跟进。

于是，一桩带有八卦性质的家庭内部性骚扰案，由此演变成了十恶不赦的高阳公主、房遗爱夫妇谋反案。此后，在某些人有意无意地操控下，它还升级为针对唐初宗室的政治大清洗。

1

对于高阳公主被房遗直非礼的控告，唐高宗显然是不信的。

毕竟，早在贞观年间，高阳公主与玄奘徒弟、高僧辩机偷情之事，就曾闹得沸沸扬扬。后来，还是唐太宗及时赐死了辩机，这桩皇家风流韵事才总算没造成更坏的影响。可见，高阳公主的风骚早已声名在外。

不过，作为唐太宗的爱女，高阳公主又是不幸的。她生下来就注定要和她的姐妹们一样，成为父亲联络革命友谊、笼络世家大族的联姻工具。高阳公主一成年，唐太宗便迫不及待地将其许配给宰相房玄龄的二公子房遗爱。

房玄龄智谋双绝，与杜如晦合称"房谋杜断"。但房遗爱除了姓房，全身上下几乎没有一点遗传其父的足智多谋。史载，他"诞率无学，有武力"。就是说，智商不高，除了力气大点，别无优点。这样的人，自然难入高阳公主的法眼。

如此，高阳公主初嫁房家，就出现了事事不顺心的场面。为了给自己找补回一些尊严与乐趣，她不仅大胆地跟和尚们谈恋爱，更是经常在家向房玄龄夫妇"摆谱"。偏不凑巧的是，房玄龄的夫人范阳卢氏是贞观年间有名的"河东狮"，并不好惹。据传，唐太宗当年为犒劳房玄龄的辛勤付出，曾赐给他几个美女。结果，房玄龄却吓得瑟瑟发抖，声称把她们带回家，自己的妻子一定会生吞活剥了他。唐太宗不信，遂召卢夫人进宫，同时赏给她一杯"毒酒"，要她在死亡和许夫纳妾这两条路上选其一，卢夫人端起"毒酒"一饮而尽。

高阳公主在宅斗方面不是卢夫人的对手，找和尚谈恋爱又不被世俗所允许，思来想去，只能将目标放到房遗爱身上，极力撺掇他去争家产、充老大。

因此，房遗爱的大哥房遗直就成了高阳公主必须除掉的眼中钉、肉中刺。

唐太宗曾封房玄龄为梁国公，待遇等同郡王。按规定，房玄龄去世后，爵位应由嫡长子房遗直继承。但这样的约定俗成，不被高阳公主认可。房玄龄刚去世，她就在房家摆开战场，拿出皇家公主的声威，怂恿房遗爱勇夺原本属于长兄房遗直的爵位。房遗直不得已，主动上书告知唐太宗公主在房家胡搅蛮缠的前因后果。

唐太宗得知后龙颜大怒，把高阳公主叫来狠狠地训斥了一顿，并禁止她插手房氏爵位传承大事。

但唐太宗驾崩后，高阳公主又开始折腾了。她找到了即位的唐高宗，请求将房遗直踢出房家。唐高宗为人虽不如唐太宗果断，但其本人也以宅心仁厚著称。为了顾及高阳公主及房家人的面子，唐高宗一纸调令将房遗直、房遗爱分别发配到山西隰州（今山西省临汾市隰县）、湖北房州（今湖北省十堰市房县）做刺史。

高阳公主却仍不死心，在消停了一段时间后，径直控告房遗直非礼自己。这才有了开篇高阳公主与房遗直互咬的事。

2

唐高宗把案件交给长孙无忌处理，多少有点大材小用，但长孙无忌是皇帝的舅舅，自家人处理家务事，也算顺理成章。高阳公主的个性，长孙无忌显然是很清楚的。这起家庭纠纷案，审理起来并不困难。

不过从一个层面来看，既然唐高宗把这种小事委托给一位托孤大臣跟进处理，显然他想要看到的，也不是一般的审理结果。

长孙无忌应该怎么审呢？

打破常规。

什么是常规？像这种案子，高阳公主口口声声说自己被非礼，那就让公主提供事实证据和事件证人即可。同样，房遗直告公主谋反，只要拿出相关证据，他自己就能洗脱嫌疑，回家继续做他的梁国公。但这些方法，长孙无忌都没有用。

据《新唐书》记载，长孙无忌接到唐高宗的命令后，立即对双方当事人进行了"鞫问"。所谓"鞫问"，就是抓起来严苛审讯，必要时再上点手段，敲打一下。按照史书的表述，这场拷问是不分原告和被告的。也就是说，凡涉案人员，见长孙无忌前，或许都被上过了刑。

一番"鞫问"过后，案件的进展瞬间明朗了许多。长孙无忌很快就发现，所谓高阳公主被非礼一事，实际上还是高阳公主对房遗直的有意诬陷，目的依旧是拿到房玄龄遗留下来的爵位和财产。至于房遗直所说的高阳公主与房遗爱谋反之事，当下也并无实证。

然而，公主夫妇谋反的证据现在没有，不代表以后没有。

就在案件审讯阶段，均州（今湖北省丹江口市）传来了唐高宗的哥哥、濮王李泰病重的消息。李泰在贞观年间属于高度危险人物。当年，太子李承乾谋反被废后，李泰曾向唐太宗"表忠心"，称自己若当上太子，日后必会亲手杀了自己的所有孩子，将皇位传予弟弟李治，以保大唐江山万年太平。而在狱中的李承乾事后也曾供述，自己被逼谋反，除了手下人的教唆，最大的诱因还是李泰的咄咄相逼。李泰不满哥哥李承乾仅仅因为比自己年长就忝居太子之位，因而一直有取而代之的野心。为此，李泰遭到了唐太宗的有意打压。在处理完李承乾造反的事情后，李泰也被唐太宗贬作东莱郡王，迁往均州安置。或许是念及仅存的亲情，唐太宗在打压李泰的同时，并没有株连旁人。这样，曾为李泰心腹的驸马都尉柴令武、房遗爱等二十余名皇亲国戚，才获得了喘息的机会。

可这一切到了唐高宗即位后，就大不相同了。

虽然李泰夺嫡未能成功，但谁也不敢保证，像房遗爱、柴令武这些曾经的夺嫡推手不会再酝酿出新的阴谋。

此时，李泰病重的消息传来，更像是在提醒长孙无忌，环绕在唐高宗身边的潜在威胁仍未消散。就这样，原本奉命调停家庭矛盾的长孙无忌，不自觉地变成了另一起大案的"地狱判官"。

3

长孙无忌要把家庭纠纷案做成意图谋反案，容易吗？

不容易。

说高阳公主夫妇谋反，只是房遗直的一家之言。认真追究起来，充其量也只能算是个"动机"。不管是夺嫡还是谋反，没有计划、没有目标、没有行动时间，一切都是空谈。

不过，房遗直当初告发高阳公主谋反时，列出的证言里提道："主使掖庭令陈玄运伺宫省禨祥，步星次。"大意就是，高阳公主经常找掖庭局的首领太监陈玄运观星星、看月亮，占卜天象。

唐代的掖庭局，是专职管理宫女的宦官机构。高阳公主找太监看星星、观月亮，这事放在今天，顶多说明她婚内出轨，对驸马不忠。但在唐代，特别是在宫廷内，有资格窥探天象的，除了皇帝，就只有钦天监的天文学家。如果其他人敢在宫中占卜天象，一定会被认为是阴谋家。因为，只有心怀不轨之人，才会私窥天象。

高阳公主夜里跟太监厮混观天象，驸马又在做什么呢？顺着这条思路，长孙无忌把房遗爱的交往圈子捋了个遍，随即便发现了"惊人"的秘密：除了同为"官二代"的驸马爷柴令武外，将军薛万彻、侍中宇文节、荆王李元景等宗亲元宿都曾是房遗爱的座上宾。

薛万彻不仅是唐太宗的妹妹丹阳公主的驸马，更是唐初数一数二的猛将，曾跟随唐太宗大破窦建德、会战刘黑闼、平灭东突厥，立下赫赫战功。唐太宗在世时说过："当今名将，唯李勣、江夏王（李）道宗、（薛）万彻而已。勣、道宗虽不能大胜，亦未尝大败；至万彻，非大胜即大败矣。"房遗爱与薛万彻勾搭在一起，长孙无忌认为，这其中显然有不可告人之事。

至于侍中宇文节与荆王李元景，前者是房遗爱出事后第一个站出来替其求情的当朝重臣，后者则是房遗爱的弟弟房遗则的岳父，也是当时大唐宗亲里辈分最高的王爷。

一个驸马，与将军、宰相、宗王经常往来，这要是说不清楚，事就大了。

于是，长孙无忌将房遗爱抓起来，又重点审讯了一次。这回，房遗爱终于"吐真言"了。

据房遗爱交代，他跟薛万彻往来确实是因为看不惯当今天子的所作所为。那时，热衷议论朝政的薛万彻刚被重新起复为宁州（今甘肃省庆阳市）刺史。某日，薛万彻依例入朝。下朝后，两人就在房府小酌。喝着酒，薛万彻口无遮拦的毛病又犯了，借着酒劲吹嘘自己的功绩，并称："今虽患脚，坐置京师，诸辈犹不敢动。"考虑到薛大将军的威名，房遗爱称自己脑袋一热，才萌生了要推翻唐高宗的统治，另立荆王李元景为帝的想法。

至于为什么选荆王李元景，房遗爱称，这不仅因为荆王是其弟房遗则的岳父，更是因为其乃唐高祖在世诸子中最年长者。而且，荆王李元景从前还曾梦见自己手掌日月，那定是天命所归的象征。

至此,"房遗爱谋反案"总算是查出了点苗头。

4

可是,回过头细看,这桩谋反案的核心人物——房遗爱与薛万彻,两人虽说都与皇家有千丝万缕的联系,但在"房遗爱谋反案"酝酿之际,他俩都是被外放的刺史。说白了,就是手无寸铁的地方官,想要谋反如同痴人说梦。

再看房遗爱结交的谋反参与者——柴令武、宇文节和李元景,除了宇文节看起来稍微接近中枢权力外,柴令武、李元景根本不成气候。

当时实行的《唐律》也没有规定驸马、宗亲之间不能在私下里来回走动。若以此作为房遗爱私下结交外臣、意图推翻唐高宗统治的谋反证据,显然难圆其说。

即使这群"打嘴炮"的皇亲国戚,真的说了什么大不敬的话,依照《唐律》最多也就定个"口陈欲反之言"罪。按律,"诸口陈欲反之言,心无真实之计,而无状可寻者,流二千里"。也就是说,哪怕房遗爱他们说得头头是道,长孙无忌"勘无真实之状",依律还是不能重判的。

可长孙无忌依然死咬着高阳公主、房遗爱夫妇不放。

问题的症结或许还在于薛万彻。

唐太宗临终前,曾将三大名将之一的李勣贬到叠州(今甘肃省迭部县)做都督,为的是让登基后的唐高宗能够施恩于李勣,使之听命于新天子,避免托孤大臣长孙无忌一家独大。

薛万彻在贞观末年也因恃才傲物,盛气凌人,被人告发而流放象州(今广西壮族自治区来宾市),直到永徽二年(651)遇赦而归。薛万彻的脾性一向如此,唐太宗跟他相处多年,不可能后知后觉。根据史料记载,薛万彻一开始还不满意朝廷的处理结果,一个劲儿地怨怼唐太宗,引发了李勣向唐太宗上书建议杀他的举动。但直到最后时刻,唐太宗还是没有下手杀他。永徽二年遇赦而归后,本来已经在军中除名的薛万彻,又迅速成为唐高宗时代的宁州刺史。可见,其中必然有唐太宗的事先安排。

宁州的地理位置不容小觑。那里地处西北边陲，是唐朝的边防重镇，也是突厥等西北各部南下侵扰唐朝的必经之地。唐太宗留薛万彻一命，并让他成为唐高宗年间的封疆大吏，如果仅仅是巧合，那也太凑巧了些。

长孙无忌以唐高宗之名大办"房遗爱谋反案"，真实目的应是借机做掉政敌，打压朝臣，树立自己的威信。而当下，长孙无忌想达到这一目的，最好的办法就是以"房遗爱谋反案"为缉捕大网，将更多有想法却未遂的人囊括其中，一网打尽。

皇帝想办的案子，就这样变成舅舅想办的。

在此背景下，三审房遗爱，遂成了最终侦破"房遗爱谋反案"的关键。

5

要想扩大"房遗爱谋反案"的影响，关键还要看房遗爱能再说点什么。因此，长孙无忌援引当年废太子李承乾的卫士纥干承基首告太子造反有功的先例，让房遗爱透露更多谋反的内幕消息，争取宽大处理。

房遗爱本身智商就不够用，他不知道纥干承基被免死的真正原因是完整交代出了废太子李承乾谋反的犯罪事实。而他自己被长孙无忌审讯至今，所交代的不过都是些"莫须有"的罪状，根本经不起推敲，更构不成免罪的前提。相反，他之前所交代的一切，倒是很符合《唐律》规定的另一项大罪——诬告的定罪标准。凡做假证者，视同诬告，情节严重者，处以极刑。

房遗爱被长孙无忌忽悠了。在长孙无忌的指导下，只想活命的房遗爱又陆陆续续供出了包括吴王李恪、江夏王李道宗、左骁卫大将军执失思力在内的一系列皇亲重臣及军方高层的名单。

这其中，与前面的薛万彻类似，李道宗、执失思力也是出身军旅的高层。但这俩人与长孙无忌之间的矛盾并不算特别深。至于吴王李恪，那才是长孙无忌最希望房遗爱说出的名字。

吴王李恪之所以让长孙无忌念念不忘，很重要的一个原因就是唐太宗在世时，曾称赞李恪"英果类己"，并在已立李治为太子的前提下，三番四次地想把李治废了，更立李恪为太子。为此，唐太宗曾找长孙无忌商量，而长孙无忌则以其国舅的身份力争，称李治为人更仁爱，且陛下立太子诏书已下，不宜朝令夕改，这才保住了唐高宗李治的继承权。可即便如此，李恪在朝中的声望依旧很高，连后世的史官都说："太宗诸子，吴王恪、濮王泰最贤。"

此时，濮王李泰已奄奄一息，能威胁到唐高宗帝位的，岂不就剩吴王李恪一人了？

在长孙无忌的授意下，房遗爱一口咬定，先前与薛万彻商定的造反计划中，荆王李元景只是个备选，真正要做皇帝的是吴王李恪。

长孙无忌没有任何表示，只是宣布"房遗爱谋反案"审讯结束，急匆匆地将审讯成果汇报给唐高宗，请求照准执行。

长孙无忌的审判结果是：房遗爱、薛万彻、柴令武乃首犯，皆斩。作为他们的盟友兼亲人，高阳公主、巴陵公主（柴令武的夫人）、荆王李元景、吴王李恪赐自尽。而宇文节、李道宗、执失思力等"帮凶"，则与房遗爱、薛万彻等人的亲属房遗直、薛万备等同罪，流放蛮荒，无召不得回京。

6

面对舅舅长孙无忌审讯出来的结果，深感诧异的唐高宗表示个人情感难以接受。他专门在朝会上向大臣们求情，并声泪俱下地恳请舅舅轻判："朕兄弟不多，荆王，朕之叔父，吴王，朕兄，欲匄其死，可乎？"

欲匄其死，即唐高宗以极度卑微的姿态请求长孙无忌不要处死荆王和吴王。

但长孙无忌好像没听到一样，默然不言。看到太尉不发话，朝中大臣也都选择沉默中立。

直到朝堂气氛尴尬至极时，与长孙无忌政见一致的兵部尚书崔敦礼才勉强开了金口："陛下虽申恩，不可诎天下法。"言外之意，太尉审判公正，房遗爱等一干重犯不宜免死。

试想一下，朝堂之上，皇帝孤立无援，众臣只听长孙无忌之命行事，这种场景是不是像极了当年汉献帝身边的董卓、曹操行事？

长孙无忌借谋反案杀吴王李恪等人，其主要目的是尽全力守护唐高宗的皇位。从根本利益上而言，唐高宗的诉求应该与长孙无忌一致。可站在需要皇帝尊严的唐高宗这边来看，当年的曹操，不也是一直打着守护汉献帝的名义，挟天子以令诸侯？

长孙无忌此举，细思恐极。

当然，"房遗爱谋反案"的焦点，还是如何有效根除唐高宗帝位的潜在威胁。因此，求情无果的唐高宗依然用实际行动支持了长孙无忌的最终裁决。

永徽四年（653）二月初二，吴王李恪以谋反罪名被缢杀。同日，一心求活命的房遗爱与他的好友薛万彻一起，人头落地。作为本案的"导火索"，一生爱折腾的高阳公主，这回也没能逃过被杀的命运。

最惨的还得是房遗直。作为"房遗爱谋反案"主谋房遗爱的哥哥，他从头到尾都没有参加弟弟一家的谋逆，甚至还是首告房遗爱谋反案的功臣。但因为他是房遗爱的哥哥，以谋反罪连坐论，也被贬为春州（今广东省阳春市）铜陵尉，到遥远的岭南了此残生。

这样看，长孙无忌似乎赢麻了。可他并不知道的是，当刀笔吏拿来各项刑具送李恪上路时，在生命的最后时刻，这位王爷发出了震撼天地的诅咒："长孙无忌窃弄威权，构害良善，宗社有灵，当族灭不久！"

是的，"房遗爱谋反案"仅仅过去六年，长孙无忌就被唐高宗以相同的罪名逼令自杀。

"失踪"的唐朝皇后沈珍珠

建中元年（780）正月，唐德宗李适登基后不久，大明宫含元殿迎来了一场特殊的"封后大典"。

当日，年近不惑的唐德宗在群臣的陪同下，到含元殿上了三炷香。随后，他双手颤颤巍巍地将太后册宝及朝服放置于殿内的凤座之上。看着本该有慈母端坐的凤座，他再也压抑不住自己的情绪，跪伏在地，失声痛哭。

原来，这是唐德宗尊奉生母沈氏为"皇太后"的册立大典。只不过，沈氏并未能现场聆听儿子及群臣山呼千岁。因为，她失踪了，没人知道她的下落，甚至没人知道她是否尚在人间。

早在唐德宗即位前，他的父皇唐代宗就曾多次派人查探沈氏的下落。然而，诸般寻找，皆以失败告终。

尽管如此，继位的唐德宗还是不愿放弃。典礼一结束，他就采纳了中书舍人高参的建议，任命自己的四弟、睦王李述为太后奉迎使，别封四名沈氏族人为判官，派多人分行天下，继续寻觅沈太后行踪。

按说，沈氏集万千宠爱于一身，该是在宫中养尊处优，为何会突然失踪，让两代皇帝苦寻不得呢？

一切还得从头说起。

1

在民间传说中，沈氏有个动听的名字，叫沈珍珠。但在正史中，已婚女性按

第六章 女性疑案

照惯例，仅留下一个姓氏，叫沈氏。

历史上的沈氏，出身江南名门"吴兴沈氏"。从东汉到唐朝的数百年间，吴兴沈氏子孙繁衍，人才辈出。尤其是在社会动荡分裂的两晋南北朝时期，沈氏宗族更是涌现出沈庆之、沈约、沈法兴等一批才智超群、名重一时乃至改变历史进程的杰出人物。据统计，沈氏"子孙见史者158人，38人有正传，120人附焉"。

不过，睿真皇后沈氏或为吴兴沈氏旁支。史料记载，其先祖沈勰虽曾仕北周为骠骑大将军，但终未有传。至亲中最出名的，也只有曾随唐初大书法家虞世南学书的堂伯父沈从道。而在《旧唐书》中，关于沈氏入宫的记录，也仅有寥寥数语："父易直，秘书监。开元末，以良家子选入东宫，赐太子男广平王。"一个"赐"字，似乎也暗含着沈氏相对卑微的身份。

尽管如此，给东宫遴选"良家子"还是马虎不得。根据记载，与沈氏一同入选东宫的"良家子"还有四人，她们皆是"细长洁白"之人。可见，沈氏的神貌体态多半"纤瘦苗条"，兼具江南女子书香知性之美，与当时以"胖"为上乘之姿的审美相差甚大。但温婉动人的沈氏初入宫，凭借肤白貌美大长腿的优势，大概还是很讨皇孙、广平王李俶（即李豫，日后的唐代宗）的欢心。

不久后，沈氏怀孕。

天宝元年（742）四月，李俶的长子李适（即日后的唐德宗）降临人间。对于唐玄宗而言，李适的降生就如同"天宝"年号所昭示的一样，是上天赐予其荣享四世同堂的至宝。所以，李适出生仅半年，就被曾祖父赐封奉节郡王，跟自己的父亲享受同等待遇。

沈氏母凭子贵，即便不是王妃，凭借李俶、李适两父子在唐朝宗室的地位，理应在史书中留下一些侧影。但查遍唐史，生完儿子后，关于沈氏生平经历的记载便出现了断档。

《旧唐书》载："禄山之乱，玄宗幸蜀，诸王、妃、（公）主从幸不及者，多陷于贼，后被拘于东都掖庭。及代宗破贼，收东都，见之，留于宫中，方经略北征，未暇迎归长安。俄而史思明再陷河洛。及朝义败，复收东都，失后所在，莫测存亡。代宗遣使求访，十余年寂无所闻。"

《新唐书》的记载大致相似:"天宝乱,贼囚后东都掖廷。王入洛,复留宫中。时方北讨,未及归长安,而河南为史思明所没,遂失后所在。代宗立,以德宗为皇太子,诏访后在亡,不能得。"

还有《唐会要》,也是相同意思的复述:"天宝末,以胡寇犯阙,元(玄)宗西狩弃妃,故为贼所得,拘于东都之掖庭。代宗收东都,见之,留宫中。及史思明再犯河洛,遂失所在,十余年求之不得。"

掖庭,即唐朝皇宫特设的"女子监狱",专门用于关押犯罪官僚的女性亲属及犯了错的后宫宫女,关在里边的人,除了会受到行动上的限制,更会因此被籍没成黑户,成为终身被当权者驱役的奴隶。

也就是说,根据现有史料,除了能确信沈氏在安史之乱中曾被叛军俘虏关押外,在天宝年间整整15年里,她的经历可谓一片空白。

2

天宝年间究竟发生了什么?关于沈氏的记载是被故意抹去了,还是历史中的她确实缺乏"主角光环",活成了后宫佳丽三千中的芸芸众生?

沈氏的历史空白,或许与广平府里的另一个女人——崔氏,有直接的关系。

天宝五载(746),崔氏正式嫁予李俶,为广平王妃。她是杨贵妃与宰相杨国忠的外甥女,韩国夫人的女儿。众所周知,崔氏的小姨杨贵妃是晚年唐玄宗心里的"白月光",只要她有所求,无论是摘荔枝还是种石榴,唐玄宗都会第一时间安排上。正因如此,杨贵妃的崛起,使得其背后的整个杨氏家族成为天下为之侧目的皇门豪族。

史载,"(崔)妃挟母氏之势,性颇妒悍"。在小姨杨贵妃与整个弘农杨氏的帮衬下,崔氏在广平王府中有恃无恐,经常如母老虎般肆意发威。可以想象,在崔氏的威压下,其他位分不如她的王府姬妾,在府中过得会有多么艰难。

不仅如此,在李俶与崔妃大婚前后,李俶的父亲、太子李亨也正遭遇着此生最为严重的政治威胁。

当年年初,陇右节度使皇甫惟明入朝献俘。因宰相李林甫在朝中处处刁难太子李亨，皇甫惟明遂向唐玄宗提议罢黜宰相，起用太子内兄韦坚主持大局。此举很快遭到李林甫的打击报复，为了扳倒太子，李林甫故意把祸水往太子身上引，陷害皇甫惟明与韦坚勾结，欲谋朝篡位。太子李亨为自证清白，只能忍痛与太子妃韦氏离婚，并眼睁睁地看着结发妻子在宫内落发为尼，常伴青灯古佛。

而到了年底，李林甫又为太子李亨炮制了一出"杜有邻、柳勣之狱"，陷害太子良娣杜氏的生父杜有邻及其女婿柳勣"妄称图谶，交构东宫"，迫使李亨再度与地位仅次于太子妃的杜良娣离绝。

一年之内，两起大案，两次婚变，让太子李亨陷入极度的自我怀疑与焦虑之中。

值得一提的是，韦妃和杜良娣都曾对李俶有养育之恩。而广平王妃崔氏的舅舅杨国忠，却是协助李林甫炮制陷害太子之狱的罪魁祸首。李俶与崔氏的结合，无论从哪个层面来看，都应该只是一出政治联姻，双方并无过多真情流露。不过，看到父亲李亨的险恶遭遇，内心对沈氏或有几分怜惜的李俶也不得不收敛情感。只要"母老虎"崔妃一直坐稳广平王妃的宝座，李俶就不可能对沈氏有太多亲密举动。

况且，就算沈氏是李俶的初恋，以她温婉恬静的个性，显然也很难走进丈夫的内心。在历史中，真实的李俶常被后人评价为"性颇阴鸷"，在一个凡事讲究利益的丈夫面前，沈氏自然可有可无。

太子李亨与杨氏家族对立的日子，持续到天宝十四载（755）十一月十一日安禄山以讨伐宰相杨国忠为名，发动"安史之乱"后，才宣告结束。在这期间，作为一个仅给太子诞下皇孙却没有家世背景的后宫女子，沈氏被历史遗忘也是很正常的。

3

安禄山起兵后，唐廷很快陷入混乱。伴随东都洛阳与潼关的失守，老迈的唐玄宗也彻底放弃了长安。

天宝十五载（756）六月十二日，唐玄宗急令龙武大将军陈玄礼率禁军护驾，并召杨贵妃、太子一家及宦官高力士等亲属近侍随从,一并逃往四川。在这支规模浩大的流亡队伍里,广平王李俶与其弟建宁王李倓被划入护卫禁军,负责唐玄宗的安保。作为他们的家人,广平王妃崔氏、奉节郡王李适等也获得了避出长安的名额。

但奇怪的是,作为李适的生母,沈氏居然被所有人遗忘了。她没有随军南下,而是与其他未能逃出长安又侥幸活命的远支宗室命运相似,在帝都沦陷之际,被掳到了东都洛阳,为奴为婢。

至德二载(757),在名将郭子仪的辅弼下,广平王李俶挂帅统领的唐军九月攻克长安,十月收复洛阳。已消失近两年的沈氏,才再一次出现在历史记载中。这一年,她32岁。

这也是她作为皇帝儿媳、元帅之妻在历史中留下的最后一抹倩影。收复洛阳当日,李俶在掖庭宫中找到久未谋面的沈氏。作为李俶皇孙时代的姬妾,沈氏应该已是他身边唯一剩下的广平王府旧人。

然而,出人意料的是,夫妇俩劫后重逢,很快又分开了。正如《旧唐书》所记载,李俶"方经略北征,未暇迎归长安。俄而史思明再陷河洛。及(史)朝义败,复收东都,失后所在,莫测存亡"。

"俄而",即不久、顷刻的意思,看起来广平王李俶似乎没有时间搭救爱妾沈氏。可事实上,史书明确记载,史思明攻陷洛阳已是乾元二年(759)。也就是说,从唐军第一次收复洛阳到洛阳第二次沦陷敌手,中间有将近两年的时间。而自从此次收复长安、洛阳后,李俶在唐朝宗室内的名望就水涨船高。洛阳收复后仅7个月,他就被确立为大唐太子,并改名李豫,成为天下人公认的储君。在此情况下,即便是战乱年代,太子在东都找回自己的女人,应该也是易如反掌之事。

安史之乱期间,妻室离散的事情并不少见。譬如,曾写下《章台柳·寄柳氏》的韩翃,与爱妾柳氏就在两京沦陷时失联。那时,韩翃以"才干"效力平卢节度使侯希逸,而柳氏则为避兵祸,寄居在长安法灵寺。柳氏此前曾是韩翃好友李生的歌姬,容貌绝美。因此,替唐朝收复江山的回纥大将沙咤利在进入长安后，便想尽办法抢了柳氏为妾。后来，韩翃得知此事，遂求侯希逸上书朝廷，为自己讨回爱妾。当时，这件事在全国引起了巨大轰动。为了不破坏唐朝与回纥的关系，即位成为唐代宗的李豫最后裁决，让韩翃与柳氏破镜重圆，另赐两千匹绸缎给沙咤利以示补偿。

由此可见，在面对韩翃与柳氏的事情时，唐代宗知道该如何正确处理一段失而复得的爱情。但他偏偏在面对自己与沈氏的情缘时，只给对方留了个"未暇迎归长安"的答案。显然，他对沈氏的爱是不够的，甚至是不存在的。

如果说沈氏真如史书记载那样，是宝应元年（762）唐军"复收东都"时才失踪的，那么，这很有可能是沈氏自己玩失踪。毕竟，站在她的角度上看，她就像是一个被"渣男"玩腻了的玩具。当韶华褪去时，"食之无味，弃之可惜"的"鸡肋"命运，就成为她身上最牢固的枷锁。她的存在变得微不足道，她曾经享有的荣耀和尊严，也如梦境一般，变得虚幻而缥缈。而那座使她的命运跌至谷底的洛阳城，虽说曾让其经历过无数个无助的夜晚，但终究还是给她创造了逃离幽幽深宫的机会。当乾元二年（759）史思明攻入洛阳时，她的儿子李适已经是个年满十八的成年人了。再过两年（761），她的孙子、未来的唐顺宗李诵也即将诞生。在尚未受到程朱理学束缚人性的唐朝，沈氏完全可以隐于尘世，开启一段全新的生活。

当然，这只是基于有限史料的猜测。或许早在唐军第二次收复洛阳前，她已经不幸死于失救的洛阳掖庭宫中。只是她的死，在收复两京、中兴唐朝这种国家大事面前轻于鸿毛。待她的儿子李适率军夺回洛阳、寻母不得时，史书也就只能按失踪记录了。

4

既然唐代宗李豫对沈氏的爱不够，甚至不存在，为什么他在得知沈氏失踪后还要苦寻其下落，不惜惊动天下呢？

或许因为，沈氏是新任大唐储君、太子李适的生母。

历史上，皇帝传承是关乎国家政权稳定的大事。按照惯例，如无意外，太子必须由皇帝的正妻，也就是皇后所生的嫡长子出任。唐代宗在《答雍王让皇太子诏》中已明确了太子李适的"元子"（嫡长子）身份，要是没有太子生母，也就是沈氏作为"皇后"的身份进行对应加持，这一称呼恐难服众。

因此，从前不重要的沈氏，一下子成为整个大唐皇室为其下落抓狂的女人。

经过唐朝官方的苦苦搜寻，沈氏的下落总算有点眉目了。史载，唐代宗年间，寿州崇善寺曾有一位名叫"广澄"的女尼现身，自称是太子李适的生母，要求地方官吏将其护送入京，回宫认亲。

但很快，宫里的调查人员就断定，广澄并非皇帝日思夜想的"沈皇后"，而是太子李适曾经的乳母。

听闻此结论，唐代宗表现得异常愤怒，立即令人将冒名顶替的广澄乱鞭打死。

之后，唐代宗命人遍寻沈氏十余年，始终没有结果。

5

大历十四年（779），寻妻未果的唐代宗驾崩，时年38岁的太子李适登基，是为唐德宗。

唐德宗年近不惑，对生母沈氏怀有深深的思念。自派出极高规格的"寻母特使团"起，他就经常在宫中替沈氏祈福，并降旨皇妹升平公主，要她提前做好迎接太后归来的准备。

按照唐德宗的设想，太后返回长安后，并不需要急着返回皇宫报到，可先住进升平公主府，由公主亲自侍奉太后生活起居。之后，再根据太后本人的意愿，决定是否住进皇宫，安享晚年。可见，唐德宗为寻母所作的安排，显然比唐代宗细致妥帖许多。

或许也正是因为足够诚心，唐德宗这一次大张旗鼓地寻母终于有了回响。

建中二年（781），跟随睦王前往天下奉迎太后的女官李真一，自洛阳传回消息称，沈太后找到了！

唐德宗听说后又惊又喜，赶紧遣宫中老人前去仔细辨认。

第六章　女性疑案

此时，距离沈氏在洛阳最后一次现身，已过去整整24年，曾经见过或者服侍过沈氏的内廷人员皆已谢世。李真一又凭什么如此笃定地认为自己找到了德宗皇帝日思夜想的母后呢？

据史料记载，沈氏年轻时曾切瓜伤及左手大拇指，留下一道不深不浅的疤痕。而李真一称自己在洛阳找到的妇人，在相同的位置上也有相似的刀疤。并且，经奉迎使仔细核问得知，该妇人对宫闱之事知之甚深，许多故事都不像是坊间捏造的。同时，奉迎使走访左邻右舍时发现，该老妇人平日里颇有气度，与寻常市井百姓多有不同。

李真一的报告无疑给了唐德宗莫大的希望。

为解决宫人不识沈太后这一技术性难题，唐德宗特地在奉迎宫人前往洛阳前，召她们入宫面授机宜，将自己对母后的印象和盘托出。皇帝对母后的描述，在疑似沈氏的老妇人身上一一印证。但与代宗时期自称是太子生母的广澄尼姑十分不同的是，当奉迎使高呼太后千岁时，该名老妇人却目光惊恐，连连摆手，矢口否认自己的新身份。

可不管老妇人如何辩驳，所有的奉迎使都一口咬定她就是沈太后。在众人的奉迎下，她最终被迫做了天子的母亲，随奉迎使住进东都洛阳的上阳宫，并配合群臣演戏，为唐德宗圆梦。

然而，假的终归是假的。

就在唐德宗沉浸于母子团圆的大结局时，大宦官高力士的养子高承悦突然给所有人泼了盆冷水——他告诉唐德宗，所谓的"沈太后"，其实是高力士的养女。众臣感念皇帝仁孝，所以才不愿戳穿这一谎言，怕伤陛下的心。至于这名"高氏女"为什么如此通晓宫闱旧事，那是因为高力士得势时，其家人经常侍奉御前。

太后的真假，事关皇室的颜面。经过几番思量，唐德宗最终同意让高力士的养孙樊景超赶往洛阳进行辨认。结果十分遗憾，"沈太后"见到樊景超的第一眼，就承认了自己的欺君之罪，并称一切都是官员们的强行安排，不是她的主观意愿。

唐德宗虽然十分失望，但始终未怪罪高氏一族。反倒是那些参加过奉迎太后的大臣，此刻却纷纷上疏，要求皇帝从严处置高氏老妇的欺君之罪。

唐德宗却以"吾宁受百欺，庶几得之"止住了悠悠众口。在他看来，哪怕是假冒的沈太后，也给了他一点点希望的火光。

只是，历史何其残忍，直到驾崩之时，寻母27年的唐德宗依旧没能梦想成真。

6

唐德宗驾崩后，他的儿子顺宗李诵在位仅8个月就被宦官赶下了台，继位的是唐德宗的孙子、人称"中兴之主"的唐宪宗李纯。

李纯还是皇孙时，曾目睹唐德宗27年寻母的辛酸。虽然他十分理解祖父的用心，但对于是否继续寻找曾祖母，唐宪宗给出了否定的答案。毕竟，在他登基之时，时间已经来到了公元805年，而沈太后生于开元十四年，即公元726年，此时若还健在，那也是年届八旬的老人。按当时人的寿命而论，沈太后仍在世的可能性微乎其微。

于是，唐宪宗允准了朝臣们的建言，为沈太后上太皇太后谥册，追封为"睿真皇后"，并在唐代宗的元陵内为其修建衣冠冢，共享宗庙香火。

故事到此本应结束了。可近年，考古专家在洛阳意外发现了一块名为《大唐故杭州钱唐县丞沈君墓志铭并序》的墓志刻石。碑文称，钱塘县丞姓沈，名易从，"吴兴人也，得姓夏氏，发源平舆"，还说沈易从的高祖叫沈勰，曾任北周的骠骑大将军，后官居尚书左仆射。此外，该墓志铭记载，沈易从的曾祖沈琳做过隋朝的皇水部郎中、大理卿，管过水利和司法；祖父沈士衡做过陕州司马，父亲沈介福做过尚书司封员外郎，试长安令。这些名讳，跟史书中记载的唐德宗追封沈氏族人的名讳完全相同。由此可见，沈易从应是睿真皇后沈氏的伯父。

这块墓志铭还写道，沈易从"以开元廿九年十二月十九日，归窆于洛阳城东原"。古代葬仪普遍讲究"落叶归根"，沈易从死后葬于洛阳，很大概率说明这一支吴兴沈氏在洛阳有产业，甚至以洛阳为第二故乡，如此才会放弃归葬故里，择葬于此。对此，曾参与《沈易从墓志》研究的书法家刘灿辉称："除了新近发现的墓志，洛阳还发现有辈分与沈易从相差不远的沈家族人墓碑，说明沈家族人当时已在洛阳落户，甚至'沈珍珠'也可能就出生于洛阳。"

2019年，为配合西安城建工程施工，西安市文物保护考古研究院联合洛阳市文物考古研究院，对位于西安市长安区韦曲街道创汇社区细柳原上的7座唐代墓葬进行了抢救性发掘。其中，在细柳原北部发现了沈易从祖父沈士衡夫妻合葬墓。据沈士衡妻颜幼媛的墓志铭介绍，其为南北朝时期文学家颜之推的孙女，薨于唐高宗上元元年（674），生前与沈士衡有四子：余庆、介福、承庆和显忠。四子中，沈介福就是沈易从之父。唐高宗年间，沈介福曾任洛阳县尉，而沈士衡也在河南地区为官多年。根据墓志记载，沈士衡后来被葬于长安细柳原属于迁葬，此事发生于武则天垂拱四年（688），迁葬原因目前未知。

因此，如果洛阳真是"吴兴沈氏"的第二故乡，那么，真实的沈珍珠在安史之乱时选择留在洛阳似乎又多了一种解释——那就是唐代宗不想带她走，而她自己也想趁机逃离宫禁的束缚，在"老家"洛阳做一个凡尘女子。

历史上有太多的疑案没有真相，但反过来想，如果不是沈氏突然失踪，那一代又一代的人又怎会有想象的空间去续写唯美的"珍珠传奇"呢？

既然她从未告别人间，就让她活在人间的传说里。

同昌公主之死：死了一个公主，埋了半个王朝

唐懿宗咸通十一年（870）八月，一场轰动天下的葬礼在长安城内拉开帷幕。

当天，上自王公贵族，下至文武百官，所有人都在为一名妙龄女子的薨逝而哀伤。为了彰显葬礼的排场，皇帝不仅要求宫中内库无条件支出葬礼的一切花销用度，还亲自撰写了挽歌，并降旨要求在京官员必须全数披麻戴孝走上街头，为这名贵族女子祈福超度。

没错，逝者正是唐懿宗深爱的女儿同昌公主。

葬礼落幕之后，唐懿宗失去爱女的锥心之痛却久久不能平复。他没有办法看到那些涉嫌"杀害"公主的御医仍存活于世，于是，下旨将韩宗绍、康仲殷等二十多名太医逮捕斩首，并将他们的亲族三百余口投狱，交京兆府从严治罪。

这个丧失理智的"宠女狂魔"，让晚唐政局更加风雨飘摇。

1

同昌公主降世时，唐懿宗李漼还未登基称帝。作为唐宣宗的长子，那时，他的名字还叫李温。

李温并不讨父亲喜爱，虽说唐代立储有立嫡立长的规矩，但唐宣宗从未想过要立李温，反倒是对年纪更小的皇四子、夔王李滋寄予厚望，欲以其为太子，正位东宫。更令李温难受的是，唐宣宗对待子女的教育比此前的皇帝都要严苛，甚至到了不近人情的地步。唐宣宗原本想将次女永福公主许配给出身河南于氏的户部侍郎于敖之子于琮，永福公主对自己未来的驸马也极其满意。可就在婚事即将

敲定之际，永福公主与唐宣宗用餐时使了小性子，发了点脾气，当着她父皇的面把筷子折断了。唐宣宗二话不说，当天就下旨否决了这门亲事，改令第四女广德公主下嫁于琮为妻，从而让永福公主生生错过了这段天赐良缘。

好在李温并未被唐宣宗彻底边缘化，否则难保不会重蹈姐妹永福公主被疏离的命运。作为一名普通皇子，他还是如其他皇室子弟一般，早早得了父皇的封赏，赐爵郓王，在长安十六王宅开了府。

然而，随着时间推移，太子之位悬而未决，无形中也给郓王李温造成了极大的压力。史载："宣宗在位，春秋高，恶人言立太子事。（郓）王以嫡长居外宫，心常忧惴。"

就在这个时候，李温的宠妾郭侍姬（即郭淑妃）给他生下了可爱的同昌公主。

同昌公主出生后一直不曾开口说话，到了十岁那年，一日突然对父亲蹦出了两个字："得活。"当时唐宣宗正在弥留之际，紧接着，在郓王府惴惴不安的李温受到了左神策护军中尉王宗实、副使亓元实的拥戴，改名李漼，进宫做了皇帝，史称唐懿宗。

同昌公主因为这一声"得活"，从此被唐懿宗视为福星。在他看来，不管这是小孩子的顿悟，还是上天的特意安排，同昌公主一生的荣辱都将与自己息息相关。

随着同昌公主一天天长大，唐懿宗准备为爱女寻找一位出身高贵且同样无条件给予她爱宠的驸马。他属意的人选，正是出自世家京兆韦氏的韦保衡。

韦保衡是拥有进士功名的世家子弟，其祖父韦元贞、父亲韦悫也都是大唐进士出身。因此，韦保衡凭借"一门三进士"的威望，迅速成为那个时代的风云人物，羡煞天下读书人。

自同昌公主与韦保衡的婚事确立起，京兆韦氏就四处张罗公主出嫁后的衣食住行，并在家规上明令禁止包括驸马在内的族中子弟对同昌公主不敬，尽力为公主提供舒适且顺意的宫外生活氛围。

而唐懿宗给出的"嫁妆"亦十分厚重。据《资治通鉴》记载，咸通九年（868），同昌公主出嫁，唐懿宗为其赐第长安城的广化里，并"倾宫中珍玩以为资送"，还另外赐钱五百万缗做嫁妆。

在唐代，1000个铜钱为一缗，也称一贯，与一两银子的价值相当。同昌公主出降时，唐朝正处于内忧外患之中，赋税重地江淮刚刚传来了旱蝗灾害和饥荒的坏消息。另外，因为缺衣少食，初在桂州（今广西壮族自治区桂林市）戍守的粮料官庞勋在调防徐州、泗州时，鼓动军中将士起义。一时间，"庞勋自谓无敌于天下，作露布，散示诸寨及乡村，于是淮南士民震恐，往往避地江左"。江南震荡，烽烟四起，唐懿宗却拿出五百万两赞助同昌公主的婚礼，此爱女之切，对唐朝后期的经济、政局影响之大可想而知。

但沉浸于为女儿付出的唐懿宗，并未意识到自己的行为失当。据唐人苏鹗的《杜阳杂编》记载，同昌公主出嫁后，担心女儿在韦家不能享受到原有的生活水准，唐懿宗又给女儿送去各种美味佳肴，"其馔有灵消炙、红虬脯；其酒有凝露浆、桂花醑；其茶则绿华、紫英之号"，"又赐金麦、银米共数斛，此皆太宗庙条支国所献也"。

所谓"灵消炙"，按书中记载，应该就是极品风干羊肉，"一羊之肉取之四两，虽经暑毒终不见败"，其奢靡程度远超想象。而"凝露浆"，实际上就是采自清晨玫瑰花瓣上的露水。为了公主小抿一口，宫中内侍、宫女等人跑断腿，也是常有的事。至于"金麦、银米"，其来历更不容小觑。按《辞海》的解释，"条支"是古西域国名、地名，最早出现于《汉书》。此条支国，在安息西界，临大海（即波斯湾），汉和帝永元九年（97），西域都护班超曾遣甘英使大秦，"抵条支，临海而止"。学界推测，"条支"最有可能在今天伊朗、伊拉克所在的美索不达米亚平原上。由此可见，唐懿宗宠爱同昌公主，当真是为其付出全世界也心甘情愿。难怪《杜阳杂编》说，"自两汉至皇唐，公主出降之盛未之有也"。

对待驸马韦保衡，唐懿宗亦十分慷慨。与同昌公主成亲以后，韦保衡就像一枚"火箭"，火速飞升至常人难以企及的高位，先是"累拜起居郎"，很快再"以（韦）保衡为翰林学士，转郎中，正拜中书舍人、兵部侍郎承旨。不期年，以本官平章事"。

娶公主，做宰相，想必韦保衡做梦都会笑醒。

可活在"全世界的爱"里面，同昌公主的精神却一天不如一天。嫁给韦保衡不过年余，才步入桃李年华的她，就一病不起。

2

按照史书记载，同昌公主的这场病是"因梦而起"。

据说，某日，同昌公主午睡之时做了一个奇怪的梦。梦里出现了一名女子，自称是东昏侯萧宝卷的爱妃潘玉儿，她要索回同昌公主诸多嫁妆中一把"九鸾钗"，如若公主不给，便要实施强硬手段。同昌公主梦醒后，病根就落下了。

公主病笃，这可把韦氏一族及皇室吓坏了。

恨不得替女儿生病的唐懿宗，赶紧召来韩宗绍、康仲殷等二十多名御医为公主会诊，并下诏要求御医们不惜一切代价救活公主。由于同昌公主的病来得蹊跷，唐懿宗又对女儿"过钟宸爱"，不断催促御医们报呈公主的诊病报告，致使韩宗绍、康仲殷等人害怕担责，胡乱判定公主所患之症为疑难杂症，治病需要用世所罕见的药物方能见效。于是，以康仲殷为首的御医们给唐懿宗上奏，声称公主这病若"得红蜜白猿膏，食之可愈"。

"红蜜"究竟是什么，时至今日，仍无人知晓。而与"红蜜"仅一字之差的"石蜜"，则有明确史料记载产自古印度，自唐太宗时代起，就被引入中土，成为当时最优质的颗粒状红糖之一。因此，美国汉学家薛爱华猜测，"红蜜"或许是颜色更深且提纯度更高的砂糖。毕竟，在《本草纲目》中，"石蜜"也被认为有治疗"心腹热涨，口干咳"的功效，算是一味传统的中药材。

至于"白猿膏"，在此之前也从未闻于任何一部医家专著中，倒是古今都无法证其真伪的《山海经》中记载："南方有山，中多白猿。"可见，康仲殷等人所谓延医求药，从一开始就抱有诓骗唐懿宗的成分，想使其知难而退。

可是，让人意想不到的是，唐懿宗在内库挖地三尺，还真就找来了西域贡的"红蜜"数石和南海贡的"白猿脂"数瓮。治疗同昌公主的药饵配齐了，接下来就该是韩宗绍、康仲殷等御医们的主场发挥了。

唐懿宗在宫里静候佳音，公主府内的御医们却急得像热锅上的蚂蚁，顶着欺君罔上的罪名，拿着珍贵的红蜜白猿膏拼了命地喂给公主吃。

然而，同昌公主病殁的噩耗，还是在咸通十一年（870）八月初一传到了唐懿宗的耳中。

爱女的薨逝，让唐懿宗瞬间发狂。他誓要查明女儿去世的真相，而驸马韦保衡及京兆韦氏一族则担心公主之死会给他们带来杀身之祸。因此，同昌公主一断气，韦保衡就跌跌撞撞地爬入皇宫，向唐懿宗举报韩宗绍、康仲殷等人"误投医药"致公主身死的医疗事故。

唐懿宗为人本就"中庸，流于近习"，加上这次死的是同昌公主，冲动、愤怒的情绪立刻冲昏了他那颗不算英明的脑袋。韩宗绍、康仲殷等人在皇威震怒下，迅速成为众矢之的。

随着同昌公主的离世，他们立马沦为了这场"宠女"悲剧的牺牲品：韩、康二人被杀，连带朝廷医官二十余人丧命，其宗族三百余人被收捕。

3

那么，假使唐懿宗并不着急催促韩宗绍、康仲殷等御医要所谓的诊断报告，凭借这支特命的专家医疗队以及当时的医疗水准，同昌公主是否能逃过死劫？

这也很难。

首先，关于韩宗绍、康仲殷等人的身份，史料中呈现两种不同的表达。在《新唐书》中，修史者将他们笼统地称为"太医"。而在其他同类史料中，如《资治通鉴》《唐会要》等，他们的身份则被明确定义为"医待诏""翰林医官"。

太医和医待诏有什么差别呢？

差别可大了！传统意义上的太医，指的是有明确编制的宫廷医生；而医待诏，只不过是唐朝待诏制度下的产物。"待诏"这项制度最早源自汉朝，主要是以才技征召士人，使其听候皇帝的诏令，备皇帝随时顾问，也作人才储备之用。唐朝的待诏制度则明确规定，天子在大明宫、兴庆宫、西内、东都、华清宫皆设待诏之所，其所待诏者，涵盖"词学、经术、合炼、僧道、卜祝、术艺、书奕"诸方面。其中，词学最被看重。

也就是说，韩宗绍、康仲殷等所谓御医，很大概率并非专业人士。即使偶有医术高明者，也以书面功夫见长，多是纸上谈兵之辈。唐懿宗依靠他们给女儿治病，真应了一句俗话——病急乱投医。

当然，同昌公主年纪轻轻过早凋零，也不能全怪康仲殷等人诊断不明。

同昌公主去世后，宰相刘瞻曾为韩宗绍、康仲殷等亲族上书鸣冤，恳求唐懿宗不要矫枉过正。在这份奏疏中，刘瞻提到同昌公主薨逝前夕的状况是"久婴危疾，深轸圣慈；医药无征，幽明遽隔"。翻译成现代汉语就是，同昌公主之死，皆因公主之病病程绵长，病情隐微难断，这才导致韩宗绍等人对错症、下错药，枉送了公主卿卿性命，令陛下久久不能平复心情。

刘瞻并没有直接参与对同昌公主的救治，而他却能直接断言公主"久婴危疾"，且未获唐懿宗的针对性驳斥，说明公主久病之事，早就是皇室内外公开的秘密。

如果要在技术层面上深究同昌公主的死因，则她很有可能是死于自身所携带的某种原发性疾病。而这种病，以晚唐的医疗水平而论，即使再高明的医家也无法洞悉其成因，故才会导致公主久病夭折的结局。

4

同昌公主之死余波未了。

据《资治通鉴考异》引《续宝运录》记载称，同昌公主死后两年，即咸通十三年（872）五月，国子监司业韦殷裕突然跑到宫门外向唐懿宗递状纸，控告同昌公主的舅舅、懿宗郭淑妃之弟、内作坊使郭敬述惑乱宫闱，给唐懿宗戴"绿帽子"。

韦殷裕爆出的猛料是："内作使郭敬述与宰臣韦保衡、张能顺频于内宅饮酒，潜通郭（淑）妃，荒秽颇甚。"

看到韦殷裕的实名举报，唐懿宗要气炸了——不是针对被举报人，而是针对举报人。

韦殷裕刚把奏疏呈递御前，唐懿宗就顺手赏了他一个"杖杀，籍没全家"，罪名是"拟倾皇祚，别立太子"，企图颠覆皇权。随后，闻讯赶来的驸马兼宰相韦保衡，又在朝堂上掀起一轮"大清洗"，将与韦殷裕有关联的一众朝廷官员，包括工部尚书严祈、给事中李贶、给事中张铎、左金吾大将军李敬仲、右羽林统军张直方、太仆少卿崔元应、中书舍人崔沆、前河阴院官韦君卿、阁门使田献铦等通通贬斥出朝，竭力消弭此案的巨大影响。

《资治通鉴考异》是司马光编撰《资治通鉴》的"副产品"，旨在通过书证、物证、校勘等形式对一些记录指向不明的历史事件进行阐述。而国子监司业是专门负责教育、管理太学生的官员，不太可能接触到宫闱秘事。因此针对该书对此案的记载，史家胡三省曾认为，"其语杂乱无稽"，不可采信。

然而，就算《资治通鉴考异》中存在野史成分，《新唐书》及《资治通鉴》也都将该案所发生的情形记录了下来，唯独闭口不言韦殷裕参与"别立太子"的谋逆大事。参照《旧唐书》的阐述，该案发生之后，韦保衡、郭淑妃都"安和无事"，似乎说明唐懿宗受打击之后，只想一味掩饰某些丑闻。倘若真如韦殷裕所告发的一样，那《新唐书》中关于郭淑妃"以主故，出入娱饮不禁，是时哗言与（韦）保衡乱，莫得其端"的记载，应是不虚。

同昌公主作为郭淑妃与唐懿宗的"爱情结晶"，一路成长都有父皇母妃的保驾护航，唯独出嫁之后，却要耳闻目睹母亲与夫婿的乱伦之事。作为一位兴许有先天疾病的"温室公主"，岂有不病早夭之理？

5

面对郭淑妃的感情背叛与爱女的骤然离世，唐懿宗当真是彻底失去了理智。

惩治完韩宗绍、康仲殷等人后，唐懿宗又将矛头指向了替医待诏亲属们求情的宰相刘瞻。刘瞻是晚唐"牛李党争"核心人物李德裕的外孙女婿，也是当时为数不多的良相。明知唐懿宗爱女爱到痴狂，可是为了唐朝的江山社稷，他还是义无反顾地站出来苦劝皇帝减少杀戮。

结果此举正触霉头，唐懿宗大怒，将刘瞻贬斥出朝，任荆南（治所在荆州）

节度使。

正如刘瞻在求情的奏疏中泣血呈言："自陛下雷霆一怒，朝野震惊，囚九族于狴牢。因两人之药误，老幼械系三百余人。"唐懿宗的滥罚无辜，最终还是引发了朝臣们的普遍抵触。

身为晚唐酷吏，京兆尹温璋曾以腰斩女道士鱼玄机而闻名天下。但在看到唐懿宗如此株连无辜时，这位向来执法严苛、只忠于皇命制度的官员，还是向唐懿宗提出了自己的反对意见——"（温）璋上疏切谏，以为刑法太深"。

唐懿宗又是大怒，"贬（温）璋振州（今海南省三亚市西北）司马"。万念俱灰的温璋当晚自缢身亡。

与此同时，在朝任执宰的同昌公主驸马韦保衡变得更加为所欲为了。

韦保衡虽说有进士功名，但品行恶劣，私德有亏。他是咸通五年（864）的进士，但同科的其他学子不屑与之为伍，甚至有人还耻于与其同科入仕。在同科入仕的士子里，有状元萧遘、宰相王铎等人。特别是状元萧遘，出身南兰陵萧氏，平日里为人孤傲，又有堪比李德裕的才学，这让韦保衡心里十分忌惮。成为同昌公主的驸马后，韦保衡就以对方不礼敬自己为由，使萧遘被贬为播州（今贵州省遵义市）司马，逐出朝廷。

或许是出于宠爱女儿的情感转移，或许是由于与韦保衡家族达成政治联盟，总之，即便在同昌公主死后，唐懿宗仍对韦保衡宠遇有加。哪怕传出郭淑妃与韦保衡的乱伦之事，唐懿宗也未动摇。

而韦保衡则借助唐懿宗的无条件信任，"挟恩弄权"，只要对方有损他的自尊，不管是宰相还是节度使，一概竭尽全力扳倒。唐宣宗时代创下的些许中兴迹象，就此败坏殆尽。

6

唐懿宗久久无法走出丧女之痛，朝政和国家似乎不在他的关心范围之内了。

朝局稍稍趋于宁静之时，他又沉浸于佛教虚无的精神世界。众所周知，唐朝的佛教势力在唐武宗会昌年间（841—846）遭遇过一次毁灭性打击，直到唐宣宗即位后，因皇帝信佛，寺院经济才恢复生机。

与父亲唐宣宗相比，同样崇佛的唐懿宗却近乎疯狂。史载，他自即位起，就常在皇宫大内设坛，广度宫中人士受戒为僧尼。为此，咸通年间（860—874）曾有"两街大德僧尼二十八人入内"。可知，在这场持续的"佞佛"运动中，唐懿宗度人为僧的力度及影响绝无仅有。

朝臣针对唐懿宗的佞佛举动作出过严正的劝谏。咸通三年（862）左散骑常侍萧倣曾逆鳞直谏："昔年韩愈已获罪于宪宗，今日微臣固甘心于遐徼。"面对朝臣的冒死进谏，唐懿宗虽没有降罪于人，但也没有调整自己的崇佛策略。

但所有人都知道，沉默的唐懿宗，佞佛比从前更甚了。

咸通十四年（873）春，迟迟未能从丧女之痛中走出来的唐懿宗，又以为同昌公主祈福的名义，派人进谒法门寺并请佛骨。

有谏臣为了让皇帝停止其荒唐举动，引述唐宪宗迎佛骨后一命呜呼的故事，恐吓唐懿宗。结果，唐懿宗表示，他若"生得见之，死亦无恨"。为了满足自己极致佞佛的私心，唐懿宗又如从前为同昌公主办婚礼和丧礼那般，给唐朝国库来了一次"大摸底"。史载，唐懿宗"广造浮图、宝帐、香舁、幡花、幢盖以迎之，皆饰以金玉、锦绣、珠翠。自京城至寺三百里间，道路车马，昼夜不绝"。

到了当年四月，佛骨顺利抵京，唐懿宗又令禁军全体出动，沿街奏播佛乐，"沸天烛地，绵亘数十里"。随后，他亲自前往安福门，迎佛骨入禁中，并下跪磕头。佛骨在皇城内被供奉了三天，在此期间，唐懿宗下令赏赐宫中金帛，应施尽施。

这些被施与的钱财，历史上并未明确记载实数几何。不过，仅从同昌公主去世后的一连串反应来看，唐懿宗以女儿之名给唐朝造成的直接或间接经济损失都不可胜计。

佞佛靡财的唐懿宗最终没有得到佛祖的保佑，同年七月便驾崩了。随着他的离世，那些曾经假借同昌公主之名，做着祸国殃民之事的人都付出了应有的代价。

驸马韦保衡以排除异己、诽谤他人、结党营私等多项罪名被判贬澄迈（今海南省澄迈县）县令。之后，他的更多黑料被爆出，还未到海南，就被一纸诏令赐死于途。

然而，同昌公主之死所引发的蝴蝶效应还在持续蔓延。

唐懿宗驾崩后不久，对唐朝乃至中国历史产生深远影响的黄巢起义爆发了。黄巢的出现，让好不容易重新拼凑起来的大唐帝国再度陷入分崩离析的状态。对此，部分后世史家认为，唐朝覆灭之殇始于同昌公主之死。

而这一切，并非她所愿看到，也并非她所能控制。她不过是衰世之中的一朵人间富贵花罢了，过早凋零之后，幻化成了后人观照历史的一面镜子。

揭秘晚清名妓：真实的赛金花

1933年，寒冬腊月，北京大学教授、新文化运动先驱刘半农和学生商鸿逵来到北平（今北京）居仁里16号拜访一位老妪，随后与她一连聊了十几日，有意为其著书立传。

居仁里是当时有名的贫民窟，住的多是遭受遗弃的孤寡老人、体弱残疾的街头孤儿，还有年老色衰的风尘女子。而刘半农等人拜访的这名妇人，正是一个曾经倾倒四方，名扬海内外的美人。

刘半农后来在书中说："中国有两个'宝贝'，慈禧与赛金花，一个在朝，一个在野；一个卖国，一个卖身；一个可恨，一个可怜。"一个大学教授对一代名妓如此同情，甚至为其写书，实在前所未有。胡适就说："北大教授为妓女写传，还是史无前例。"从中亦足见赛金花一生的传奇色彩。

她是倚门卖笑的花船姑娘，也是春风得意的状元夫人；她是名声显赫的金花班主，也是救民水火的巾帼英雄；她是报纸杂志的新闻焦点，也是命运悲惨的贫穷寡妇。赛金花的一生，到底是幸还是不幸？

1

赛金花原名赵彩云，出生于同治末年。她父亲早年为避太平天国之乱，从家乡徽州一路逃到苏州。来到苏州后，家中生意衰败，一家人日子过得拮据，只能靠借债典卖度日。

赛金花长到十几岁，出落得十分标致，皮肤白皙，如花似玉，鼻子纤巧，满带似水柔情，眉眼俏丽，几分墨色韵味。那几年，赛金花家里境况越发困难，一个美丽的少女注定要为她的美付出代价，家里人也希望她能帮忙出去赚几个钱。

就这样，豆蔻年华的赛金花，毫无防备地被领到仓桥浜的花船上，做了"清倌人"，卖艺不卖身。一个花船姑娘，流连觥筹之间，丝竹声声，清歌妙舞，沦落风尘，身不由己。

如果没有那一次命中注定的邂逅，赛金花就要在花船中度过她的余生。然而，正是在画舫之中，她遇到了人生中的第一个贵人，也是她的第一任丈夫。

据说赛金花自小爱吃徽州的"状元饭"，即红苋菜加猪油拌饭。身边的人便逗她说："将来必定要嫁个状元。"不承想，一语如愿。

洪钧是在同治年间考中的状元，那时正当而立之年，风华正茂，从此步步高升，官至礼部侍郎。赛金花登上花船的这一年，洪钧因母丧丁忧在家，住在苏州城北，她13岁，他49岁。洪钧对赛金花一见倾心，常将她叫到府上，陪着他与朋友打牌。两人很投机，在一起有说不完的话，洪钧还时常送她贵重礼物。

林语堂曾在《吾国与吾民》中写道："做了官吏的人，侍妓侑酒之宴饮，无法避免，也无虑乎诽谤羞辱。"洪钧这个光芒万丈的状元，骨子里与寻常文人没什么不同，不过是在吟诗作赋、宦海沉浮之间，依靠风尘女子释放自己的欲望。可是对赛金花而言，这个男人给了自己久违的安全感。第二年，洪钧不忌世俗，将赛金花纳为妾，为其取名"梦鸾"。

尽管是娶姨太太，洪钧还是将婚礼办得很气派。赛金花坐的是绿呢轿，前面打着红纱灯，街上人潮涌动，屋内喜气生辉，这是她一生难忘的回忆。丁忧期满，洪钧带着赛金花入京复职。

在京城，江苏同乡京官常来洪府走动。被誉为"小才子"的曾朴与赛金花相识，他管洪钧叫"太老师"，叫赛金花"小太师母"。

世人传言，曾朴暗恋赛金花。他曾如此回忆在洪家所见的她："彼时赛风度甚好，眼睛灵活，纵不说话，而眼睛中传出一种像是说话的神气，譬如同桌吃饭，一桌有十人，赛可以用手、用眼、用口，使十人俱极愉快而满意。"在他晚年的自述中，提及这位"小太师母"，常带有轻薄之语，让人不由得浮想联翩。

爱而不得的曾朴，日后以赛金花的经历为线索，创作了他的代表作《孽海花》。该书被称为晚清四大谴责小说之一，鲁迅称赞其"结构工巧，文采斐然"。该书主旨是批判晚清社会，而不是讲述儿女情长，可是书中以赛金花为原型的人物傅彩云，却风流淫荡，不断给丈夫戴绿帽子。赛金花深恨此书，认为这是对自己的污蔑。

在《孽海花》中，曾朴捏造了不少香艳片段，说赛金花随洪钧赴欧时与船主私通，又与风采奕奕的日耳曼少年瓦德西有私情。这个瓦德西，正是后来八国联军侵华时的统帅。

其实，当时瓦德西早已不是什么翩翩美少年，而是一个年过半百的中年大叔。但是，赛金花与瓦德西的风流韵事，已成为她平生一桩未了公案。他们的纠葛始于一次欧洲之旅。

2

1887年5月，洪钧奉命出使欧洲四国，一去就是三年。

由于正室要留家操持家事，就由赛金花随之出洋。他们到的第一站就是德国，赛金花还在柏林生下了一个女儿，因生在德国，取名德官。

赛金花对刘半农等人说，在此期间，她并不认识瓦德西，更不可能有所谓的私情。此时的她，正以公使夫人的身份，随洪钧觐见德、俄皇室，出席宫宴，甚至还与俾斯麦打过交道。

她一生未进学堂半步，常年混迹于三教九流之中，却学会了琴棋书画、诗词歌赋，更在旅欧期间学了几门外语。冰心回忆自己见过晚年的赛金花："那时的她，漂亮是看不出了，皮肤倒还白净，举止也算得上大方文雅；意外的是，居然跟来访的美国记者用英文谈了几句。"

不幸的是，从欧洲回来才三年，洪钧就去世了。他将赛金花从漂泊无依的生活中解救出来，却无法给她一辈子的幸福。随后，赛金花被逐出洪家，她唯一的女儿被夺走，洪钧临终赠给她的五万块钱则被其族弟私吞。转眼间，赛金花又回到了孤苦无依的生活中。

一朵娇花独自面对狂风暴雨，注定只能零落成泥。

走投无路的赛金花选择在上海重操旧业。十里洋场，勾栏林立，赛金花来此地挂牌后，客人络绎，车马盈门。之后，赛金花又去天津开了个"金花班"，招揽一帮年轻貌美的南方女子，短短几年间，名声大噪。

有交际花的地方，自然会有高官贵胄，不然一个巴掌拍不响。户部尚书立山和赛金花最为要好，初次见面就给了她一千两银子。立山一向挥金如土，据说还曾掷千金和清朝宗室载澜争夺一名妓女。赛金花又和立山的一个好友拜了把子，从此，有了一个威风八面的称号——赛二爷。

在立山的帮衬下，赛金花又将事业发展到北京的八大胡同。八大胡同是烟花女子集聚的"红灯区"。那时候，老北京人会指着八大胡同，一语双关地说，去那边，就是走"斜"（邪）道。梁实秋也曾在《北平年景》一文中写道："打麻将应该到八大胡同去，在那里有上好的骨牌，硬木的牌桌，还有佳丽环列。"

而赛金花人生最传奇的一个故事，正是发生在北京。

3

赛金花来到北京时，看见满大街都是闹拳的，他们红布包头，腰系红巾，手里一把大刀。他们相信练拳可以躲避子弹，刀枪不入，嘴里嘟囔几句咒语，便身怀神功。义和团的热潮席卷华北，四处烧教堂、杀洋人，恐惧在洋人心中滋长。赛金花的金主立山本来一向会拍慈禧马屁，这次却拍到马蹄子上，因反对义和团而被处死。

1900年6月20日，德国公使克林德在北京街头被打死，成为八国联军侵华的导火索之一。八国联军一来，义和团的神功都"失灵"了，清军也保持着稳定发挥，一如既往难以招架洋人的枪炮。

北京，失守。

慈禧早就逃走了，留下城里的百姓身陷水深火热之中。入城后，八国联军公开抢劫三日，全城陷入混乱和恐慌之中。据英国人的记载："北京成了真正的坟场，到处都是死人，无人掩埋他们，任凭野狗去啃食躺着的尸体。"

有一夜，几名德国士兵闯入赛金花的住宅。本想趁机烧杀劫掠一番的德国士兵，却惊讶地发现，眼前这个风尘女子竟然能够说一口流利的德语，怀疑她绝非等闲之辈。时过境迁，昔日的公使夫人已经成为京津名妓，但正是这几句德语，助她绝处逢生。

据赛金花描述，在德国士兵这次骚扰后，联军统帅瓦德西就派了一辆车前来接她。瓦德西对赛金花十分欣赏，将她奉为座上宾，两人结下深厚情谊。赛金花应瓦德西的请求，帮他们解决粮草供需困难，又找手下姑娘供德军消遣，并借着与瓦德西的私交劝洋人停止烧杀，保护文物。

外界传闻他俩有床笫私情，瓦德西才对赛金花百依百顺。甚至有传言，当时瓦德西与赛金花同居仪鸾殿，某天半夜失火，瓦德西抱着赛金花破窗而出，仓皇逃窜，两人皆一丝不挂。

她跟克林德夫人还有交情。愤怒的克林德夫人一心要为丈夫报仇，请求德国政府对慈禧严惩不贷。据说，多亏赛金花苦口婆心地劝导，才让她放下仇恨，同意妥协，以为克林德立一座石碑来作为补偿。

这便是《辛丑条约》中规定的克林德碑，上面还有"为国捐躯，令名美誉"等语句。一战后，北洋政府才将这一耻辱性建筑拆除。

事实上，赛金花本就是生意人，在国难当头时想得更多的也不过是有利可图，与瓦德西等洋人也多是生意上的来往，而西方列强对华政策在战前便已确立，也不是一个女子就可以改变的。

可赛金花还是因为游说洋人的种种举措，被牵强附会为"九天护国娘娘"。更有留在京城的王公大臣向她求助，请求庇护。民间舆论也多称颂赛金花的义举，他们对愚昧的慈禧、腐败的清廷感到失望，转而将希望寄托在赛金花这一弱女子身上，从而成就了一个巾帼英雄的传说。

其实就连赛金花本人，对此事的说法也自相矛盾。她对刘半农说，随洪钧出使德国时，并不认识瓦德西。但在曾繁写《赛金花外传》时，她又对作者说，庚子那年她与瓦德西已阔别十年之久。在接受《申报》记者采访时，她又说："我与瓦德西住在仪鸾殿共四个月，他走的时候要带我回德国去，我不愿意。"

4

无论是 20 世纪初的"赛金花热",还是六七十年代的"批判赛金花热",对赛金花人生的叙述中,1900 年,都是绕不过去的一年。

其中真真假假,似乎早已无足轻重。

不管赛金花做过什么,是否堪称义举,在世人的眼中,她依旧是卑贱的。犹如法国作家莫泊桑的小说《羊脂球》中,那个为同伴奉献自己,最终却只能受冻挨饿的妓女一样。

庚子之后,无人再敬重赛金花。

1903 年,金花班新来的姑娘凤铃自杀。坊间传言她是被赛金花虐待致死,引起京城轰动。命案发生后,赛金花被逮捕下狱,接受审讯,"护国女侠"转眼间成了阶下囚。亲友花了不少冤枉钱,才为她争取到从轻发落,而那些曾在庚子之乱向她求助的人,都翻脸不认人。

经过这一劫,赛金花倾家荡产。

为了谋生,赛金花回到上海再开妓院,此时她已年近不惑,却又做上了皮肉生意。"九天护国娘娘"的光环似乎已与她无关。屋漏偏逢连夜雨,1908 年,赛金花得知自己女儿在苏州病死,那是她在这世上唯一的骨血。

赛金花悲痛欲绝,曾经的荣华富贵如过眼烟云,眼前的生离死别如万箭穿心,可生活还得继续。

5

赛金花经历过几次失败的恋情和婚姻,被世人视为命薄克夫的红颜祸水。在历经坎坷之后,她仍希望找到一个感情寄托。

民国以后,赛金花第三次在上海为妓。她所接待的人物,从清朝贵胄变为革命新贵,无论是在哪个时代,官员们对女色的追求出奇一致。

然而,赛金花老了,时间如刀,在美人额上留下痕迹。曾朴曾在此期间与她相见,据他描述:"赛时已五十岁左右,神气尚好,惟涂粉尚厚,细看可见其皮已皱，喜着男装。"

这时，曾为参议院议员的魏斯炅，走进赛金花的生活，这是她最后一段感情。魏斯炅为推翻清朝的辛亥革命做了不少工作，后又积极参与反对袁世凯的运动，二次革命失败后，魏躲入上海，得到赛金花的帮助，乔装逃亡海外，二人从此结缘。1918年，赛金花嫁给魏斯炅。她晚年时，最爱喋喋不休的就是嫁给魏斯炅的这段经历，"一切生活已极为平凡，无何足以传述矣"。

婚后，她与丈夫迁居北平，住在樱桃斜街。樱桃红妆，疏影横斜，历经坎坷的奇女子，若能在这里安度晚年，亦是一个圆满的句号。然而，天不遂人愿，结婚仅三年，魏斯炅就去世了。在江西会馆开追悼会时，很多人送来挽联，把赛金花骂了一顿。

护国女侠是她，红颜祸水也是她，赛金花大受刺激，从此迷上抽土烟，麻醉自己。在和魏家人争执失败后，她再次被逐出家门，搬到居仁里，一住就是十几年。

6

作家张恨水的朋友，在一次茶会上见到58岁的赛金花，她尽管人老珠黄，还是在双颊微微擦着胭脂，额头上仅有几道微痕，看上去五十岁都不到。可张恨水的朋友回来后，还是惋惜地说："美人自古如名将，不许人间有白头。赛金花在三十年前死了就好了。"

张恨水笑道："不然。白头宫女在，闲话说玄宗，不也是一件有趣的事吗？"

在生命的最后几年，赛金花再度成为名人，来访者络绎不绝。知名文人和小报记者对她接连采访，遂使她的故事凭空多出了很多版本。

1935年，夏衍创作的话剧《赛金花》上演后，赛金花在庚子年保国安民的形象深入人心。该剧与当时救亡御侮的怒潮交汇，一时大受欢迎。可是，事情的真相究竟为何，赛金花的晚年生活过得怎样，根本无人关心，人们需要的只是一个爱国女英雄的形象，赛金花也看不到舞台上演员扮演的自己。

此时的赛金花早已穷困潦倒。她一开始还有微薄积蓄，后来就全靠零碎的接济。

一则《八角大洋难倒庚子勋臣赛二爷》的报道，进入民众视野，原来，她已经付不起一个月八角的房租，面对房东的控告与驱逐，只能默默忍受。谁还记得，这就是当年八大胡同的赛二爷？

经过法庭判决，没钱交租的赛金花，将于民国二十六年（1937）端午节前迁出。

1936年12月4日，还没等流落街头，赛金花就在饥寒中去世了。她走的时候，身边没有一个亲人，多亏一些同乡发起募捐，才得以安葬在陶然亭公园，唯有枯木、霜雪相伴。

她的一生，到底幸还是不幸？不禁让人想起相传为仓央嘉措所作的一首诗：

那个女子

满身都是洗也洗不尽的春色

眸子闪处，花花草草

笑口开时，山山水水

但那块发光的松石

却折射着她一生的因缘

她坐在自己的深处避邪

起来后再把那些误解她的人白白错过

一挥手

六尘境界到处都是她撒出的花种

当赛金花的传奇人生落幕，是非虚实，只留待后人评说。

第七章 惊世奇案

北宋阿云案：惊动高层的少女杀夫案

像往常一样，农民韦阿大经历一天的田间劳作后，来到了农田旁边的茅舍休息。

夜渐渐深了，韦阿大的呼噜声犹如一阵阵闷雷，响彻四周。突然，熟睡中的他，感觉到身体一阵生疼。一睁眼，便看到一道瘦弱的黑影举刀朝自己砍来。寒光闪过，韦阿大瞬间清醒，忙用手去挡，却被凶手硬生生地砍断了一根手指头。

断指之痛，痛彻心扉，韦阿大倒地号叫不止。

见势不妙，凶手立即丢下刀具，跑出屋外，消失在黑夜中。

天亮后，韦阿大忍着剧痛前往县衙报官。虽然他没有看清行凶者的面目，但其他村民佐证韦阿大家境贫寒、社会关系简单，于是，县衙便将怀疑的目光锁定在了韦阿大未过门的年轻妻子阿云身上。

经过衙役们的讯问，阿云对犯罪事实供认不讳。据其交代，她杀韦阿大的动机有两个：其一，韦阿大貌丑，她不喜欢；其二，她与韦阿大的婚约，乃其叔促成。她自幼父亲早逝，家境贫寒，与母亲相依为命。在正式嫁予韦阿大之前，其母又因病去世，其叔并不希望她继续在家浪费粮食，遂加紧敦促她与韦阿大成婚。阿云认为，自己家贫难以与丈夫和离，遂决定杀了韦阿大，并趁夜色逃离当地，远走高飞。

这是北宋治平四年（1067）的案子，发生在京东东路登州（今山东省烟台市）。

"阿云案"事实简单清晰，县衙也觉得是时候结案了。县官便将审讯卷宗呈交登州府，提请以"妻杀夫"的罪名对阿云判处斩刑。但很快，此案却在大宋王朝掀起惊涛骇浪，并引发了整整一代人的司法大讨论。

1

对于阿云案的初审结论，登州府一开始并无异议。按照程序，由县衙递交上来的卷宗，得先由州府负责推鞫的司理参军过目。

所谓"推鞫"，就是审讯。宋朝实行"鞫谳分司"制度，要求一切司法案件必须做到审理权和判决权分开，避免官员一家独大，滥用私刑。为了让州府的复核更加公平公正，当时的法律还要求，凡处徒刑以上的案件，均需经过审讯、录问、检法、拟判、过厅、定判等六道程序。在这个过程中，司理参军不仅需要对复核的案件进行再次审讯，拿到关键证据，还需要组织州府的推官、判官，从《宋刑统》中找到合适的量刑罪名，套用定罪。最后，经过多次预审判、投票审议后，确定程序无误，才递交给当地的知府或知州进行二审裁决。

如此，即便是案情再简单、证据再清晰的一桩案件，也可在程序上尽量避免误杀、错杀等司法谬误的发生。不过，由于审理和判决"双权分立"，地方主政官员与地方司法官员意见不一导致案件无法推进或走向另一个极端，也属于正常情况。

阿云案就出现了这样的意见分歧。

登州知州许遵看完司理参军整理的案件综述后认为，阿云"谋杀亲夫"的罪名不能成立。理由是，阿云刺杀韦阿大时，两人并不存在事实婚姻关系。因为，阿云是在为其母守丧期内被叔叔硬逼着嫁到韦阿大家的。

根据《宋刑统·户婚律》关于"居丧嫁娶"的规定："诸居父母及夫丧而嫁娶者，徒三年；妾，减三等。各离之。"意思是，但凡在父母或丈夫的丧期之内婚配嫁娶的，一律可视为犯罪，男女双方各判三年徒刑。如果女方嫁过去为妾，则照原罪名减三等执行。丧期内的婚姻作无效处理。

因此，许遵认为，阿云的谋杀动机虽然成立，但阿云杀韦阿大并不构成行为对象为特定身份的谋杀亲夫"恶逆"重罪，应该根据韦阿大目前的受伤状况，比照"谋杀已伤"罪，以绞刑论处即可。

许遵是宋朝审刑院"空降"到地方的见习官员。宋朝的审刑院隶属于大理寺，主要权力是复查大理寺所断的案件，其职能大约等同于今天最高检的死刑复核检察厅。许遵上任登州前，就已经获得了朝廷的恩典，只要他在登州安安稳稳地见习完，回朝就能升任判大理寺事（即大理寺卿）。由于有这层身份关系，许遵的判决，州府以下的官员虽有疑义，但也无人敢反驳他。

随着案件复审的推进，许遵还发现，这次县衙办理阿云案之所以如此迅速，完全得益于阿云的快速招供："县尉令弓手勾到阿云，问：'是你斫伤本夫，实道来，不打你。'阿云遂具实招。"他认为，单凭这一条卷宗记录，就足以说明阿云是在县衙开始正式司法审讯前自首的。

宋仁宗颁布的与《宋刑统》具有同等法律效力的《嘉祐编敕》规定："应犯罪之人，因疑被执，赃证未明，或徒党从就擒，未被指说，但因盘问，便具招承。如此之类，皆从律按问欲举首减之科。若已经诘问，隐拒本罪，不在首减之例。"许遵指出，阿云与韦阿大既非夫妻，又有"犯罪未发"的自首情节，官府应该给予宽大处理，即在已判阿云因故意杀伤罪得绞刑的基础上，再依《宋刑统》的规定，"归首者得减罪二等坐之"，判阿云流放两千五百里。

而针对"流刑"，出于人本考虑，自宋太祖时期起，又可依照判罚距离折算成"脊杖刑"。以阿云案为例，若流放两千五百里，可折算为"脊杖十八，配役一年"。

也就是说，委屈嫁予韦阿大的阿云只要熬过脊杖刑，再在脸上文个字，到军中劳动一年，就算刑满了，活下去不成问题。

2

许遵的判罚，展现了一名大宋地方官"慎刑"的人性之光。不过，阿云案的卷宗按例呈交到了"路"一级的提刑司和大理寺后，却遭到了严厉驳斥与打回。

大理寺的官员对许遵判决阿云与韦阿大"违律成婚"，予以支持。他们驳回许遵的审决缘由是，阿云谋杀韦阿大，致使被害人受伤是铁定的事实。这一条，在《宋刑统》中有明确的规定，即"其于人损伤，于物不可备偿，即事发逃亡，若越度关及奸，并私习天文者，并不在自首之列"。也就是说，许遵判阿云流放两千五百里，属于裁决不合法——因为法律中早已明文规定，出现致人损伤、毁物难偿、事发逃亡、偷渡过境、奸淫妇女、私窥天象等特殊情况，即使有审讯前自首的情节，也不满足自首减刑的条件。

看到大理寺的这套解释，出身审刑院审议官的许遵来劲了。

他上疏抗议称："（阿）云被问即承，应为按问。审刑（院）、大理（寺）当绞刑，非是。"他的驳斥逻辑是，既然阿云案本身是因谋杀不成才改判的故意杀伤罪，那咱们这些当官的在审讯这宗案件时，就不能紧盯着阿云故意杀伤韦阿大的犯罪事实来判决。阿云想要的，是韦阿大死，只是韦阿大命大，才被砍断一指而已。

面对许遵的辩驳，审刑院及大理寺官员不置可否。为了不影响同僚间的和气，大理寺遂以阿云案为"疑案"之名，向朝廷奏请圣裁。

当时，皇帝是即位不久的宋神宗。看到大理寺与许遵之争，宋神宗也颇感诧异：难道一桩平常的民妇杀人未遂案，真就这么难判？

宋神宗不是专业的法律人士。为了使阿云案的审理更加公平公正，于是诏命大理寺将案件移交刑部，由刑部官员再审此案。就这样，原先在一旁"看戏"的刑部，卷入到了阿云案的审理讨论中。

不久，刑部的审理意见出炉。刑部官员一致认为，许遵为官狂妄，朝廷应首先对其行为予以严惩；其次，根据阿云案的犯罪事实，阿云"谋杀已伤"罪名成立，应判绞刑。但此时正值宋神宗的"守丧期"，上天固有好生之德，所以刑部建议让阿云花钱抵罪，免其一死。

可以说，刑部的审理意见两边都不得罪，具备高超的官场艺术。

根据"三法司"的会审意见，宋神宗最终裁决，准阿云"以贷免死"，阿云案遂告一段落。

3

看起来宋神宗像是给了阿云一条活路，但古代赎买死罪与今天交罚金类似，都有一定的时效性。倘若阿云无法在规定的时间内以规定的金额足额缴纳罚金，她将可能面临"欺君"的责罚，届时同样难逃一死。

本着救人救到底的理念，许遵再一次向朝廷发起了挑战。他上书称："刑部定议非直，（阿）云合免所因之罪。今弃敕不用，但引断例，一切按而杀之，塞其自首之路，殆非罪疑惟轻之义。"

按照许遵的意思，刑部的判罚完全不符合《宋刑统》所体现的"罪责惟轻"的司法精神。刑部呈奏皇帝判罚阿云拿钱赎罪免死，以个案而言，这样的判罚固然对阿云本人有利；但是，如果将阿云案归类于普通司法审讯范畴，刑部这么做，就等同于告诉天下，以后罪犯不得再以《宋刑统》或《嘉祐编敕》的规定，于审讯前自首了。只要在我大宋犯了命案，无论情节如何，一律杀之，除非有当朝皇帝出面求情。而我们还整天将"罪责惟轻"的司法理念当作口号，是否自欺欺人？

许遵提出该意见后不久，就被调回朝廷出任大理寺卿。考虑到他身处之位，刑部及大理寺内部均未再像之前一样从专业角度对许遵所提意见进行反驳，而是将许遵这种为民请命的方式，看成是违背官员职业操守的行为。

于是，在刑部和大理寺部分官员的举报下，御史台介入了对许遵在阿云案中执法行为的内部调查。

基于许遵之前屡次驳斥圣谕及朝廷司法机构审决的做法，御史台对许遵作出了"枉法"的罪名指控。

《宋刑统》中对"枉法"的司法解释源自《唐律疏议》。在《唐律疏议》里，"枉法"被归类为六种非法占有公私财物的罪名，即"六赃罪"。在六赃罪中，关于"枉法"的就有三种情形，即受财枉法、受财不枉法和受所监临财物。受财枉法很好理解，就是主审官接受犯人或犯人亲属的钱财馈赠，为犯人开罪或谋取不正当利益。至于受财不枉法，主张的则是主审官收受了被审讯者的钱财，但在最后一刻可能良心发现，没有作出有利于犯人的裁决。同样，受所监临财物对于主审官的指控，也源于其事实受贿，与犯人之外的社会群体产生了不正当的利益关系。

总而言之，按照《唐律疏议》的议罪规则，若要判定许遵"枉法"，御史台无论如何都要拿到其与阿云或是和阿云、韦阿大有密切社会关系的人私相授受的证据。否则，就宋朝的刑律而言，御史台的指控是无法成立的。

然而，经过一番调查，就连御史台官员都相信，许遵并未受贿。因为，阿云和韦阿大都社会关系简单，不具备行贿主审官的物质条件。

就这样，阿云案的审讯又被打回了原点。没有人指控得了许遵，那就只能任由他的想法和意志去决定此案的走向。

4

好在，许遵确实是一名正直的官员。他知道，从汉代开始，但凡一桩案件经过了"三法司"会审和皇帝裁决后依旧争议不断，最好的解决方式就是启用"杀手锏"——两制杂议。

所谓"两制"，即内制和外制。在宋朝，通常是指替皇帝起草诏命的翰林学士以及在中书门下省官兼知制诰、中书舍人的官员。一般来说，任职翰林备策皇帝顾问的翰林学士接触到的诏书趋向机密，因此得名"内制"；而在中书门下兼职做知制诰、中书舍人的官员，通常起草的都是对外发布的行政命令，所以根据面向的群体不同，这群人就被称作"外制"。

宋朝沿用两制杂议讨论疑案的目的，就是避免案件成为无头冤案。用欧阳修的话来说，"圣人慎于临事，不敢专任独见，欲采天下公论，择其所长以助不逮之意也"，两制杂议就是要博采众家之长，防止具体案件的公平正义被司法体系里的墨守成规所破坏。

许遵的提议，很快得到了宋神宗的支持。宋神宗将阿云案当作宋朝此类司法案件的一个典型，要求翰林学士各抒己见，务必要给阿云案一个公平稳妥的裁决。

于是，翰林院的两大史诗级辩手——司马光和王安石隆重登场。

作为翰林院的老牌辩手，司马光早年间曾以正直、强辩著称大宋政坛。在被任命为翰林学士前，历任华州（今陕西省渭南市华州区）、苏州、郓州（今山东省菏泽市郓城县）与开封府等地，长期担任判官、通判、知州及推官等职，拥有极其丰富的地方民事裁决经验。后来，他受宋仁宗征召入朝，又长期历职起居舍人、同知谏院，对中书省的行政模式亦十分熟悉。

相比之下，他的好友兼对手王安石出任地方司法要职的经历就少得可怜了。不过，王安石能以翰林学士身份参加阿云案的辩论，也绝非等闲之辈。在司马光历任多地判官之际，王安石默默地出任了江东路提刑司，并以"兴利除弊"为由，在这个宋朝的茶叶主产区内废除了盛行一时的"榷茶制"，成功推行了由政府收税而允许百姓贩卖茶叶的"新茶法"。

毫无疑问，基于许遵之前对阿云案"罪责惟轻"的量刑，同样富有变革与减民负担精神的王安石将更加支持他的司法观点；反之，站在维护程序正义的一面，司马光将替大理寺、刑部、审刑院等最高执法部门呐喊助威。

5

在了解了阿云案的来龙去脉及裁决过程之后，司马光与王安石的争论焦点主要落在了以下三方面：

首先，阿云斫杀韦阿大，是否存在谋杀他人的动机？这一点，即许遵先前在反驳刑部观点里提到的"所因之罪"。按照许遵一派的观点，因是动机，动机错了，审讯的结果无论如何都不可能对。

其次，阿云是在官府正式审讯前招供的，但她斫杀韦阿大事实上已造成了被害人受伤。依她杀人的动机而论，这样的"谋杀已伤"能不能算自首？

第三，未来若再出现类似阿云案这种公婆皆有理的情况，办案人员应该如何定罪，从而做出宁纵毋枉的判决？

基于上述三重分歧，司马光首先开炮："阿云嫌夫丑陋，亲执腰刀，就田野中，因其睡寐，斫近十刀，断其一指，初不陈首，直至官司执录将行拷捶，势不获已,方可招承。情理如此,有何可悯?"阿云嫌弃丈夫长得丑,意图将其杀死未果,怕被刑讯才讲出实情的,有什么值得可怜呢?阿云犯案时,动机是谋杀。即使有"谋杀已伤"这一条,阿云的杀人动机也非常明确。所以,不管阿云事实上造成的犯罪结果严不严重,就她蓄谋且故意的杀人行为而言,已足以按律判其绞刑。

司马光还认为,许遵将"所因之罪"的因,理解成犯罪动机,这是一种偷换法律概念的行为。《宋刑统》里关于"所因之罪"的司法解释应该是:"所谓因犯杀伤者,言因犯他罪,本无杀伤之意,事不得已,致有杀伤。"举个简单的例子,就像普通人行劫囚、贩卖人口、盗窃等违法活动时,原本是没有故意且蓄谋的杀人情节的,但在这过程中有时候很难避免对所处环境内的旁人造成伤害。这个时候,劫匪、人贩子、窃贼就不单单是触犯了他们故意干犯的主罪,还可能牵扯到其他伤人的情节。如果按照故意且蓄谋的动机,认定他们犯下"谋杀"之罪,则未免量刑过重;而如果仅仅只是用"斗杀"这种冲突型的罪名来衡量他们的犯罪事实,则未免会量刑过轻。因此,他认为,律意里"因犯杀伤而自首,得免所因之罪"这一条,实际上是用来提醒主审官不要判罚过重,而不是像许遵这样,先给犯人按更重的罪名判罚,然后再用这条"因犯所因之罪"给犯人减刑,以此体现所谓"罪责惟轻"的司法精神。

对此,王安石则指出:"《刑统》杀伤,罪名不一,有因谋,有因斗,有因劫囚、窃囚……此杀伤而有所因者也。惟有故(意)杀伤则无所因,故《刑统》'因犯杀伤而自首,得免所因之罪,仍从故(意)杀伤法'。其意以为于法得首,所因之罪既已原免,而法不许首,杀伤刑名未有所从,唯有故(意)杀伤为无所因而杀伤,故令从故(意)杀伤法至今。"

这是说,宋律中规定的杀伤罪名有很多种,每种的作案动机、作案关系都错综复杂,唯有故意杀人致其受伤没有什么动机、关系之类的要去厘清。既然宋仁宗早就用《嘉祐编敕》对《宋刑统》里"杀伤"罪名作了补充解释,那就说明当下我们执行的宋律应以宋仁宗补充法律条文之后的规定执行,即"因犯杀伤而自首,合免所因之罪"。但当下我们执行的《宋刑统》是宋太祖年间的法律产物,里边并没有宋仁宗所列明的那种杀伤罪名的状况。而阿云案又是在宋仁宗颁布了《嘉祐编敕》后才发生的案件,《宋刑统》里没有合适的刑名所从,只有故意杀伤是没有存在过失的情节,所以我们要依照"故杀伤法"论处此案,才合乎宋律的本意。

可以说,王安石、许遵一派的法律观点,更趋向于务实,相对适用阿云案的裁决。但看到王安石硬挺许遵,认为阿云不属于"谋杀伤人",不主张判处阿云绞刑时,作为理性派的司马光怒了。

他举了两个例子:"甲因斗殴人鼻中血出,既而自首,犹科杖六十罪。乙有怨雠,欲致其人于死地,暮夜伺便推落河井,偶得不死,又不见血,若来自首,止科杖七十罪。二人所犯绝殊,而得罪相埒。果然如此,岂不长奸?"司马光考虑到犯人暴露了谋杀的意图,虽造成的伤害不大,但不重判的话,不是会助长奸邪吗?如果故意谋杀不成后自首都可以依照故意伤害罪减轻判罚,那法律岂不成了姑息养奸的工具?

王安石反驳道,咱们都是做法官的,断人生死看的是法律条文,不要因为顾虑"启奸"而设法罪人。

由于两人各执己见,互不退让,宋神宗又诏令把案卷移送翰林学士吕公著、韩维,知制诰钱公辅审阅。

吕公著、韩维、钱公辅经过商议后,认为法律的本意有三:"有量情而取当者,有重禁以绝恶者,有原首以开善者。"法律条文是需要遵守,但是也不能胶柱鼓瑟,要衡量一下实际情况再作判决;类似谋杀的重罪,罪大恶极,必须用重刑来禁绝;对于自首的人,需要给予他们改正的机会,激起他们的良善之心。"律所以设首免之科者,非独开改恶之路,恐犯者自知不可免死,则欲遂其恶心至于必杀"。

阿云案涉及的自首减罪问题到此已十分明确了。她谋杀韦阿大不成,砍伤他的手指,按今天的说法就是"杀人未遂"。放在现代法庭审判,"杀人未遂"不判死刑是毫无争议的。吕公著等人所忧虑的情况,便是犯人知道"谋杀未遂"和"谋杀成功"一样要判大辟之刑,极有可能把不必杀的人杀掉。伤人是死,杀人也是死，毁尸灭迹之后只要不被抓，不是更安全吗？

他们的担心是有道理的。清代法律对于妇女通奸、杀夫的裁决极为严苛，所以妻子犯奸后联合奸夫谋杀本夫的案件大大增多。这是后话了。

三人上报宋神宗："臣等以为，宜如（王）安石所议。"

宋神宗说："可。"

最终，王安石和许遵的意见得到了宋神宗的认可，阿云案不仅获得从轻判决，免于死刑，改为流放，还促使宋朝于熙宁元年（1068）对《宋刑统》原有的"谋杀已伤"罪作出进一步的司法解释——"谋杀已伤，按问欲举自首者，从谋杀减二等论"。

6

事实上，王安石在阿云案中的胜利，离不开"幕后观察员"宋神宗的强势支持。

宋神宗原先召王安石为翰林学士，最主要的原因是看中了对方在推行"新茶法"时的能力与魄力。他也急切需要一位大臣在朝廷替其变革祖宗之法，以实现"大宋中兴"的愿望。王安石在阿云案中的态度明显给了宋神宗二次信心。

宋代的法律以《宋刑统》为本，它是当时的基本法。但皇帝通过发布敕命，也可以干预案件的判决。敕命一般是针对某一件事或某一个人颁布的，称为散敕。散敕经过专门的机构（详定编敕所）整理汇总后发布，称为编敕。编敕原是作补充刑统之用的。从上文详述阿云案的过程也能看出，皇帝不断地发布敕命，渐渐地，法官判案只看编敕，不看刑统，皇帝个人的意见对案件的判决影响就非常大了。宋神宗是支持王安石和许遵的，所以多次运用敕命来扭转阿云案的局势，搞得司马光很不爽，上奏把皇帝"内涵"了一通："阿云之狱，中材之吏皆能立断。"言外之意，皇帝连中等资质的小吏都不如呢。宋神宗没有理会，也未追究，他有更重要的事要做。

在阿云案尘埃落定之际，熙宁二年（1069）二月，王安石正式出任参知政事。从此，他与宋神宗并肩作战，通过推行农田水利、保甲、免役、市易等新

第七章 惊世奇案

法，尽最大的努力发展生产，富国强兵。

但有关阿云案的司法争辩并未停息。

针对王安石、许遵一派的观点，御史中丞滕甫在接到宋神宗的诏命后，立即上书要求宋神宗再选官评议该案。《宋史》则称，自从阿云案判决出炉后，"自廷尉以下皆称王安石、许遵'戾法意'"。面对如此尖锐的矛盾冲突，王安石始终没有动摇过"变法"的决心。

继熙宁元年对"谋杀已伤"罪名作出新的司法补充后，第二年，王安石在此基础上建议，将自首减刑的适用范围扩大到"谋杀人已死"。宋神宗依例照准，颁布圣旨要求"自今后谋杀人已伤自首，及按问欲举并奏听敕裁"。

结果，诏书才到刑部，就遭到了刑部主官刘述与丁讽的反对。他们不怕顶撞皇帝，直接以"庚子诏书未尽，封还中书"为由，拒不执行宋神宗的命令。宋神宗只能服软，重新颁布了一道诏书，将"谋杀人已死"的罪犯列为"凶恶之人"，不适用减刑条例。朝堂上反对王安石自首减刑的争论，这才逐渐停歇。

尽管如此，王安石、许遵等人对法律的质疑精神，仍让人们看到了在古老的中国，曾有那么一刻，司法中存在人性之光，而非简单的"杀人偿命，天经地义"。这或许才是阿云案被反复讨论的价值所在。

元丰八年（1085），随着宋神宗的病逝及其变法运动的谢幕，宋哲宗继位，高太后主政，以司马光为首的保守派成为大宋朝堂的"大多数"。王安石的新法以及宋神宗所颁布的"轻刑"诏敕，随即被当作是离经叛道的产物，遭到丢弃。已成宰相的司马光通过宋哲宗下了一道敕："强盗按问欲举自首者，不用减等。"——虽然十多年过去了，但阿云案余波未了，司马光最终还是废除了"自首减刑"的条文。

有些历史科普文章说，司马光终于"杀死"了阿云。实际上，法律条文的修订并不会对已经生效的判决产生影响。也就是说，杀夫未遂的阿云不会因为"自首减刑"条文的删除而被改判死刑。

历史的事实是，被宋神宗特赦的阿云，此后并未出现在任何文献记载中。正所谓"没有消息就是最好的消息"，可以反推，服刑后的阿云应该回归了正常的生活，至少人生没有重大变故了。

幸好她生在了北宋神宗朝。

不然，放在以后任何一个朝代，一条"夫为妻纲"就足以置她于死地，没有人在乎她的婚姻成不成立，她的自首能不能减刑！

杨应龙案：杀妻、弑母、屠城、反明

万历十八年（1590）的夏天，京师大理寺突然收到了一份朝廷命官的血书。

告状之人是时任四川永川（今重庆市永川区）知县的张时照。在血书中，张时照一再声称自己的身家性命受到严重威胁，原因是他的直属上司兼侄女婿、加封骠骑大将军的播州宣慰使司都指挥使杨应龙宠妾灭妻，杀了妻子、岳母后，还想把张氏剩余人等杀光屠尽。

明朝时期，为方便管理边境少数民族，朝廷在各省级行政机构下设宣慰使司，由少数民族首领充任并世袭。盘踞播州的杨应龙，实际上就是土皇帝，听调不听宣，对当地的军民一应事情均有独断专行的权力。所以，大理寺官员一开始并不重视张时照的控诉。然而，越往下读，状纸的内容越触目惊心。

除张时照外，状纸中还有六七名小土司联名控告杨应龙"阉割民人为太监""夺占幼妇为绣女""杀死长官，抄没亲叔"等种种恶行。

事关重大，大理寺官员立即赶出一份案情奏折，呈递御览。

结果，等这份控状放到万历皇帝的案前，他却连看都懒得看一眼，只草草给了个批复，让杨应龙收敛己行，好自为之！

张时照真的是欲哭无泪。为保住张氏家族的香火，他只能带着剩余的族人或走黔，或奔蜀，躲避杨应龙的追杀。

1

放眼偌大的明帝国，杨应龙虽然只是一个小小的土司，但他及其背后的杨氏家族在播州的影响力实是不容小觑。

播州，即今天的贵州遵义。清道光《遵义府志》曰："遵义，山国也，举目四顾，类攒峇岭巘，无三里平。偶平处，则涧壑萦纡，随山曲直，名之不胜名也，书之不胜书也。"由于多山，遵义历来发展落后、民风彪悍，时有"土酋叛"。

唐末，南诏王蒙酋龙僭越称帝。为扩大势力影响，他在位期间屡犯西南边境，纵兵掳掠西川、安南、邕管、播州等地。彼时，播州虽地处边陲，但名义上还是唐朝西川节度使的地盘。因此，即便唐朝深受"黄巢起义"的影响，危在旦夕，朝廷还是顶住压力下诏征将收复失地。

而杨应龙的先祖杨端，本属南广溪洞僚人，因仰慕华夏汉人之风，遂自称太原人，孤身往西南联络当地土著罗氏、谢氏，共同率领八部族众径入播州白锦堡，迫使酋龙部将罗闽纳款结盟而退。至此，杨氏之名始在播州打响。唐朝方面为免西南战事迭起，故在杨端凯旋时，赏其播州之地世袭，由此开启了播州杨氏传29世逾700年的土司家族历史。

与同时期的其他土司有所不同，播州杨氏在这漫长的岁月里，最讲究家族团结、紧靠中原。平日里，杨氏土司也不像其他土司那般蛮横无理，而是注重域下教化，适时地为历代中原王朝提供物质保障。

即使是到了杨应龙当政的时候，这种家族传统依旧深刻影响着播州与明朝的关系。自杨应龙承袭土司之职之后，"播州宣慰使司应袭杨应龙差杨羌等进马二匹贺登极""四川播州宣慰使杨应龙备马匹差官赵凤鸣等赴京进贡及庆贺""播州宣慰司杨应龙差长官杨正芳进马匹庆贺万寿圣节"等效忠明朝的记载屡见于《明神宗实录》。

由于杨氏在播州统治的时间非常长，当地也流传着不少关于杨氏土司的传说。例如，今天的重庆綦江一带，从古至今都传说杨应龙乃隆庆皇帝的私生子，其力大无穷，能倒栽杉树，经常脚蹬数百斤的靴子出门，俨然神人。

在这种情况下，张时照的血书传到了京师，但朝廷想在杨应龙杀妻之事上对其治罪，难度相当大。更何况，张时照的血书虽有多人联名举报，但充其量也不过是下属控告上司的一面之词，并无第三方的说法，事情的真相到底如何，无人知晓。

杀妻事件发生前，杨应龙不仅按时朝贡，还经常亲自带队入山，为万历皇帝运送超规格的金丝楠木供紫禁城修缮。万历十六年（1588），杨应龙甚至出兵协助朝廷跨境平叛、犁庭扫穴，万历皇帝专程下旨让有司为其打造一块记功碑。自此，杨应龙更加威震西南，扬名天下。

眼下，若是轻易定杨应龙的罪，在万历皇帝看来，只会使西南动荡，得不偿失。

2

那么，杨应龙杀妻事件，真相究竟如何？史书中保存着两种说法。

据明代史书《两朝平攘录》记载，杨应龙本不喜欢正妻张氏，纳田氏为妾后，对张氏的兴趣就更寡淡了。因耐不住寂寞，张氏此后经常与人私通，给杨应龙"戴绿帽子"。某次，田氏恰好撞破张氏丑事，遂借机告知杨应龙。杨应龙登时便想提刀杀了张氏及其奸夫，但被闻讯赶来的杨母阻拦。

杨母认为，张氏年纪尚轻，少数民族又有收继婚的传统，既然儿子不要她，那干脆将她赠予族弟杨胜龙。杨应龙应允，可田氏却不想轻易放过张氏。

碰巧，某日杨应龙醉酒来到田氏房中，见族弟杨胜龙也在。杨应龙怀疑二人有不伦之事，自己又被"绿"了，十分生气，遂质问田氏为何与杨胜龙私会。结果，田氏故意揭杨应龙的伤疤，声称这是效仿张氏所为，并鼓动杨应龙去找张氏算账。就这样，正在气头上的杨应龙命人杀了张氏及其母官氏，引发张时照上京告状。

而《明史》却是另一种说法：杨应龙有三位夫人，其中，三夫人即是张时照控诉的"宠妾"，名叫田雌凤，是播州地区白泥田氏土司的女儿。自从被杨应龙娶入门后，田氏就一直很受宠，但田氏平日里没什么爱好，就好"争风吃醋"。张时照的侄女是杨应龙的大夫人张氏，出自江西龙虎山张天师家族。因家族声望及娶进门的先后顺序，张氏在家中可以行使主母的权力，田氏对此十分不满。

仗着杨应龙的宠爱，田氏四处造谣张氏与杨应龙离心离德，不守妇道。某日，杨应龙醉酒归家，听到田氏又开始状告张氏，一时气急，提刀就冲入房中，将张氏杀死。其岳母闻讯赶到，想劝女婿收手，却被杨应龙借着酒劲一通乱砍，亦当场死于非命。酒醒后，杨应龙担心张氏族人事后报复，干脆一不做二不休，借机屠戮张氏全族。

上述两种说法最根本的区别在于张氏有没有过错。考虑到《明史》在记载杨应龙杀妻时，援引的是曾巡抚四川，总督湖广、四川、贵州三省军务的李化龙的奏疏，其说法或许更接近于事实。但不管怎么说，杨应龙杀妻，冲动而为应是事实。

张氏作为杨应龙的正室，拥有朝廷赐予的诰命。诰命夫人由君王册封，杀了她就相当于藐视朝廷。可等六部会同大理寺对案件进行深入调查时却发现，杨应龙杀妻案发生于万历十五年（1587）。如今，三年都过去了，张时照才出来喊冤，不免让人觉得内有隐情。

更令六部堂官们头疼的是，在西南地区的土司自治中，有条不成文的法律规定："凡土官之于土民，其主仆之分最严，盖自祖宗千百年来，官常为主，民常为仆……土司虐使土民，非常法。所生女，有姿色，本官辄唤入，不听嫁，不敢与人也。"换句话说，在西南地区，土民乃土司的私有财产，土司可以随意处置。杨应龙杀妻，若按这条规矩处理，朝廷也难以深究。

无论是从皇帝本人的意愿，抑或当时朝廷与土司的关系来看，杨应龙杀妻案似乎都要不了了之了。

3

但在朝廷介入调查杨应龙杀妻案期间，隶属播州的土同知罗时丰、播州长官何恩、千户长官宋氏等土官联名上疏朝廷，希望"改土归流"，从而脱离杨应龙的掌控。

改土归流，即由朝廷介入废除西南各少数民族的土司制度，改派任期有限的朝廷命官代表中央镇抚地方，进行直接统治。此举的确有助于打破原有土司制度

"蛮不出峒，汉不入境"的民族禁锢，但如果站在土司的角度，这显然不符合他们的利益，他们为什么要作出违背自身利益的选择呢？

原来，自播州杨氏第 24 代土司杨辉在位时起，土司统治就出现了严重的内部矛盾。上京告状的土同知、安抚使、长官司长官等，实际上都是播州地区"五司七姓"的首脑。

所谓"五司"，就是除播州外，受播州宣慰司管辖的黄平、草塘两个安抚司以及余庆、白泥、重安等三个独立的长官司。至于"七姓"，则是播州杨氏在治理辖下区域时，经常倚重的田、张、袁、卢、谭、罗、吴七大家族。他们在播州杨氏治下，大致类似于中原春秋战国时代的"卿族"，不仅在当地拥有"世为目把"、可以左右土司行政决策的能力，还与杨氏家族累世通婚，结秦晋之好。

杨辉与"五司七姓"的矛盾就出现在这里。杨辉的大儿子叫杨友，由妾室田氏所生；嫡长子杨爱居次，生母乃正室袁氏。由于杨辉偏爱田氏，故希望打破"立嫡立长"的规矩，将播州土司之位传给杨友，而杨辉手下的"五司七姓"土司们则更看重儒家"立嫡立长"的规则，坚持以杨爱为主。

按照惯例，杨氏土司需要将更换继承人的意见在土司大会上提出，由"五司七姓"投票决定。杨辉的提议一上桌，其手下的各大安抚使、长官司长官们就敲桌子表达强烈不满。草塘安抚使宋滔甚至认为杨辉悖逆了杨氏家法，不忠不孝，遂联合另外几名长官司首脑宋淮、罗忠等提出更换土司，让杨爱之子杨斌掌印理事。

这出闹剧，以杨爱获得朝廷任命为播州宣慰使，杨友被迁往保宁（今四川省阆中市）羁管而结束。但杨辉怨气难消，他借口支持"立嫡立长"的长官韩瑄"不顺己意"，派人杖杀了他。由于这是播州杨氏内部之事，明朝并未擅加干预，但杨氏与"五司七姓"之间从此结下了梁子。

此外，播州杨氏因内部争储矛盾，导致与西南地区其他大土司之间的关系持续恶化。

在川贵的历史上，播州杨氏与水西安氏都是举足轻重的大土司。但两个家族共治西南期间，却龃龉不断。嘉靖年间，杨斌之孙杨烈又与兄弟杨煦争夺土司继承权。跟自己的曾祖父杨辉类似，杨斌之子杨相也偏爱小妾所生的儿子杨煦，但鉴于曾祖父与"五司七姓"斗争失败的教训，杨相并没有明着改立继承人，而是通过疏离嫡妻的方式，降低杨烈及其生母张氏的影响力。

然而，杨烈的生母张氏颇有武则天之风，她私下与"五司七姓"的首领达成协议，让他们支持杨烈发动政变，以播州土地、特权等许之。在她的怂恿下，"五司七姓"公然背叛杨相，致使后者逃到水西土司境内请求避难，并最终客死在那里。

杨相死后，杨烈曾向水西宣慰使安万铨提出返还父亲尸首，安万铨趁机向杨烈要求返还被占地盘。杨烈表面答应，得到父尸后立即反悔，并派兵杀死了前来接收的水西长官王黻，由此引发播州、水西十年战争。

可以说，无论是对内还是对外，播州杨氏传承二十余代后，在利益面前，已经很难再像先祖那样追随大义了。

4

就在播州内部乱象迭起之时，明朝中央与播州杨氏的关系更加微妙。

自明朝建立起，朝廷就一直想通过"改土归流"来治理西南地区。彼时的贵州过于贫穷，自明初建省以来，那里不仅钱荒、粮荒闹得厉害，就连所辖地盘也不及今天贵州省的三分之一。而与之相反，本应归属于贵州省的播州宣慰司却相当独立，且经济发达，史称"播称沃土，人人垂涎"。在明朝中央的默许下，包括播州杨氏在内，所有的西南土司均持有世袭田亩，一个个铆足了劲儿，发展私有经济。播州绥阳县令母扬祖曾在述职报告里提及，稷、黍、豌豆、菱藕等作物在当地产量持续上升。可知，就农耕品种的多样化而言，播州地区的水平绝对是黔北的佼佼者。如若将播州纳入贵州省的统辖范围，派朝廷命官去治理，岂不更有利于整个贵州的经济平衡发展？

然而，由于明初天下初定，皇帝根本没有太多精力镇抚西南，"土司治土"依然是帝国必须倚靠的防卫力量。但这样做，另一个弊端就是，不管杨氏还是其他土司，与中央王朝都不过是彼此利用。

以杨应龙的先祖杨铿为例，明朝平蜀次年，他就率部归附，让朱元璋在西南地区的声势得到极大增长。朱元璋龙颜大悦，诏"仍置播州宣慰使司，（杨）铿、（罗）琛皆仍旧职"。可接下来，随着双方的关系变化，明朝中央对杨氏的提防之心日益加重。

据史料记载，洪武七年（1374），中书省曾奏明朱元璋，称"播州土地既入版图，当收其贡赋"，最好每年收二千五百石作为军粮，以示其忠诚。朱元璋认为不妥，播州杨氏归附有功，大明气度恢弘，没必要在钱粮上斤斤计较。不过，他实际上另有打算。待洪武十四年（1381）明军征云南，朱元璋突发一道诏令，声称杨铿"有贰心"，让他务必"率兵二万，马三千为先锋"，以证明他的忠诚。

对此，杨铿只能应旨照做。而此后，播州杨氏为报此仇，等到成化、弘治年间明军在西南地区的影响力稍弱之时，便开始怂恿地方时不时闹些"匪患"，给明朝戍守西南的卫所增加工作压力，卫所军官也因此没少被朝廷下旨申饬。

这种极限拉扯的关系，一直持续到杨应龙时代。

播州诸土司奏议杨应龙各项罪名后，支持"改土归流"的贵州巡按陈效、巡抚叶梦熊又给杨应龙定了二十四条大罪，如残害多命，纵欲欺惘，贿赂公行，禁锢文字，寇仇儒生，坑儒燔书，等等，要求朝廷判杨应龙死刑。而闻讯赶来维护本地利益的四川巡抚李化龙却极力保护杨应龙。

李化龙认为，播州杨氏在西南声望仍盛，杨应龙又未有明显反相，加上四川三面邻播，播州兵人多势众、骁勇善战，朝廷这些年也没少调他们出外征战，当下，如果贸然在播州实施"改土归流"政策，恐会逼反。

从表面上看，李化龙与叶梦熊之争像是在为杨应龙作控辩，但两者背后所透露的纠结却是一样的，那就是明朝中央始终无力在西南治理上找到一把称心的"钥匙"，更难以解决黔、川两省发展不均衡的历史难题。

5

既然朝议无果，万历皇帝只好让黔、川两省会勘，并召杨应龙对质，再商议如何处理这桩棘手的指控。

杨应龙十分清楚自己的公道和人心都在四川,所以接到命令的他,拒不赴贵州受审。万历二十年(1592),杨应龙到重庆受审,朝廷很快给出了一审判决:以嗜杀罪,判其斩刑。杨应龙提出交二万两赎金,请求宽恕。当时,日本的丰臣秀吉正打算吞并朝鲜,入侵明朝。杨应龙闻此消息,为了脱身,又在上诉材料中改口称,自己可率播州5000兵出征,希望朝廷允许他戴罪立功。万历皇帝最终下诏同意了。

但是,战场形势瞬息万变,杨应龙刚返回播州,明朝就以"封贡"的形式招安丰臣秀吉。双方短暂停战,杨应龙也就错过了赎罪的机会。

眼见事态变化,新任四川巡抚王继光便想尽早了结此案。他让官差到播州请杨应龙回重庆听勘结案,结果差遣出去的人一个都没回来——全被杨应龙杀害。

王继光三番五次要求杨应龙到案,结果均被播州方面回绝。无奈之下,他只好以杨应龙拒不出播听勘为由,发兵攻打播州。

考虑到杨应龙已开罪川、黔二省,王继光便派人去信贵州巡抚林道楠,提议四路用兵,让林道楠务必遣一路黔兵助阵。但林道楠对此并不积极。

贵州方面的推诿,最终导致川军在娄山关被杨应龙击败,王继光因此遭革职查办。

然而,王继光的失败倒是把杨应龙推向了万劫不复的深渊。朝廷主剿的声音越来越高涨,连万历皇帝也说杨应龙这是"负固拒敌,罪无可恕"。杨应龙见事态越来越严重,当即命人从播州选出12名战俘连同四万两赎罪金一并送到四川,同时第一时间上书朝廷称:"何恩之诉,七姓之词,皆属于仇语,乞代罪立功!"

但这一次,朝廷不想再给杨应龙任何免罪的机会。

6

不得不说,杨应龙对时机的把握十分精准。他再次提出赎罪时,明廷第一次"抗倭援朝战争"刚刚结束,朝廷兵困财乏,根本无力通过战争降伏播州。于是,在兵部侍郎邢玠的建议下,朝廷敲定了"用剿为抚"的策略,让杨应龙待罪松坎(今属贵州省遵义市桐梓县),送一子杨可栋到重庆为人质,另以其长子杨朝栋接管播州事务为土司，以期用最省事的方法解决播州争端，平复西南局势。

然而，"五司七姓"与杨氏的血仇由来已久。他们不希望杨应龙活下去。

以张时照为首的一群"五司七姓"首脑向朝廷上书，声称杨应龙及其族人是制造西南混乱的罪魁祸首，朝廷要想顺利实施"改土归流"，唯一的办法就是剿灭播州杨氏。

就在这个节骨眼上，被杨应龙送到重庆的儿子杨可栋死了。尽管杨可栋被认定的死因是"病死"，但杨应龙始终认为儿子的突然死亡另有内情，并要求明廷归还儿子的尸首安葬。重庆方面则要求他足额缴纳四万两罚金后才能领尸。

杨应龙勃然大怒，对部下说："朝廷若不饶我，我须拼死杀出，逢州打州，逢县打县，大做一番。"随后，他率播州兵倾巢而出，流劫江津、南川及合江等地，"索其仇袁子升，缒城下，磔之"。之后，他又率另一支苗兵，"大掠贵州洪头、高坪、新村诸屯……又侵湖广四十八屯，阻塞驿站"。曾状告杨应龙的宋世臣、罗承恩等携家眷藏匿在偏桥卫（今贵州省施秉县北部），杨应龙当即率兵"袭破之"，"大索城中，戮其父母，淫其妻女"。

可以看出，杨应龙一开始出兵只是为了报仇泄愤，但之后的几场战役则坐实了他"嗜杀"的罪名。万历二十七年（1599），贵州巡抚江东之令都司杨国柱率部三千剿播，杨应龙全歼都司杨国柱所部官兵之后，"勒兵犯綦江，城中新募兵不满三千，贼兵八万奄至，游击张良贤战死，綦江陷。应龙尽杀城中人，投尸蔽江，水为赤"。次年，杨应龙又率兵"焚龙泉，杀土官安民志"。

杨应龙的残暴，终于让万历皇帝下定决心铲除这颗"毒瘤"。

万历二十七年（1599）三月，抗倭援朝战争结束，万历皇帝立即下诏，让力保杨应龙无罪的四川总督李化龙持尚方宝剑，调天下兵马，会同抗倭名将陈璘、刘綎等征播，平播之战爆发。此战后来被列入"万历三大征"，成为明朝巩固华夏疆土、维护东亚主导地位的经典战例。

杨应龙获悉明军兴兵而来，知已无力抵抗。但他做的错事太多，无法回头，只能硬着头皮率诸苗兵与明军决战于海龙屯（今贵州省遵义市西北），希冀这座凝聚了杨氏先祖数百年心血的土司城堡能给予其最后的庇护。

万历二十八年（1600），在勇将刘铤的猛攻下，曾经成功抗金、抗蒙的海龙屯也守不住播州杨氏逾700年的泼天富贵。杨应龙见大势已去，一把火点燃了帐幔，与爱妾一同自缢而亡。

冲天的大火吞噬了海龙屯，也终结了杨氏割据播州的历史。此后，播州被一分为二。明朝终于可以在此"设官兵，丈良田"，改土归流。

自万历十五年（1587）杨应龙杀妻算起，这场由家庭命案为导火索的央地争斗与战争，前后历经14年，总算画上了句号。然而，平播之役打到明朝国库空虚，为日后李自成、张献忠发动农民起义、推翻大明统治埋下了伏笔。这或许就是历史的蝴蝶效应——你永远不知道，帝国深处的哪一只蝴蝶轻轻扇动翅膀，就将引起席卷整个天下的飓风暴雨。

清代广州七尸八命奇冤

雍正五年（1727）农历九月初四，鸡鸣过后，广东番禺潭村（今广东省广州市白云石井潭村）的村民陆陆续续打开自家院门，准备开始新一天的劳作。

突然，有人发现，村中富户梁氏一家大门洞开，而屋旁的"石室"则大门紧闭、浓烟四起。村里人都知道，这间石室是梁家的大仓库，里边存放着梁家传下来的万贯家财。当年为了防盗，梁家还专门从外地请来专业的施工队，为石室设计了木、铁、石三道大门，可谓铜墙铁壁，固若金汤。

联想到梁家昨夜才大摆筵席庆贺家中老夫人过寿，村里人不禁怀疑，梁家可能遭贼了。有好心人连忙前去报官。

不久，番禺县一众官差带着外出做生意的梁家家主梁天来、梁君和（一名梁君来）等返回梁家。看见家中浓烟滚滚，梁天来当即跪倒在地，央求在场官差无论如何也要将石室大门撬开。

石室坚不可摧，官差只能从别处找来专业的石匠，奋力砸开坚固的石门。

随后，人们被映入眼帘的一幕惊呆了——只见屋内横七竖八地躺着几具女尸，大多面目狰狞而死，这其中包括梁天来身怀六甲的妻子。

天降横祸，梁氏兄弟登时晕了过去。经官差仔细探查，屋内共有八名女子，除梁老夫人因仆卧于地沟尚余一息外，其余女子皆失救而亡。

梁氏灭门惨案发生后，民间议论纷纷，"仇杀说""劫杀说""自杀说"也经由说书人之口，传遍远近城乡。梁天来、梁君和兄弟则始终坚信，梁氏遭此横祸，表兄弟凌贵兴（一说凌桂兴或凌贵卿）必然脱不了干系。两人花重金请人代写诉状，要求衙门官差捉拿凌贵兴一家。

由此，一桩名为"七尸八命奇冤"的大案，逐渐浮出水面。

1

梁氏兄弟怀疑凌贵兴是有原因的。

早年间，梁氏兄弟的父亲梁朝大与大舅子、凌贵兴之父凌宗客合伙卖丝绸。两人都属于满怀热情的"创一代"，依靠广州这个当年全国唯一对外通商的口岸城市，他们的丝绸外销生意做得风生水起，家底也逐渐殷实起来。

辛苦了大半辈子后，积累起原始资本的凌宗客想舒舒服服地回潭村养老。临行之际，他将丝绸铺的生意全盘委托给梁朝大，并让梁朝大的两个儿子梁天来、梁君和以及自己的儿子凌贵兴一起到丝绸铺见习。

梁朝大的年纪虽比凌宗客小不少，但身子骨一向弱得要命。凌宗客死后不久，梁朝大也跟着驾鹤西去了。父辈们的丝绸铺从此落到凌贵兴、梁天来、梁君和三兄弟肩上。

都说"家贫去经商，家富则入仕"，这句话总归不会错。跟父辈们满腔热血经营生意比起来，三兄弟是典型的"富二代"，对丝绸生意都不太上心。特别是凌贵兴，在经营丝绸生意的同时，还跑去县学捐了个附生，成了"读书人"。眼见丝绸铺的生意江河日下，三人决定清盘结算，拿着父辈们留下来的钱，各谋生路去了。

梁天来、梁君和兄弟没读过什么书，相对比较务实，因此店铺分拆之后，两人迅速拿着父亲的股份到广州第八甫（今广州市荔湾光复中路）附近，支起摊子熬糖，很快便凭借出色的手艺和赚到的钱，重新开了一家名叫"天和"的糖行。反观凌贵兴却剑走偏锋，一心求仕，做着一朝高中、光宗耀祖的美梦。奈何凌贵兴并不是读书的料，几番应试下来，除了在考场上混个脸熟外，仕途基本没有任何进展。

"一命二运三风水，四积阴德五读书"，读书之路走不通的凌贵兴，开始怀疑自家祖坟的风水。他请了一个自称"马半仙"的风水师，前往番禺潭村凌氏祖坟探个究竟。

马半仙不愧是神棍级别的忽悠大师。他知道，风水先生道破天机乃是行业大忌，因此当他见到凌氏祖坟时便说："尊府这座阴宅，前后俱是高耸，中间低陷，是个'猫几伸懒'之局，行门放水，极合其宜，可以断得是发科发甲、丁财两旺之地。"这意思是，凌氏祖坟的风水没问题。

可凌贵兴对这个答复并不满意，明明自己科场不利，为什么说是发科发甲之地呢？

马半仙掰扯了半天，最后给凌贵兴指明了个方向——远方那座石室，不知谁家，恰在凌氏祖坟犯煞之位上，倘能迁走，日后必定得中状元。

不知马半仙是故意还是无意，他所指的石室正是日后梁氏"七尸八命"灭门案的案发地。

2

表兄弟家的石室犯了自家祖坟的风水，在凌贵兴看来，这事好办，商量一番，出个价钱让他们搬走就行。然而，他很快发现，自己把问题想得简单了。

原来，这处石室不仅是梁家的"财库"，梁朝大临终前还一再叮嘱梁天来："将来梁氏无论贫富，三代之内不得将此屋拆毁或变卖，否则就是不孝！"

凌贵兴拿钱上门，梁天来自然予以婉拒。

眼见达不到目的，凌贵兴只好找来惦记着梁氏财富的族叔凌宗孔、表叔区爵兴，让他们想办法横抢武夺梁氏石屋。凌宗孔、区爵兴是潭村一带出了名的无赖，二人遂自告奋勇前去恐吓梁氏，并纠合一帮游手好闲、打家劫舍的地痞流氓，跑去掘毁梁氏祖坟，强伐梁氏祖林，破坏梁氏院墙及风水鱼池，继而又闯入梁家打砸伤人。

梁家众人怒不可遏。梁天来欲报复凌氏，却被出身凌氏的母亲梁老夫人劝停。凌贵兴的妻、妹也极力阻挠凌贵兴等人的破坏行为。可凌贵兴早已对入仕做官高度痴迷，见妻、妹挡了自己的升官发财之路，遂强迫她们自杀，并恶人先告状，派人报官行贿，诬称自己的妻、妹为梁天来所杀，要求州府将其绳之以法，抄没其家归自己所有。

凌贵兴的诬告非但没引起官府的重视，反而遭到了番禺知县的训斥。

他越想越气，遂决定依表叔区爵兴之策，引盗匪林大有一伙，趁梁家老夫人过寿之机打劫杀人，让梁家彻底败落。

不料，凌贵兴与林大有的密谋风声走漏，潭村乞丐张凤为人正派，连夜奔赴梁家报告。梁氏众人皆惊，梁老夫人认为，凌贵兴说得出做得到，虽然不知道凌贵兴究竟为何要对梁氏族人痛下杀手，但她坚信，这都是针对梁天来、梁君和兄弟而来。考虑至此，梁老夫人当即作出一个重大决定，让梁天来、梁君和兄弟以及她的孙辈连夜返回第八甫的糖行，不要参加她的寿宴。至于家中女眷，则依旧各归各位。

由于梁天来的妻子身怀六甲，出行不便，梁老夫人遂决定让她留下来共同守好这个家。

3

雍正五年农历九月初三夜，梁家大宴宾朋，凌贵兴也带着他的犯罪团伙做着最后的谋划。

入夜，梁家宾客尽皆散去。自以为梁氏众人已经喝得大醉的凌贵兴，带着人马来到了梁家附近。

根据事先商定的计划，凌贵兴兵分四路，第一路沿街放鞭炮，制造庆贺梁老夫人寿辰的假象，以此麻痹周围邻居；第二路负责看守各个主要路口，将夜里当值的更夫、棚夫赶往别处；第三路则站在梁家门口放风盯梢，充做预备队，准备随时接应率领第四路强攻梁家的凌贵兴、区爵兴、林大有等人。

此时，凌贵兴等人率领的第四路人马已闯入梁家，梁老夫人急令梁氏女眷躲入石室避难。

见梁家众人纷纷躲入石室，凌贵兴误认为梁天来、梁君和两人也在其中，遂急命林大有等匪徒前去捉拿，同时组织人手捣毁石室。然而，无论凌贵兴、林大有一伙如何暴力强拆，石室依然坚不可摧。

林大有是个狠角色，当他发现石室外三道防护门坚如磐石，靠人力根本无法移除后，遂想出了一条毒计，让人搬来柴草，淋上桐油点燃，再用风箱将烟气顺着门缝、坑道吹入石室中。这样，梁氏众人如不开门，必是死路一条。

由此，酿成了"七尸八命"的惨剧。

梁天来、梁君和兄弟躲过一劫，看到家人的惨状后，誓要凌贵兴付出血的代价。

4

按照清朝处理一般命案的程序，梁天来要申冤，必须先从县一级衙门开始。当时，案发地潭村系属广州府番禺县，所以梁天来最先告状，求的就是番禺知县。

在清朝，番禺、南海都是广东省首府广州府的附郭县，是当时人公认的"广东首县"。凡是出任这两县的父母官，要么是在征输、学校、教化育人上作出过突出贡献的好官，要么就是对听讼、缉捕等刑案具有明察秋毫能力的能吏。根据职能安排，番禺知县还得经常召集辖区的属吏外出巡夜，并督率官差到城内外缉捕盗匪。

因此，梁家冤情一出，就引起番禺县衙的高度重视。番禺知县迅速作出反应，要求衙役们限期破案，并重点监视凌贵兴等人的动向。

然而，"有钱能使鬼推磨"，梁天来先一步上诉番禺县衙，凌贵兴就花重金将知县以上的知府、分巡道、按察使、布政使等通通收买了。由于梁氏案发时正值广东高层大变动，时署广东巡抚的阿克敦调任广西，权力中空，凌贵兴此举相当于彻底堵塞了梁天来在广东的上诉之门。

但凌贵兴认为这样还不够。他了解到，自己灭杀梁氏一族的计划之所以失败，让梁天来兄弟逃过一劫，很大程度上是因为乞丐张凤的"告密"。于是，凌贵兴又花钱收买广东按察使楼严，后者将张凤召至广州，以询问梁氏冤情为由，令其当堂作证，并断其证伪，处以极刑。

这样，原本为救人而发声的乞丐张凤，被残忍地卷入梁氏灭门惨案中，成为第九个被无辜冤杀的凡人。因此，这起"七尸八命"灭门案，在历史上也被称为"九命案"。

好在，老天尚有眼。

阿克敦被调走后不久，为官颇有惠政的前两广总督孔毓珣（即《九命奇冤》里的制台孔大鹏）又被调回广东主政。孔毓珣是孔子的后裔，素来以为官清正著称。看到地方官吏如此贪赃枉法、草菅人命，孔毓珣心生恻隐，当即决定亲自督办此案。

孔毓珣不晓得的是，他这边刚刚颁布命令，同在广州府城的各级衙门"眼线"就向凌贵兴通风报信。得知制台大人要对自己动手，凌贵兴又打算用钱摆平。当时，随孔毓珣赴任广东的，还有他的弟弟孔二公及子侄等。孔二公的为人与哥哥颇为不同，在未经孔毓珣同意的情况下，他接受了凌贵兴的贿赂，并充当说客，为其求情。

孔毓珣知道弟弟收了凌贵兴的贿银后，当即发怒，与弟弟划清界限，并督令下属即刻将凌贵兴一伙捉拿归案，严刑拷打。

然而，当凌贵兴一伙俱数被捕入总督衙门后，凌贵兴又说出了一个不为人知的内情：当年，梁天来之父梁朝大与凌宗客合伙做生意时，曾向对方借银三千两，并立有字据为证。但梁天来兄弟接管父辈产业后，竟翻脸不认账，说什么"人死债烂"，拒不还钱。现在，梁天来一家女眷为盗匪所杀，却诬赖于他身上，实是天下奇冤。

凌、梁两家各说各理，导致未深入了解案情的孔毓珣一时半会无法对案件进行最终裁决。这也迫使梁天来继续以哭冤的形式上京告御状。

5

梁氏灭门案还没审出个子丑寅卯，北方的黄河就再度内溢，孔毓珣是治水能手，远在北京的雍正帝又一纸调令将其迁往清江浦，出任南河总督。

孔毓珣担心自己走后，广东地方官吏又开始胡作非为。临行前，他特地交代肇庆知府督察此案，并警告他"依案直办，不可糊涂"。但孔毓珣刚走，肇庆府的杨知府就收了凌氏贿赂,一反孔毓珣当初的问询结果,将凌贵兴等人释放回家。

凌贵兴回到潭村后,派人找来梁天来,威胁他不可上告。梁天来则表示要一告到底。

凌、梁二人的斗争再度展开。

梁天来北上到了梅岭,凌贵兴就派人行贿镇守梅岭关道的梅关千总,让其设卡盘查可疑人员。如发现梁天来踪迹,即刻缉捕送回广州。所幸,梁天来一路申冤,广东百姓皆闻梁氏惨案,等梁天来抵达梅关道时,一个名叫欧阳明的人挺身而出,让其扮作自己的仆从,并以重金贿赂梅关千总,梁天来才顺利出了广东,一路北上。

在民间传说中,梁天来上京叩阍,按程序往都察院鸣冤。都察院的承审官从未接过此类乡间谋财害命案,一时间拿不准该不该上报,遂将梁天来事先写好的诉状夹到其他奏折中,一并上奏。

雍正帝一开始并不认同都察院这种"双事归单"的做法,但当他读到梁天来的诉状内容时,火冒三丈,即令重臣鄂尔泰、孔毓珣等为钦差,奔赴广东将凌贵兴捉拿归案,并下诏从严查处涉案的凌氏族人。

最终,在雍正帝的亲自督办下,凌氏叔侄获罪凌迟(一说在牢里被鬼扑杀),匪首林大有等十二人判斩立决,其余涉案人等或军或流或徒,一应贪官各受重罚。梁氏冤案历经重重波折,终得云开雪恨。

6

不过,这宗牵扯凌、梁两个家族百年恩怨的大案,并未彻底尘埃落定。在雍正帝结案的百余年后,同治年间重修的《番禺县志》里面出现了为凌氏辩诬的文字:

"世传梁天来七尸八命事,皆诉罪于凌贵卿(兴),而苏古俦赠贵卿子汉亭诗曰:'九疑风雨暗崎岖,八节波涛险有余。世路合裁招隐赋,俗情催广绝交书。传闻入市人成虎,亲见张弧鬼满车。旧约耦耕堂愿筑,平田龟坼又何如!'凌后人名扬藻有《答黄香石书》，辨此事之诬尤详。"

苏古侪即世称"南海明珠"的岭南书画家苏珥。据历史学家梁方仲先生考证，这段文字最早出现于道光年间广东中山人黄芝所著的笔记《粤小记》中，后为《番禺县志》收录。梁方仲认为，这段文字"是极值得重视的"，因为从中可以看到《九命奇冤》等民间小说对这宗冤案进行文学再创作的"本事核心"。

对此，梁方仲的好友、历史学家罗尔纲认为："梁天来七尸八命事是有的。凌贵兴这人也是有的。惟此案世传为凌贵兴所为，而凌子有友为其赋诗辩诬，凌后人也有辩诬之举，此固有为亲者洗脱罪名的嫌疑，但凌贵兴方面是否另有他的冤情，则不可知罢了。"

可见，基于同治《番禺县志》的记载，学界对梁家七尸八命案的历史事实基本认可，唯独无法辨明的是，传说中的罪魁祸首凌贵兴是否真的十恶不赦。

罗尔纲从北京大学研究院的档案库内找到了当年关于该案审决的原始卷宗。据存世卷宗资料显示，梁氏七尸八命案有两份地方官吏上交朝廷的奏折，一为时以两广总督署理广东巡抚的鄂弥达所写，一为刑部尚书徐本上交朝廷的结案奏折。

但与坊间传闻该案终结于雍正年间不同，这两份奏折均为乾隆二年（1737）上交。两份奏折的主要内容几乎都是围绕名为"穿腮七"的强盗展开，大意是乾隆初年，办案人员在今天广东鹤山市古劳镇一带抓获穿腮七犯罪团伙。据穿腮七交代，他原名何信夔，雍正年间曾犯下过三宗命案，其中最严重的一宗便是潭村的七尸八命案。穿腮七称，雍正五年九月初三夜，他在梁家"下手烟死多命"。遗憾的是，两份存档的奏折仅对穿腮七的供词进行了详细记录，而对涉案的梁天来、凌贵兴等人却鲜有提及。

值得一提的是，这宗七尸八命案一直是岭南小说家撰写奇闻异事录的灵感源泉。在《九命奇冤》等民间小说流行以前，刊印于嘉庆十四年（1809）的《警富新书》也以该案为主要创作题材。

《警富新书》当时在岭南流传甚广，影响甚大，并有各种版本，如《一捧雪警富奇书》等。凌氏后人凌扬藻曾购《一捧雪警富奇书》，读完以后，痛骂此书为"谤书"（诽谤之书）。他在《答黄香石书》中说："穷方委巷，妇人孺子习观而忾听之，一闻曾大父（即凌贵兴）之名，无不切齿詈骂，几以为元恶大憝，古盗跖之不如者。虽贤人君子心知其非辜，而俗已纽于先入之见，谁暇为我左袒而户说以眇论乎？嗟夫！若天来（即梁天来）者，其狡黠险毒亘古今无与比，可谓极矣！"

可见，凌氏族人一直认为，梁天来阴险狡诈，凌贵兴在"七尸八命"案中是被冤枉的，其形象随着各种小说的传播而被严重污名化，真是无处说理去。

尽管如此，现有的史料还是给该案的真伪提供了另一重想象空间。

据《岭南小说史》记载，清中期，岭南出现过另一部公案小说《绣鞋记警贵新书》。与《警富新书》的内容相近，《警贵新书》的主人公莞邑（今广东省东莞市）进士、户部主事叶荫芝也恃强凌弱，在东莞一带横行乡里，逼死多条人命。考虑到两书名字相近，所记载的案情及案发地又高度接近，且《警富新书》的作者"安和先生"在《警富新书》结尾曾云"欲知三人后世端详，请看《警富后传》"，因此，有人怀疑《警贵新书》很可能就是《警富后传》。而《警富新书》中提及凌贵兴制造"七尸八命"案，很可能也是"安和先生"依照岭南当地传说，糅合多个版本后编造出来的。

事实上，民间传说里鄂尔泰侦破七尸八命案，实乃子虚乌有。鄂尔泰确为雍正朝重臣，但据史料记载，在七尸八命案爆发前一年，雍正四年（1726），他已奉旨出任云贵总督，正忙于对云南、贵州等地进行"改土归流"。他不但雍正年间未曾到任广东，终其一生，也未有踏进岭南的记录。可知，民间传说中所谓鄂尔泰任钦差破七尸八命案，应是后人依照鄂弥达侦办穿腮七案的过程，强行附会到了更有知名度的鄂尔泰身上。

如果七尸八命案在侦办的主体上都存在后人的艺术加工，那么，"罪魁祸首"凌贵兴被传说和小说"污名化"的可能性也是存在的。只是，其中的可能性有多大，或许也正如梁天来奔走呼冤、无处申诉一样，清白难求。

唯一可以明确的是，雍正朝以后，曾经有很长一段时间，广州有些地方的梁、凌二姓是不通婚的，此案的历史影响倒是实实在在的。

光绪王树汶顶凶案：事出反常，必有黑幕

清光绪七年（1881）秋，河南开封。

听闻江洋大盗胡广得与镇平盗魁胡体安（亦写作"胡体浽"）要被开刀问斩，老百姓早早便将刑场围了个水泄不通。

不大一会儿，两个官差押着一个被五花大绑的人犯走上刑台。

只见人犯约莫十五六岁，身材瘦弱，背后插着"盗匪胡体安"的斩标。就在人们纷纷惋惜少年的堕落时，人犯却突然大呼冤枉，死活不愿让刽子手按低头颅行刑。

按照当时的刑律，犯人在执行死刑前享有最后的救济机会，除谋反、大逆等十分严重的犯罪外，任何时候犯人临刑呼冤，案件都需要发回重审。

众目睽睽之下，监斩官陆惺不敢擅作主张，只能下令暂缓行刑，将现场情况及卷宗记录一并移交河南巡抚，请其决断。

时任河南巡抚是在"刺马案"中任上海道台的涂宗瀛。

涂宗瀛马上想起了震惊天下的"杨乃武与小白菜案"，四年前（1877）重审平反后，当时涉事的官员均遭朝廷革职查办。眼下，万一临刑呼冤的人犯真有冤情，岂容儿戏？

于是，涂宗瀛暂缓行刑，发文上报，阐明自己的疑虑，请刑部启动预定的复审程序。

由此，晚清著名的冤案——河南王树汶呼冤案，逐步浮出水面。

1

由于胡广得一伙盗犯的斩刑是在省城开封执行的，该案的重审工作也就依例落到了开封知府唐咸仰的肩上。

唐咸仰是广西人，自道光二十九年（1849）拔贡后，就被分配到河南省为官。在豫多年，以剿匪得力著称。凭借多年的办案经验，他已察觉到，被押上刑台候斩的少年罪犯"胡体安"过于年轻。案件牵涉的南阳府镇平县盗匪大多是经验丰富的老手，怎会由一个乳臭未干的少年称"盗魁"？实在匪夷所思。

在唐咸仰介入重审案件后，那名少年罪犯开始述说他的冤情。

原来，少年罪犯名叫王树汶，是河南省南阳府邓州东乡大汪营人。其父名叫王季福，全家在邓州世代务农。少年之所以由王树汶变成胡体安，是因为被镇平知县马翥屈打成招。

王树汶称，案发两年前，即光绪五年（1879）十月二十五日，他偷了家里的钱，被父亲发现后遭毒打，一时气不过遂离家出走。在路上，他遇到了胡广得和他的小弟范猪娃。当时他并不知道这两人就是为祸河南多年的江洋大盗，只觉得大家都是穷苦出身，聊起天来十分投缘。

胡广得为人十分仗义，见王树汶无处可去，就提出拉其入伙，大家一起搞钱，并保证只要自己还有一口气，绝不让小兄弟饿肚子。

看到胡广得信誓旦旦的样子，涉世未深的王树汶信以为真，答应了下来。随后，他就跟着胡广得、范猪娃等人来到了王河庙一带。

此时的王河庙一带，已经聚集了以胡体安为首的百余名盗匪。他们都是前一天晚上接到胡广得留下的江湖暗号后到此集合的。王树汶并不认识他们，也不清楚胡广得与他们到底有何筹谋。

在范猪娃的带领下，王树汶很快融入这支盗匪队伍。

依照胡广得的指示，王树汶及另外两名互不相识的少年到了预定地点后，就留下来替盗匪们看管衣服。盗匪们则换上夜行服，实施盗窃。

而另一边，或许是动静闹得过大，胡广得、胡体安等人还在集结大部队时，王河庙寨寨长赵荣溃已经接获线报，知道将有一伙歹徒进村实施抢劫。他深恐滋生事端，遂"密遣地保郑宽长赴县禀报"。

镇平县知县是同治十年（1871）的山东进士马翥。按照惯例，进士授官一律需要通过吏部的铨选考试，根据考试成绩再掣签分配到不同地区为父母官。可偏偏马翥中进士那年十分特殊，河南地区大面积官员出缺，导致刚刚考中进士的他获得了一个"榜下即用"的机会。通过殿试后，他即被掣签分配到河南为官。

在清代，州县一级的地方官负有稽查盗贼之责。如若疏忽，轻者罚俸，重者降级。马翥身为地方长官，在镇平任内遇胡广得、胡体安等百人聚众抢劫的大案，已是板上钉钉的玩忽职守，应当严处。清律还规定，"州县亲民之职，苟境内出盗案，限中未能缉获，则展期半年为再限、三限，至四限为止。过此四限，则开缺候缉，谓之四参案"。意思就是，发生盗劫案件的地方，只要两年追捕审讯刑期一过仍未缉获元凶，不管地方主官之前办案有多努力，一律即行开缺，撤职查办。

另外，这种规模较大的盗案都是老百姓有目共睹且深受其害的，办得好或办不好都会影响官望政声仕途，对马翥这样一个刚刚起步的七品芝麻官而言，任何细微的加分项都至关重要。因此，接到王河庙的报告，他也不管信息来源的真伪，急令家丁赵钰、刘升带领众衙差，会同镇平县小股绿营兵奔赴王河庙缉凶。

谁知道，胡广得一伙盗匪在王河庙只是虚晃一枪，他们真正要劫掠的目标，是五十里外的张楼寨村富户张肯堂。

等马翥的人马千里迢迢赶赴王河庙时，胡广得已经带着王树汶等人浩浩荡荡地开赴张楼寨村了。

2

光绪五年（1879）十月二十七日夜，胡广得、胡体安及其麾下百余名盗匪砸开了张楼寨村富户张肯堂的家门。

据后来呈报给刑部的卷宗记载，此次张肯堂一家损失惨重，家人因守财被胡广得一伙打死、打伤数人。此外，因张肯堂家资甚厚，见钱眼开的胡广得、胡体

第七章 惊世奇案

安等百余人涌入张宅后，便发生内讧，而胡广得与胡体安两名盗魁也因一件宝贝大打出手。

直至天亮，马翥派出的衙役及绿营兵才姗姗来迟。在大雾弥漫中，镇平县的衙役及兵丁终于见到了胡广得落荒而逃的身影。

据参与抓捕的衙役吴全交代，当时，胡广得身后还跟着两个小孩，其中一个"身背褡裢，里面装着水烟袋一根和零钱数百"，这个人就是被官府认定为胡体安的王树汶。在抓捕中，胡广得及另一小孩拒捕，均被格伤。后经查明，跟随胡广得一起拒捕的少年即范猪娃。

见主犯及从犯均已落网，马翥的家丁赵钰即将胡广得等人解送回县衙，交由镇平县总役刘学汰看押，等候马知县升堂问案。

王树汶的厄运，由此悄悄降临。

胡广得落网次日，参与洗劫张肯堂一家的另外三名盗匪——胡体安、樊得强和吕小黑，就在距张楼寨不远的杨庄被刘学汰的哥哥刘全汰设伏擒拿。

由于胡体安逃跑时来不及分赃，落网时携带的赃款数目巨大，刘全汰见财起意，就与胡体安达成私下交易，允许他拿钱赎买自由。于是，胡体安借刘全汰之手，引导押解队伍往侯家集方向前进，并让自己的老友侯姓染匠提前备好厚礼，恭迎县衙大队。

经过这番交易后，刘全汰等人得到了巨额赃款与财物，而胡体安则重获自由，从此远走高飞。

不过，这并不意味着这起交易做得天衣无缝。等刘全汰回到县衙，便听说同僚在另一处拿获了胡体安的手下王牢夭与程孤堆。多了两名落网的盗匪，也就意味着刘全汰私吞胡体安赃物之事被戳穿的风险变大。

为免夜长梦多，刘全汰立即分给弟弟刘学汰部分赃物，并让其联合衙役吴全、乔四等教唆王树汶自认为胡体安。如此，等案件一结，大家都能落着好处。

王树汶对此本有担心，可刘学汰兄弟俩哄骗他，只有他冒认了胡体安的身份，知县才会放过他。毫无社会经验的王树汶深信不疑，遂在马翥提堂时当庭声称自己叫胡体安。

得知堂下所跪少年即是日前将他要得团团转的大盗胡体安，正在气头上的马翥立马让人把"胡体安"吊起来，暴打了一千小板，以泄心头怒火。

王树汶被打得死去活来，心里怕极了。因此，当马翥第二次讯问他时，他改口声称自己姓王。但他的前后反复，却被马翥解读成了恶意狡辩。马翥大怒，令人用火香烧戳王树汶的脊背，以至于"王树汶忍受不住，复认姓胡"。就这样，王树汶被彻底逼成了胡体安。

根据王树汶给出的口供，马翥出具了一份"胡体安"为镇平盗魁的切结书，拟斩立决，具详上司。

按清制，死刑案件要经过县级、府级、臬司、巡抚或总督四级审查，再上报朝廷，由朝廷同意后执行。然而，王树汶案的进展尤为神速，从马翥作出判决起，到涂宗瀛递交给刑部初审裁决，中间仅过了月余。要知道，当年"杨乃武与小白菜案"在地方上审转都花了两个多月。可见，在既定的审转程序上，河南官员的形式主义之风多么严重。

到了朝廷，刑部也像是瞎了一般，在涂宗瀛的裁决文书上按既定程序给出了最高司法复核意见——"强盗得财，律拟斩立决"，王树汶遂落入必死之局。

3

临刑喊冤之后，王树汶复审给出的口供，让上自河南巡抚涂宗瀛，下至开封知府唐咸仰都捏了一把汗。

根据这份新口供，涂宗瀛向刑部提交了复审材料，刑部也很快给出了明确指示："此案疑窦固多，要以胡体安呼冤为发觉之根；而胡体安有无冤抑，则以胡体安之是否即王树汶为紧要关键。"

刑部的言外之意，显然就是要让王树汶与乃父王季福相认。只要能证明大汪营的王季福确实存在，且确系王树汶之父，那么王树汶为胡体安的审讯结论将不攻自破。

涂宗瀛十分理解刑部的办案新思路，立即命邓州知州朱光第出发前往东乡大汪营寻找王季福。

然而，事情又出现了反复。

朱光第出发后不久，涂宗瀛就接到朝廷的调令，出任湖南巡抚，接替其职位的是原东河总督李鹤年。此前，李鹤年曾因治河署任过河南巡抚，与河南的大小官员交情颇深。不仅如此，他还与经手初审王树汶案的前南阳知府任恺有亲戚关系。

在李鹤年看来，王树汶案若被定为冤案，那么从前在他手下任事的官员，包括自家亲戚任恺等都将被朝廷削职为民。这不仅会引起河南官场动荡，降低官府公信力，更会败坏他本人"治豫久，多善政，豫人刻石颂之"的官声名望。

李鹤年还认为，即便王树汶确与胡体安不是同一人，但在抢劫张肯堂的过程中，亦间接参与了盗匪的犯罪活动，替胡广得看管衣物，按大清律，"强盗得财，不分首从，皆斩"。

李鹤年的新论调，给了事涉王树汶案的河南官员回转的空间。

前南阳知府任恺直接以上官的名义，给尚在寻找王季福的朱光第写了封信，勒令对方不得带王季福归案。但朱光第与任恺之间并无直属的上下级关系，加上他为人正直良善，任恺的恫吓非但没能阻挠他带王季福到开封的决心，反倒加快了王树汶父子相认的速度。

最终，在朱光第的护送下，王季福与王树汶父子相认，而王树汶案也被官方定调为冤案。

按理说，此案到这里已经水落石出，接下来只需要秉承刑部重审的思路，就可以早日审结，还冤枉者以清白。但事实上，这起案子背后的较量才刚刚开始。

李鹤年一心想要维护自己的政声名望，他知道，当下要推翻刑部的论调已经不可能，不过，既然王树汶案复审是必然，那么，让复审结果与初审结论一致，问题不就迎刃而解了吗？

怎么操作呢？很简单，即"弥缝补苴"。李鹤年首先组织河南官员对王树汶案原有的笔录、证据进行查漏补缺。譬如，趁开封知府唐咸仰升任山西省河东道，他就让署理开封知府的王兆兰将卷宗里写明的"光绪五年王树汶离家出走"，改成"光绪四年即逃出本家"，打一个时间差。之后，针对胡体安身份存疑的问题，他又让王兆兰协同候补知县马永修等发挥"聪明才智",将卷宗里的王树汶改名胡体安,捏造其离家出走后为胡广得收为义子的证言。

当然,这样的操作,还是很难将王树汶塑造成一个十恶不赦的犯罪分子。

别急,李鹤年还有招儿。据史料记载,为了让刑部彻底相信王树汶作恶多端,李鹤年委派复审官员丁彦廷等人在堂讯中"添出"王树汶在光绪四年(1878)九月曾经"偷羊逃出"的情节。为此,丁彦廷等人还深入邓州调查取证,并诱导地保金振邦"捏供"证其事。之后,拿着王树汶的"犯罪证据",丁彦廷又找到了镇平县新任知县郑子侨,要他教唆命令下属将前任知县马翥刑讯逼问王树汶描绘成"初审官员马翥用火香烧戳王树汶的脊背,是为了拷讯其他案件"。

在一切证据都妥善完备后,李鹤年再让当地官员出面,"劝事主张肯堂认赃",以使证人证词和客观物证相吻合。

不过,这背后还是有一个相当致命的漏洞,那就是真的胡体安还活着。

为了将王树汶案办成铁案,李鹤年直接命令南阳府所属十三厅县官员销毁一切关于胡体安的官方记录。这下,胡体安彻底查无此人,刑部指控马翥以王树汶冒认胡体安,也就死无对证了。

4

难道王树汶案的真相真的难以大白于天下?

要相信河南还是有正直之官的。

张亨嘉是河南官场里一名举人出身的知县,曾受命复审王树汶案,并提出了与李鹤年意见相左的观点。结果是,张亨嘉随即"被请假",回福建原籍待命。光绪九年(1883)春,重返考场的张亨嘉考中进士,进入翰林院供职。在京期间,他不忘河南的这起冤案。经过他的宣传,在京的言官御史很快就知晓了王树汶案的内情与黑幕。

当时,二度垂帘听政的慈禧太后为了打压以恭亲王奕䜣为首的宗室实权派,大力提倡恢复九卿科道给事中风闻奏事的旧例,让翰林院、都察院的言官批评朝政、纠核百官,对权臣加以制衡。晚清朝廷由此出现了一个以"标榜风节,严义利之分"为己任的文官小集团,被称为"清流党"。时人把清流党比作一头青牛,称青牛头是军机大臣李鸿藻,青牛角则是洋务大臣张之洞和船政大臣张佩纶,用以触人,帝师陈宝琛乃青牛尾,其余牛皮、牛毛甚多。

根据张亨嘉提供的信息,出身清流党的监察御史陈启泰首先向朝廷提交奏折,参劾李鹤年及河南大小官员在审理王树汶案时避重就轻,"串令该犯诬认为从,如有不承,拟即监毙灭口等语"。

消息一出,朝廷震动,慈禧太后当即指示:"人命出入,所关至要,着李鹤年迅将此案秉公讯结,务成信谳,毋稍瞻徇。"

李鹤年接到谕旨后不敢违抗,但他还有"捂盖子"的妙计。他先将前期复审王树汶的大概情形汇报给朝廷,然后再请朝廷简派熟悉河南政务的大员为钦差,核实整个办案过程。

当时在中原,除了河南本省行政官员对当地的政务较熟悉外,专司治理黄河的河道官员也跟河南地区的政务多有联结。依照李鹤年的奏请,慈禧太后即着令时任东河总督的梅启照为钦差大臣,携员前往开封,会同李鹤年三审此案,"务得确情,据实具奏"。

梅启照乃清末同、光十八名臣之一,素以办事严谨认真著称。慈禧以他为钦差三审王树汶案本无可厚非,但梅启照手下十有八九都是李鹤年的故旧,而梅启照为人古板,又极崇尚"义理"。他认为,王树汶的行为虽不构成实质犯罪,但他全程看管胡广得的衣物,也算"畏祸纵盗",此本乃"义所不为",所以他选择支持李鹤年,判王树汶死刑,以儆效尤。

5

审来审去,王树汶还是得死,这个结果不仅言官们接受不了,就连慈禧太后也觉得此案恐有猫腻。梅启照、李鹤年等人的奏折一入京,她就以光绪皇帝的名义下了道圣旨:"着李鹤年将全案人证、卷宗派员妥速解京,交刑部悉心研鞫,务期水落石出,毋稍枉纵。"

王树汶案由地方转到中央,照理来说李鹤年应该再难掺和,可是,王树汶人还在河南，只要李鹤年坚持不放人，天王老子来了也没办法。

李鹤年真敢抗旨不遵？

他可太敢了！

光绪圣旨既下，李鹤年就当耳边风一般，置之不理。刑部三令五申让他把涉案的王树汶一干人等交付北京，他就跪奏朝廷，声称："臣查此案，惟正犯胡体安、王牢夭、程孤堆及另案牵涉应讯之僧人何周经，均尚在省；其余人证，或曾行提未到，或已于提讯后随时保释。"总之，人证、物证不齐，恕难从命。

刑部也不甘示弱，针对李鹤年的推诿搪塞，决定采取"两步走"的策略：其一，先向慈禧及光绪帝请旨，让曾参与审理此案的前镇平知县马翥、知府王兆兰及候补知县马永修等进京，参与对质；其二，再请旨帝后，批准由刑部全权处置王树汶案，地方不准插手。

慈禧太后很快便一切照准，并令河南官员尽快交付涉案人等。

这下，李鹤年及河南官员与王树汶案的联结被彻底斩断。但李鹤年还想最后一搏，他一边延请说客去做时任刑部尚书潘祖荫的人情工作；一边给朝廷上奏章，声称王树汶案涉及甚广，传唤人证需要时间，出于安全解送的考虑，希望朝廷能让他把人证、卷宗、赃物等分三批递送，于光绪九年（1883）十月二十七、二十八、二十九等日陆续管押起解，交刑部收审。

很显然，在言及最后期限时，李鹤年依旧含糊其词，竭尽全力拖延时间。

对此，刑部一开始强烈抗议。可随着李鹤年游说工作的推进，刑部尚书潘祖荫也逐渐对王树汶案失去了原有的正义感与耐心。他亲自指示负责重审此案的刑部员外郎赵舒翘，要他务必维护河南省的判决，并将所有涉案卷宗销毁。不料，此举却遭到了赵舒翘的严正抗议。

赵舒翘既是潘祖荫的下属，也是其门生，为人刚正不阿，又精通律学。晚清司法普遍遵循惯例，刑部但凡需要厘定例案、解释疑义，都得找他代笔，出具相关的法律解释文书。对于下属兼门生的抗议，潘祖荫感到很为难，双方一时僵持不下。

于是，王树汶案的调查在刑部踌躇不前。

但人算终究不如天算，潘、赵僵持期间，潘祖荫的江苏老家传来了其父病故的噩耗。依例，潘祖荫须丁忧三年，其职交由张之洞的堂兄张之万署理。

王树汶案似乎迎来了平反昭雪的曙光。

6

直到此刻，李鹤年还不死心。

他启奏朝廷，声称以往判决强盗首从犯是否无罪时，并没有过单独以"看守衣物"确定是否犯罪的先例。倘若刑部非得以"王树汶只看管衣物未行盗窃"为定论，定其无罪，那么刑部的所作所为，就有违大清律法公正。他请将王树汶"看守衣物"的情节合并到强盗案"把风、接赃"的表述范围内。这样，依照河南省前后三审的判决，王树汶仍可被纳入强盗从犯之列，判处死刑。否则，该案难结。

李鹤年教刑部做事，令刑部官员大为光火：既然你攻击我刑部不懂天下刑名，那我刑部岂有不拿你李鹤年玩忽职守、目无朝廷说项的道理？

于是，刑部以李鹤年治豫多年，盗匪频仍，处理盗案胡乱引据律文，企图混淆视听，达成己谋为由，向朝廷参其目无君上，目无法度。

这下，原本一桩并不复杂的强盗冒认案，直接上升到了涉及中央集权、君弱臣强的政治高度。

在慈禧太后的干预下，光绪九年秋，王树汶终于等来了刑部的最终判决："兹因王树汶并未上盗，从轻拟徒三年，奉旨依议。"

轰动一时的河南王树汶呼冤案至此落下帷幕。

然而，极具黑色幽默的是，作为该案唯一幸存的盗匪，真正的胡体安自始至终并未落网。有关他的行踪，只见诸野史，据说此案了结以后，他"贼喊捉贼"，隐匿于河南新野县，改头换面当了一名捕快。

与此同时，河南官场则迎来了"命中注定"的大清洗。作为主要责任人，李鹤年、梅启照、任恺、马翥等纷纷遭到充军、撤职等不同程度的处罚。而涂宗瀛、唐咸仰等官员因重审此案时敢于承担己过，朝廷遂加恩不予追究。后来，唐咸仰自山西河东道再度升转河南按察使。回忆起当初王树汶案的惊心动魄，他似乎有所感悟，史书称其"从此均知人命关天关地，不敢草菅"。

伴随王树汶案尘埃落定，清流党领袖张佩纶也在之后的总结大会上，公开赞许言官同僚们的"恤民思想"。不过，当他回忆起言官同僚为王树汶案奔走呼号时，还是止不住地担忧："长大吏草菅人命之风，其患犹浅；启疆臣藐视朝廷之渐，其患实深。"

一语道破天机。地方督抚挑战朝廷权威，这才是慈禧太后一定要借王树汶案整顿官场的深层原因。否则，以王树汶一介蚁民，又如何能将若干封疆大吏拉下马呢？

春阿氏案：晚清北京城的真实大案

光绪三十二年五月廿七日（1906年7月18日）夜，万籁俱寂。突然，京师东北角、地安门外小菊儿胡同内传出一个女人的凄厉哭声。

由于时值亥末子初，几乎没什么人在意胡同内的这声异响。直到天明时分，接到镶黄旗旗人领催文光的报案，镶黄旗甲喇厅管事德勒额才带着手下火速赶到事发现场。

原来，昨夜那阵凄厉的哭声，是文光家的新妇春阿氏发出的。满人习惯称名不带姓，阿氏的丈夫是文光的长子，名叫春英，嫁给春英的阿氏也就随了夫家的惯称，改称春阿氏。

春英深夜离奇死在房中，脖子上还有一道深可见骨的刀口，显然这件事与春阿氏脱不了干系。于是，办案的官差将春阿氏列为头号嫌疑人，交付管理京师镶黄、正白、镶白、正蓝四旗事务的左翼公所从严查办。

"春阿氏杀夫"由此被立案，经左翼公所、外城巡警总厅（步军衙门）、刑部、大理院（大理寺）层层审理，终因证据不足，比附"强盗罪"定案，判处终身监禁。

清末司法判决的荒谬，致使"京人知其事者，或以为贞，或以为淫，或视为不良，或代为不平，聚讼纷纭，莫明其真相也久矣"。而更令人震惊的是，宣统元年闰二月初十（1909年3月31日），春阿氏入狱仅两年多，就"瘐毙狱中"，成为乱葬岗中的一缕孤魂。

春阿氏的暴毙，让这起悬疑命案的真相一同长埋地下，但背后的诡谲大局却始终若隐若现。

1

俄国文学家托尔斯泰曾经说过:"幸福的家庭都是相似的,不幸的家庭各有各的不幸。"生活在晚清旗人社会里的春阿氏便是这样不幸的人儿。

据清末司法档案记载,春阿氏原名"三蝶儿",是镶黄旗满洲松昆佐领下阿洪阿之女。父亲阿洪阿早年在旗下做过一阵子的"公务员"。靠着父亲的俸禄加上旗人固定的旗饷,春阿氏在原生家庭的日子虽称不上富裕,倒也算是小康。

春阿氏有兄弟常禄、常斌二人。旗人成家早,哥哥常禄刚满十六就离开八旗学堂,去往步军统领衙门巡捕营谋了一份差事。这本应是春阿氏一家奔向幸福生活的信号,可就在这个节骨眼上,父亲阿洪阿却突然病故。家中顶梁柱一夜崩塌,哥哥那点微薄的收入加上日益缩水的旗饷根本撑不起这个四口之家。

春阿氏的母亲阿德氏表面上为人拘谨朴厚,言容郑重,一举一动都颇具章法,可实际上却是个毫无和蔼之气、对子女态度冷漠的母亲。家道中落,春阿氏刚满十六,阿德氏就着急把女儿"脱手"嫁出去。

不过,阿德氏将嫁女儿看作是一门"生意",尤为看重未来亲家的财力。直到春阿氏19岁那年,将女婿筛了一遍又一遍的阿德氏才相中了与自己有亲戚关系的文光,把女儿许配给文光的嫡长子——有些呆傻的马甲春英。

文光一家在镶黄旗下虽然也是小门小户,但文光是在任的旗下"领催"。每逢朝廷按期发旗饷,领催都是这笔巨款的经手人。可以说,只要清朝还继续维护着旗人的"铁杆庄稼",春阿氏嫁给春英就能让娘家在衰世里吃穿不愁。

显然,文光一家也很清楚亲家阿德氏是在"卖女儿"。因此春阿氏嫁给春英后,白天给文家长辈当丫鬟,晚上还得负责给丈夫暖床。文家一日两顿、浆洗衣服、洒水扫地,通通成了她婚后生活的点点滴滴。

春阿氏任劳任怨,以尊重长辈、爱护丈夫为己任,默默地为这个新家付出,只待深夜才敢躲在被窝里偷偷哭泣。可即便如此,打心底瞧不起春阿氏一家的文家人还是没给她好脸色看。

春英的生母文托氏是文光的正妻，仗着大婆母的身份，她总嫌春阿氏伺候人的动作太慢，有事没事就给儿媳立规矩。而文光的小妾文范氏就更劲爆了，据跟踪报道春阿氏案的《京话日报》披露，文范氏早年曾是八大胡同里诨名"盖九城"的妓女。跟文光从良后，她又迅速出轨了文光的好友普云。普云与文范氏偷情时，曾不慎被春阿氏撞见，故文范氏一直视春阿氏为眼中钉、肉中刺。春阿氏每回被大婆母训斥得抬不起头来时，文范氏总会在旁边落井下石。

在这种长期压抑的家庭环境下，"自思过门不及百日"的春阿氏萌生出了"乘间寻死"、一了百了的想法。

2

春阿氏的心态变化，阿德氏不知，文家人不知，春英更不知，可老天爷却似乎有了预感。

春阿氏案案发前一周，春阿氏的大婆母文托氏的娘家长辈过世了。按照传统，文托氏得回家奔丧，披麻戴孝。临行前，文托氏习惯性地命令春阿氏替她浆洗孝服。春阿氏敢怒不敢言，只想洗完这最后一遭，当晚就自杀。

但这回不巧，文托氏不知出于何故，竟让春阿氏陪她回娘家给祖辈上坟烧香。一来一回，让春阿氏的自杀计划耽搁了一个星期。正是此种冥冥之中的安排，让本来无关此事的春英，在这时被卷了进来。

光绪三十二年五月廿七日夜，春英像往常一样进入春阿氏房中倒头就睡。此时的春阿氏已打定自杀的念头，丈夫在床上呼噜声震耳欲聋，她的内心却平静如水。简单洗漱后，她缓步走向厨房，拿起菜刀准备朝自己身上砍去。但终究没下得了手，她又拿起菜刀走回了睡房，来到春英的床边，对着他哀叹。

没想到，习惯侧睡的春英这时突然转身，从背对春阿氏变成面向她。这突如其来的动作使春阿氏一时慌乱，站立不稳，拿着菜刀直愣愣扑到春英身上，以致刀口精准命中春英的颈部大动脉。鲜血喷涌而出的那一刻，春英也痛得跳了起来。而春阿氏则被自己的失手，吓得哭了起来。

但哭声除了惊醒熟睡中的文家人外，对倒在血泊中的春英并无帮助。很快，因失血过多，春英丧命。

春英死后，春阿氏立即将菜刀扔在外间的桌子上，自己冲进厨房，投入泔水缸内，意图自杀。此时，已被惊醒的文光和文范氏也冲进厨房，救下了寻死的春阿氏。

至此，案发后，春阿氏是第一个从房中跑出来的当事人，而且她还在慌乱中磕伤了头部，最后又意图淹死自己。种种不合理的行为，似乎都在向文家人昭示，是她杀了自己的丈夫，担心受到法律的制裁，所以畏罪自杀。

文光到底是一家之长，文家与阿家又有亲戚关系，他只想知道事实真相。于是，他连夜写了封信，请阿德氏前来陪护女儿，并劝说春阿氏说出案发经过。

结果，寻死不成的春阿氏拒绝了夫家最后的"好心"——她坚定地称自己愿一命抵一命，只求速死。

3

春阿氏对杀夫供认不讳，还想照顾两家面子的文光只能将她解送左翼公所公开审理。

可负责承审此案的官员们却犯了难。

如果按春阿氏在档案中交代的那样，她杀亲夫，不过是意外所致，在法律上属于过失杀人。按照《大清律例》，凡过失杀人，应按"六杀"中的"斗杀"为标准处罚，最高判"杖一百，徒三年"，怎样都达不到春阿氏借杀夫案寻死的程度。再者，承审官员们认为，既然春阿氏早有寻死的打算，从五月廿日到春英毙命的五月廿七日，有7天的时间，足够春阿氏求死。况且，文托氏是激起春阿氏自杀的诱因，在陪文托氏回其娘家上坟时，春阿氏内心应该是最挣扎的，可她却始终没有自杀，一直拖到五月廿七日夜才拿着菜刀回房，失手杀了丈夫。在丈夫毙命后，她也没有第一时间自杀，而是从容淡定地放下菜刀，跑到厨房，投入又臭又浅的泔水缸中，实在不合常理。

承审官还根据仵作的验尸报告提出误杀无法成立的推论："春英咽喉近右一伤，横长二寸余，深至气嗓破，显系乘其睡熟，用刀狠砍，岂得以要害部位深重

第七章　惊世奇案

伤痕诿为误碰？"

承审官的推论可谓有理有据，春阿氏是站立拿刀对着横躺的丈夫，两人几乎呈90°姿势，倘若春阿氏惊慌失措致使菜刀掉落毙杀春英，那致其死亡的刀口多半只会留在胸腹之间。即使春阿氏真的精准命中了春英的颈部右大动脉，以她惊慌失措的状态分析，春英的尸身上也绝不可能出现在同一刀口位的连续几刀，直至"气嗓破"。

既然春阿氏不可能误杀亲夫，那她为什么要对杀夫之事供认不讳？

于是，承审官依例就春阿氏与文家日常关系、春阿氏品行及案发详情等传召文光一家及小菊儿胡同的左邻右舍上堂质询，打算从中抽丝剥茧，还原事实真相。

可文家人及左邻右舍给出的供词，又再一次将春阿氏杀夫案推向了"疑案"的一端。

据小菊儿胡同的左邻右舍交代，春阿氏平日里品行端正，夫妻恩爱。因为年纪尚小，春阿氏还有点稚气未脱、童心未泯，实在看不出她有杀人的动机。文家的大家长文光的供词也与左邻右舍差不多。他称，春阿氏嫁到他家不过百日，平日里对公婆恭敬有加，也未曾与儿子春英有过什么争执冲突。对于儿媳为何要自杀，儿子又为何死在房中，他属实不知。

对于春阿氏在供词中倾诉怨恨的文托氏和文范氏，承审官也进行了重点盘问。文托氏交代，在新妇过门的百日里，她是嫌弃过儿媳手脚慢，伺候老人不卖力，但这只是嘴上说说而已，从未施以体罚。春英的祖母德瑞氏尚在，老人家对这个孙媳妇疼爱有加，所有人都不会自找不痛快。即使自己言语上刻薄了些，那也属于正常的管教儿媳。

文范氏则坚称，春阿氏"因奸谋害亲夫，必欲致春英身死而后快"。但对于春阿氏的奸夫是谁，春阿氏如何与奸夫相会等细节，文范氏却给不出合理的证据。

承审官无奈，只能继续在传讯众人里寻找事件证人。

这时，文光之母德瑞氏给出了她的目击证词："伊因老病，每晚睡宿较迟，是晚十二钟后，伊听见西厢房春阿氏屋内响动，伊恐系窃贼，呼唤春英未应，复闻掀帘声响，并有人跑过东屋脚步行走声音，伊遂唤醒文光等，点灯走至西屋，见春英躺在地上流血，业经气绝。春阿氏不在房内，至找东屋厨房，始见春阿氏倒身插入水缸，当由文光等救起控活。至春阿氏因何杀死春英，伊等均无从知晓。"

由此看来，在没有发现其他嫌犯的前提下，春英是怎么死的，恐怕只有春阿氏才知道内情了。

于是，左翼公所根据案件进展，初步给春阿氏判了个"绞监候"，交付上级依规审转。

4

或许春阿氏真的是命不该绝，案件在京城引起轩然大波时，清廷内部也正忙着为"预备立宪"做最后的刑律变更。

光绪三十一年（1905），沈家本、伍廷芳联名上书《删除律例内重法折》，朝廷很快予以了"照准"的批复。至此，在中国延续数千年的酷刑重法——凌迟、枭首、戮尸、缘坐、刺配等均被废除，中国的刑罚也由野蛮朝向文明迈了一大步。次年，也就是春阿氏案的同一年（1906），清朝又采纳了沈、伍二人的建议，对实施了逾两百年的《大清律例》进行删减与修改。除了前面提到的凌迟、枭首等古老且带有侮辱性质的人身伤害刑罚被彻底废除外，清廷也就《大清律例》中原有的戏杀、误杀、擅杀等应被判处绞监候、斩监候等虚拟死刑的罪名，进行了新的司法解释。

按照修订法律大臣沈家本的意见，轰动京城的春阿氏案应该适用于新司法解释中"误杀"这一项。新司法解释中的"误杀"，实际上仍沿用《大清律例》中"误杀"罪名的解释，即："凡因戏而杀伤人，及因斗殴而误杀伤旁人者，各以斗杀伤论。凡斗殴杀人者，不问手足、他物、金刃，并绞（监候）。伤者，验轻重坐罪。"

不过，春阿氏案最大的疑点还在于，没有任何证据表明死者春英生前与春阿氏发生过"斗殴"。也就是说，春阿氏如果要按误杀罪判其"绞监候"，缺少合理的司法判据。况且，基于清廷比照西方法律体系作出的这次刑律变革，西方法律思想里的"疑罪从无"也是清末法律界人士改革判案思想的重点。因此，在沈家本、伍廷芳等一批法律界"巨公"的干预下，春阿氏未能以"绞监候"罪获得秋后勾决。

在"监候刑"之上，《大清律例》中还有一项更重的刑罚——"立决"被新法保留了下来。《大清律例》原有的司法解释是："凡妻殴夫者，杖一百，夫愿离者，听。至折伤以上，各加凡斗伤三等；至笃疾者，绞决；死者，斩决。故杀者，凌迟处死。"像春阿氏案的状况，春阿氏"殴夫"至死，即便实情可能有误，但就结果本身而言，官府判其"斩立决"也算是有理有据。

然而，负责修订新法的沈家本、戴鸿慈、刘若曾等法学家又认为，清廷新法应该删除"重法数端"，即"所有现行律例内，凌迟、斩枭各条，俱改为斩决；其斩决各条，俱改为绞决；绞决各条，俱改为绞监候，入于秋审情实；斩监候各条，俱改为绞监候，与绞候人仍入于秋审，分别缓实办理"。如此，原本应被判处斩立决的春阿氏也就一路被递减刑罚至"绞监候"。

但"绞监候"规定的罪名解释又不符合春阿氏案的现状。两相矛盾，致使此案从"有法可依"走向了"无法可判"。一桩看起来再简单不过的误杀命案，就此变成了特殊历史时期的悬疑公案。

5

春阿氏案判又判不得，放又放不了，不仅让清廷各级承审官头疼，也很快引起了京城百姓的街谈巷议。

在清朝"预备立宪"的浪潮推动下，各地改良派的报刊如雨后春笋般冒了出来，这也成为当时一些重大案件判决前后的非官方发声渠道。其中，在北京，《京话日报》便独家追踪了春阿氏案的审理进程。

这家报纸自创刊之日起，就确立了以白话文的报道形式"开民智"的办报宗旨。从该报就春阿氏案发出第一篇"编者按"起，民间知情人士纷纷给报社发去秘闻，一步步揭露明面上看不到的内幕真相。

据说，春阿氏对"杀夫"供认不讳，实是公堂严刑逼供的结果。爆料人称，他们在公堂外亲眼看见承审官"熬审阿氏，用的非刑很是残忍，薰硫磺，拧麻辫子，跪锁，死过去三次，并无口供。后来又收拾他母亲，老太太受刑不过，就叫女儿屈招。阿氏说道：'自己的本意，宁可死在当堂，决不死在法场。如今怕连累母亲，不能不尽这点孝心，只好屈认就是了。'"

对于上述爆料人的说法，《京话日报》还收到另外三封匿名来信证实此事。匿名信称，承审官这样屈打春阿氏，与"盖九城"文范氏有关。她用钱贿赂了本案相关的三名承审官，"一个姓朱，一个姓钟，还有科房的刘某，全都使了钱，是一个窦姓给拉的纤"，"人命重案，竟敢贪图贿赂，真是大胆"。

《京话日报》随后又发出一则"编者按"："现在中国改定法律，为自强的转机，外人的眼光都注重在我们刑法上，故此不嫌麻烦，极力调查这回事，并不是为一人一家的曲直……还求知道底细的人，再与本馆来信，如有真正凭据，本馆敢担争论的责任。"很明显，《京话日报》介入此案，不单是为了给春阿氏发声，更是在践行"开民智"的办报理念。

紧接着，一则带有争民权、反独裁意味的读者来信被刊发于该报上。

该信件是由一位名叫"琴心女士"的人所写。信中说："现在预备立宪，立宪国民将来都有参与政事的权利。何况春阿氏一案本是民事，官场要治他的罪，本是给民间办事。既给民间办事，为什么不叫民间知道呀？……果真定成死罪，屈枉一人的性命事小，改变了法律，再出这样没天日的事，中国还能改什么政治呀？我与春阿氏非亲非故，既是中国人，不能不管中国事。"

这下可好，如何判决春阿氏案，上升为官方在"预备立宪"背景下如何看待民权的风向标。

为防止有人借突发的公共事件干扰朝廷立宪进程，"琴心女士"的信件刊发一周后，《京话日报》即被清廷勒令停刊，春阿氏案也被正式提到大理院进行终审。

6

光绪三十四年二月（1908年3月），距离春阿氏杀夫案发已过去近两年时间，大理院迟迟未就春阿氏的罪名提出最终审理意见，这不禁令慈禧太后大为光火。她以光绪帝的名义给大理院发了道圣旨，要求承审官员"务令按限清结，严定考核劝惩之法"，春阿氏案这才进入了实质性的终审阶段。

对于这宗"死无对证"的案子，承审官们都知道，"仅据（春）阿氏口供，万难断拟"。可圣旨在前，即使该案事实模糊不清，真凶实难辨明，这个时候也必须要定谳，给上头一个交代！

于是，根据此前左翼公所、外城巡警总厅等各部门的办案结论，大理院的承审官们给朝廷联名上奏：

"臣等查核所供情节，系属误伤，尚非有心干犯。按照律例，得由妻殴夫至死斩决本罪，声请照章改为绞候。惟供词诸多不实，若遽定拟罪名，一入朝审服制册内，势必照章声叙，免其予勾，迟至二年，由实改缓；如逢恩诏查办，转得遂其狡避之计。且万一定案以后，别经发觉隐情，或别有起衅缘因，亦势难免追改成狱。臣等再四斟酌，拟请援强盗伙决无证，一时难于定谳之例，将该犯妇春阿氏改为监禁，仍由臣等随时详细访查，倘日后发露真情，或另出有凭据，仍可据实定断；如始终无从发觉，即将该犯妇永远监禁，遇赦不赦，似于服制人命重案更昭郑重。尸棺即饬尸亲抬埋，凶刀案结存库。再，此案因未定拟罪名，照章毋庸法部（刑部）会衔，合并声明。所有杀死亲夫犯妇，他无佐证仅就现供，酌拟办法缘由。是否有当，谨恭折具奏请旨。"

春阿氏案虽然有春阿氏的口供，但案件存在许多疑点，在当时的办案条件下无疑是疑案一桩。而承审官员最终的逻辑却是，既然上头制定的司法解释无法囊括本案不合常理的方面，那就先随便找个罪名把人关起来，日后再慢慢破解，找出真相。如果真相始终找不到，那就把春阿氏终身监禁。如此，不管未来结果怎样——有罪则杀，无罪则放，至少承审官们自己是安全的，永远无需付出错判的代价。

至此，春阿氏免于一死，但从此住进了阴森腥臭的监狱。

7

那么，春阿氏案到底存不存在第三人作案的可能呢？

据清末文学家冷佛所写的长篇纪实小说《春阿氏》记载，在春阿氏案移交大理院审理时，最初侦办此案的左翼尉乌珍并没有放弃对该案的推理与追凶。

经过多番调查，乌珍证实了春阿氏案的真凶为春阿氏的表弟聂玉吉。

聂玉吉之所以对春英下杀手，全因他早年与春阿氏青梅竹马，也有过一纸婚约。但后来聂家家道中落，春阿氏的生母阿德氏看不起聂玉吉这个穷小子，遂把女儿连嫁带卖送到了文光家。在文家，春阿氏与聂玉吉始终未断联系。听闻曾经的恋人在夫家受尽婆婆刁难，聂玉吉决定带着春阿氏远走高飞，不承想他们准备离开的当晚，被春英无意间撞破。为免丑事外扬，聂玉吉失手杀了春英，而后春阿氏不想聂玉吉遭受杀人罪的指控，遂在房中大喊大叫，逼聂玉吉离开，并决定顶包背下"杀夫"罪名。

乌珍本已查清真相，关键就是要承审官捉拿聂玉吉对质，但大理院给出了终审意见，春阿氏案一时没有平反的机会。

宣统元年闰二月初十，年仅21岁的春阿氏病死狱中。这桩牵动着百姓情绪及清廷"预备立宪"进程的大案、要案、疑案，彻底落下了帷幕。

几天后，朝廷承诺各省会在当年内完成咨议局选举，听取民意，让天下人看到朝廷施行议会政治之决心。

可明眼人都知道，清廷发起"预备立宪"的元年，正是春阿氏杀夫案发的同一年。刑律变革领议会政治之先，春阿氏案却迁延三年而未决，"预备立宪"又岂有一帆风顺之理？

是的，自从答应天下人要筹建咨议局开国会，清廷又上演了一出"拖"字大戏。

但这一次，清廷再无三年可延。

第八章 文学里的谜题

千古奇书《山海经》是怎么诞生的？

汉宣帝时，上郡（今陕西省榆林市）发生一件怪事——有人从地下挖出石室，里面藏有一具年代久远的"盗械之尸"。

所谓"盗械"，即因犯罪而戴上刑具之状。年轻的经学家刘向经过研究，上书朝廷，说这具古尸是传说中的"贰负之臣"，据说，贰负之臣擅行杀戮，受到天帝惩罚，被拘禁在疏属山中，他的右足戴上脚镣，双手与头发反缚在一起，捆到一棵树上，直至死去。

汉宣帝好奇地问刘向："爱卿为何知道这个故事呀？"

刘向说："我是从《山海经》里读来的。"

汉宣帝大为惊奇。一时间，满朝文士、当世大儒纷纷捧起《山海经》，跟风研读，啧啧称奇。

子不语怪力乱神。此前，《山海经》因其怪诞，一直不受读书人的重视，就连司马迁也在《史记》中说，"至《禹本纪》《山海经》所有怪物，余不敢言之也"。《禹本纪》（今已失传）、《山海经》都是上古奇书，太史公认为，他没有亲眼看到书中的奇怪事物，故不敢言。西汉学者刘向的古尸鉴定，却让朝野掀起一股《山海经》热。这股潮流，一直传到了现在。

1

青年时的刘向凭借其文学成就，通过汉宣帝选贤，步入仕途，后来，他常年负责"校理秘书"，掌管皇家藏书，成为中国目录学的鼻祖。经过长年累月的付出，"小刘"熬成"老刘"，刘向为典籍的流传奉献一生，而他另一个了不起的成就，是有个好儿子。

刘向的儿子刘歆继承其父事业，也成为一名大学者。刘歆精通古文经学，他的学术成果甚至影响了其好友王莽的托古改制。今天我们讲《山海经》的流传，离不开刘向、刘歆父子的贡献。

刘向引领《山海经》热多年后，其子刘歆将《山海经》校订完成，作《上〈山海经〉表》，继续向朝廷大力宣传《山海经》。

刘歆说，《山海经》"皆圣贤之遗事，古文之著明者也。其事质明有信"，意思是说，乍一看书里写的都是奇异鬼怪之事，实际上都是上古时期的真人真事，而且此书有助于读书人博古通今，可以考证天地万物的吉祥征兆和灾变怪异，了解异国他乡的民风民俗（"考祯祥变怪之物，见远国异人之谣俗"）。

为此，刘歆举了两个例子，来证明《山海经》是可信的。一个是他父亲刘向曾经考据出上郡古尸的来历。另一个故事是，汉武帝时，有人献上一只奇怪的鸟，无论喂它什么它都不吃，只有博学多才的东方朔一下就叫出了这只怪鸟的名字，并且知道该喂它吃什么。随后人们按照东方朔的方法喂养，果然灵验，便问东方朔，你是怎么知道的呢？

东方朔答："我是从《山海经》里读来的。"

如今看来，这两个故事难免有些牵强附会。但刘歆作为当时的学界大家，他的话很有分量，在别人看来，他读的书多，不会骗人。

经过刘歆的校定，今传18卷本《山海经》广为流传。现在，《山海经》的传世版本共18卷，约31000字，主要由《山经》和《海经》两部分组成。《山经》记载山川地理、矿产、珍禽异兽、花草树木等，又分为《五藏山经》5卷。《海经》记载海内外的国家、民族、神奇事物、神话历史，又分为《海外经》《海内经》《大荒经》三大部分，共13卷。

值得一提的是，在刘歆之前，其父刘向也曾整理过《山海经》，其版本应是《汉书·艺文志》中所载的13卷本，不过，该版已失传。刘向、刘歆父子先后总领校正宫廷秘藏书籍，现存很多先秦典籍经他们之手进行过整理，但对同一部古籍进行反复校正的情况十分少见，可见父子俩对《山海经》的偏爱。

2

到晋代，神秘的《山海经》遇上魏晋的玄学之风，碰撞出新的火花。

晋人郭璞是最早为《山海经》作注的学者。这位河南人一生集训诂学家、风水大师、游仙诗祖师、资深"驴友"的身份于一身，因此，后世文献大多将其塑造成一个料事如神的人物。

据说，西晋时，河东一带发生骚乱，郭璞卜了一卦，突然丢下占卜用的书策，长叹一声："唉，百姓要陷入异族的统治之下，故乡将要受到胡人的蹂躏了！"不久后，永嘉之乱爆发，衣冠南渡。

到了南方，郭璞先后当过王导、王敦的参军。王敦图谋叛乱时，请郭璞占卜吉凶。郭璞告诉他，这事儿成不了。王敦又问，那你说我能活多久？郭璞说，您若是起兵，不久就有大祸，命不久矣。王敦大怒道，那你知道自己的寿命吗？郭璞说，我会死在今天中午。愤怒的王敦果然当天下令将其处死，郭璞遇害时49岁。

另一件神奇的事情，发生在郭璞与南朝才子江淹之间。江淹早年才华横溢，文采斐然，可直到有一天，他做了一个梦，梦见晋代的郭璞来找他，说有一支五色神笔落在江淹这里了，现在要收回。经过这一梦，江淹就再也写不出好文章了，后世称之为"江郎才尽"。

郭璞一生博学多才，唯一美中不足的是，他不擅长口头交流。因此郭璞没有把太多时间花在口若悬河的清谈上，而是专注于书山学海之中，并迷上了《山海经》的世界。郭璞用晋代的通用语言，对刘歆本《山海经》中生僻难懂的字句进行注释，使其焕发出新的生机，深刻影响《山海经》的流传。

作为注《山海经》的第一人，郭璞将世人对《山海经》的认识提升到了新的高度。

在郭璞注《山海经》之后，北魏郦道元作地理名著《水经注》时，大量引用《山海经》的记载，并肯定《山海经》的地理学价值。后来，历代名家注《山海经》,大都以郭璞注本作为权威底本,如明代王崇庆《山海经释义》、杨慎《山海经补注》,清代吴任臣《山海经广注》、毕沅《山海经新校正》、郝懿行《山海经笺疏》等。经过郭璞之手,后世流传的《山海经》已然定型。

比较遗憾的是,《山海经》原著中的图画在这个过程中失传了。

起初,《山海经》是一部带图的古籍。神话研究专家袁珂先生认为,"《山海经》一书,尤其是其中《海经》的部分,大概说来,是先有图画,后有文字,文字是因图画而作的",其中有很多文字是"解释图之词"。

根据现有文献分析,《山海经》的图可能在西汉后期已经失传,因为刘向、刘歆校书时都没有提到过书中的图。尽管后世刊行《山海经》时往往附有图画,但已是根据现有文字二次创作的补画之作。

3

汉代以后,《山海经》流传的主要脉络十分清晰,离不开以上学者的贡献,但说到《山海经》的作者,可就剪不断、理还乱了。

刘歆在《上〈山海经〉表》中写道:"《山海经》者,出于唐、虞之际……禹别九州,任土作贡,而(伯)益等类善恶,著《山海经》。"这是西汉学者关于《山海经》作者的说法。

直到唐宋时期,古人仍相信,《山海经》是大禹及其助手伯益在治水期间的见闻笔记。如果将《尚书》《国语》《山海经》《淮南子》等古代文献拼凑起来,可以呈现出一个完整的大禹治水故事。

《尚书·尧典》载,洪水滔天,危害四方,尧与众臣商议,何人能治理水祸?部下先是推荐了共工。尧不同意,说共工这个人精得很,貌似恭敬,其实内心很傲慢,不堪大用。众臣却说,没有其他人选,先用他,不行再换。

共工治水,以为水患来自大海,是海底泥沙淤积造成,于是从这一点着手,结果治水二十年,水患越来越严重,被尧撤职。

接着,尧问众臣,何人能治水?众臣推荐了鲧。

鲧治水,用的是"水来土挡"的方法,哪里有水堵哪里。等到鲧带人四处修堤抢堵之后，洪水仍然不断上涨，治水再度失败。按照《山海经》的说法，鲧治水失败后，"帝令祝融杀鲧于羽郊"。

鲧的儿子就是禹，他是历史文献里上古尧、舜时期的第三位治水者。大禹治水，采用疏导河川的方法，率领百姓疏通河道，引水入海，在此期间，他蹚河过江，翻山越岭，三过家门而不入。大禹不仅治理洪水，还走遍华夏，丈量土地，划定九州，如《尚书·禹贡》载："禹别九州，随山浚川，任土作贡。禹敷土，随山刊木，奠高山大川。"

袁珂先生认为，"整部《山海经》便可说是一部神话性质的地理书"。《山海经》中有很多关于山岳、河流的记载，尽管其中充满神话色彩，但也带有划分地理的概念，如《山经》五卷，分中、南、西、北、东五个山系，在叙述河流的部分，也会描写其流向、发源等。

古人觉得，这些记载符合大禹"随山刊木，奠高山大川"的经历。他们相信，当年大禹一边走，一边记，将其所见所闻著成了《山海经》。

此外，《山海经》还有对大禹故事的补充，比如"大禹杀相柳"的故事。

《山海经》说，相柳（相繇）是共工的部下，相貌凶恶恐怖，身体为巨大的青色蛇身，上面长着九个脑袋。大禹治水时，相柳老是捣乱，等到治水成功后，大禹便杀了相柳，为民除害。相柳死后，其血液汇聚成河，所到之处寸草不生，大禹只好将其污染的土地多次填塞，最后干脆挖了一个大池塘，让相柳的血流到池中，再进行掩埋。

4

除了大禹外，关于《山海经》的作者，还有许多扑朔迷离的说法，比如宋代朱熹等认为《山海经》是"战国好奇之士"所作；民国学者陆侃如认为一部分为战国楚人作，一部分为西汉时作，一部分为东汉魏晋时作；鲁迅先生推测，《山海经》"与巫术合，盖古之巫书也"；研究《山海经》多年的学者袁珂提出，"除了《海内经》四篇是成于汉代初年以外，其余都成于战国时代"，成书的过程历经数百年。

总而言之，相比难以考证的大禹说，现代学者更倾向于《山海经》成书非一时一地，作者也非一人的说法。他们认为，这部典籍是在历代先民口头传承或文字记述的基础上成书，是中国上古地理、神话、历史、宗教、民俗、动物、植物、矿产等百科知识的汇集。

这个观点，在《山海经》的文字中有迹可循。

从安阳殷墟出土的甲骨文中，可以惊讶地发现《山海经》"四方神"与殷墟卜辞"四方帝"的契合之处。

从楚国诗人屈原的楚辞中，可以细心地找寻《山海经》中的异兽，如"应龙""烛阴""蝮蛇"等。

从上古英雄的传说故事中，可以看到他们在《山海经》中的神化形象，如大战蚩尤的黄帝、治水的大禹、善射的后羿、野性十足的西王母。

5

从对后世的影响来看，《山海经》这部奇书、怪书，为中国的文学、艺术创作提供了经久不衰的源泉，如袁珂所说，乃"史地之权舆、神话之渊府"。

比如，《山海经·南山经》写道，青丘之山有兽，"其状如狐而九尾，其音如婴儿，能食人，食者不蛊"，而在《山海经·大荒东经》中，九尾狐再度现身，"有青丘之国，有狐，九尾"。

《山海经》中的九尾狐故事被后世不断改造，到了汉代的《吴越春秋》，有九尾狐见于涂山，寓意国家昌盛的传说；到了宋代笔记《侯鲭录》中，九尾狐则演变成了狐媚美女的化身，"钱塘一官妓，性善媚惑，人号曰九尾野狐"。

又如，《山海经》有4处讲了羿的故事。《山海经·海外南经》说，羿与凿齿在寿华之野大战，羿手持弓箭，凿齿手拿盾牌，英勇善战的羿用箭射杀了凿齿。

"羿"即"后羿"。在《左传》中，后羿是夏时的有穷氏之君，取代夏主太康统治中原，却只顾四处打猎，被家臣寒浞所杀。而在《山海经》中，后羿多了一个"善射"的特征，并成为上古神话英雄，这影响了后世对后羿形象的塑造。于是，在《山海经》之后，后羿射日、取西王母不死之药的传说以及他与嫦娥的爱情故事逐渐形成。

此外，在《山海经》描绘的海外大荒地图中，有形形色色的神奇国度，其中带有明显的二元对应原则。

《山海经》中有小矮人聚居的"焦侥国"，就有人人身躯庞大的"大人之国"；有耳大出奇需两手摄持的"聂耳国"，就有眼眶深陷的"深目国"；有国民全是男子的"丈夫国"，就有尽是女子的"女子国"；有一只眼的"一目国"，就有三只眼的"三目国"……

无论这些记载是出于先民的夸大，还是凭空的想象，其创作风格在上古蒙昧时代堪称先进，直至今日，仍为人们提供源源不断的灵感。

还有一点非常重要，《山海经》彰显着古老的华夏民族精神。

《山海经》中，有追逐太阳、化为树林的悲剧英雄夸父："夸父与日逐走，入日。渴欲得饮，饮于河渭，河渭不足，北饮大泽。未至，道渴而死。弃其杖，化为邓林。"

有衔木填海、锲而不舍的炎帝之女精卫："炎帝之少女名曰女娃。女娃游于东海，溺而不返，故为精卫，常衔西山之木石，以堙于东海。"

有身残志坚、挥舞盾斧的断头神将刑天："刑天与帝至此争神，帝断其首，葬之常羊之山。乃以乳为目，以脐为口，操干戚以舞。"

这些耳熟能详的故事，早已流入中华民族的血脉。

如今，《山海经》仍然不过时。

晋代郭璞在《注〈山海经〉叙》中表明，他之所以为《山海经》作注，是为了打破读者对《山海经》的误解。郭璞看到，当时很多人读《山海经》，会对书中的"奇怪俶傥之言"感到疑惑（"莫不疑焉"），这是因为，他们不明白宇宙事物的万象多端，才会产生无端的质疑，这实在是"怪所不可怪也"。

郭璞引用庄子的名言说，"人之所知，不若其所不知"。

他感慨道："非天下之至通，难与言《山海》之义矣。呜呼！达观博物之客，其鉴之哉！"

他相信，随着时间的推移，《山海经》中的种种疑问会得到破解，其中的奇言异事也能为人所认识。

时至今日,来自世界各地的无数《山海经》研究者、爱好者还在尝试用不同的观点来诠释这部典籍,甚至从不同时代、不同民族、不同国家的历史文化中找寻证据。可以说,每一个热爱《山海经》并热衷于探索未知世界的读者,都是郭璞的后世知音,也是他所说的,"达观博物之客"。

唐代的武侠是什么样子？

唐代宗宝应元年（762）十月十八日，月黑风高之夜，一名刺客潜入大宦官李辅国的府第，割下他的头颅，扬长而去。这个头颅随后被丢进了厕所。

唐宪宗元和十年（815）六月初三，天色未明，宰相武元衡赶赴早朝。他刚出坊门不久，暗中有刺客射灭灯笼，又一箭射倒了武元衡的仆人。同时，另一名刺客从树后杀出，先用大棒猛击武元衡的左腿，并将马夫击倒。电光石火之间，刺客得手，逃遁而去。只见武元衡倒在了血泊之中，变成了一具无头的尸体。

唐代有一个血腥的传统：侠者杀人，一般都要割下首级。这样的景象也屡见于唐人的小说。《虬髯客传》中，风尘三侠初遇时，虬髯客打开革囊，里面放着一颗人头，还有心肝。他说："此人天下负心者，衔之十年，今始获之。吾憾释矣。"说罢，切开心肝当下酒菜，与李靖、红拂分而食之。

《崔慎思》中，唐德宗时期，博陵人崔慎思来京应试，在一户人家寄住。主人家是一个三十余岁的少妇，崔慎思爱其美色，纳其为妾，还生下一子。一天夜里，崔慎思入寝时没看见妇人，便以为妇人有奸情，在堂前踱步。月色微明，只见妇人从房上下来，右手拿着匕首，左手提着一颗人头。原来，妇人的父亲被郡守所害，她前去报仇，等了好几年才找到机会。如今大仇得报，不能久留。临走之前，妇人杀了自己的儿子，以绝思念。

从战国到西汉，侠客都是一个完整的阶层。司马迁根据游侠的经济能力和影响力进行分类，将这个阶层分为布衣之侠、闾巷之侠和卿相之侠。但在汉武帝之后，作为阶层的游侠逐渐消亡。东汉以后，历代史书已不再设立"游侠传"。而作为个体的游侠，则历代皆有，时隐时现。

一般认为，侠兴起于礼崩乐坏的乱世，在失去秩序的社会里寻求安身立命的土壤。到了治世或是集权帝王的时代，侠便无处容身而消隐于世。唐朝的历史或可为此作一注脚，盛唐时期，史书难觅侠客踪影；但在中晚唐的衰世之中，侠客时常露脸，甚至在关键节点猎杀实权人物，干预时代进程。

也正是从中晚唐开始，侠客成为唐传奇的主角。活生生存在于历史中的侠，刚刚进入文学世界，会呈现出什么样子？

可以肯定的是，他们的面貌，绝非荡平天下不公之事的大侠，那只是无数人不断叠加想象创造的神话。正如无头尸首倒在血泊之中，喋血与暴虐也藏在侠客的影子里。

1

司马迁在《史记·游侠列传》中说："今游侠，其行虽不轨于正义，然其言必信，其行必果，以诺必诚，不爱其躯，赴士之厄困。"游侠讲信用、轻生死，但常常违法犯禁，比如横行乡里、藏亡匿奸、交通权门，等等。侠并非一人仗剑走天下，身后大都跟着一群"客"，无论是鸡鸣狗盗之辈，还是智勇双全之材。

相比游侠，反而是《史记·刺客列传》里的人物，更接近我们心中的侠。比如荆轲，为报知己之恩甘愿赴死，但这些刺客实际可算作游侠的爪牙。

东汉末年，董卓结交豪帅，驰骋边疆。曹操不治产业，飞鹰走狗，游荡无度。西晋时，石崇纵横一方，在荆州劫掠商队。祖逖仗义疏财，养了一群宾客，有盗窃之徒被官吏所抓，祖逖便回护于他。无论对这四人日后评价如何，他们其实都是一类人：拥有力量、自掌正义的侠。

曹植在《白马篇》中为侠写了这么一句话："捐躯赴国难，视死忽如归。"侠是游离于道义与秩序之外的人，曹植要做的就是给他们套上一个枷锁。只要侠客想着建功立业、为主前驱，那么他们的种种不法行为都可以被原谅，甚至被歌颂。

唐之建立，游侠功不可没。柴绍"矫健有勇力，任侠闻于关中"，李渊便

"妻之以女"。李世民折节下士，于是"群盗大侠莫不效死力"。《隋唐嘉话》记载了开国元勋李勣的一段话："我年十二三为无赖贼，逢人则杀；十四五为难当贼，有所不快者无不杀之；十七八为好贼，上阵乃杀人；年二十便为天下大将，用兵以救人死。"何谓"自掌正义"？李勣这番话体现得淋漓尽致。没有道德，嗜杀成性，只依内心行事。

唐传奇《冯燕传》描绘了一位侠客的"正义"。有位少侠名叫冯燕，听闻有人争夺财产，便前去打抱不平，却将人打死，只能亡命天涯。他逃到滑州，遇见一美貌妇人，与其通奸。这位妇人是滑州将领张婴的妻子，张婴听闻此事之后，常常殴打妻子。某夜，张婴醉酒归来，冯燕还在与张妻私会，只能藏匿起来。可是，他的头巾落在了枕边，与张婴的佩刀离得很近。

张婴醉得不省人事，冯燕急忙让张妻拾取头巾，张妻却取了旁边的佩刀交给冯燕。张妻此举是想让冯燕杀了丈夫。没想到，冯燕反手杀了张妻，取走头巾，扬长而去。第二天，张婴醒来，看见妻子惨死家中，无法辩白，被邻居与妻党抓去官府，判成死罪。

行刑当天，冯燕不愿无辜者死，便站出来自首："且无令不辜者死，吾窃其妻而又杀之，当系我。"后来，这件事上报朝廷，相国贾耽听闻之后，为冯燕求情，皇帝最终大赦。

《冯燕传》是一篇豪侠小说，十分写实。主人公冯燕是个标准的唐代侠客，自由放荡，视人命如草芥，却坚持着某种"正义"。在小说的结尾，作者沈亚之评价道："杀不谊，白不辜，真古豪矣！"后来，诗人司空图改编了一首《冯燕歌》："已为不平能割爱，更将身命救深冤。"在他们看来，冯燕杀死了寡情薄义的张妻，又洗脱了张婴的冤屈，敢作敢当，光明磊落，正是侠之本色。

另一篇唐传奇《无双传》则将侠客极端、血腥的一面体现得更加明显。刘无双与王仙客为青梅竹马，彼此相爱。建中四年（783），泾原镇士卒兵变，攻陷长安，唐德宗仓皇出逃至奉天。无双之父陷于敌营，被迫投降。乱平之后，无双的父母被处以极刑，无双也沦为宫女。

侠士古押衙为了报答王仙客的礼遇，决定帮忙救出无双。他求得茅山道士的一颗药丸，能让人假死三天，便让无双服下，再以赎尸之名将其带出宫中。事成之后，古押衙为防止有人泄密，将帮助救援无双的十余人全都杀死，随后自刎谢罪。

为了"正义"而从容地轻贱生命，读后让人不寒而栗。然而，这就是侠的传统。

2

唐朝时，还没有所谓的江湖，侠归属于都市。初唐诗人卢照邻写过一首《结客少年场行》：

> 长安重游侠，洛阳富财雄。
> 玉剑浮云骑，金鞭明月弓。
> 斗鸡过渭北，走马向关东。
> 孙宾遥见待，郭解暗相通。
> 不受千金爵，谁论万里功。
> 将军下天上，虏骑入云中。
> 烽火夜似月，兵气晓成虹。
> 横行徇知己，负羽远从戎。
> 龙旌昏朔雾，鸟阵卷胡风。
> 追奔瀚海咽，战罢阴山空。
> 归来谢天子，何如马上翁。

这是一个常见的游侠故事，李白、王维、王昌龄、张籍等人都写过不少类似的诗歌。无数青年才俊都曾幻想过这样一番场景：少年游侠在繁华都市里斗鸡走狗，逍遥快活；时机一到，奔赴边关，建功立业；等到老了，再次回到纵乐的都市，在天子的见证下封侯起第。对他们而言，名利和享乐都是触手可及之物。

侠从不掩藏自己的欲望，"行侠之举"不外乎眠花宿柳、斗鸡走狗、酗酒赌博。《开元天宝遗事》载:"长安有平康坊,妓女所居之地,京都侠少萃集于此。"又写道,长安侠少每到春天,便呼朋唤友,各自准备一匹矮马,配上好鞍,一起在花树下游玩,仆从带着酒皿跟随,看见美景便驻马而饮,好不快活。

诗人韦应物年少时也是这样的人物,相传他写了一首《逢杨开府》:

> 少事武皇帝,无赖恃恩私。
> 身作里中横,家藏亡命儿。
> 朝持樗蒲局,暮窃东邻姬。
> 司隶不敢捕,立在白玉墀。
> 骊山风雪夜,长杨羽猎时。
> 一字都不识,饮酒肆顽痴。
> ……

翻阅唐人的诗作、笔记,不难看出任侠乃是社会之风气。哪家权贵子弟、哪位少年英杰不是家藏亡命,掠人妻女,劫杀剽夺,酗酒无度?这种时髦的生活方式,终唐一代,没有受到什么抑制。

流氓也可以是侠。城市之中,总有这样一群人物:他们扎着长发,散开上衣,露出身上的文身,要么在酒家放蛇勒索,要么在街边用羊骨击打路人。《酉阳杂俎》记载,大宁坊有一个叫张干的人,左臂文"生不怕京兆尹",右臂文"死不畏阎罗王",浑身透露着不服管的气质。

最凶恶的侠那可真是杀人放火无恶不作,与之相较,就连上述的恶少流氓都显得人畜无害了。《唐人说荟》记载了一则惨事。隋末,深州诸葛昂和渤海高瓒是两位豪侠。高瓒造访诸葛昂,嫌其排场小,自己摆了一桌大宴席,上桌的猪羊长八尺,薄饼都有一丈余长。于是二人攀比上了,比谁请的人多,比谁的菜肴珍稀。比到最后,高瓒烹了两个十多岁的孩子,将其头颅手足做成菜。诸葛昂则令一位美妾坐在银盘之上,直接蒸煮,当场吃了起来,直至饱腹。

游侠认为放纵享乐、欺男霸女、杀人放火并不是什么坏事,反而可以彰显自身的侠气。而且，越是有"恶名"的侠，就越要张扬个性。他们杀人，不需要什么理由，就凭"心中好恶"便可夺人性命，正如李白所说："笑尽一杯酒，杀人都市中。"

最可怕的是，唐朝社会似乎默许了这种风气。《旧唐书》载，唐朝宰相郭元振十八岁考中进士，被任命为通泉县县尉。在任期间，铸造私钱、掠卖人口、挪用公款，百姓怨声载道。武则天听闻之后，准备将他治罪，却在交谈之后发现此人乃大才，便索要他的诗文。郭大侠呈上一首《宝剑篇》，里面有一句说："非直结交游侠子，亦曾亲近英雄人。"言下之意，他这柄宝剑明珠蒙尘了。武则天读后，大加赞赏。

后来，郭元振做到了代国公，他的精彩人生成了励志故事，杜甫在瞻仰郭元振故居时，写诗感叹道："壮公临事断，顾步涕横落。高咏宝剑篇，神交付冥漠。"

当然，也不是没有好侠。郭元振有一个侄子名叫郭仲翔，当时蛮夷作乱，郭元振举荐郭仲翔赴蜀地任军官。一个叫吴保安的人给郭仲翔写信，想让他看在同乡的分儿上给自己一份工作。写信之前，两人素未谋面，但郭仲翔同意了，向上司推荐了吴保安。

吴保安还没报到，郭仲翔就被敌军俘虏，吃尽了苦头。蛮夷有一个规矩，可以用一千匹绢赎人。他写信给吴保安，要其告诉自己的伯父。可是，当时郭元振已经去世，吴保安变卖家产，艰苦度日，凑齐了一千匹绢，赎回了郭仲翔。郭仲翔回来之时，已经没有一个人样了。

后来，郭仲翔立功升官，回到蜀地拜访吴保安。然而，吴保安和妻子都已经去世，于是郭仲翔花光家产厚葬了吴保安夫妇，还亲自为其守丧三年。这则感人故事被文人牛肃改编成了小说。

侠客之中，人品各有优劣。可是，当一个群体的自我意识不断膨胀，又能期待多少正义的花朵在其中开放呢？

3

安史之乱后，唐朝的黄金时代已经过去，人心深处某种张扬向上的东西被现实击碎。侠本身就不注重道德，衰世之下，更顾不上什么礼义廉耻，自然追逐利益去了。

权贵人家的恶少依然醉生梦死、横行霸道，却少了那股建功立业的豪气。诗人也多以嘲讽之态待之，比如贯休的《轻薄篇》云："绣林锦野，春态相压。谁家少年，马蹄蹋蹋。斗鸡走狗夜不归，一掷赌却如花妾。唯云不颠不狂，其名不彰。悲夫。"地痞无赖纷纷来到禁军找班上，杀人越货更加方便。

世道没落，上层的侠抓紧招募"人才"。割据一方的藩镇主帅，唐末五代以来的开国之君，这些人基本上都有"侠儿""豪侠"的称号，比如田承嗣、郭威等。下层的侠则依附权贵，为主子排忧解难。

中唐以后，暗杀之风盛行。元和年间武元衡、裴度遇刺，这是藩镇对付朝廷大臣。甘露之变前，大臣李训"召募豪侠"，将诛内官，这是朝廷大臣对付宦官。藩将刘从谏手下有一名侠士名叫甄戈，专门刺杀异己，史载"从谏与定州戍将有嫌，命戈取之，因为逆旅上谒，留饮三日，乘间斩其首"，这是藩镇对付藩镇。

后来，刘从谏又让甄戈杀仇人，甄戈带了十几个无赖劫杀。刘从谏觉得刺客哪有围攻的道理，给甄戈取了一个外号——"伪荆卿"，也就是假荆轲之意。这便是当时的侠客世界：大人物下棋，他们受主恩宠，作为棋子为主驱使。

唐人袁郊写了一篇小说《红线传》。红线是潞州节度使薛嵩门下的一名女婢，能弹会唱，又通经史，还有一身神出鬼没的功夫。当时，魏博节度使田承嗣图谋潞州，薛嵩十分苦恼。红线为报主人知遇之恩，施展神术，一夜往返七百里，神不知鬼不觉地越过层层守卫，取出田承嗣枕下金盒。薛嵩将金盒寄给田承嗣，田承嗣大惊失色，赶忙遣使求和。

一日，红线向薛嵩告别，原来她本是一男子，读过神农药书，行走世间，解救众生。一次医疗事故，害得一个孕妇及其腹中二子殒命，被上天惩罚降为女子，贬为奴婢。红线转世生在薛嵩家，穿遍了绫罗绸缎，吃遍了山珍海味，自然要报恩。况且田承嗣意欲兴兵，有违天道，因此她才出手。如今救赎前罪，自当离开尘世。

红线追求物外之事，尚且为主驱使，若她生在田承嗣家，岂不是兴风作浪的魔头？

　　生逢乱世，身不由己，文人不也是如游侠一般随波逐流、依附贵人吗？侠客展示自身的技艺，文人则四处投卷。韩愈未发迹时，"无所取资，日求于人，以度时月"，也曾讨好昔日痛骂之人，也曾投靠藩镇，也曾结交朋党。文人和侠客本质是一类人，嘴上说着拯救天下，心里想着建功立业，却极易在追求自我的过程中抛弃自我，依附权势。

　　有李白之辈"仗剑去国"，干谒诸侯，由侠入仕。也有"进士崔涯、张祜下第后，多游江淮，常嗜酒，侮谑时辈，或乘饮兴，即自称豪侠"，由士入侠。更有黄巢，任侠与科举并行，转身为盗。我们再想想，唐朝的创业团队又有多少侠、多少盗？

　　不少人试图将侠导向家国正义。李德裕在《豪侠论》中写道："夫侠者，盖非常人也。虽然以诺许人，必以节义为本。义非侠不立，侠非义不成，难兼之矣。"凡是行侠，义字为先。

　　或许，正是这种正义的呼唤，才让侠慢慢褪去狰狞的外壳，从豪门权家的食客，转变成后世除暴安良的义士形象。

4

　　乱世之中，人们自然不希望唤来凶恶的豺狼，可正义之士若非拥有超人的技艺，又如何能拯救世界？于是，侠客世界出现了一个诡异神秘的种类：剑侠。他们隐身于人海之中，平时与常人无异，到了关键时刻，便大显其能，挽狂澜于既倒。

　　以往的侠，要么凭财力显名，要么凭气节服人，要么好勇斗狠。比如"惜哉剑术疏"的荆轲，靠的是一腔热血闻名于世。到了唐人创作的小说中，侠客多少得有点真本事。

　　《兰陵老人》中，有一位奇异的老人，他当众施展过剑术："紫衣朱囊，盛长剑七口，舞于中庭，迭跃挥霍，批光电激，或横若掣帛，旋若救火。有短剑二尺余，时时及黎（指京兆尹黎干）之衽。黎叩头股栗。"这一剑术类似于"跳剑"

的杂技，其实就是表演者向空中抛掷多把宝剑，然后用双手双脚接抛，使其上下飞转。不过，一般的表演者只能跳三四把剑，兰陵老人却能舞弄七把长剑，还能精准攻击目标，可见其技艺高超。这也说明，武侠小说深受杂技的启发。

《昆仑奴》中，磨勒为崔家昆仑奴，为了成全少爷崔生与一位歌姬红绡的爱情，带着崔生深入险地，与红绡相见，后背负两人，"飞出峻垣十余重"。后来，磨勒被崔家出卖，敌人围攻而至，他"遂持匕首，飞出高垣，瞥若翅翯，疾同鹰隼。攒矢如雨，莫能中之。顷刻之间，不知所向"。这种技艺在唐代被称为"飞天夜叉术"，类似于飞檐走壁的轻功。

《聂隐娘》中，聂隐娘被尼姑带走，学习技艺，"长执宝剑一口，长二尺许，锋利吹毛"。先刺猿猴，后刺虎豹，三年之后，"能飞，使刺鹰隼，无不中"。后来，聂隐娘受师父之命刺杀大人物，拿着一把三寸长的匕首，在大白天杀人于无形。这里的轻功、剑术更加神异。

聂隐娘奉魏博主帅之命刺杀另一个藩将刘昌裔时，为对方气度折服，转而投靠。魏帅又派精精儿来杀刘昌裔，聂隐娘出手相救，只见二人化作一红一白两个幡子，互相击打。过了很久，一人跌落，身首分离，正是精精儿。聂隐娘将尸体拽到堂下，用药将其化成水，一根毛发都没留下。接着，魏帅派出空空儿，其神术是来无影去无踪，聂隐娘化作一只蠛蠓，潜入刘昌裔腹中，再次化解危机。空空儿也不是省油的灯，一击不成，立马逃遁，还不到一更，他已经飞出一千多里了。这已经是道术、神行术的较量了。

此类描写在唐人的小说中比比皆是，虽然只是起了一个头，但其丰富的想象力已然为武侠世界打开了一扇大门。

剑侠还有一个特点：行踪神秘，不可测度。现实的侠，恨不得天下瞩目，上可结交贵人，下可吸引门客。而剑侠则隐于红尘之中，其貌不扬，常人根本看不出有何特别之处。比如红线自告奋勇去解决忧难时，薛嵩感叹道："我不知汝是异人，诚暗昧也。"

当剑侠显露身手之后，便会飘然远逝。就像流星划过，一刹那闪烁，便无踪无迹。聂隐娘的结局并不是跟随刘昌裔进京觐见皇帝，而是"寻山水，访至人"。

离去几十年后，刘昌裔之子在蜀栈道遇见她，"貌若当时"，聂隐娘赠其仙丹，助其脱困，再次消失，"自此无复有人见隐娘矣"。

哪有大侠在完成使命之后，恋栈权势，赖着不走，与官府争名夺利？哪有大侠不是独来独往，怎么会结交朋党、豢养亡命？就连想要当皇帝的虬髯客，在看见李世民这样的"真天子"之后，不也是将资产豪宅及奴仆全部送予李靖夫妇，远遁海外当大王去了吗？只有将暴力寄托在这样的世外高人手中，才不会被滥用吧。

明代李贽读过唐人的武侠小说，心里不由得升起一个疑问："剑安得有侠也？人能侠剑，剑又安能侠人？"剑人人可有之，剑术亦人人可精之，而侠的思想却不是人人具备的。那时，古侠已死，侠客穿上了道德的外衣，戴上了正义的高帽。

然而，人心深处的蛮荒始终存在：古侠真的死了吗？

孙悟空的原型是谁？

因为一只猴子，胡适和鲁迅杠上了。

作为新文化运动的领导者，胡适和鲁迅曾有过一段思想"蜜月期"。乘着白话文的新风，两人分别在《尝试集》与《呐喊》中诠释了相似的儒学观念以及对西方人道主义艺术的思考。可自从胡适宣布要回头研究古文起，两人就闹掰了。喜欢与人"缠斗"的鲁迅，认为胡适的行为是历史的倒退，因而不时在文章中对其进行口诛笔伐。而胡适对此则很少辩驳，直到鲁迅针对一只"神猴"的原型展开研究，两人才再一次在学术争论中你来我往。

1923年，鲁迅在《中国小说史略》中指出，这只神猴的原型，很可能就是《山海经》记录的淮涡水神巫支祁。同年，胡适则认为，该猴子并非"国产"，而是自印度进口的哈奴曼神猴；至于鲁迅所认可的巫支祁形象，虽有可能是这只"神猴"演变至今的原型之一，但若要论根源，则还要以"外来说"为准。

两人的争论，不意竟让学术界吵了近百年。究竟是怎样的一只猴子，能引起百年争论呢？

没错，就是四大名著《西游记》里的孙悟空。

1

作为中国最受欢迎的神猴，《西游记》里的孙悟空一出场就彰显不凡。

东胜神洲傲来国花果山灵石孕育的石猴，在群猴的拥戴下，于花果山占山为王凡三百五十载。后为求长生不老仙术，跋山涉水，奔赴西牛贺洲三星洞拜须菩提老祖为师，习得绝技地煞七十二变和筋斗云，并被赐名孙悟空。

此后，神通初成的孙悟空先大闹龙宫取得如意金箍棒，再打入地府勾去生死簿。几番折腾下来，不仅毫发无伤，还练就了一双火眼金睛，迫使玉帝封其为齐天大圣。直到与如来打赌斗法落败，才被无情压于五指山下。五百年后，遇唐僧西天取经乃出，一路护送，保其修成正果。

可以说，在吴承恩的设定下，孙悟空在西游神话世界里几乎上天遁地，无所不能。

无独有偶，《山海经》中记载的水妖"巫支祁"，最早便诞生于豫南桐柏山的花果山间，为天生神猴，娶龙女为妻，并在洪泽湖内设立龙宫，自号水神。巫支祁能言善辩，通晓世上一切水系的地势高矮、水流深浅，长得也形似猿猴，缩鼻高额、青躯白首、金目雪牙。身手迅猛且力大无穷，无论是搏击跳跃，还是快速奔跑，只要一动身，只消瞬间就能走出十万八千里开外，让人根本无处觅其踪迹。

作为上古时代的黄淮水妖，巫支祁还曾阻挠大禹治水。

传闻，大禹当年为治理黄淮水患，曾三度驾临淮河源头桐柏山区。每次，大禹一行来到桐柏山，巫支祁就会掀起阵阵妖风，直刮得电闪雷鸣、竭石哀号。见多识广的大禹知道，这一定是巫支祁在作祟，遂召集随行诸神及各部落首领商讨对策，并命自己的手下大将夔、龙首战巫支祁。然而，慑于巫支祁的强大，各部落首领临战怯阵，不愿出力，大禹派出去的剿妖神军也大多败下阵来。直到巫支祁遇到神将庚辰后，方才力竭战败，为大禹及庚辰合力所擒。

考虑到黄淮水患多由巫支祁而起，大禹给巫支祁的脖子锁上大铁链，鼻子穿上铜环，押至军山之下，以山石永镇之，黄河、淮河之水遂顺流入海，天下太平。

大禹抓巫支祁的故事，后来也成为"禹王锁蛟"传说里的一个版本。根据这则故事，宋代名相李昉等人在编撰《太平广记》时，有意引唐朝小说《戎幕闲谈》，为禹王锁巫支祁续写了一则神话传说：

有李汤者,永泰楚州刺史,问渔人见龟山下水中有大铁锁,乃以人牛曳出之。霎时风涛陡作,有一兽形如猿猴,高五丈许,白首长鬐,雪牙金爪,阗然上岸,张目若电,顾视人群,欲发狂怒。观者畏而奔走,兽亦徐徐引锁曳牛入水去,竟不复出。

史载,吴承恩为人"性敏而多慧,博极群书",动笔写《西游记》前,曾长期在淮安、南京等地读书求仕。以吴承恩的性格和学识,他阅览过《太平广记》的可能性极大。

但知道和参考不一定是一回事,吴承恩是否真如鲁迅猜测的一样,参考了巫支祁的形象创作出孙悟空这只神猴呢?

2

尽管吴承恩笔下的孙悟空与巫支祁都是叛逆且不服管教的猿猴,但不同的是,孙悟空被镇压在五指山之下,只是为了等待唐僧西天取经,算是故事的开始;而巫支祁被锁于龟山之下,则完全没了被驯化的过程,反倒是以作恶的力量在民间形成一个正面的形象。

自从巫支祁被镇压后,在淮河中上游的巫支祁神话中,百姓就开始同情它的遭遇。当地民间神话称,巫支祁乃孝子化龙,作恶无非是因为想摆脱身上的封印早日回家。这类说法,普遍存在于桐柏县的民间神话《蛟龙探母》《淮河的由来》等。或称之为"良蛟善龙",如信阳地区流传的《乌龙和乌龙集》《龙蛋》等。在淮河中下游,百姓又多崇拜巫支祁的强大,称其为"水猿大圣""水母"或"水母娘娘"。

到了元代,淮河流域百姓对巫支祁的信仰达到历史的高潮。杂剧作家杨讷在其成名作《西游记》杂剧中,首次通过孙行者自报家世的方式,向观众介绍了骊山老母、孙行者与巫支祁三者之间的姐弟、兄妹关系,借此进一步印证巫支祁的绝对神通。

可见,通过元杂剧及民间神话的渲染,在淮河流域,巫支祁"女性化"的形象早已深入人心。即使身为淮安人的吴承恩创作孙悟空时确实参考过巫支祁的形象，以其为孙悟空原型的可能性也微乎其微。

更何况，在四大名著《西游记》中，孙悟空为救被黄眉大王掳去的唐僧时，曾去求助过"南赡部洲盱眙山蠙城大圣国师王菩萨"。吴承恩在书中借功曹之口告诉孙悟空，此菩萨曾收服"水母娘娘"，本事十分了得。后来，孙悟空前往盱眙山搬救兵，见到了传说中的国师王菩萨。国师王菩萨也对孙悟空说："你今日之事，诚我佛教之兴隆，理当亲去，奈时值初夏，正淮水泛涨之时，新收了水猿大圣，那厮遇水即兴，恐我去后，他乘空生顽，无神可治。今着小徒领四将和你去助力，炼魔收伏罢。"

显而易见，吴承恩笔下的孙悟空绝无可能与"水猿大圣""水母娘娘"巫支祁是同一角色。

鲁迅的观点存疑，胡适的看法就一定正确吗？

事实上，胡适的观点参考了俄国男爵钢和泰的猜想。钢和泰是20世纪初著名的汉学家、梵语学者。为了研究梵语，胡适、陈寅恪、赵元任、王云五、汤用彤、吴宓、季羡林等都曾拜他为师。

钢和泰认为，吴承恩的《西游记》故事与希腊、印度及西方诸多神话故事类似，都是各类神话流传演变之后，作者从中摘选关联信息总结出来的一个完整神话体系。也就是说，在吴承恩撰写《西游记》以前，西游故事已经为世人所熟知。

根据钢和泰给出的指引，胡适很快找到了一部名为《大唐三藏取经诗话》的宋代小说。这部神话小说的作者首次将玄奘西行写成了一个虚构的神话，并为其配备了以猕猴形象现世的"猴行者"，一路保驾护航。在介绍"猴行者"的章节中，作者为突出其形象，还专门替"猴行者"取了个外号——花果山紫云洞八万四千铜头铁额猕猴王，并介绍猕猴王在遇到玄奘之前，曾因偷吃王母娘娘的蟠桃，被天庭发配至"花果山紫云洞"。

胡适认为，吴承恩开篇就将孙悟空引至花果山水帘洞并非巧合，很有可能是在阅读了《大唐三藏取经诗话》后，为避免与前人所写内容产生重复，才发明了一个"花果山水帘洞"来续写孙悟空的传奇。

另外,猴行者在《大唐三藏取经诗话》中以"八万四千"来计数也并非胡诌。胡适考证说,在佛教概念中,八万四千常用于表达很大的虚数,如八万四千法门、八万四千佛、八万四千劫,等等。因此,他坚信,猴行者若与佛教存在某种必然联系,那么"孙悟空"这只神通广大的猴子,其形象原型也必然源自某个印度神猴。

巧合的是,在印度最早的史诗《罗摩衍那》里,还真就记载了一只法力无边的印度神猴哈奴曼。哈奴曼是风神之子,红脸,短粗脖,全身长满白色的毛,拥有火眼金睛及四张脸、八只手,还有一条巨长且巨粗壮的尾巴,活脱脱就是中国神话里"哪吒+孙悟空"的嵌合体。

与孙悟空一样,哈奴曼也懂多般变化,还能腾云驾雾,一个筋斗就从印度半岛的最南端飞到斯里兰卡。而且,自出世之日起,哈奴曼就已习得"大闹天宫"的本领,在天界大吼大叫,还差点把太阳当成仙桃吞到肚子里。在印度神王因陀罗的阻挠下,才没因此闯下大祸。

初生的哈奴曼经常闯世界翻筋斗。一次,飞越楞伽山(即斯里兰卡,传闻佛曾在此处讲经)时,不慎钻进罗刹女索拉萨的肚子里,将她的肚子胀破。罗刹女在印度神话中就是各类女妖、女魔、女恶鬼的总称。有趣的是,吴承恩笔下的孙悟空,几乎每回解救被女妖掳走的唐僧时,总要闯入女妖怪的肚子中一探究竟。

由于《罗摩衍那》主要讲的是阿逾陀国王子罗摩(印度主神毗湿奴的化身)解救妻子的历险过程,因此在撰写这部神话时,作者也用了近似唐僧渡劫的笔法,给罗摩安排了多个助他历劫的帮手,"风神之子"哈奴曼就是其中之一。

《罗摩衍那》交代了哈奴曼与罗摩相遇的场景:

罗摩失了他的妻子西妲,决计报仇,遂求救于猴子国王苏格利法。猴子国有一个大将,名叫哈奴曼,是天风的儿子,有绝大神通,能在空中飞行,他一跳就可从印度跳到锡兰(楞伽)。他能把希玛拉耶山(今印尼马达山)拔起背着走。他的身体大如大山,高如高塔,脸放金光,尾长无比。他替罗摩出力,飞到楞伽,寻着西妲,替他们传达信物。他往来空中,侦探敌军的消息。

后来，哈奴曼保护罗摩王子，征服了楞伽的敌人，夺回西妲，陪他们凯旋，回到阿约爹国。罗摩凯旋之后，感谢哈奴曼之功，赐他长生不老的幸福，从此哈奴曼修成"正果"。

虽然哈奴曼修成的"正果"是通往幸福的爱情，但以其为孙悟空原型的观点，还是得到了历史学家陈寅恪的进一步确认。

陈寅恪也是钢和泰的学生。通过研究佛经，陈寅恪发现，中国古代许多章回体的小说与敦煌经书里的佛教故事系出同源。他据此推测，这很有可能是在佛教传入中国的汉化过程中，佛教徒有意为之。他又以另一部佛典《贤愚经》作为复证，发现"大闹天宫"的桥段并不止出现在一部印度神话中，但奇怪的是，所有记载着"大闹天宫"的印度佛典一经传入中国，就会被人统一整合，流传至今。

如此看来，以胡适为首的"哈奴曼说"似乎是目前最接近孙悟空原型的猜想。

3

可细想一下，无论是胡适还是陈寅恪，似乎从未提及《罗摩衍那》何时传入中国，也未介绍《罗摩衍那》在中国的传播情况。万一这部史诗传入中国之前，西游故事已在华夏大地成型，这样的论证岂不本末倒置了？

自20世纪50年代起，胡适以哈奴曼为孙悟空原型的假设遭到了学界的有力反驳。古典文学专家吴晓铃在论文《"西游记"和"罗摩延书"》中指出，在古代，中国人民是知道《罗摩延书》(《罗摩衍那》)的，但是知道的人并不很多；而且，对于《罗摩延书》的故事内容的了解是很不够的，只是从"释典翻译文学的夹缝里挤出来的一点点的、删改得面目全非的《罗摩延书》故事片断"而已。

在《罗摩衍那初探》一书中，史学家季羡林则指出，孙悟空是一个受多元文化影响、兼收并蓄的艺术典型。他认为，孙悟空这一形象初期的确有借鉴《罗摩衍那》的痕迹，但在后期与本土文化融合的过程中，还是免不了要沾染上一些"巫支祁"的元素。所以，与其给孙悟空形象判定一个非此即彼的答案，倒不如说"孙悟空"是吴承恩在总结了漫长的历史阶段、不同的历史文化后创造出来的一个"不老神话"。

于是，在季羡林提出"阶段融合说"之后，学者们又为"孙悟空"找来了更多的现实原型，如"石磐陀""车奉朝"等。

最早提出"石磐陀"为孙悟空原型的，是古典文学专家张锦池。

在其所著的《西游记考论》中，张锦池指出，孙悟空的现实原型应为《三藏法师传》所记载的玄奘胡人弟子石磐陀。理由是，孙悟空之于唐僧，石磐陀之于玄奘，两者的关系有太多相似性。譬如，玄奘一路西行"苦无人相引"，便在"弥勒像前启请，愿得一人相引渡关"，随后石磐陀突然出现，拜玄奘为师，整个过程可以看作是神灵遣来送玄奘西行的一座"莲花"；这与《西游记》中唐僧得观世音指引，前往五指山解救孙悟空，并收其为徒护送自己西行，其思想寓意是相同的。

除此之外，敦煌学者段文杰考证，今天甘肃省瓜州县东南约90公里的东千佛洞内有两幅"取经图"，描绘的正是当年玄奘西行取经的场景。壁画中，玄奘后面跟随着一位满脸长毛、两眼环形、鼻孔向前、獠牙外露的猴形人，就是真实的石磐陀。

据考证，石磐陀的家乡位于今甘肃省瓜州县锁阳城一带。唐贞观三年（629）玄奘西行取经时，途经瓜州，曾在当地寺庙讲经一月有余。其间，胡人石磐陀受其感化，自愿牵着识途老马助玄奘夜渡葫芦河、闯玉门关、越五峰、入新疆。

由于石磐陀乃胡僧，胡僧与"猢狲"音近，在宗教思想的传播过程中，"唐僧取经，胡僧帮忙"讹传成了"唐僧取经，猢狲帮忙"。加上石磐陀姓"石"，且有着形似猴子的外表，《西游记》里自然而然就出现了花果山山顶一石卵"因见风，化作一石猴"的故事片段。

不过，与孙悟空相比，石磐陀面对困难却没有锲而不舍的精神。

玄奘西行时，唐朝正处于立国之初，国际关系不稳，朝廷也没有同意玄奘出境的请求。可为了求取真经，他还是毅然走上了"偷渡西去"的道路。玄奘与石磐陀抵达新疆时，"西行"也才刚刚开始。考虑到自己可能背负偷渡的罪名，更何况西域之外前路茫茫，石磐陀遂打起了退堂鼓。他不顾玄奘的阻拦，毅然抛下了师父，强迫玄奘与其划清界限，并调转马头一路向东，让玄奘一人在大漠中受尽风沙的摧残，艰难西征。

或许是考虑到石磐陀的劣根性，吴承恩在创作孙悟空形象时，才会写出孙悟空中途多次放弃取经的念想，需要唐僧念"紧箍咒"方能改邪归正。

虽然没了石磐陀的帮助，玄奘的西行之路困难重重，但总算有惊无险。贞观十六年（642），一路风尘的玄奘终于抵达了梦想的取经之地——天竺。在那里，信仰佛教的戒日王感念他的辛苦，特地给了他一本"通关文牒"。从此，玄奘正式成为有牌照的取经僧人。

史书记载，玄奘西行求法，主要从事译经工作。在返回大唐后的约二十年间，先后译出大小乘经论共七十五部一千三百三十五卷。这些经书广泛影响了唐朝僧人，因此，继玄奘之后，唐朝又有义净、惠日、车奉朝、玄照等僧人西行取经。

好巧不巧，在这些西行的僧人中，车奉朝的法号就是"悟空"。

据《泾阳县志》记载，车奉朝是北魏鲜卑贵族的后裔，自小天资聪颖，喜欢汉籍典章。20岁那年，曾以随团将军的身份，护送罽宾国（在今巴基斯坦与阿富汗之间）使者返回西域。此后六年间，车奉朝随团走遍了安西、帕米尔高原，最终在罽宾东都犍陀罗卧病不起。

使团东归之日，车奉朝也没能病愈。留在犍陀罗养病的他，遂拜当地的"三藏法师"舍利越摩为师，剃度为僧，取法名达摩驮都，在那烂陀寺学经三年。之后，学业大成的车奉朝开始效仿唐玄奘，遍游北天竺、中天竺各国，访佛家遗迹，学习梵文。圆满取经后，才发愿东归大唐。

由于他的经历十分特殊，待车奉朝于贞元六年（790）返回大唐时，唐德宗已早早为其安排了去处，敕命车奉朝住在长安章敬寺，并赐法号"悟空"。

贞元十六年（800），高僧圆照在编撰《贞元释教录》时，以车奉朝在罽宾、天竺、安西、河西传教的经历写成《悟空入竺记》，纪念其为东、西方文化交流作出的杰出贡献。于是，在日后西游故事的流传演变中，"悟空""三藏法师""入竺"等元素便被道听途说地融合到了孙悟空身上。车奉朝虽然不是玄奘的弟子，但他的精神一点也不输给玄奘。就冲这一点，吴承恩将其当作原型融入孙悟空的创作中，亦可以理解。

自胡适与鲁迅论战算起，时至今日，关于孙悟空原型的讨论已过去整整百年。虽然仍无定论，但这就像是一面镜子，让我们时而看见古老的神话，时而看见真实的历史。

正如《道德经》所言"道可道，非常道"，"悟空"实际上就是"悟道"，真正的得道，需要经历九九八十一难，蜕变至"无念"的境界。"无我"，或许就是真正的孙悟空！

《封神演义》成书之谜

明代有个不知名的老儒,日子过得拮据,但十分疼爱女儿,嫁大女儿时,倾尽家财,置办嫁妆。二女儿一看就慌了,问她爹,您把钱都花了,那我出嫁时咋办啊?

老书生很淡定,安慰二女儿说,乖女儿别怕,我自有办法。

等到二女儿出嫁,老儒拿出自己根据商周历史改编的神魔小说《封神传》,请书商刊刻出版。这本小说一经发行,就成了现象级畅销书,老书生大赚一笔,给二女儿买了陪嫁之物,让她高高兴兴地嫁人。

这是清末一个叫林乔荫的"封神"迷,在考证《封神演义》小说作者时讲述的故事。

看到这儿,很多人就该纳闷了,不对呀,我看的《封神演义》作者是许仲琳,不是什么无名书生。

这是因为现在通行版《封神演义》所依据的明万历年间刻本,题有"钟山逸叟许仲琳编辑",故推测其编著者为明代许仲琳。

但就和同时期的很多奇书一样,《封神演义》的作者历来多有争议,有人说其出自明代道士陆长庚之手,还有人认为,作者是明初功臣刘伯温,并杜撰了刘伯温与《水浒传》作者施耐庵打赌写书的故事。时至今日,很多学者认为,《封神演义》是一部"世代累积型"的小说,其中许多耳熟能详的故事在千百年的岁月中随着中国历代文人、艺人口耳相传,逐渐成形。

1

鲁迅先生在《中国小说史略》中，将明代长篇小说分为讲史、神魔、人情三类，而《封神演义》既是一部神魔小说，又带有历史演义的特征。

众所周知，"封神"小说的第一层框架，是殷周鼎革、武王伐纣的历史。古人对这段历史的了解，基本上来自于周代以来的各种历史文献。这是"封神"小说的第一个源流。

《史记·殷本纪》记载，商朝末年，帝乙之子受即位后，殷商江山走向末路。受就是商纣王，也称帝辛。

史书中的纣王，前半生具有上古英雄般的风采，他天生神力，能徒手与猛兽格斗，而且天资聪颖，反应迅速。

天才帝王往往自视甚高，纣王也是如此，他在位时，仗着自己能征善战，多次出兵讨伐周边方国、部落，导致东夷各部乘机发动叛变。这些战争虽然使商朝获得大批俘虏，但大大消耗了殷商的国力，也让纣王逐渐失去民心，故《左传》说："纣克东夷而殒其身。"

从战场回到宫廷，纣王为政倒行逆施，为人荒淫残暴。

纣王为充实国库，横征暴敛，用从百姓手中搜刮的赋税修建高大巍峨的鹿台，用天下的五谷粮粟充实钜桥的粮仓。当时，南自朝歌（今河南省淇县），北至邯郸（今属河北），到处都是纣王的离宫别馆，他以酒为池，悬肉为林，让男男女女在其中裸奔，欢饮达旦，沉溺于奢侈腐化的生活中。

纣王估计是个虐待狂。史书记载，他开创炮烙酷刑，在铜柱上抹上油，柱子中点燃炭火，命令有罪者行其上，看着他们一一坠落，就这样找乐子。

在用人方面，纣王重用崇侯虎等奸臣，残害比干等忠臣。

《史记·殷本纪》记载，纣王对比干的劝谏心生厌烦，对比干说："吾闻圣人心有七窍。"随后命人剖开了比干的胸膛，挖出心来观看。这个故事就是后来"妲己设计害比干"的原型，但在史书记载中，最初只是残暴的纣王一意孤行，并没有妲己的撺掇。

此外，大臣梅伯直言进谏，被纣王剁成肉酱；受到百姓爱戴的贤臣商容，遭到纣王罢免驱逐；九国的九侯（《封神演义》中东伯侯姜桓楚原型）将女儿献给纣王，纣王却以其女儿不讨喜为由，将九侯处死；鄂侯（《封神演义》中南伯侯鄂崇禹原型）为了劝阻纣王，也被处以极刑，做成肉脯。

在殷商的西部，周人的首领姬昌（即周文王）得知九侯、鄂侯的遭遇后，暗自叹息。嫉贤妒能的崇侯虎乘机进谗言。姬昌受到猜忌，被纣王召见后囚禁于羑里（今河南省汤阴县）。悲愤之下，姬昌在狱中演算《周易》的六十四卦和三百八十四爻，这就是司马迁说的，"文王拘而演周易"。

后来，姬昌死里逃生，被释放回周地，一边仍旧"夙夜不懈，以服事殷"，小心翼翼地做纣王的臣子，一边礼贤下士，招纳人才，暗地里结好诸侯，拉拢反对商朝的小国。

等到力量壮大后，周文王派兵攻打黎国、崇国，讨伐当初诬陷自己的崇侯虎，将都城从周原（今陕西省宝鸡市扶风、岐山一带）向东迁至丰京（今陕西省西安市长安区），打开通往中原的门户，使殷商受到来自西面的直接威胁。

这段历史，被称为"文王翦商"。

《尚书》记载，周文王出兵黎国后，有大臣跑到纣王那里报告，说："殷商的天命将要丧尽了，就是因为您荒淫暴虐，自绝前程，所以上天抛弃了我们！如今殷商的子民都在说，上天的威灵怎么还不显现，殷商为什么还不灭亡？您说如今该怎么办呢？"纣王听后，依然摆出一副不可一世的样子，说："我生下来就是为了当国君，这不就是顺应天命吗？"

殷人推崇神意天命史观，从现已出土的甲骨文可知，他们迷信占卜，认为年成的好坏、国君的任命都是上天决定的。纣王自以为是上天的代表，他不认为殷商的天命及其王权会被他人取代。

周人则认为，周灭商是一场"以至仁伐至不仁"的仁义之战，类似于后世儒家推崇的民意天命史观，"皇天无亲，唯德是辅"。

史载，周文王去世后，周武王姬发即位的第二年，便会盟诸侯，观兵孟津（今河南省洛阳市孟津区）。史载，当时"不期而会孟津者八百诸侯"，他们齐声高呼:"纣可伐矣!"

谋臣姜子牙却认为时机尚未成熟,他对周武王说:"当天道还没有灾害先兆时,不可以首先倡议征讨;当人道没有出现祸乱时,不可以先行谋划兴兵。一定要既发生了天灾,又看到了人祸,才能筹划兴师征伐。"

于是,周武王决定审时度势,对诸侯们说:"你们未知天命,还不可出兵。"

纣王继续穷兵黩武,施行暴政,不久后,殷商统治集团分崩离析,商朝的少师、内史等大臣纷纷持祭器、乐器、图法等叛商奔周。周武王认为有机可乘,便大会诸侯,率众伐纣。

伐纣前夕,周武王让人用火灼龟甲算了一卦。

龟卜,是商周时期的国家大事,特别是战争之前,总会用占卜结果来预测吉凶。

然而,此次卦象极不吉利,又突然下起暴风雨,似乎表示苍天不许。诸臣惊慌失措,只有姜子牙力排众议,坚持劝说周武王出征。姜子牙知道,凶卦不为凶,只因天命在周。于是,在龟兆不吉的情况下,周武王仍听从姜子牙的建议,带兵东出牧野(今河南省淇县南),与纣王决战。

纣王将大批民众和奴隶仓促编入军队,等到周军兵临城下后才筹划应敌对策。周武王却率先安定当地民众,宣传他们要打击的主要目标是纣王,不会伤及百姓,并向全军发布动员令,历数纣王的罪行,宣称自己是执行天罚。

由于纣王已经失去人心,这场决定两个王朝命运的大战,仅用不到一天就分出胜负,纣王逃奔鹿台,自焚而死。商朝灭亡,周朝取而代之。

2

看完史书中的武王伐纣,早已习惯大场面的人可能就一个反应——就这?我想看的神仙打架呢?

前面说到,《封神演义》是"世代累积型小说"。事实上,武王伐纣这段历史,也符合顾颉刚提出来的"层累地造成的中国古史观"。这段历史的记载和相关历史人物,在此后三千年间不断演化,不断改编,周文王、姜太公等人物,最终"都送上封神台去了"。

据顾颉刚考证，早在汉代司马迁写《史记》之前，西周文献中，纣王最大的罪名是"酗酒"，"只是一个糊涂的人，他贪吃了酒，遂忘了政事，所以把他的国亡掉了"，到了春秋战国时期，他的罪名"骤然加增得很多，而且都是很具体的事实"，再往后的文献中，纣王的罪行就罄竹难书了。

纣王的故事中，有一个关键人物，就是备受宠爱的美女妲己，炮烙、酒池肉林、剖比干之心等事件都有她的参与，是个十足的坏女人。

然而，妲己这个形象也经历了"从无到有"的过程。

在西周的文献中，只有纣王宠信女子的记载，比如《尚书》中说纣王"作奇技淫巧以悦妇人""今商王受惟妇言是用"，但并没有提及妲己的名字。春秋战国以后，妲己其名、其事才出现于文献中，如《国语》记载，纣王出兵讨伐苏氏，苏氏为了讨好纣王，将族中的美女妲己送给纣王。

到了汉代，受"女祸论"思想的影响，妲己背上更多黑锅，形象进一步妖魔化，于是有了《列女传》中纣王"不离妲己，妲己之所誉贵之，妲己之所憎诛之"的记载，原本纣王自己所为的坏事，现在都跟妲己有了关系，比如杀梅伯、九侯、比干。

但是，汉代的作者到底是怎么打听到商纣王与妲己的宫中秘辛，这就不得而知了。

魏晋之后，更是出现了妲己是狐狸精的传说，《封神演义》中那个狐妖妲己的形象至此初步确立，妲己成了"红颜祸水"的代名词，甚至从人变成妖，永世不得翻身。

不仅反派人物经过了一番彻头彻尾的改编，正面人物的历史形象也有所变化。

姜子牙是《封神演义》中的核心人物。而在历史上，姜子牙是周王朝的开国元勋、周天子的"师尚父"，早年家中贫困，却苦学天文地理、军事谋略。归周后，他屡献良计，指挥作战，立下大功，所谓"天下三分，其二归周者，太公之谋计居多"。武王灭商后，姜子牙因功被封于齐国。

古代史籍中，姜子牙起初是一个隐世智者的形象。《史记》记载，年事已高的姜子牙来到周人的领地，在渭水之畔垂钓，遇到了外出狩猎的周文王姬昌。姬昌出发前，占卜一卦，卦辞说："所得非龙非螭，非虎非熊，而是能够实现王霸之业的辅臣。"结果与姜子牙不期而遇。

经过一番交谈，姬昌发现姜子牙是难得一见的奇才，感慨道："我们的先君说：'当有圣人适周，周以兴。'说的就是您吧，我们盼望您太久了。"之后，姬昌与姜子牙同乘一辆车而归，尊其为师。

此后的典籍中，姜子牙的形象又变成了一位有些特立独行的怪老头，他曾在朝歌宰牛当屠夫，在孟津做买卖，却一事无成，等到70岁了，到渭水之滨钓鱼，三天三夜都一无所获，他有点儿生气，把帽子、衣裳扔在地上。这时一个农夫模样的世外高人走过来，告诉他，你把钩做得细一点，鱼饵再香一点，静悄悄地投入水中，不要惊吓到鱼儿。

姜子牙听从他的建议，果然钓到一条大鱼，剖开鱼腹一看，腹中有一封书信，上书："吕望当封于齐（姜子牙又称吕尚、吕望）。"姜子牙大喜过望，后来果然得到周文王重用。

姜子牙也是商周历史中最早被添上神异色彩的人物之一。

《史记·封禅书》记载，秦始皇东巡至海，祭祀名山大川和八神将，说："八神将，自古而有之，或曰：太公以来作之。"这是说，传闻姜子牙助武王伐纣，曾遭八神将前来助战。

随着历代史书的演变，"封神"的故事已然初见端倪。到了民间作者笔下，以历史为骨，以想象为翼，殷周革命的历史故事就被改写成了神魔大战的文学作品。

3

宋元时期，用通俗文字写成的话本流行一时。

这些文学作品，是当时民间艺人说唱用的底本，也是很多明清小说的文学源流。

讲武王伐纣故事的话本中，影响力最大的是《武王伐纣平话》，现存最早的刊本为元至治（1321—1323）版，后来的《封神演义》深受其影响。

当创作的笔墨交到了民间作者手中，民众开始创造一些自己喜爱的形象，也觉醒了反封建、反专制的意识。

《武王伐纣平话》虚构了一个男主角，即纣王之子殷郊（一作殷交）。

《武王伐纣平话》的殷郊和后来《封神演义》的殷郊形象大不相同。在这个故事中，作为男主角的殷郊，为了报母亲姜皇后被害之仇，与周军的姜子牙订下盟约，加入武王伐纣的队伍，成为周营中立功最多的将领，最终在大小白旗下，亲手杀死纣王和妲己，后成太岁神。

《武王伐纣平话》完全就是一部《殷郊传》，作者不仅将反暴君、反暴政的理想寄托于这个虚构人物上，还将他描写成一个神话人物，话本中的殷郊得到梦神赐斧，10岁时就能挥动百斤大斧，情节匪夷所思。

此时的殷郊形象具有明显的反封建、反专制隐喻以及强烈的复仇意识。虽然是为报杀母之仇，但手刃纣王的弑父情节在古人看来太过超前，所以到了《封神演义》中，还纣王一个兵败自焚的结局，殷郊的故事也被大量改编，沦为一个行为矛盾的配角。

此外，《武王伐纣平话》中的很多故事，如狐狸精换妲己魂魄、姜皇后遇害、周文王吐子肉为兔、黄飞虎反商、雷震子出世等故事，都被后来的《封神演义》所沿袭。

到了明代，随着民间小说的兴盛，一部集历史演义与神魔故事于一身的《封神演义》应运而生。

《封神演义》有五分之二的篇幅与《武王伐纣平话》和明代《列国志传》等文学作品大致相同，很多故事是由前人的版本衍化而来，剩下的大量篇幅，作者将虚构的阐、截二教大战与人间的商周革命联系起来，描写了一场旷日持久的神仙大战。

李亦辉在《〈封神演义〉考论》中将《封神演义》中的人物关系比喻成一个"田"字：横向的一笔，将全书分为两个世界，上面是神仙世界，下面是人间世界；中间的一竖，又将神仙世界分成以元始天尊为首的阐教和以通天教主为首的截教，将人间分为周、商两大阵营。

在商周大战的背景下，截、阐二教各自站队，互相厮杀，死去的人臣和神仙上了此前就已定好的"封神榜"，去天庭当"公务员"。最终，周灭商，姜子牙为上天开榜封神，周武王在人间分封诸侯。

这便是《封神演义》的故事脉络，充斥着所谓的天命观。

到了《封神演义》成书的时代，"武王伐纣"成了一座大熔炉，各种故事都往里面搬。

书中活跃的很多人物，如托塔天王李靖、哪吒、杨戬、闻太师、土行孙、魔家四兄弟、邓九公及其女邓婵玉等，是此前《武王伐纣平话》里没有的人物，甚至与商周历史毫无关联。

这些人物大多不是作者原创，而是世代累积的"箭垛式人物"，源于明代以前为人熟知的民间故事，如《二郎神醉射锁魔镜》《猛烈哪吒三变化》等。所谓"箭垛式人物"是胡适的说法，指的是中国古代的历史或传说人物，得到历代不断改编，故事如滚雪球似的不断扩充，很多雷同的事迹归到了其身上。

比如哪吒，在此前编成的《三教原流搜神大全》中已经拥有完整的人物形象。

他出道入佛，二教并尊，为毗沙门天王之子，全称为那吒俱伐罗，"首带金轮，三头九眼八臂，口吐青云，足踏磐石，手持法律"，神通广大，法宝众多，曾大闹东海，杀死龙王，又割肉剔骨还父，以莲花化身转世。

这些故事在《封神演义》成书之前就已流传甚广，后来被照搬到书中，哪吒成为阐教昆仑十二仙中太乙真人的弟子，也是书中一个反纲常伦理的象征。

又如《封神演义》中的杨戬，出自阐教玉鼎真人门下，练过九转玄功，有七十二变，身边有"细犬"（哮天犬）相伴。这是作者结合之前已有的二郎神形象，改编出一个新人物，加入到武王伐纣的故事中。

除了经久不衰的神魔设定，《封神演义》中还隐含当时文人的反封建、反专制意识以及对现实政治的映射、对仁政理想的追求。

明初，朱元璋读《孟子》一书，见孟子对统治者有所谓"土芥""寇雠"之类的语句，而且主张"民贵君轻"。朱元璋很是恼怒，认为这不应该出自臣子之口，要把孟子从孔庙的配享位置上拉下来，有敢劝阻者，命士兵射死。

有位叫钱唐的大臣连死都不怕，敞开胸膛，露出自己的胸肌，准备随时受箭，上殿进谏道："臣能够为孟轲死，虽死犹荣。"话还没说完，钱唐就被射伤，但仍岿然不动，朱元璋见其态度诚恳，不忍杀害，就赦免了他，并叫太医给他疗伤。

此后，孟子的地位虽然得以恢复，《孟子》也继续发行，但是删减版。

朱元璋还废除了历代相沿的丞相制度。明清两代，君主专制空前强化。

《封神演义》中连篇累牍地描写纣王实施酷刑、不听谏言的残暴恶行，这便是在劝诫明朝统治者，不要重蹈覆辙。

《封神演义》为忠臣义士着墨甚多，在殷商的阵营中专门写了一位为商尽忠、敢言直谏的闻仲闻太师。小说中，闻太师北征还朝，听说纣王种种恶行后，怒不可遏，上殿面君，慷慨陈词，希望纣王"痛改前非，行仁与义，远小人，近君子"，并提出十条改革措施。小说中毫无人性的纣王也怕正直的闻仲，对于其所提十条要求，除"贬妲己""拆鹿台"外，大部分都应允了。

在小说《封神演义》中，当周军会合天下诸侯、各路神仙，围攻朝歌时，作者借姜子牙之口，说出了武王伐纣的大义："天下者，非一人之天下，乃天下人之天下也。"

这句话也非《封神演义》独创，它曾出现于《六韬》《吕氏春秋》《孟子集注》等典籍中。

也许，这才是真正的"封神"世界，写的是神魔幻想，亦是人世沧桑。

作者是谁：《满江红》最大的争议

一代名将岳飞冤死后，遭到了无休止的污蔑。

秦桧大肆削改岳飞抗金的史料，毁弃岳飞的诗文、奏议。他命人将岳飞家中的文稿抄没，使大批作品散佚，其子秦熺甚至删改岳飞生前呈给朝廷的奏章。

此后数十年间，岳飞的后人几经波折，不断奔走，从蠹蚀灰烬之中，搜集岳飞留下的零章断句。直到岳飞被害62年后，宋宁宗嘉泰四年（1204），岳飞之孙岳珂终于将这批材料整理好，奏报朝廷，后刻版印书，即为后世流传的《金佗稡编》二十八卷及《续编》三十卷。

此时正值力主北伐的韩侂胄当政，在他的支持下，朝廷对岳飞进一步平反，追封岳飞为鄂王。

《金佗稡编》中的《鄂王家集》十卷，是目前已知最早辑录岳飞遗作的文献，涵盖其奏议、公牍、诗词、题记等，共167篇。当年险些被秦桧抹灭的岳飞著述，总算"劫后余生"。

岳珂编成《金佗稡编》后，鲜有人质疑岳飞子孙的良苦用心。直到后来，有人发现，岳飞那首脍炙人口的《满江红·怒发冲冠》（一题《满江红·写怀》），竟没有被收录其中，而且在整个宋元时期，此词都不见于文献记载。于是，人们针对一桩新的公案开始争论不休。

1

怒发冲冠，凭栏处、潇潇雨歇。抬望眼、仰天长啸，壮怀激烈。三十功名尘与土,八千里路云和月。莫等闲、白了少年头,空悲切。

靖康耻,犹未雪。臣子恨,何时灭。驾长车,踏破贺兰山缺。壮志饥餐胡虏肉,笑谈渴饮匈奴血。待从头、收拾旧山河,朝天阙。

这是中华儿女最耳熟能详的爱国诗词之一。古往今来,无数人在默诵中感受民族英雄的慷慨激昂,在岳飞精神的鼓舞下立志报国,在语文试卷上多拿几分必得分。

但是,近百年来,学术界却冒出了一个争论,即《满江红·怒发冲冠》的作者,到底是不是岳飞本人?

这一切,始于文史学家余嘉锡的发现。据余嘉锡考证,《满江红·怒发冲冠》一词,是在明代中叶才开始出现并传播的,作者身份存疑。

20世纪30年代,余嘉锡要订正清代官修《四库全书总目提要》中的讹误。这位清末中举、民国时任教北京大学的古文献研究专家,翻开了明代名臣徐阶所编的《岳武穆遗文》——这可不是金庸笔下的兵书,而是明代人编的岳飞诗文集,故相较于南宋时的《鄂王家集》,版本上存在差异。

徐阶在嘉靖十五年(1536)编的《岳武穆遗文》中,就收录了《满江红·怒发冲冠》。他编纂此书时,从杭州岳王庙的一块石碑上将这首词摘抄下来。这块石碑不是岳飞的亲笔,而是明弘治年间(1488—1505),浙江镇守太监下令,由浙江提学副使赵宽题写而成。据余嘉锡研究,这是《满江红·怒发冲冠》第一次出现在古文献中。

赵宽字写得不错,但半点活都不肯多干,他仅仅是将这首词题写在碑上,至于所据为何本,见之于何书,一个字也不提。余嘉锡读到此处,只能"深为可疑"。

作为一位国学大师,余嘉锡自然对《满江红·怒发冲冠》一词再熟悉不过了。但他不得不承认,自己确实没有找到此词在明代以前流传的证据,于是在《四库提要辨证》中提出:"至其为岳珂所未见,《鄂王家集》所无有,突出于明之中叶,则学者不可不知也。"

2

余嘉锡的质疑如平地一声雷，引发学术界的激烈讨论，并将这首家喻户晓的词，推到了风口浪尖。

钱钟书认同余嘉锡的观点，"谓此词来历不明，疑是明人伪托，是也"。钱钟书还认为，这是一首杂糅众家的词，其真实作者是个熟读古籍的高手，比如"壮志饥餐胡虏肉，笑谈渴饮匈奴血"一句，应是化用《汉书》中校尉韩威的豪言壮语："臣愿得勇敢之士五千人，不赍斗粮，饥食虏肉，渴饮其血，可以横行。"

新莽时，王莽要派兵出征匈奴，校尉韩威主动请缨，说："以我们新朝的军威去吞并匈奴，无异于吞掉嘴里的跳蚤虱子。我愿率领五千勇士，无需携带粮食，饿了就吃敌人的肉，渴了就喝敌人的血，称霸大漠不在话下。"王莽觉得韩威勇气可嘉，就任命韩威为将军。

钱钟书的推论似乎有一定道理，但宋词中化用历史典故的不在少数，根本不足以证明其为"杂糅"之作。

1961 年，被誉为"词学宗师"的夏承焘写了一篇《岳飞〈满江红〉词考辨》，也继承和发展余嘉锡的观点，认为这首词"出于明代人之手"。

与前辈余嘉锡相比，夏承焘更专注于治词授业，终生致力于词学研究，他的一系列词学著作被称为该领域的里程碑之作，蜚声海内外。夏承焘晚年回顾其治学经历，说："笨是我治学的本钱。"他说，"笨"这个字很有趣，头上顶着竹册，下面是一个"本"，就是说，用功是人的根本。夏承焘称，自己天资不高，只能奋发苦学，从七八岁上学起，除了生大病，没有一天离开过书本。

这位词学的一代宗师，也主张《满江红·怒发冲冠》并非出自岳飞之手，并大胆地推测其真实作者"可能会是王越一辈有文学修养的将帅"，或是王越幕府中的文士。

王越（1426—1499）为进士出身，明人称其"酒酣命笔，一扫千言，使人有横槊磨盾、悲歌出塞之思"，写诗作词很有水平。明成化、弘治年间，王越长期镇守西北，总制三边，抵御鞑靼，累官至兵部尚书，带兵取得了著名的贺兰之捷。

夏承焘结合王越的经历，对《满江红·怒发冲冠》中"驾长车，踏破贺兰山缺"一句加以论辩，认为此处的"贺兰山"，实指今内蒙古和宁夏边界一带。

明代中期，鞑靼入寇河套，时常骚扰西北，是王越镇守边关时的主要对手。为了征讨鞑靼，王越曾三次出塞，收取河套地区，生擒、斩首鞑靼俘虏无数，因军功被封为威宁伯。弘治十一年（1498），王越接到明孝宗敕谕，对鞑靼发动大规模军事行动，兵分三路直捣贺兰山，取得大捷，战后因功加封为少保兼太子太傅。

这一年，王越已经是一名七旬老将了。不久后，谏官上书弹劾太监李广，王越被指责为同党，受到牵连，忧愤而卒。

尽管王越受到宦官连累而死，但明廷还是让他备极哀荣，并派出新晋进士王守仁负责督造王越的坟墓。有意思的是，明代有三位姓王的文臣凭借军功被封为伯，王越和王守仁正好占了其中两席（另一位是三征麓川、威震滇西的王骥）。

夏承焘从王越弘治十一年的这次战功和不幸的政治遭遇，联想到了《满江红·怒发冲冠》中的"驾长车，踏破贺兰山缺"一句以及整首词的悲壮基调。另外，按照前文余嘉锡的考证，这首词最早正是出现在弘治年间的杭州岳王庙碑刻上。

然而，以夏承焘先生的江湖地位，也难以掩盖这一推论的明显缺陷。夏承焘反复强调，"踏破贺兰山缺"一句实指西北的贺兰山，说从地理上看，岳飞伐金，是要直捣黄龙，打到东北的金人老巢去，而贺兰山在西北，是西夏的地盘，方向完全相反；从历史上看，位于秦岭北麓的大散关，才是南宋诗词中常用来指代宋、金边界的地名，比如陆游《书愤》中的名句——"楼船夜雪瓜洲渡，铁马秋风大散关"。

宋史专家邓广铭却认为，《满江红·怒发冲冠》中点出的贺兰山、匈奴等，全是"泛说、泛指"，不应当过分拘泥于其位置所在。邓广铭举了个例子说，稍晚于岳飞的辛弃疾，一生也以北伐为志向，写了很多关于抗金的诗词，不乏虚指的用典，其中一首《水调歌头·寿赵漕介庵》写道，"要挽银河仙浪，西北洗胡沙",另一首《满江红·建康史帅致道席上赋》写,"袖里珍奇光五色,他年要补天西北"。

这两首词都是辛弃疾为主张抗金复土所作,可他也用"西北"指代金国。我们总不能说辛稼轩分不清东西,或者直接武断地指出这些作品不是他写的吧?

此外,邓广铭还指出,宋元著述失传者很多,不能因为我们未曾见到,就断言宋元书中全未出现这一作品。著名的词学家唐圭璋也持这一观点,他在《读词续记》中举例说,岳飞另有一首《满江红·登黄鹤楼有感》词亦不见于岳珂编纂的岳飞文集中,但其墨迹经过魏了翁、谢升孙、宋克、文徵明等人收藏,流传至今,可断定是岳飞所作。

3

当有些专家还在抠字眼时,另一些学者"上穷碧落下黄泉,动手动脚找材料",通过实地考察,找寻证据,将《满江红·怒发冲冠》开始流传的时间前推到了明代宗景泰年间(1450—1457)。

在河南汤阴县的岳庙里,发现了一块刻有《满江红·怒发冲冠》的石碑,全词几乎与今版相同,只是末句"朝天阙",变成了"朝金阙"。

汤阴县是岳飞的老家。岳飞年少时在此地习武学艺,读《左氏春秋》、孙吴兵法,从一介农家子弟成长为文武双全的青年才俊,随后走向行伍。明代的汤阴岳庙,是景泰元年(1450),由本县的学谕袁纯负责主持修建的,明代宗朱祁钰亲赐庙额"精忠之庙"。

袁纯十分仰慕岳飞,兢兢业业地做好工作。庙宇落成后,他专门选录了岳飞的部分诗文,编为《精忠录》,该书的第三卷便收录了《满江红·怒发冲冠》一词。之后,袁纯找来汤阴当地的一个秀才王熙,于明英宗天顺二年(1458)刻成《满江红》词碑,矗立于汤阴岳庙。

汤阴岳庙的这块石碑,比徐阶编《岳武穆遗文》时参考的杭州岳王庙石碑,早了至少30年左右,而且,这个时间点也是明代政治史上的一个敏感时期。

《满江红·怒发冲冠》有一句"靖康耻,犹未雪",而大明王朝也有自己的

"靖康耻"。正统十四年（1449），明英宗朱祁镇御驾亲征，与瓦剌部的也先展开了一场大战。明英宗轻敌冒进，率领大军在土木堡遭遇大败，明军死伤惨重，精锐损失殆尽，就连皇帝本人也被俘虏，史称"土木之变"。

也先乘胜追击，打到北京城下，京师震荡。情急之下，明英宗的弟弟朱祁钰被拥立为帝。此时，有人主张迁都南避。兵部尚书于谦驳斥这一言论，坚决主张保卫京城。在于谦的带领下，明军绝地反击，总算守住北京，击退瓦剌。

次年，明英宗朱祁镇被释放回京，结束了狼狈的"北狩"生活。后来，随着弟弟景泰帝病重，朱祁镇又在一众旧臣的支持下，发动"夺门之变"，再次登基，"天顺"便是他使用的第二个年号。

如此说来，汤阴岳庙的《满江红》碑刻，恰好出现于政治斗争激烈的景泰、天顺年间。

明英宗复位后，听从亲信之言，冤杀了保卫北京有功的于谦。于谦一生清正刚直，含冤而死时家无余财。于谦被陷害至死后，与当年的岳飞一样，安葬于西湖之畔。由于岳飞、于谦都曾被封为少保，清人袁枚有诗曰："赖有岳于双少保，人间始觉重西湖。"

明朝是在推翻元朝少数民族政权后建立的，有明一代，官方对岳飞推崇备至。除了前文所说的汤阴岳庙外，明太祖曾钦定历代名臣37人进行祭祀，岳飞是其中之一；明神宗在历代的加封外，进一步追封岳飞为"三界靖魔大帝"。

然而，明朝自己的"岳武穆"，却得不到统治者的珍惜，最终走向和岳飞相似的悲剧结局。也许，《满江红·怒发冲冠》出现在于谦悲情谢幕之时，并非偶然。

4

汤阴岳庙石碑将《满江红·怒发冲冠》的流传往前推了几十年，但依旧不早于明代。因此，要证明《满江红·怒发冲冠》确为岳飞所作，需要找到南宋时期该词创作或流传的史料。

1983年，浙江省江山县（古名须江）发现了一套民间收藏的《须江郎峰祝氏族谱》，其中记载了南宋绍兴三年（1133），岳飞赠给祝允哲的《满江红》词，与通行版的相重字数为41字。

祝允哲为郎峰祝氏先祖，曾担任韩世忠的部下，参加过抗金战争，与岳飞结下友谊，后来上《乞保良将疏》，为被陷害的岳飞说情，因此被贬到潮州。岳飞遇害后，祝允哲闻讯悲不自胜，过了几日就忧愤病逝，追随友人而去。江山县当地至今流传着岳飞和祝允哲之间悠悠情义的传说。

不过，《须江郎峰祝氏族谱》毕竟不是权威文献，只是一个尚待考辨的孤证，还不足以证明《满江红·怒发冲冠》开始流传的时间。

与之类似的，还有清代的部分著作，自称所引用的南宋文献中有《满江红·怒发冲冠》的记载。

南京大学文学院的王霞曾对这些"新证"一一辨析，比如清《古今词话》《御选历代诗余》引南宋陈郁《藏一话腴》有一句"又作《满江红》，忠愤可见。其不欲'等闲白了少年头'，可以明其心事"；清《宋稗类钞》引南宋罗大经《鹤林玉露》，载"武穆有《满江红》词云：'怒发冲冠……朝天阙'"。经过王霞考证，无论是陈郁的《藏一话腴》，还是罗大经的《鹤林玉露》，现存各版本中都没有收录《满江红·怒发冲冠》，可见，上述清人著作的引用，可能并非出自宋人的第一手资料。这些所谓的"引文"，常篡改妄增内容，并不可信。

更何况，岳飞之孙岳珂和陈郁、罗大经是同时代人，岳珂还曾为《藏一话腴》作序。假如陈郁、罗大经真的搜集到了《满江红·怒发冲冠》的词稿，岳珂岂能无动于衷，以至于在《鄂王家集》中遗漏这么重要的一阕词？

看来，要找到《满江红·怒发冲冠》在明代以前流传的踪迹，只能等待考古发掘或新文献的发现了。

5

尽管迟迟找不到《满江红·怒发冲冠》在明代以前流传的证据，但也无需一味地接受此词为明人伪作的说法。

正如唐圭璋在《读词续记》中所说，宋词不见于宋元载籍而见于明清者颇多,故《满江红》词出现在明中叶不足为怪。

可以说,岳飞的平反及其著作的流传,本就是一段无比艰难的过程。

宋高宗绍兴十一年冬(1142年1月),岳飞受"莫须有"的罪名诬陷而死,其长子岳云一同遇害。当时,几乎无人敢为岳飞收敛遗体,是临安(今浙江杭州)城中的一位狱卒隗顺,偷偷地将岳飞的遗体运出城外埋葬。隗顺将这个秘密深埋心中,一直到自己临死前才告诉儿子,岳将军的埋葬之处在钱塘门外九曲丛祠旁,只是他已看不到岳飞沉冤昭雪的那一天了。

岳飞被害后,其家中的亲属,包括妻子李氏、17岁的次子岳雷、13岁的三子岳霖、7岁的四子岳震、年仅3岁的五子岳霭和女儿岳安娘等,全都被流放岭南。当时,流放地的官员为了迎合上意,甚至上书建议取消对岳飞家属的粮米供应,想要把岳家斩草除根。岳飞的家人们在担惊受怕中度过了整整20年,直到绍兴三十一年(1161),才得以解除圈禁。20年间,岳飞的著作已经遭到了投降派的全盘性毁灭。

宋孝宗赵昚即位后,力排众议,逐步为岳飞平反昭雪,从隗顺之子那里得知岳飞遗骨所在后,将其改葬于西湖之畔的栖霞岭,追谥岳飞为"武穆"。

此时,岳霖已过而立之年,他的二哥岳雷早在流放途中便难抑悲愤,郁郁而终。宋孝宗亲自召见岳霖,痛惜地说:"卿家冤枉,朕悉知之,天下共知之。"

宋高宗、秦桧掌权期间,岳飞的功绩遭到严重抹杀,到了宋孝宗时,有关岳飞的文献大量散失。为了还原岳飞的真实面目,避免历史真相的失传,岳霖在往后余生中,不遗余力地整理有关父亲的历史文献,于宦游各地的途中访求询问岳飞的旧部,搜寻父亲留下的文字。

岳霖活到63岁,还没来得及将这些资料编订成册就去世了。临终前,岳霖执着小儿子岳珂的手,留下遗言:

先公之忠未显,冤未白,事实之在人耳目者,日就湮没。余初罹大祸,漂泊囚累。及至仕途,而考于见闻,访于遗卒,掇拾而未及上,余罪也。苟能卒父志,雪尔祖之冤,吾死瞑目矣!

第八章　文学里的谜题

岳珂生于淳熙十年（1183），他出生时，距离其祖父蒙冤已经过去41年。他年少时，父亲岳霖就过世了。但岳飞的精神早已深深烙印在岳珂心中，据岳珂回忆，他自幼便常听父亲岳霖讲祖父的故事，"闻有谈其事之一二者，辄强记本末，退而识之"。

于是，岳珂继承父亲的遗志，对岳霖搜集到的文献加以编次刊印，编成《金佗稡编》二十八卷及《续编》三十卷。该书书名中"金佗"的来历，一说是出自嘉兴的一个坊名。

自岳霖、岳珂父子以来，历经数百年的风雨沧桑和薪火相传，岳飞的大部分著作总算得以流传下来，成为现实版的"武穆遗书"。

读《小重山·昨夜寒蛩不住鸣》，那是岳飞面对南宋投降派猖獗的局面，仍渴望为国建功立业的孤独心境：

昨夜寒蛩不住鸣。惊回千里梦，已三更。起来独自绕阶行。人悄悄，帘外月胧明。

白首为功名。旧山松竹老，阻归程。欲将心事付瑶琴。知音少，弦断有谁听。

读《满江红·登黄鹤楼有感》，那是岳飞目睹中原昔日繁华被金兵铁蹄践踏后，感伤国破家亡，深深同情百姓的悲痛之情：

遥望中原，荒烟外，许多城郭。想当年、花遮柳护，凤楼龙阁。万岁山前珠翠绕，蓬壶殿里笙歌作。到而今，铁骑满郊畿，风尘恶。

兵安在，膏锋锷。民安在，填沟壑。叹江山如故，千村寥落。何日请缨提锐旅，一鞭直渡清河洛。却归来、再续汉阳游，骑黄鹤。

更不必说，《满江红·怒发冲冠》曾经激励了多少志士仁人，在国难当头之时奋起抗争，抛头颅，洒热血。

当初率先提出《满江红·怒发冲冠》作者争议的余嘉锡说过:"欲考其文之真伪,不必问其理之是非……疑之而其词不因我而废。"只要这首词蕴含的精神永恒不朽,那它便足以被称为民族瑰宝,那些有关作者的质疑也就无足轻重。

著名翻译家荣如德对俄国作家陀思妥耶夫斯基有一个极高的评价:"陀氏就是俄罗斯。"在阅读《满江红·怒发冲冠》的相关论著时,我们能看到邓广铭先生也有一句类似的评语:

"《满江红》就是岳飞,岳飞就是《满江红》。"

参考文献

一、古籍、资料汇编

[1]〔战国〕左丘明.国语[M].上海：上海古籍出版社，2015.

[2]〔战国〕左丘明.左传[M].上海：上海古籍出版社，2016.

[3]〔汉〕司马迁.史记[M].北京：中华书局，1982.

[4]〔汉〕班固.汉书[M].北京：中华书局，2007.

[5]〔汉〕袁康，吴平.越绝书[M].上海：上海古籍出版社，1985.

[6]〔汉〕赵晔.吴越春秋[M].北京：中华书局，2022.

[7]〔晋〕陈寿撰，〔南朝宋〕裴松之注.三国志[M].北京：中华书局，2006.

[8]〔晋〕王嘉.拾遗记[M].北京：中华书局，2022.

[9]〔南朝宋〕范晔.后汉书[M].北京：中华书局，2000.

[10]〔唐〕房玄龄.晋书[M].北京：中华书局，1996.

[11]〔唐〕杜牧.樊川文集[M].上海：上海古籍出版社，2007.

[12]〔唐〕段成式.酉阳杂俎[M].北京：中华书局，1981.

[13]〔后晋〕刘昫.旧唐书[M].北京：中华书局，1975.

[14]〔宋〕李昉，等.太平广记[M].北京：中华书局，1960.

[15]〔宋〕王钦若.册府元龟[M].北京：中华书局，2003.

[16]〔宋〕薛居正.旧五代史[M].北京：中华书局，1976.

[17]〔宋〕欧阳修，宋祁.新唐书[M].北京：中华书局，1975.

[18]〔宋〕欧阳修.新五代史[M].北京：中华书局，1974.

[19]〔宋〕司马光.资治通鉴[M].北京：中华书局，2009.

[20]〔宋〕杨亿，陈师道.杨文公谈苑·后山谈丛[M].上海：上海古籍出版社，2012.

[21]〔宋〕李焘.续资治通鉴长编[M].北京：中华书局，2004.

[22]〔宋〕李心传.建炎以来系年要录[M].北京：中华书局，2000.

[23]〔宋〕叶绍翁.四朝闻见录[M].北京：中华书局，1989.

[24]〔宋〕宇文懋昭撰，崔文印校证.大金国志校证[M].北京：中华书局，1986.

[25]〔宋〕朱熹.四书章句集注[M].北京：中华书局，1983.

[26]〔宋〕赵与时，徐度.宾退录·却扫编[M].上海：上海古籍出版社，2012.

[27]〔宋〕岳珂编，王曾瑜校注.《鄂国金佗稡编续编校注》.北京：中华书局，2018.

[28]〔宋〕岳珂，王铚.桯史·默记[M].上海：上海古籍出版社，2012.

[29]〔元〕脱脱.宋史[M].北京：中华书局，2000.

[30]〔明〕明太祖敕录，王天有、张何清点校.逆臣录[M].北京：北京大学出版社，1991.

[31]〔明〕王行.半轩集[M].全国图书馆文献缩微中心，1994.

[32]〔明〕张三丰.张三丰全集[M].杭州：浙江古籍出版社，1990.

[33]〔明〕任自垣.大岳太和山志[M].成都：巴蜀书社，1994.

[34]〔明〕莫旦.弘治吴江志[M].台湾学生书局，1987.

[35]〔明〕张璁，等.钦明大狱录[M].《四库未收书辑刊》一辑第十五册.北京：北京出版社，2001.

[36]〔明〕张居正，等.明世宗实录[M].台湾："中央研究院"历史语言研究所，1962.

[37]〔明〕张惟贤.明神宗实录[M].台湾："中央研究院"历史语言研究所，1962.

[38]〔明〕何乔远.名山藏[M].福州：福建人民出版社，2010.

[39]〔明〕李清.三垣笔记[M].北京：中华书局，1982.

[40]〔明〕张岱.陶庵梦忆[M].北京：中华书局，2023.

[41]〔明〕无名氏.龙图公案[M].长沙：岳麓书社，2004.

[42]〔明〕吴承恩.西游记[M].北京：中华书局，2009.

[43]〔明〕许仲琳.封神演义[M].北京：人民文学出版社，1997.

[44]〔清〕查继佐.罪惟录[M].杭州：浙江古籍出版社，2012.

[45]〔清〕郭琇.吴江县志[M].全国图书馆文献缩微中心，1992.

[46]〔清〕顾祖禹.读史方舆纪要[M].北京：中华书局，2005.

[47]〔清〕张廷玉.明史[M].北京：中华书局，1974.

[48]〔清〕刘献廷.广阳杂记[M].北京：中华书局，1997.

[49]〔清〕托津，等.钦定平定教匪纪略[M].清刊本.

[50]〔清〕爱新觉罗·昭梿.啸亭杂录[M].北京：中华书局，1980.

[51]〔清〕穆彰阿，等.大清一统志[M].上海：上海古籍出版社，2008.

[52]〔清〕夏燮.明通鉴[M].北京：中华书局，2013.

[53]〔清〕张集馨.道咸宦海见闻录[M].北京：中华书局，1981.

[54]〔清〕李福泰，等.番禺县志[M].台湾：成文出版社，1967.

[55]〔清〕吴趼人.九命奇冤[M].太原：山西人民出版社，1981.

[56]赵尔巽.清史稿[M].北京：中华书局，1977.

[57]徐珂.清稗类钞[M].北京：中华书局，2010.

[58]许指严.十叶野闻[M].北京：中华书局，2007.

[59]李岳瑞.春冰室野乘[M].北京：中华书局，2023.

[60]王世舜译注.尚书[M].北京：中华书局，2023.

[61]袁珂校注.山海经校注[M].上海：上海古籍出版社，1980.

[62]李山，轩新丽译注.管子[M].北京：中华书局，2022.

[63]北京大学出土文献研究所编.北京大学藏西汉竹书（叁）[M].上海：上海古籍出版社，2015.

[64] 王利器校注. 新语校注 [M]. 北京：中华书局，1986.

[65] 杨国宜校注. 包拯集校注 [M]. 合肥：黄山书社，1999.

[66] 中研院历史语言研究所校印，黄彰健校勘. 明实录附校勘记 [M]. 北京：中华书局，2016.

[67] 朱风，等译. 汉译蒙古黄金史纲 [M]. 呼和浩特：内蒙古人民出版社，1985.

[68] 中国第一历史档案馆，中国社会科学院历史研究所译注. 满文老档 [M]. 北京：中华书局，1990.

[69] 广禄，李学智译注. 清太祖朝老满文原档 [M]. 台湾："中央研究院"历史语言研究所，1970.

[70] 刘锦藻. 清朝续文献通考 [M]. 杭州：浙江古籍出版社，2000.

[71] 中国第一历史档案馆编. 嘉庆道光两朝上档谕 [M]. 桂林：广西师范大学出版社，2000.

[72] 清仁宗实录 [M]. 北京：中华书局，1985.

[73] 夏承焘. 月轮山词论集 [M]. 北京：中华书局，1979.

[74] 唐圭璋. 词学论丛 [M]. 上海：上海古籍出版社，1986.

[75] 余嘉锡. 四库提要辨证 [M]. 北京：中华书局，2008.

二、专著、论文

[1] 顾颉刚. 古史辨自序 [M]. 北京：商务印书馆，2011.

[2] 鲁迅. 中国小说史略 [M]. 北京：人民文学出版社，2022.

[3] 许倬云. 西周史 [M]. 北京：生活·读书·新知三联书店，2018.

[4] 钱穆. 秦汉史 [M]. 北京：生活·读书·新知三联书店，2018.

[5] 王子今. 秦汉史：帝国的成立 [M]. 北京：中信出版社，2017.

[6] 中国社会科学院考古研究所，等. 阿房宫考古发现与研究 [M]. 北京：文物出版社，2014.

[7] 段清波. 秦陵：尘封的帝国 [M]. 北京：中国民主法制出版社，2018.

[8] 刘海燕. 从民间到经典：关羽形象与关羽崇拜的生成演变史论 [M]. 上海：上海三联书店，2004.

[9] 孟宪实. 唐高宗的真相 [M]. 杭州：浙江人民出版社，2021.

[10] 杜文玉，何志龙主编. 长安与世界对话：唐都长安1400年国际学术研讨会论文集 [M]. 北京：社会科学文献出版社，2020.

[11] 史泠歌. 宋代皇帝的疾病、医疗与政治 [M]. 保定：河北大学出版社，2013.

[12] 邓广铭. 邓广铭治史丛稿 [M]. 北京：北京大学出版社，2010.

[13] 虞云国. 南渡君臣：宋高宗及其时代 [M]. 上海：上海人民出版社，2019.

[14] 余英时. 朱熹的历史世界 [M]. 北京：生活·读书·新知三联书店，2011.

[15] 束景南. 朱子大传 [M]. 北京：商务印书馆，2003.

[16] 薛梅卿. 宋刑统研究 [M]. 北京：法律出版社，1997.

[17] 梁方仲. 明代粮长制度 [M]. 北京：中华书局，2008.

[18] 吴晗. 朝鲜李朝实录中的中国史料 [M]. 北京：中华书局，1980.

[19] 王兴骥，等. 播州土司民间传说 [M]. 北京：社会科学文献出版社，2014.

[20] 王兴骥，等. 海龙屯与播州土司综合研究 [M]. 北京：社会科学文献出版社，2014.

[21] 张锦池. 西游记考论 [M]. 北京：人民出版社，2019.

[22] 张同胜.《西游记》与"大西域"文化关系研究 [M]. 北京：中国社会科学出版社，2013.

[23] 谢玉冰. 神猴：印度"哈奴曼"和中国"孙悟空"的故事在泰国的传播 [M]. 北京：社会科学文献出版社，2017.

[24] 赵兴勤. 话说《封神演义》[M]. 南京：江苏人民出版社，2012.

[25] 李亦辉.《封神演义》考论 [M]. 北京：人民文学出版社，2018.

[26] 周远廉. 清朝开国史研究 [M]. 北京：故宫出版社，2012.

[27] 刘小萌. 满族从部落到国家的发展 [M]. 沈阳：辽宁民族出版社，2001.

[28] 周远廉. 乾隆画像 [M]. 北京：中华书局，2005.

[29] 李尚英.紫禁城之变[M].北京：紫禁城出版社，1990.

[30] 张瑞龙.天理教事件与清中叶的政治、学术与社会[M].北京：中华书局，2014.

[31] 姜涛，等.中国近代通史（第二卷）：近代中国的开端（1840—1864）[M].南京：江苏人民出版社，2009.

[32] 陶孟和，等编.中国近代经济史研究集刊[M].北京：国家图书馆出版社，2008.

[33] 周育民.晚清财政与社会变迁[M].上海：上海人民出版社，2000.

[34] 余新忠，等.道光皇帝[M].北京：故宫出版社，2016.

[35] 张国骥.清嘉庆道光时期政治危机研究[M].长沙：岳麓书社，2012.

[36] 茅海建.苦命天子：咸丰皇帝奕詝[M].北京：生活·读书·新知三联书店，2006.

[37] 耿淑艳.岭南古代小说史[M].北京：社会科学文献出版社，2015.

[38] 闫晓君.陕派律学家事迹纪年考证[M].北京：法律出版社，2019.

[39] 刘半农，等.赛金花本事[M].北京：中央编译出版社，2016.

[40] 冷佛.春阿氏[M].北京：北京大学出版社，2018.

[41] 孙宝瑄.忘山庐日记[M].上海：上海古籍出版社，1989.

[42] 景爱.中国长城史[M].上海：上海人民出版社，2006.

[43] 罗哲文.长城史话[M].北京：北京出版社，2018.

[44] 徐永清.长城简史[M].北京：商务印书馆，2021.

[45] 马小鹤.光明的使者：摩尼与摩尼教[M].兰州：兰州大学出版社，2013.

[46] 林悟殊.摩尼教及其东渐[M].北京：中华书局，1987.

[47] 李泽厚.美的历程[M].北京：生活·读书·新知三联书店，2009.

[48] 杨静荣，刘志雄.龙之源[M].北京：中国书店出版社，2008.

[49] 施爱东.中国龙的发明：16—19世纪的龙政治与中国形象[M].北京：生活·读书·新知三联书店，2014.

[50] 潘鲁生.中国龙纹图谱[M].北京：北京工艺美术出版社，2003.

[51] 汤贵仁. 泰山封禅与祭祀 [M]. 济南：齐鲁书社，2003.

[52] 任继愈. 中国道教史 [M]. 上海：上海人民出版社，1990.

[53] 黄源盛. 中国传统法制与思想 [M]. 台湾：五南图书出版有限公司，1998.

[54] 袁珂. 神话论文集 [M]. 上海：上海古籍出版社，1982.

[55] 龚鹏程. 侠的精神文化史论 [M]. 济南：山东画报出版社，2008.

[56] 陈平原. 千古文人侠客梦 [M]. 北京：北京大学出版社，2010.

[57] 朱自清，等. 西南联大文学通识课 [M]. 天津：天津人民出版社，2022.

[58] 季羡林. 罗摩衍那初探 [M]. 北京：外国文学出版社，1979.

[59] 吴晓铃. 吴晓铃集 [M]. 石家庄：河北教育出版社，2006.

[60] 梅新林，等. 当代中国古代文学研究（1949—2009）[M]. 北京：中国社会科学出版社，2013.

[61][美] 刘子健. 中国转向内在：两宋之际的文化转向 [M]. 南京：江苏人民出版社，2019.

[62][美] 韩书瑞. 千年末世之乱 [M]. 南京：江苏人民出版社，2012.

[63][日] 内藤湖南. 中国史通论 [M]. 北京：社会科学文献出版社，2004.

[64][日] 渡边义浩. 关羽：神化的《三国志》英雄 [M]. 北京：北京联合出版公司，2017.

[65][英] 奥里尔·斯坦因. 西域之路：斯坦因西域考古记 [M]. 北京：商务印书馆，2022.

[66] 赵光义. 唐懿宗咸通政局研究 [D]. 西北大学硕士学位论文，2016.

[67] 何君. 唐律六赃研究 [D]. 吉林大学博士学位论文，2021.

[68] 陈玉忠. 宋代刑事审判权制约机制研究 [D]. 河北大学博士学位论文，2009.

[69] 白晓霞. 南渡三宰相研究（1127—1138）[D]. 暨南大学博士学位论文，2006.

[70] 刘昱枫. 朱胜非与《秀水闲居录》研究 [D]. 河北大学硕士学位论文，2020.

[71] 乌丹. 明成祖生母问题在明末至清前期蒙汉文史籍中的形成与演变 [D]. 内蒙古大学硕士学位论文, 2021.

[72] 董定一. 明清游历小说研究 [D]. 南开大学博士学位论文, 2013.

[73] 郑玉芝. 清入关前五大臣研究 [D]. 东北师范大学硕士学位论文, 2012.

[74] 白钢. 代善研究 [D]. 东北师范大学硕士学位论文, 2014.

[75] 余莎米. 岳珂生平著述考 [D]. 北京大学硕士学位论文, 2008.

[76] 顾颉刚. "周公制礼"的传说和《周官》一书的出现 [J]. 文史, 1979（06）.

[77] 陈正贤. 古代文献西施归宿考辨述评 [J]. 浙江档案, 2011（03）.

[78] 李岩. 三神山及徐福东渡传说新探 [J]. 中央民族大学学报（哲学社会科学版）, 2000（03）.

[79] 邹振环. 徐福东渡与秦始皇的海洋意识 [J]. 人间杂志, 2015（01）.

[80] 王子今. 秦汉时期的海洋开发与早期海洋学 [J]. 社会科学战线, 2013（07）.

[81] 金程宇. 东亚汉文化圈中的《日本刀歌》[J]. 史学月刊, 2014（01）.

[82] 侯旭东. 逐鹿或天命：汉人眼中的秦亡汉兴 [J]. 中国社会科学, 2015（04）.

[83] 李锐. 《赵正书》研究 [J]. 史学集刊, 2020（05）.

[84] 孙家洲. 秦二世继位"迷案"新考 [J]. 史学集刊, 2022（01）.

[85] 张祚麻. 从"不当立"到"篡位"——关于胡亥即位历史记忆的演变 [J]. 古代文明, 2022（01）.

[86] 王子今. "斩蛇剑"象征与刘邦建国史的个性 [J]. 史学集刊, 2008（06）.

[87] 吕宗力. 汉代开国之君神话的建构与语境 [J]. 史学集刊, 2010（02）.

[88] 施之勉. 太史公行年考辨疑 [J]. 东方杂志, 1944（16）.

[89] 徐朔方. 考据与研究——从年谱的编写谈起 [J]. 文艺研究, 1999（03）.

[90] 韩兆琦. 司马迁自请官刑说 [J]. 北京师范大学学报（社会科学版）, 1988（02）.

[91] 金璐璐. 汉武帝对司马迁《史记》影响考论 [J]. 文艺评论, 2012（02）.

[92] 杨有礼. 秦汉俸禄制度探论 [J]. 华中师范大学学报（人文社会科学版）,

1997（02）.

[93] 刘淑颖. 汉代徒刑的嬗变与刑制改革 [J]. 湖湘论坛，2014（07）.

[94] 朱海滨. 国家武神关羽明初兴起考——从姜子牙到关羽 [J]. 中国社会经济史研究，2011（01）.

[95] 李小玲. 中国民间文学中的"箭垛式人物""武圣"关羽研究 [J]. 民族文学研究，2012（06）.

[96] 郑敏. 高阳公主谋反案辨诬 [J]. 烟台大学学报（哲学社会科学版），1995（04）.

[97] 江润南. 从房遗爱谋反案看封建法律的工具性 [J]. 理论界，2005（03）.

[98] 刘灿辉. 唐睿真皇后伯父《沈易从墓志》研究 [J]. 书法，2016（04）.

[99] 罗火金，张文明. 唐代沈士衡夫妻墓志考 [J]. 黄河·黄土·黄种人，2022（03）.

[100] 王振国，臧守虎. 唐代"医待诏"及相关问题略考 [J]. 南京中医药大学学报（社会科学版），2005（02）.

[101] 程锦. 同昌公主医案小考 [J]. 文史杂志，2017（02）.

[102] 葛承雍. 唐京的恶少流氓与豪雄武侠 [J].《唐史论丛》第7辑，1998.

[103] 杨绪容. 包拯断案本事考 [J]. 复旦学报（社会科学版），2001（02）.

[104] 陆林. 包公艺术形象的早期塑造——宋金笔记、话本、杂剧摭谈 [J]. 中国典籍与文化，1997（03）.

[105] 姜畅. 从"神"到"人"——浅析《龙图公案》和《三侠五义》中包公形象的演变 [J]. 河南教育学院学报（哲学社会科学版），2007（02）.

[106] 黄开军. 阿云案与北宋慎刑重刑之争 [J]. 社会科学论坛，2011（02）.

[107] 陈立军. 刑政、婚姻身份与按问自首法：关于北宋阿云案的几个问题 [J]. 北大法律评论，2019（02）.

[108] 郑胜明，齐冠宏. 宋代杂议制度述略 [J]. 保定学院学报，2009（06）.

[109] 王曾瑜. 关于秦桧归宋的讨论 [J]. 历史研究，2002（03）.

[110] 何忠礼，何兆泉. 关于秦桧归宋问题的再讨论——兼与王曾瑜先生商榷

[J].历史研究,2003(07).

[111] 王嘉川.秦桧归宋问题平议[J].河北大学学报(哲学社会科学版),2006(04).

[112] 朱瑞熙.评《南宋反道学的斗争》[J].朱子学新论——纪念朱熹诞辰860周年国际学术会议论文集,1990.

[113] 杨文新.宋朝宗室宰相赵汝愚与福建[J].陕西师范大学学报(哲学与社会科学版),2004(06).

[114] 王媛媛.汴京卜肆与摩尼教神像入闽[J].故宫博物院院刊,2009(03).

[115] 芮传明.论宋代江南之"吃菜事魔"信仰[J].史林,1999(03).

[116] 吴晗.明教与大明帝国[J].清华学报,第13卷.1941.

[117] 顾诚.沈万三及其家族事迹考[J].历史研究,1999(01).

[118] 王颋."沈万三"的真实家世及传奇[J].暨南史学,第二辑.2003.

[119] 高寿仙.明朝有没有沈万三——沈万三及其后裔考辨[J].清华大学学报(哲学社会科学版),2017(03).

[120] 杨永康.沈万三家族与"蓝玉党案"——兼论莫旦《弘治吴江志》对沈万三事迹的重构[J].山西大学学报(哲学社会科学版),2017(03).

[121] 吕景琳.蓝玉党案考[J].东岳论丛,1994(05).

[122] 陈梧桐.蓝玉党案再考[J].明清论丛,2015(01).

[123] 徐平.张三丰生卒年代考及生平考[J].儒道研究,2014.

[124] 杨永康.《天潢玉牒》考论[J].学术研究,2013(01).

[125] 胡吉勋.明嘉靖李福达狱及相关历史评价考论[J].明史研究论丛,第七辑.2007.

[126] 高寿仙.政治与法律的交织纠缠:明嘉靖初李福达案探微[J].史学月刊,2020(08).

[127] 颜丙震.杨应龙议处纷争与明代土司治理的缺失[J].长江师范学院学报,2018(04).

[128] 冉诗泽.万历"播州之役"爆发原因再探——以"五司七姓"为中心进

行考察[J].兰州教育学院学报,2019(02).

[129] 郭成康.传闻、官书与信史:乾隆皇帝之谜[J].清史研究,1993(03).

[130] 杜家骥.乾隆之生母及乾隆帝的汉人血统问题[J].清史研究,2016(02).

[131] 冯佐哲,等.嘉庆年间紫禁城里的一场战斗[J].故宫博物院院刊,1981(02).

[132] 谢俊美.晚清卖官鬻爵新探——兼论捐纳制度与清朝灭亡[J].华东师范大学学报(哲学与社会科学版),2001(12).

[133] 韩祥.1843年户部银库亏空案及其影响[J].史学月刊,2012(06).

[134] 周宝东.历史与文学的错位:晚清小说《九命奇冤》本事考论[J].明清小说研究,2018(01).

[135] 徐忠明.晚清河南王树汶案的黑幕与平反[J].法治与社会发展,2014(02).

[136] 陈德鹏.王树汶临刑呼冤案考略[J].平顶山学院学报,2011(01).

[137] 徐忠明.办成"疑案":对春阿氏杀夫案的分析——档案与文学以及法律与事实之间[J].中外法学,2005(03).

[138] 安忆萱."春阿氏案"与晚清现代性[J].北京社会科学,2018(09).

[139] 蒋凡.赛金花瓦德西公案辨正[J].深圳大学学报(人文社会科学版),2012(02).

[140] 朱学良.上古至秦汉时期龙崇拜之嬗变及其文化意蕴[J].文学与文化,2012(03).

[141] 罗二虎.试论古代墓葬中龙形象的演变[J].四川大学学报(哲学社会科学版),1986(01).

[142] 周晓薇.古代典籍中的龙王及其文化寓意[J].陕西师范大学学报(哲学社会科学版),2005(03).

[143] 徐忠明.传统中国民众的伸冤意识:人物与途径[J].学术研究,2004(12).

[144] 常金仓《山海经》与战国时期的造神运动[J].中国社会科学,2000(06).

[145] 杨义.《山海经》的神话思维[J].中山大学学报（社会科学版），2003（03）.

[146] 邓广铭.再论岳飞的《满江红》词不是伪作[J].《文史哲》，1982（01）.

[147] 王霞.岳飞作《满江红》词"新证"辨析[J].《古典文献研究》，2009.

[148] 肖鹰."岳飞《满江红》"伪托新考——袁纯是"岳飞《满江红》"肇始者[J].清华大学学报（哲学社会科学版），2024（01）.

[149] 陈满平.追寻真相——细说清代广州番禺"七尸八命"案[OL].搜狐号"凌氏宗亲网"，2017.6.